Mac OS X 10.6 Snow Leopard

für Ein- und Umsteiger

Giesbert Damaschke

Markt+Technik

Bibliografische Information der Deutschen Nationalbibliothek
Die Deutsche Nationalbibliothek verzeichnet diese Publikation in der Deutschen Nationalbibliografie; detaillierte bibliografische Daten sind im Internet über http://dnb.d-nb.de abrufbar.

Umwelthinweis:
Dieses Buch wurde auf chlorfrei gebleichtem Papier gedruckt.
Um Rohstoffe zu sparen, haben wir auf Folienverpackung verzichtet.

10 9 8 7 6 5 4 3 2 1

12 11 10

ISBN 978-3-8272-4499-4

Einbandgestaltung: Marco Lindenbeck, mlindenbeck@webwo.de
Lektorat: Boris Karnikowski, bkarnikowski@pearson.de
Herstellung: Philipp Burkart, pburkart@pearson.de
Satz: Ulrich Borstelmann, Dortmund (www.borstelmann.de)
Sprachliches Korrektorat: Gaby Meyer, München
Druck und Verarbeitung: Kösel, Krugzell (www.KoeselBuch.de)
Printed in Germany

Inhaltsverzeichnis

Liebe Leser,

Kapitel 1: Ein erster Streifzug durch die Apple-Welt

Kapitel 2: Dateien und Ordner

Kapitel 3: Programme und Programmchen

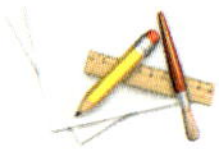

Kapitel 4: So behalten Sie den Überblick

Kapitel 5: Spot an! Suchen und finden mit Mac OS X

Kapitel 6: Mit dem Mac ins Internet

Kapitel 7: Termine, Adressen & Co

Kapitel 8: Foto, Film, Musik

Kapitel 9: Backups und andere Methoden, Ihre Daten in Sicherheit zu bringen

Kapitel 10: Sicher ist sicher

Kapitel 11: Systemeinstellungen, Hilfs- und Dienstprogramme

Zugabe: Windows auf dem Mac

Liebe Leser,

vielleicht geht es Ihnen gerade jetzt genau so, wie es mir vor ein paar Jahren ging. Damals stand ich vor der Entscheidung, von Windows zum Mac zu wechseln und hatte allerlei Befürchtungen und Bedenken im Hinterkopf. Würde ich mit dem neuen System zurechtkommen? Würde es die Programme geben, die ich für meine tägliche Arbeit brauche? Würde meine Peripherie vom Drucker über den USB-Stick bis zur Digicam mit dem neuen System zusammenarbeiten? Könnte ich mit dem Mac im Büronetzwerk arbeiten, würde meine Internetverbindung noch funktionieren?

Schon nach wenigen Wochen hatten sich diese Sorgen nicht nur als völlig unbegründet erwiesen, sondern der Umgang mit Mac OS X schien mir die natürlichste Sache der Welt zu sein. Die einzige Frage, die sich mir dann noch stellte, war, warum ich eigentlich so lange gezögert hatte.

Mac OS X schlug mich von Anfang an durch seine schiere Schönheit, Stimmigkeit und Eleganz in seinen Bann. Noch nie war meine Arbeit am Computer so störungsfrei, so angenehm und so erfreulich.

Natürlich treten auch beim Mac mitunter Fehler auf, und auch mit Mac OS X funktionieren die Dinge nicht immer so, wie man sich das gedacht hat. Doch die typischen Computerpannen treten bei einem Mac so selten auf, dass sie eigentlich schon wieder als untypisch gelten können. Auf Wunder darf man auch bei Apple nicht hoffen – aber auf Sorgfalt, Liebe zum Detail, hohes Qualitätsniveau und durchdachtes Design. Und das kommt schon fast einem Wunder gleich.

Freuen Sie sich also auf Ihren neuen Computer.

Ihr

Giesbert Damaschke

Eine kleine Systemgeschichte

Die überragende Qualität von Mac OS X kommt nicht aus dem Nichts, Apple hat das Rad nicht neu erfunden, sondern das Beste aus verschiedenen Welten mit einer ganzen Reihe eigener Zutaten und Einfällen kombiniert.

Mac OS X basiert auf Unix, dem Urvater aller Betriebssysteme. Es benutzt viele Bestandteile aus der Open-Source-Szene und verbindet alles unter der derzeit wohl besten und funktionalsten grafischen Benutzeroberfläche, die es für Computer gibt.

Das „X" im Namen des Systems steht für zweierlei. Zum einen verweist es auf den Unix-Unterbau des Systems. Zum anderen ist es aber auch als römisches Zahlzeichen für „10" gemeint. Denn schließlich ist Mac OS X das zehnte Betriebssystem, das die Firma Apple auf den Markt gebracht hat. Womit sich dann auch das „OS" im Namen klärt, das für „Operating System", also Betriebssystem steht.

Mac OS X kann also mit „zehntes Betriebssystem für Macintosh-Computer" übersetzt werden. Daher wird das System auch nicht „Mac os ix" oder „Mac os ex" ausgesprochen, sondern „Mac Oh Es Zehn" oder „Mac Oh Es Ten". Aber glauben Sie nicht mir, glauben Sie Ihrem Mac: Geben Sie in TextEdit den Text „Mac OS X" ein, markieren Sie ihn und wählen Sie im Menü *Bearbeiten > Sprachausgabe >Sprachausgabe starten.* (Wenn Sie jetzt nicht wissen, wie das geht, ist das auch kein Problem, schließlich halten Sie ein Buch in Händen, das Ihnen genau das erklären wird. Und einiges andere gleich dazu.)

Während Mac OS X Wurzeln in verschiedenen Welten hat und zu großen Teilen auf Open-Source-Software basiert, waren die früheren Betriebssysteme bis zu Mac OS 9 proprietäre Entwicklungen von Apple. Der Schritt von diesen proprietären Systemen zum offen angelegten Mac OS X fiel entsprechend radikal aus. Um den Übergang so einfach wie möglich zu gestalten, integrierte Apple in früheren Versionen von Mac OS X die Möglichkeit, alte Mac-Programme, die Mac OS 9 oder eine noch frühere Version voraussetzten, auch unter Mac OS X ablaufen zu lassen. Diese sogenannte „Classic-Umgebung" gibt es inzwischen nicht mehr. Falls Ihnen also einmal ein unglaublich günstiges Softwareangebot gemacht wird, achten Sie darauf, dass man Ihnen nicht eine veraltete, nicht mehr lauffähige Version unterjubeln will.

Mit Mac OS X begann Apple damit, die verschiedenen Versionen seines Betriebssystems nach Raubkatzen zu benennen, zusätzlich wird mit jeder neuen Version die Versionsnummer angepasst:

- **Mac OS X 10.0 Cheetah** (= Gepard) erschien im März 2001und läutete eine neue Ära in der Geschichte der Firma Apple ein. In den Jahren zuvor ging es mit Apple stetig bergab, und es sah fast so aus, als stünde man vor dem Ende – die Einführung von Mac OS X läutete einen seither ungebrochenen Aufstieg des Unternehmens ein.
- **Mac OS X 10.1 Puma:** Bereits wenige Monate nach Cheetah kam im September 2001 Puma als kostenloses Update auf den Markt. Puma war durchwegs schneller als Cheetah (wie überhaupt jede neue Version von Mac OS X auf gleicher Hardware schneller als ihr Vorgänger ist). Kritiker merkten an, dass eigentlich erst mit dieser Version Mac OS X wirklich benutzbar geworden sei.
- **Mac OS X 10.2 Jaguar** kam im August 2002 auf den Markt und war die erste Version, die offiziell mit dem Raubtiernamen beworben wurde. Bei Mac OS X 10.0 und Mac OS X 10.1 waren Cheetah und Puma lediglich interne Bezeichnungen.
- **Mac OS X 10.3 Panther** brachte im Oktober 2003 eine Reihe neuer Funktionen mit, glänzte mit einem überarbeiteten Interface und legte beim Tempo weiter zu.

- **Mac OS X 10.4 Tiger** wurde im April 2005 vorgestellt und wartete mit neuen Features wie Dashboard und Spotlight auf. Das Interface wurde überarbeitet und eine neue vereinheitlichte Form für die Titelleisten der Fenster eingeführt. Tiger wurde das bislang langlebigste Mac OS X.
- **Mac OS X 10.5 Leopard** kam mit rund sechs Monaten Verspätung am 26. Oktober 2007 auf den Markt und ist mit über 300 Erweiterungen das umfassendste Systemupdate, das Apple bislang veröffentlicht hat.
- **Mac OS X 10.6 Snow Leopard** erschien am 28. August 2009. Wie der Name schon andeutet, hat sich Apple nach dem Mammut-Update mit Mac OS X 10.5 darauf konzentriert, die Systemstabilität und Funktionalität von Leopard zu verbessern. Rein äußerlich hat sich mit dem Update von Leopard auf Snow Leopard so gut wie nichts verändert. Doch das täuscht. Es gibt zahlreiche kleine und nicht ganz so kleine Überarbeitungen: Die Bedienung wurde weiter vereinfacht, das System zeigt sich aufgeräumter als Leopard. Die meiste Arbeit fand allerdings hinter den Kulissen statt. Im Untergrund des Systems ist kaum ein Byte auf dem anderen geblieben, zentrale Komponenten wurden von Grund auf neu programmiert und das gesamte System durchgängig auf 64 Bit gebracht.

Die Zählweise wird auch bei den Systemaktualisierungen beibehalten, mit denen kleinere Fehler behoben, Lücken gestopft und mitunter auch neue Funktionen integriert werden. Diese Aktualisierungen werden auch als „Point-Releases" bezeichnet, da sie die Versionsnummer nach einem Punkt um Eins erhöhen.

Als Tiger auf den Markt kam, trug es die Nummer 10.4.0, die letzte Version vor der Einführung von Leopard war die Version 10.4.10, es gab also zehn System-Updates von Tiger. Nach dem Start von Leopard gab es noch ein letztes Tiger-Update auf 10.4.11. Leopard brachte es bis zur Version 10.5.8, und auch von Snow Leopard gab es kurz nach der Markteinführung bereits ein Update auf 10.6.1.

Zum Inhalt dieses Buches

Dieses Buch richtet sich in erster Linie an diejenigen, die von Windows auf Mac OS X umgestiegen sind oder dies vorhaben und nun vielleicht ein wenig ratlos und unsicher sind. Ich möchte Ihnen zeigen, wie unproblematisch und einfach der Wechsel im Grunde ist und dass die Barrieren und Hindernisse, wie so oft, nur in unseren Köpfen existieren, nicht in den Dingen selbst. (Na, ja – fast. Ein paar Hindernisse gibt es natürlich schon, aber mit ein wenig Kompromissbereitschaft fallen sie nicht wirklich ins Gewicht.)

Dabei gehe ich davon aus, dass Sie mit den Grundlagen eines (Windows-)Computers vertraut sind. Sie wissen, was eine Maus ist, was mit Doppel- oder rechtem Mausklick gemeint ist, Sie bewegen Fenster, starten Programme, laden und speichern Dokumente, kopieren, verschieben und löschen Dateien und ähnliches mehr.

Was Sie noch nicht wissen (und was Sie in diesem Buch lernen werden): Wie erledigen Sie Ihre unter Windows gewohnten Aufgaben mit einem Mac? Welche Gemeinsamkeiten gibt es zwischen Windows und Mac OS X und wo liegen die (zum Teil prinzipiellen) Unterschiede zwischen den beiden Systemen?

Die Kapitel 1 bis 5 widmen sich dabei den übergeordneten Strukturen und Konzepten von Mac OS X und bieten gewissermaßen Hilfe zur Selbsthilfe. Nach der Lektüre dieser Kapitel sind Sie hinreichend gerüstet, um es auf eigene Faust mit fremden Programmen aufzunehmen.

Welche Programme Mac OS X bereits mitbringt und wie diese Programme Ihnen helfen können, Ihre tägliche Arbeit an Ihrem Mac zu erledigen, erläutern die Kapitel 6 bis 8. Hier werden die wichtigsten Programme vorgestellt, die zum Lieferumfang von Mac OS X gehören.

Die Kapitel 9 bis 11 widmen sich den eher technischen Aspekten und behandeln Fragen zur System- und Datensicherheit, zur Konfiguration von Mac OS X und stellen einige Hilfs- und Dienstprogramme vor.

- **Kapitel 1** wirft einen kursorischen Rundumblick auf das neue System, macht auf typische Unterschiede zwischen Mac OS X und Windows aufmerksam, erläutert typische Stolperfallen und ähnliches mehr.
- **Kapitel 2** erklärt Ihnen, warum der Windows-Explorer jetzt Finder heißt, wie das Dateisystem des Macs strukturiert ist und wie Sie die täglichen Dateioperationen ausführen.
- **Kapitel 3** erläutert, wie Sie unter Mac OS X Programme starten, beenden, installieren – und wie Sie sie wieder loswerden.
- **Kapitel 4** widmet sich den verschiedenen Möglichkeiten, für Übersicht zu sorgen und die für einen Windows-Anwender wohl vollständiges Neuland sind: Exposé, Spaces und Stacks.
- **Kapitel 5** sucht und findet. Nämlich Ihre Dateien auf Ihrem Computer. Lernen Sie die erstaunlichen Fähigkeiten von Spotlight kennen und wie Ihnen intelligente Ordner das Leben erleichtern.
- **Kapitel 6** bringt Ihren Mac ins Internet und stellt Ihnen die Programme Safari, Mail und iChat vor.
- **Kapitel 7** erklärt Ihnen die verschiedenen Programme zur Erledigung der täglichen Arbeit am Computer, die zum Lieferumfang von Mac OS X gehören.
- **Kapitel 8** widmet sich den eher unterhaltsamen Seiten Ihres Macs. Hier geht es um Musik, Fotos, Bilder und Videos.
- **Kapitel 9** beschäftigt sich mit einem leidigen, aber leider auch notwendigen Thema: Backups. Nur gut, dass Sie die automatische und regelmäßige Sicherheitskopie dem Programm Time Machine überlassen können. Hier erfahren Sie auch, wie Sie Daten auf CD/DVD auslagern.

- **Kapitel 10** geht beim Thema Datensicherheit stärker in die Tiefe. Sie erfahren, wie der Mac mit Kennwörtern umgeht, was der Schlüsselbund ist, wie Sie Ihre Daten garantiert abhörsicher verschlüsseln und ähnliches mehr. Ach ja, um Viren und andere Schadsoftware geht es auch. Aber die spielen auf dem Mac immer noch keine große Rolle.
- **Kapitel 11** schließlich stellt Ihnen die verschiedenen Hilfs- und Dienstprogramme von Mac OS X vor und steigt auch einmal kurz in den Systemkeller hinab.
- In der **Zugabe** erfahren Sie, wie Sie Windows bzw. Windows-Programme auch unter Mac OS X einsetzen können. Wenn es denn wirklich einmal sein muss.

Die Schreibweise in diesem Buch

Bei der Beschreibung von Menübefehlen und Tastenkürzeln orientiert sich dieses Buch an den Standards, wie sie Apple in den Menübefehlen und Dokumentationen vorgibt. Menüfolgen werden mit spitzer Klammer getrennt. Ein Formulierung wie *Ablage* > *Öffnen mit* > *Vorschau* ist also die Kurzfassung für: „Klicken Sie in der Menüleiste auf den Punkt *Ablage*. Wählen Sie im sich öffnenden Menü den Eintrag *Öffnen mit* und dort den Unterpunkt *Vorschau*".

Für die Bezeichnung von Tasten werden, wann immer möglich, die auf der Tastatur aufgedruckten Zeichen benutzt. Dabei gibt es zwei Ausnahmen, die sich in der Mac-Literatur und in den Dokumentationen von Apple eingebürgert haben: das `ctrl` steht als Kürzel für die ctrl-Taste, das `esc` für die esc-Taste.

Wenn zwei oder mehr Tasten gleichzeitig gedrückt werden sollen, dann werden die Zeichen direkt nacheinander angegeben. Mit `⌘` `C` ist also der gleichzeitige Druck auf die Befehls- bzw. Command-Taste und den Buchstabe `C` gemeint, `⌥` `⌘` `esc` steht für die Betätigung der drei Tasten `⌥`, `⌘` und `esc`. (Die Besonderheiten der Mac-Tastatur werden uns noch im ersten Kapitel beschäftigen.)

Kapitel 1

Ein erster Streifzug durch die Apple-Welt

Ein Mac wirkt beim ersten Kontakt vertraut und fremd zugleich. Vertraut, weil man vieles so – oder zumindest doch so ähnlich – schon von Windows kennt; fremd, weil er beim zweiten Blick dann doch ganz anders zu funktionieren scheint. In diesem Kapitel erkunden wir daher zuerst einmal die neue Umgebung und sehen uns die augenfälligsten Besonderheiten an. Wir klicken mal hier, drücken mal da und schauen zu, was passiert. Sie lernen die wichtigsten Merkmale der Benutzeroberfläche von Mac OS X kennen, steigen auch einmal kurz in den Maschinenraum der Systemeinstellungen hinab, erfahren, welche Fenstertypen es unter Mac OS X gibt, wo die Mac-Maus ihre zweite Taste und welche Besonderheiten die Mac-Tastatur zu bieten hat.

Als Windows-Tourist im Apple-Land

Wer als erfahrener Windows-Anwender das erste Mal vor einem Mac sitzt und sich statt in der vertrauten Windows-Umgebung nun in Mac OS X orientieren soll, dem geht es ein wenig so, wie einem Touristen, der in einem fremden Land unterwegs ist.

Auf den ersten Blick wirkt alles ein wenig anders und fremd, doch bei näherem Hinsehen entdeckt man Gemeinsamkeiten und Vertrautes. Vieles, was einem völlig unbekannt vorkam, entpuppt sich als längst Vertrautes, das nur ein wenig anders aussieht und ein wenig anders heißt.

Sowohl Mac OS X als auch Windows funktionieren nach den gleichen Prinzipien, beide Male handelt es sich um grafische Benutzeroberflächen, über die der Computer gesteuert wird.

Es gibt einen Desktop bzw. Schreibtisch, es gibt Dateien, Ordner und Laufwerke (die beim Mac „Volume" heißen); angeschlossene Geräte wie Drucker, externe Festplatten oder USB-Sticks werden durch kleine Symbole repräsentiert, alle (Inter)Aktionen finden in Fenstern und Dialogen statt.

Hier wie dort werden Objekte mit der Maus über den Bildschirm geschoben, es gibt aufklappbare Menüs, aus denen man bestimmte Einträge für eine bestimmte Aktion auswählt, Schaltflächen, die auf einen Mausklick reagieren, und Programme, die mit einem Doppelklick starten.

Doch diese Vertrautheit in der Fremde kann natürlich nicht verhindern, dass auf den Windows-Anwender zu Beginn einige vielleicht etwas irritierende Erfahrungen warten. Denn so ähnlich sich Mac OS X und Windows auch sind, so unterschiedlich sind sie dann doch im Detail.

Bevor wir uns also kopfüber ins Apple-Abenteuer stürzen, machen wir das, was jeder Tourist als Vorbereitung seiner Reise normalerweise tut – wir sehen uns ein wenig um und machen uns mit der neuen Umgebung vertraut. Dabei beginnen wir ganz am Anfang: dem Ein- und Ausschalten des Macs.

Ein- und Ausschalten

Wie jedes elektronische Gerät wird auch ein Mac über einen Schalter eingeschaltet. Das ist ein kleiner Knopf, der bei den MacBooks rechts oben, bei den iMacs links hinten ist. Ein Druck auf den Knopf, und kurz darauf begrüßt Sie der Mac mit seinem „Startup-Sound", einem sanften Gongschlag.

Es dauert etwas, bis Mac OS X alle Bestandteile beisammen hat, aber dann baut sich der Schreibtisch zügig auf. Je nach Mac-Modell dauert dieser Bootvorgang unterschiedlich lang, auf einem älteren Gerät kann er schon mal länger als ein, zwei Minuten dauern, bei einem neueren ist er seine Sache weniger Augenblicke. Im Grunde also alles wie bei Windows, nur ein wenig anders.

Auch beim Ausschalten verhält sich der Mac so ähnlich wie ein Windows-Computer. Gemeinsam ist beiden Systemen, dass Sie sie möglichst nicht über den Einschalter wieder ausschalten. Das geht zwar (nämlich dann, wenn Sie den Schalter lange genug festhalten), aber das ist eine Ausnahme für den Notfall. Stattdessen schalten Sie den Computer über das Menü aus.

Was bei Windows die „Start"-Schaltfläche links unten, das ist bei Mac OS X (mehr oder weniger) das Apple-Logo links oben, über das Sie das Systemmenü öffnen. Klicken Sie auf dieses Logo und wählen Sie den Eintrag *Ausschalten*. Der Mac fragt sicherheitshalber noch einmal nach, danach beendet er alle laufenden Programme und schaltet sich aus. (Falls ein Programm noch auf eine Eingabe wartet, wird dieser Vorgang übrigens abgebrochen.)

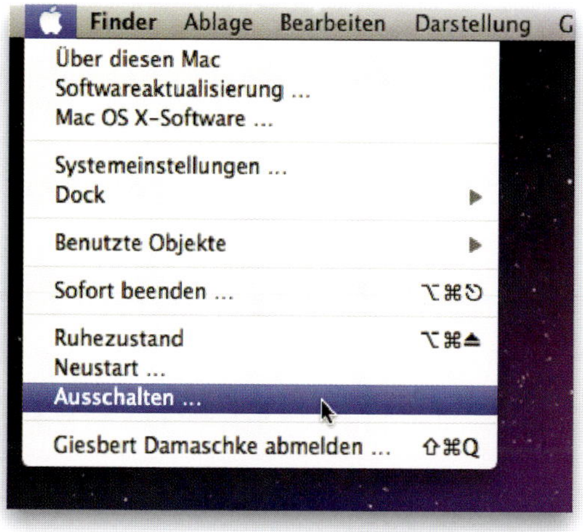

Sie sollten Ihren Mac immer über das Menü ausschalten. So vermeiden Sie Datenverlust und Schlimmeres. Der Menüeintrag Sofort beenden bezieht sich übrigens auf laufende Programme, nicht auf den Rechner selbst.

Wer seinen Mac ohne Rückfrage ausschalten möchte, der kann dies über eine auf den ersten Blick etwas verwirrende Tastenkombination erledigen: ⏏ ctrl ⌥ ⌘. Also: Mit der linken Hand drücken Sie links unten die drei nebeneinanderliegenden Tasten ctrl, ⌥ und die ⌘, mit der rechten tippen Sie einmal auf die Taste zum Auswerfen einer CD/DVD rechts oben. Diese Kombination lässt sich übrigens sehr viel leichter drücken, als es in dieser Beschreibung vielleicht klingt. Probieren Sie's doch einfach mal aus.

Die Tastatur

Mit diesem Tastenkürzel sind wir gleich beim nächsten Thema, der Tastatur eines Macs, die so manchen Windows-Umsteiger nachhaltig verwirrt. Denn hier finden sich nicht die von Windows her gewohnten Aufdrucke, und es ist zum Beispiel nicht auf Anhieb zu erkennen, wie man einen Klammeraffen @, eckige Klammern [ ], eine Tilde ~ oder einen Backslash \ eingibt (anders als unter Windows, wo der Backslash als Trennzeichen in Pfadangaben benötigt wird, brauchen Sie dieses Zeichen auf dem Mac übrigens so gut wie nie). Auch die vertraute Taste AltGr suchen Sie vergebens. Nur dass es keine Windows-Taste gibt, wird Sie wohl nicht wirklich überraschen.

Wie man diese und andere Sonderzeichen eingibt, erfahren Sie am Ende dieses Kapitels, bleiben wir vorerst noch bei der Beschriftung und den Besonderheiten der Tastatur.

Wie genau Ihre Tastatur beschriftet ist, hängt ein wenig davon ab, mit welchem Mac Sie arbeiten, hat Apple die Beschriftung der Sondertasten doch im Laufe der Zeit immer wieder ein wenig geändert. Ein etwas älteres MacBook hat ein geringfügig anderes Tastaturlayout als ein moderner iMac mit großer Tastatur, deren Beschriftung sich wiederum von der drahtlosen Tastatur unterscheidet.

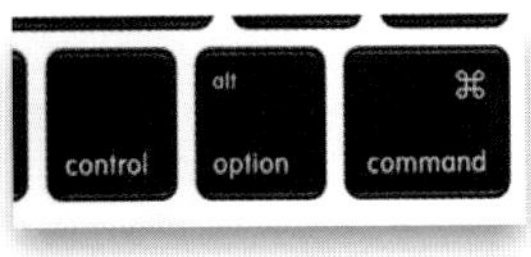

Die drei wichtigsten Sondertasten der Apple-Tastatur haben im Laufe der Zeit zwar ihre Beschriftung geändert, nicht aber ihre Funktion. Hierbei handelt es sich um „Modifier Keys". Das sind Tasten, die allein keine Funktion haben und erst in Kombination mit anderen Tasten Wirkung zeigen.

Eine der wichtigsten Tasten ist hier die Command- oder Befehlstaste, die Sie links und rechts neben der Leertaste finden. Traditionell zeigte diese Taste das Apple-Logo und ein Kleeblatt ⌘. Mit der Einführung der neuen, flachen Aluminium-Tastatur hat sich das allerdings ein wenig geändert – die unter Macfans so beliebte „Apfel-Taste" hat keinen Apfel mehr und zeigt stattdessen die Abkürzung cmd oder das Wort *command*. Diese Taste wird in Apples Dokumentation, in den Menüs von Mac OS X und also auch in diesem Buch durch das Kleeblatt ⌘ wiedergegeben. Sie erfüllt unter Mac OS X häufig – aber nicht immer – die Funktion, die unter Windows die Strg-Taste besitzt. Während Sie zum Beispiel unter Windows mit der Tastenkombination Strg-C, Strg-X und Strg-V ein Objekt kopieren, ausschneiden und einfügen, so benutzen Sie dafür unter Mac OS X die Kombinationen ⌘ C, ⌘ X und ⌘ V.

Sie werden schnell feststellen, dass die Befehlstaste ihren Namen zurecht trägt. Denn sie dient dazu, bestimmte Aktionen auszuführen, also Kommandos an das Betriebssystem zu übermitteln. Sie wird bei praktisch allen Tastenkürzeln benötigt, mit denen man Programme oder Mac OS X steuert.

Links neben der Befehlstaste liegt die alt- oder Options-Taste, die in der deutschen Dokumentation „Wahltaste" genannt wird. Auf älteren Macs finden Sie hier das Zeichen ⌥, mit dem diese Taste in Dokumentationen üblicherweise abgekürzt wird. Sie dient fast ausschließlich dazu, bestimmte Zeichen einzugeben, also auf eine alternative Tastenbelegung umzuschalten. So erzeugen Sie etwa einen Klammeraffen @ mit der Kombination ⌥ L, und die eckigen Klammern [ ] geben Sie mit ⌥ 5 und ⌥ 6 ein. Außerdem wird sie in Tastenkürzeln in Kombinationen mit der ⌘-Taste benutzt.

Neben der ⌥-Taste liegt die ctrl- oder Control-Taste, deren Darstellung traditionell und in der Dokumentation von Apple das ^-Zeichen ist, die in diesem Buch aber mit dem Text wiedergegeben wird, der sich auf der Taste befindet: ctrl. Anders als ihr scheinbares Windows-Pendant, die Strg-Taste, spielt sie beim Mac eine eher untergeordnete Rolle. Sie wird mitunter bei Tastenkürzeln benutzt, ansonsten werden Sie sie wohl erst dann wirklich benötigen, wenn Sie in den Unix-Keller von Mac OS X hinabsteigen.

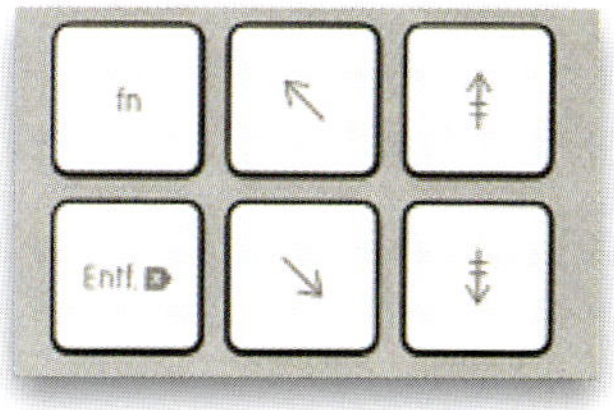

Die große Standardtastatur von Apple weist zudem zwischen Buchstaben und Ziffernblock noch sechs Tasten auf, die auf Windows-Anwender vielleicht fremd wirken mögen, deren Funktion ihnen aber vertraut sein sollte.

Mit der Taste [fn] schalten Sie die Belegung der Funktionstasten um. Standardmäßig werden etwa die Tasten [F1] und [F2] zur Steuerung der Helligkeit benutzt. Drückt man diese Tasten allerdings zusammen mit [fn], registriert Mac OS X den Tastendruck als [F1]/[F2] und nicht als „Helligkeit vermindern/erhöhen".

Mit den vier Pfeiltasten orientieren Sie sich in umfangreichen Dokumenten. Mit [↖] springen Sie an den Anfang eines Dokuments, mit [↘] entsprechend nach unten. Mit [⇞] und [⇟] blättern Sie seitenweise nach oben bzw. nach unten. Bei der Bewegung durch ein Dokument wird die Position des Cursors nicht verändert.

Mit der Entf.-Taste (Symbol: [⌦]) löschen Sie ein Zeichen rechts vom Cursor, im Unterschied zur [←]-Taste, mit der Sie ein Zeichen links vom Cursor löschen. Die Löschtaste wird zwar seit einiger Zeit mit einem einfachen Linkspfeil bedruckt, in der Apple-Dokumentation und in den Menüs von Mac OS X aber traditionell mit ⌫ gekennzeichnet.

Die [Entf.]-Taste fehlt auf den kleinen Tastaturen und bei den MacBooks. Hier wird ihre Funktion durch die Kombination [fn][⌫] erzielt.

Schließlich sei noch noch die [esc]-Taste erwähnt, die Sie auf der Tastatur links oben finden. „Esc" ist die Abkürzung für „escape", was wörtlich mit „Flucht, Rettung, Ausbruch" übersetzt werden kann. Mit dieser Taste können Sie manchmal (nicht immer) einen Prozess zwangsweise abbrechen und sich so etwa aus einer Endlosschleife „retten". Wenn ein Programm einmal nicht reagiert, ist ein Druck auf die [esc]-Taste keine schlechte Idee (allerdings sollte man sich davon auch nicht zuviel versprechen). Diese Taste wird in Apples Dokumentation mit einem etwas ungewohnten Symbol bezeichnet: ⎋.

Der Mac, die Maus und die rechte Taste

Der Mac ist ein dezidierter Mauscomputer, und selbst alte Windows-Hasen werden im Laufe der Zeit erstaunt darüber sein, was sie unter Mac OS X alles mit der Maus erledigen können. Doch die Mac-Maus selbst ist für Umsteiger mitunter gewöhnungsbedürftig. Denn wo andere Mäuse mit allerlei Extra-Tasten und Zusatzfunktionen aufwarten, setzt Apple erneut sehr bewusst auf Reduktion.

Das geht so weit, dass die klassische Mac-Maus im Grunde aus nichts mehr bestand als aus einer Taste. Im April 2005 hat Apple seine Standardmaus zwar geändert und ihr die üblichen zwei Tasten, einen Scrollball (zur 360-Grad-Steuerung) und seitliche druckempfindliche Flächen spendiert, über die spezielle Programme aufgerufen werden können. In diesem Punkt unterscheidet sich die Mac-Maus nicht mehr von den Mäusen anderer Hersteller. Sie sieht allerdings anders aus, und auf den ersten Blick glaubt man nicht, dass die Maus überhaupt eine Taste hätte, hat Apple ihr doch statt sichtbarer Tasten unsichtbare, druckempfindliche Sensoren spendiert.

Doch bei seinen MacBooks setzt Apple nach wie vor auf die Ein-Tasten-Bedienung. Beim MacBook findet man lediglich ein Trackpad mit einer einzigen Taste, beim MacBook Pro verzichtet Apple sogar darauf und macht das gesamte Trackpad zur Taste.

Das heißt aber nicht, dass Sie mit einem Apple-Notebook keine rechte Maustaste hätten – die leistet Ihnen nämlich auch unter Mac OS X gute Dienste, wird mit ihr doch wie unter Windows das Kontextmenü geöffnet.

Wo also ist die rechte Maustaste bei den MacBooks? Ganz einfach: Drücken Sie die Maustaste zusammen mit der `ctrl`-Taste, registriert Mac OS X diese Kombination als „rechte Maustaste".

Apples Mighty Mouse scheint überhaupt keine Tasten zu besitzen, aber das täuscht. Statt mit sichtbaren Maustasten wartet sie mit unsichtbaren, aber drucksensitiven Schaltflächen auf. Dafür hat sie als erste Apple-Maus überhaupt eine rechte Maustaste.

Anders als bei der Apple-Tastatur, zu der es wegen der Sondertasten nur sehr wenige Alternativen gibt, können Sie anstelle der Apple-Maus jede marktübliche Maus bzw. jeden Trackball einsetzen. Wenn Sie mit der Mac-Maus nicht klarkommen oder Mäuse generell nicht mögen, spricht also nichts dagegen, Ihr vertrautes Eingabegerät von Ihrem Windows-Rechner an Ihren Mac anzuschließen.

Ihr neuer Arbeitsplatz: Schreibtisch, Menü und Dock

Nach dem Einschalten Ihres Macs sehen Sie wie bei Windows den Schreibtisch. Der benutzt zwar ein anderes Hintergrundbild als Windows – das Sie natürlich ändern können –, aber seine Funktion ist die gleiche: Er dient als virtuelle Fläche, auf der alle Fenster, Ordner, Dokumente und Dateien abgelegt werden.

So – oder so ähnlich – präsentiert sich Mac OS X 10.6 beim ersten Start. Am oberen Bildschirmrand sehen Sie die halbtransparente Menüleiste, am unteren das spiegelnde Dock (keine Sorge, das ist nur anfangs so raumgreifend aufdringlich und kommt auch mit deutlich weniger Platz aus).

Am oberen Rand des Bildschirms sehen Sie die Menüleiste, die unverrückbar an ihrem Platz bleibt. Diese Leiste wird von allen Programmen unter Mac OS X benutzt. Anders als unter Windows haben Programmfenster unter Mac OS X in der Regel keine eigene Menüleiste, sondern nutzen die zentrale Leiste oben am Bildschirmrand, deren Inhalt sich je nach aktivem Programm ändert.

Der erste Menüeintrag links ist immer das Apple-Logo , über das Sie das Systemmenü öffnen. Daneben steht, durch Fettung hervorgehoben, der Name des aktuellen Programms. (Falls Sie kein Programm gestartet haben, läuft auf jeden Fall immer der Finder.)

In diesem Menü finden Sie (fast) immer den Eintrag *Einstellungen*, über den Sie zu den Konfigurationsmöglichkeiten des Programms gelangen. Die restlichen Menüeinträge hängen vom jeweils aktiven Programm ab, typischerweise sehen Sie hier die Einträge *Ablage*, *Bearbeiten*, *Darstellung*, *Fenster* und *Hilfe*.

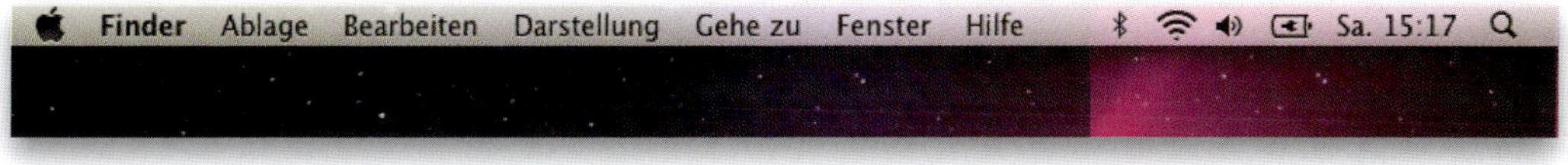

Die (hier etwas zusammengestauchte) Menüleiste ist üblicherweise immer sichtbar, ändert nie ihren Platz und kann nicht ausgeblendet werden.

Der rechte Bereich der Menüleiste wird Sie an die „Tray Notification Area" von Windows erinnern, also an den rechten Bereich der Startleiste, in dem Windows verschiedene Systeminformationen anzeigt. Unter Mac OS X hat der rechte Bereich der Menüleiste eine sehr ähnliche Funktion. Hier werden verschiedene aktive Dienste und Informationen angezeigt. Dazu gehört etwa die Suchfunktion mit Spotlight, die aktuelle Uhrzeit, ein Lautstärkeregler und der Verbindungsstatus des Airports (also der WLAN-Lösung in Ihrem Mac), Bluetooth oder einer Ethernet-Verbindung.

Am unteren Bildschirmrand befindet sich das Dock, das eine ähnliche Funktion hat wie die Startleiste von Windows, allerdings etwas anders funktioniert.

Das Dock ist Schnellstartleiste und Ablagefläche zugleich. Der linke Bereich bietet Zugriff auf Programme, der rechte Bereich wird durch den (hier rot markierten) Streifen abgetrennt und beherbergt Ordner, verkleinerte Fenster und den Papierkorb.

Das Dock bietet den Schnellzugriff auf oft benötigte Programme und zeigt außerdem an, welche Programme derzeit aktiv sind (ein solches Programm wird durch einen blauen Punkt unter dem Programmsymbol gekennzeichnet). Welche Einträge Sie in Ihrem Dock haben, bleibt Ihnen überlassen (wie Sie das Dock konfigurieren, erfahren Sie in Kapitel 3). Zwei Einträge im Dock sind jedoch unverrückbar: das Finder-Logo links – der Finder ist das, was unter Windows der Explorer ist – und der Papierkorb rechts.

Das Dock ist prinzipiell zweigeteilt. Auf der linken Seite werden die Programmsymbole abgelegt, auf der rechten bekommen Sie Zugriff auf Ordner und „Stacks" (mehr dazu im Kapitel 4). Außerdem werden hier die Fenster abgelegt, die Sie verkleinert haben. Die beiden Bereiche werden durch eine gepunktete Linie getrennt, die ein wenig an einen Zebrastreifen erinnert.

Die Systemeinstellungen

Was unter Windows die Systemsteuerung ist, sind unter Mac OS X die Systemeinstellungen. An dieser Stelle soll diese zentrale Schaltstelle von Mac OS X kurz vorgestellt werden, wir werden im Verlauf dieses Buches immer wieder darauf stoßen.

Wie der Name schon sagt, werden hier alle Einstellungen des Systems vorgenommen. Wann immer Sie die Steuerung und das Verhalten von Mac OS X Ihren Wünschen anpassen wollen, finden Sie in den Systemeinstellungen die entsprechenden Möglichkeiten.

Wegen ihrer zentralen Bedeutung haben die Systemeinstellungen einen festen Platz im Systemmenü und lassen sich immer über > *Systemeinstellungen* aufrufen. Eine Besonderheit besteht darin, dass alle Einstellungen im gleichen Fenster vorgenommen werden, das seine Größe nie ändert und auch nicht skaliert werden kann.

Möchten Sie zum Beispiel die Empfindlichkeit der Maus anpassen, klicken Sie hier im Abschnitt *Hardware* auf den Eintrag *Maus*. Die entsprechenden Optionen werden nun ein- und alle anderen Punkte der Systemeinstellungen ausgeblendet. Um zur vollständigen Anzeige zurückzukehren, klicken Sie auf *Alle einblenden*. Änderungen in den Systemeinstellungen werden in der Regel sofort übernommen.

Die Systemeinstellungen sind das Herzstück und die zentrale Kommandostelle von Mac OS X. Hier nehmen Sie alle Einstellungen vor, um das System Ihren Wünschen anzupassen.

Den Arbeitsplatz einrichten

Um das Hintergrundbild des Schreibtischs zu verändern, gehen Sie folgendermaßen vor:

1. Klicken Sie mit der rechten Maustaste in eine leere Stelle des Schreibtischs und wählen Sie *Schreibtischhintergrund ändern*.
2. Es öffnet sich die Systemeinstellungen mit der gewünschten Option. Hier haben Sie nun Zugriff auf die unterschiedlichen Standardbilder, die das System von Haus aus mitbringt. Falls Sie mit iPhoto arbeiten, erhalten Sie hier auch Zugriff auf Ihre Fotos.
3. Über das Pluszeichen links unten können Sie beliebige andere Bilder von Ihrer Festplatte als Hintergrund einstellen.

4. Das gewählte Motiv wird sofort als Hintergrundbild übernommen.
5. Schließen Sie das Fenster durch einen Klick auf die rote Murmel links oben.

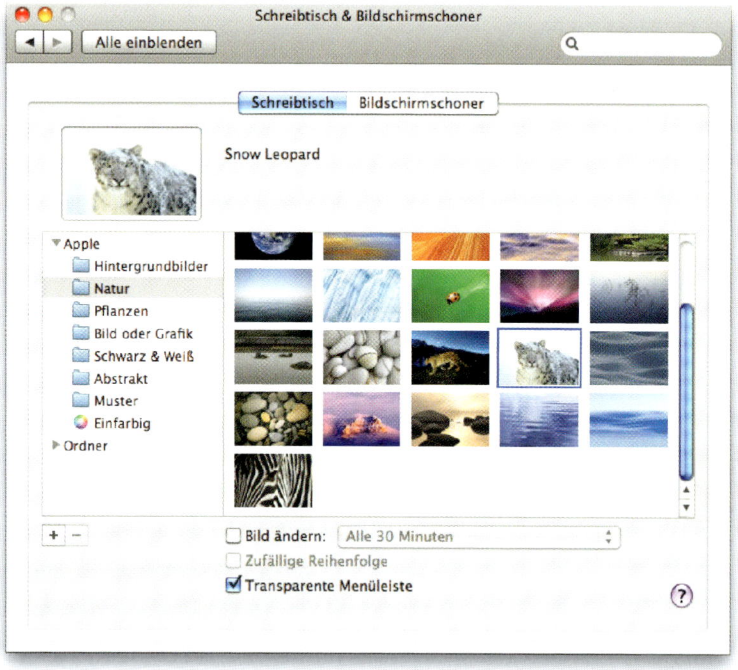

Mac OS X bietet eine umfangreiche Auswahl an verschiedenen Bildmotiven und Mustern für den Schreibtischhintergrund.

Anfangs ist der Schreibtisch noch recht leer, aber er wird sich im Verlauf der täglichen Arbeit fast von ganz allein mit Ordnern und Dateien füllen. Dabei ist es möglich, die Symbolgröße, den Abstand der Objekte zueinander und die Größe der Schrift zu definieren. Auch diese Einstellungen können Sie über das Kontextmenü des Schreibtischs vornehmen.

1. Klicken Sie mit der rechten Maustaste in eine leere Stelle des Schreibtischs und wählen Sie im Kontextmenü den Eintrag *Darstellungsoptionen einblenden*.
2. Es öffnet sich ein kleiner Dialog, in dem Sie die *Symbolgröße*, den *Gitterabstand*, die *Textgröße* und ähnliche Eigenschaften festlegen können.
3. Auch dieses Fenster schließen Sie durch einen Klick auf die rote Murmel links oben.

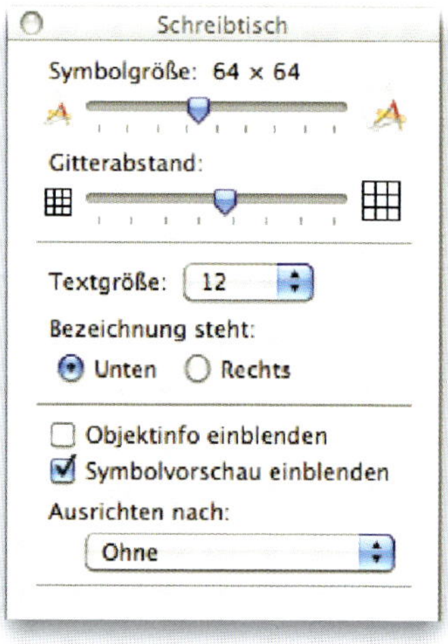

Die Anordnung, Größe und Beschriftung der auf dem Schreibtisch abgelegten Objekte lässt sich über die „Darstellungsoptionen" den eigenen Wünschen anpassen.

Die Menüleiste ist zwar fest an ihrem Platz, aber ein klein wenig können Sie sie doch konfigurieren. Standardmäßig ist sie nämlich halbtransparent. Das sieht zwar ganz schick aus, doch je nach gewähltem Hintergrundbild ist der Text der Menüleiste mal mehr, mal weniger gut zu lesen. Falls das Hintergrundbild zu stark durchscheint, können Sie den Transparenzeffekt auch ausschalten. Das erledigen Sie im gleichen Menü wie bei der Wahl des Hintergrunds. Deaktivieren Sie dort den Punkt *Transparente Menüleiste* und schließen Sie den Dialog mit einem Klick auf die rote Murmel.

Die Menüleiste ist standardmäßig transparent, was nicht immer so gut aussieht, wie man sich das vielleicht vorstellt. Aber das lässt sich ändern.

Das Dock ist in der Standardkonfiguration sehr groß und nimmt fast die komplette Bildschirmbreite ein. Wenn Sie Platz schaffen wollen, geht das so:

1. Zeigen Sie mit der Maus auf die Trennlinie zwischen dem linken und rechten Bereich des Docks. Der Mauszeiger wird zu einem Doppelpfeil.
2. Halten Sie die Maustaste gedrückt und vergrößern bzw. verkleinern Sie das Dock, indem Sie die Maus nach oben bzw. unten bewegen.

Wenn Sie das Dock stark schrumpfen lassen, werden die Programmsymbole so klein, dass Sie sie vielleicht nicht mehr genau erkennen und mit der Maus anvisieren können. Kein Problem – aktivieren Sie die Animation des Docks, wölbt es sich Ihnen entgegen, wenn Sie mit der Maus darüberfahren:

1. Klicken Sie mit der rechten Maustaste auf die Trennlinie im Dock und wählen Sie im Kontextmenü den Eintrag *Systemeinstellung „Dock“*.
2. Über den Schieberegler *Größe* legen Sie die Größe des Docks fest. Sie werden feststellen, dass alle Änderungen sofort übernommen werden.
3. Aktivieren Sie hier den Punkt *Vergrößerung* und legen Sie über den Schieberegler die Zoomeinstellung fest. Da die Änderungen sofort aktiv sind, lassen sich die Auswirkungen der Einstellungen sofort überprüfen.
4. Außerdem lässt sich hier die Position des Docks verändern. Standardmäßig ist das Dock unten, es kann aber auch links oder rechts positioniert werden.
5. Schließen Sie das Fenster wie inzwischen wohl gewohnt durch einen Klick auf die rote Murmel.

In den Systemeinstellungen legen Sie verschiedene Parameter des Docks fest. Bei kleinen Bildschirmen kann es empfehlenswert sein, das Dock automatisch ein- und auszublenden. In dem Fall verschwindet es vom Bildschirm und wird erst dann eingeblendet, wenn Sie mit der Maus in den entsprechenden Randbereich zeigen.

Fenster unter Mac OS X

Wie bei jeder grafischen Benutzeroberfläche sind Fenster ein zentrales Element, um Inhalte aller Art anzuzeigen. Für den Anfang öffnen Sie einfach ein Finderfenster, indem Sie im Dock auf den Eintrag *Finder* klicken.

Fenster lassen sich verschieben, indem Sie in die obere oder untere graue Leiste des Fensters klicken und es mit gedrückter Maustaste über den Bildschirm ziehen.

Anders als bei Windows lässt sich die Fenstergröße nicht über die Fensterränder ändern. Denn ein Fenster hat bei Mac OS X in der Regel keinen linken oder rechten Rand, in den man klicken könnte, und die beiden Ränder oben und unten sind für die Bewegung des Fensters reserviert. Skalieren lässt sich in Snow Leopard ein Fenster also ausschließlich über die kleine schraffierte Ecke rechts unten.

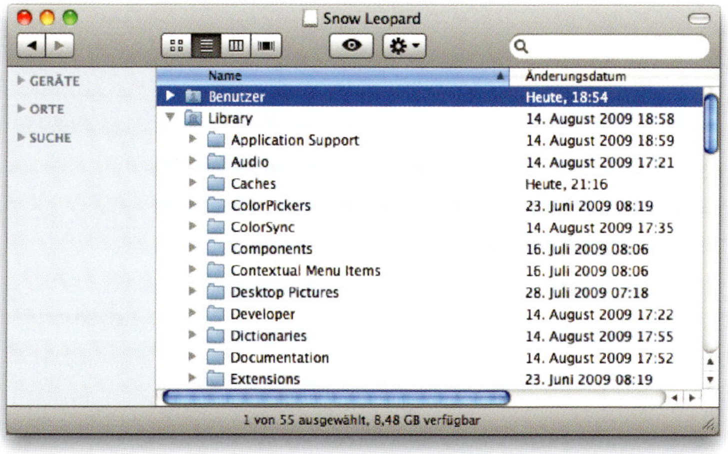

Ein typisches Fenster in Snow Leopard: Oben gibt es eine kombinierte Fenster- und Symbolleiste, eine Statuszeile bildet den unteren Rand, links und rechts gibt es dafür keine Ränder. Die schraffierte Ecke rechts unten ist der Griff, über den sich die Größe des Fensters ändern lässt.

Wenn der Inhalt nicht vollständig in das Fenster passt, werden wie bei Windows Rollbalken eingeblendet. Allerdings finden Sie die Pfeile des Balkens nicht, wie von Windows gewohnt, oben und unten bzw. links und rechts, sondern als Doppelpfeil nur unten (bzw. bei einem horizontalen Balken nur rechts).

Falls Sie das zu sehr irritiert, lässt es sich auch auf die von Windows gewohnte Form umstellen:

1. Rufen Sie dafür > *Systemeinstellungen* auf und klicken Sie dort im Abschnitt *Persönlich* auf den Eintrag *Erscheinungsbild*. Falls dieser Punkt nicht eingeblendet ist, klicken Sie zuerst oben links auf die Schaltfläche *Alle einblenden*.
2. Wechseln Sie bei *Position der Rollpfeile* von *Zusammen* auf *Oben und unten*.

Über die drei bunten Murmeln schließen, verkleinern und zoomen Sie ein Fenster unter Mac OS X.

Fast jedes Fenster besitzt oben links drei farbige Murmeln. Sobald Sie sich ihnen mit der Maus nähern, erscheint in jeder der drei Kugeln ein Symbol: **x**, **–** und **+**. Diese drei Murmeln haben eine ähnliche Funktion wie die drei Steuersymbole, die unter Windows ein Fenster rechts oben besitzt.

- **Rot:** Wie Sie inzwischen gelernt haben, schließen Sie ein Fenster mit einem Klick auf die rote Kugel. Alternativ können Sie auch ⌘ W drücken. Anders als in Windows wird das dazugehörige Programm, bis auf wenigen Ausnahmen, allerdings *nicht* beendet! (Dazu mehr im dritten Kapitel.)
- **Gelb:** Die mittlere Kugel hat die gleiche Funktion wie das linke Symbol bei Windows: das aktive Fenster wird (mit einer netten Animation) verkleinert und im Dock

abgelegt. Wenn Sie das lieber über die Tastatur erledigen, bitte sehr, das geht auch: ⌘ M legt das Fenster im Dock ab.

- **Grün:** Die rechte Kugel ist die Zoomschaltfläche. Was bei einem Klick auf diese Kugel passiert, hängt vom jeweiligen Programm ab. In den meisten Fällen führt dies zu einer annähernd bildschirmfüllenden Darstellung eines Fensters. Der rechte Rand des Schreibtischs mit den wichtigsten Symbolen bleibt dabei meistens frei, das Dock am unteren Rand markiert oft die maximale horizontale Ausdehnung eines Fensters, oben setzt die Menüleiste allen Ausdehnungen ein Ende. Manchmal wird ein Fenster nach einem Klick auf die grüne Kugel aber auch auf volle Bildschirmgröße gebracht, manchmal versucht ein Programm, eine optimale Fenstergröße zu ermitteln (was ihm allerdings nicht immer gelingt). Mit einem erneuten Klick auf diese Kugel wechselt man in den vorhergehenden Zustand zurück.

Möchten Sie ein Fenster vorübergehend ausblenden, aber nicht schließen, können Sie es nicht nur über die gelbe Kugel verkleinert im Dock ablegen, sondern auch ausblenden. Dann belegt es keinen Platz im Dock, ist aber weiterhin auf Mausklick hervorzurufen. Drücken Sie dafür ⌘ H (H für „hide", verstecken). Mit einem Klick auf das Programmsymbol im Dock blenden Sie alle geöffneten Fenster des Programms wieder ein.

Wie unter Windows besitzt auch unter Mac OS X fast jedes Fenster eine Symbolleiste, über die Sie bestimmte Programmaktionen schneller als über das Menü ausführen können. Und wie unter Windows ist diese Symbolleiste auch unter Mac OS X fast immer beliebig anpassbar.

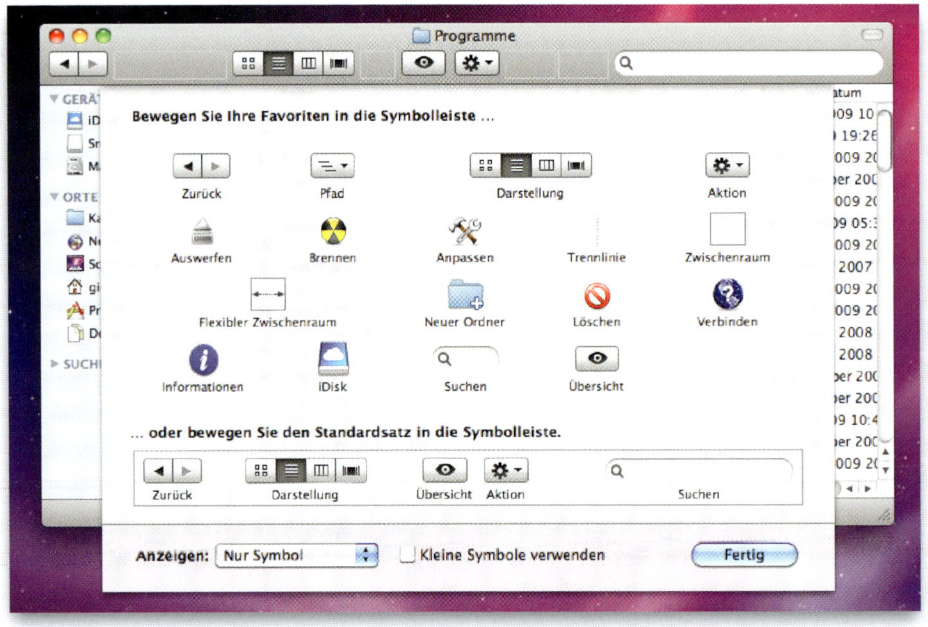

Wie bei Windows können Sie auch bei Mac OS X die Symbolleiste eines Programms flexibel und nach Ihren Anforderungen gestalten. Hier lässt sich auch der Ausgangszustand problemlos wiederherstellen.

1. Zum vollen Zugriff auf die Konfiguration der Symbolleiste rufen Sie *Darstellung > Symbolleiste anpassen* auf. Alternativ dazu können Sie auch mit der rechten Maustaste in die Symbolleiste klicken und im Kontextmenü den Eintrag *Symbolleiste anpassen* wählen.
2. Die Symbolleiste lässt sich über *Darstellung > Symbolleiste ausblenden* aus- und später wieder einblenden. Schneller geht es, wenn Sie auf die ovale Schaltfläche rechts oben am Fenster klicken.
3. Um die Größe der Symbole zu ändern oder um die Beschriftung ein- bzw. auszublenden, müssen Sie nicht erst über das *Darstellung*-Menü gehen, sondern klicken einfach mit gehaltener ⌘-Taste auf die ovale Schaltfläche rechts oben am Fenster.
4. Um die Symbolanordnung zu ändern oder ein Symbol zu löschen, bewegen Sie es mit gedrückter ⌘-Taste. Sie können es auf der Symbolleiste verschieben oder durch Hinausziehen löschen.

Statusmeldungen und Paletten

Neben dem Standardfenster kennt Mac OS X noch einige andere Fenstervarianten. So werden bei manchen Aktionen Statusmeldungen in einem Fenster angezeigt, das keine bunte Murmeln hat, sich nicht skalieren und manchmal auch nicht verschieben lässt. Dabei handelt es sich oftmals um Sicherheitsabfragen oder wichtige Systemmeldungen, die Sie explizit bestätigen müssen, bevor eine Aktion ausgeführt wird oder Sie weiterarbeiten können.

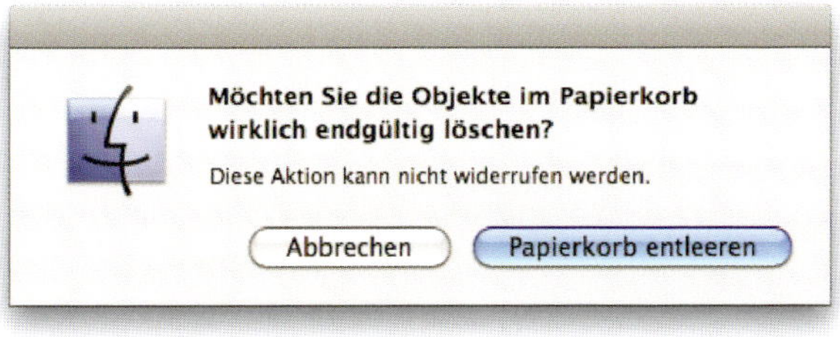

Bei Statusmeldungen oder Sicherheitsabfragen werden Fenster benutzt, die Sie nicht skalieren oder im Dock ablegen können.

Eine weitere Sonderform sind die Paletten. Hier werden oft bestimmte Systemfunktionen zugänglich gemacht. Im Unterschied zu normalen Fenstern liegen Paletten immer auf der obersten Ebene und können allenfalls von anderen Paletten überdeckt werden. Sie lassen sich normalerweise nicht über die Tastatur schließen, sondern über eine Klick auf die rote Murmel. Sie tauchen in der Programm- bzw. Fensterübersicht nicht auf und sie lassen sich auch nicht in einen anderen „Space" verschieben (was es damit auf sich hat, erfahren Sie in Kapitel 4). Paletten erkennen Sie an den kleineren farbigen Murmeln und an den rechtwinkligen, nicht abgerundeten Ecken.

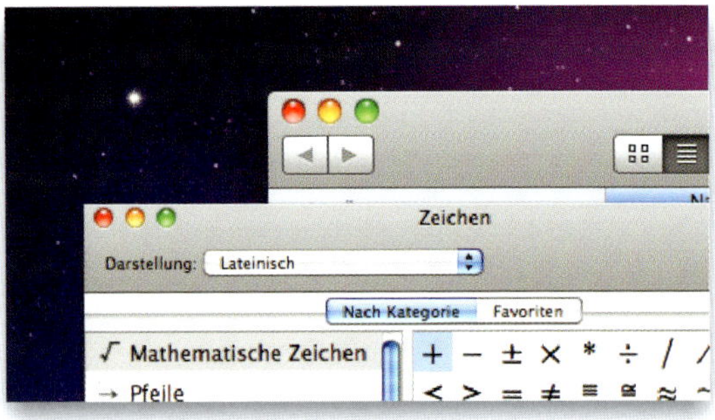

Standardfenster und Palette: Im Hintergrund liegt ein normales Finderfenster, im Vordergrund eine Palette. Die optischen Unterschiede (kleinere Buttons, harte Kanten) sind deutlich zu erkennen.

HUD (Head-Up-Display)

Eine Besonderheit von Mac OS X sind die in Apples Interface-Guidelines als „transparent panel" bezeichneten Fenster, für die sich bei den Anwendern und Entwicklern allerdings die Bezeichnung „HUD" etabliert hat.

HUD ist die Abkürzung für „Head-Up-Display" und kommt ursprünglich aus der Flugwelt. Dort bezeichnet es Systeme, mit denen Informationen ins Sichtfeld der Piloten eingeblendet werden. So können sie diese Informationen lesen, ohne dass die Flugbahn aus dem Blick gerät. Ähnliche Verfahren werden aktuell für Navigationsgeräte im Auto entwickelt.

Bei Mac OS X sind mit den HUDs halbtransparente, schwarzgraue Fenster gemeint, die wie eine Palette ständig im Vordergrund liegen.

Diese Sonderform der Paletten werden üblicherweise von Programmen benutzt, die einen Dialog einblenden, der vorübergehend die Aufmerksamkeit des Anwenders benötigt, ohne sich ablenkend aufzudrängen. Ein typischer Einsatz eines HUDs sind etwa die Dialoge zur Änderung von Farb- und ähnlichen Werten in einer Bildbearbeitung. Hier kann der Anwender seine Änderung vornehmen und sofort beurteilen, wie sich sein Eingriff im Bild auswirkt, da das HUD den gesamten Bildeindruck nicht über Gebühr belastet.

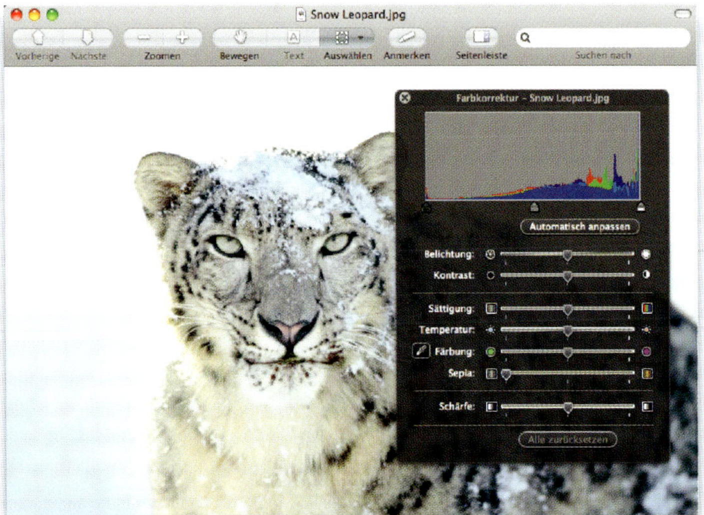

Als HUD bezeichnet man die schwarzgrauen, halb durchsichtigen Fenster, die üblicherweise für bestimmte Dialoge bei medienzentrierten Applikationen benutzt werden.

Mac OS X nutzt etwa ein HUD, um eine schnelle Dateivorschau anzuzeigen (die Sie in Kapitel 4 kennenlernen). Auch iPhoto arbeitet mit HUDs, in denen verschiedene Bearbeitungsfunktionen bereitgestellt werden, ohne dass die dazu notwendigen Menüfenster den Blick auf das zu bearbeitende Foto stärker als notwendig beeinträchtigen.

Mengenklammer, Tilde & Co: Tastaturbelegung und Sonderzeichen

Wie bereits weiter oben erwähnt, fragen sich viele Umsteiger, wo die von Windows her gewohnten Sonderzeichen zu finden sind. Auf der Tastatur sind sie nicht aufgedruckt, also wie gibt man etwa Mengenklammern { } oder eine Tilde ~ ein?

Die sparsam bedruckte Tastatur des Macs hat einen guten Grund. Unter Windows werden die meisten Sonderzeichen über den Zeichencode via Ziffernblock eingegeben, beim Mac sind viele Zeichen über Tastenkombinationen erreichbar.

Möchte man zum Beispiel unter Windows die französischen Anführungszeichen » und « eingeben, dann muss man den Ziffernblock aktivieren, die [alt]-Taste festhalten und die Zahlen 0187 bzw. 0171 eintippen. Beim Mac gibt man diese Sonderzeichen über die Kombination durch [⇧] [⌥] [Q] bzw. [⌥] [Q] ein.

Schön und gut, werden Sie jetzt vielleicht sagen, aber warum versteckt Apple diese Funktion und druckt nicht wenigstens die üblichen Sonderzeichen auf die Tasten? Die Antwort ist recht einfach.

Anders als unter Windows sind beim Mac viele Tasten drei- oder gar vierfach belegt. Beim MacBook kommen obendrein die Ziffern des Ziffernblocks hinzu, der auch bei Apple – wie bei jedem anderem Notebook – über die [fn]-Taste aktiviert werden kann. Tasten wie etwa die 0 sind dann gleich fünffach belegt, nämlich mit den Zeichen: 0, =, /, ≠ und ¯.

Wollte man also alle über die Tastatur erreichbare Zeichen auch auf die Tasten drucken, dann ergäbe das ein heilloses Durcheinander. Stattdessen macht es Apple so wie immer: man stapelt tief. Die Tasten können sehr viel mehr, als man ihnen auf den ersten oder auch zweiten Blick ansieht – aber sie drängen Ihnen ihre Funktionalität nicht auf.

Bleibt nur noch die Frage, woher Sie denn nun wissen sollen, wie Sie Mengenklammern, Tilde & Co eingeben. Da gibt es unterschiedliche Möglichkeiten. Das hier ist eine davon:

1. Wählen Sie in der Menüleiste den Eintrag > *Systemeinstellungen.*
2. Es öffnet sich die Steuerzentrale Ihres Macs. Klicken Sie hier im Abschnitt *Persönlich* auf den Eintrag *Sprache & Text.* Falls dieser Eintrag nicht zu sehen ist, klicken Sie oben links auf *Alle einblenden.*
3. Der Inhalt des Fensters ändert sich und zeigt Ihnen die gewünschten Einstellungen. Hier wechseln Sie auf das Register *Eingabequellen.*

4. Aktivieren Sie im oberen Bereich den Eintrag *Tastatur- und Zeichenübersicht* und achten Sie darauf, dass unten rechts die Option *Eingabequellen in der Menüleiste anzeigen* aktiviert ist.

Die Systemeinstellungen sind die Schaltzentrale Ihres Macs. Dabei werden die verschiedenen Rubriken immer im gleichen Fenster angezeigt (hier: Sprache & Text). Über die Schaltfläche Alle einblenden *gelangen Sie immer zur Gesamtübersicht zurück.*

Damit sind wir in den Systemeinstellungen fertig und können das Fenster schließen. Sämtliche Einstellungen werden sofort übernommen, Sie müssen also nicht erst auf eine Schaltfläche wie „Übernehmen" klicken, und auch einen „OK"-Button werden Sie zu solchen Anlässen eher selten zu sehen bekommen.

Stattdessen wird auch dieses Fenster wieder mit einem Klick auf die rote Murmel links oben geschlossen.

Wenn Sie nun nach rechts oben schauen, stellen Sie fest, dass die Menüleiste um ein kleines Tastatursymbol ergänzt wurde. Über dieses Symbol können Sie sich nun jederzeit als Gedächtnisstütze und Eingabehilfe die Tastaturbelegung Ihres Macs anzeigen lassen:

1. Klicken Sie auf das Tastatursymbol in der Menüleiste.
2. Wählen Sie *Tastaturübersicht einblenden*.

Nun erscheint ein kleines Fenster mit der aktuellen Tastaturbelegung. Das Fenster bleibt immer im Vordergrund. Sobald Sie eine Taste drücken, wird die entsprechende Taste markiert. Drücken Sie nun [⇧] oder [⌥] bzw. beide zusammen, zeigt das Fenster die geänderte Tastaturbelegung an.

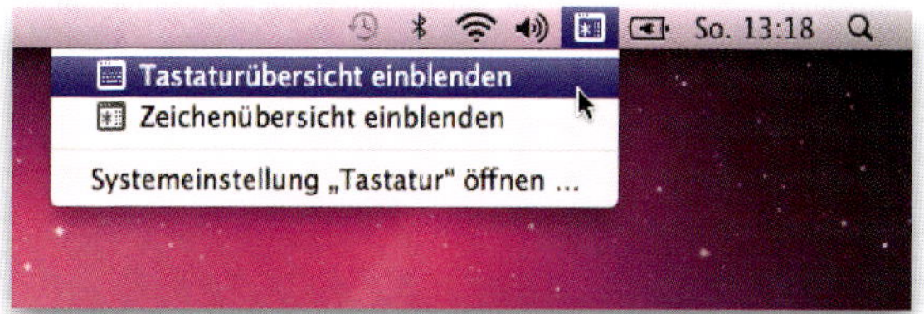

Durch die Änderungen in den Systemeinstellungen haben Sie Tastatur- und Zeichenübersicht jederzeit im Griff.

Die Tastaturübersicht ist eine Palette, liegt also immer im Vordergrund und kann nur über einen Klick auf die rote Murmel links oben geschlossen werden. Das Kürzel [⌘] [W] funktioniert hier nicht, sondern schließt stattdessen das Fenster des aktiven Programms (falls ein Programm aktiv und ein Fenster geöffnet ist, versteht sich; die Tastaturübersicht wird von Mac OS X nicht als aktives Programm behandelt).

Die Tastaturübersicht zeigt Ihnen an, welche Zeichen Sie mit welcher Tastenkombination erreichen können. Hier sehen Sie die Belegung bei gedrückter [⌥]*-Taste.*

Die Tastaturübersicht bietet zwar den Zugriff auf eine ganze Menge, aber bei weitem nicht auf alle Zeichen, über die Ihr Mac verfügt. Dafür dient der zweite Punkt im Tastaturmenü rechts oben: *Zeichenübersicht einblenden*. Dabei handelt es sich um ein Verzeichnis der verschiedenen Zeichen installierter Zeichensätze auf Ihrem Mac, das nach verschiedenen Kriterien und Kategorien gefiltert werden kann. Um eines dieser Zeichen in ein Dokument zu übernehmen, klicken Sie es doppelt mit der Maus an.

Die Zeichenübersicht bietet Ihnen mit einem Mausklick Zugriff auf praktisch alle Zeichen aller verfügbaren Zeichensätze Ihres Macs.

Die Zeichenübersicht kann in vielen (nicht allen) Programmen auch über das Menü *Bearbeiten > Sonderzeichen* bzw. über das Kürzel ⌥ ⌘ T aufgerufen werden.

Die wichtigsten Tastenkürzel

Praktisch alle Operationen am Mac werden mit der Maus ausgeführt. Doch das heißt nicht, dass Sie Ihren Mac nicht auch über die Tastatur steuern könnten. Das geht vielfach sehr viel schneller und unterbricht den Arbeitsfluss nicht so störend wie der Griff zur Maus. Die Tastenkürzel lassen sich anpassen und auch um neue Aktionen erweitern, doch mit dieser fortgeschrittenen Arbeitstechnik beschäftigen wir uns an anderer Stelle.

Die meisten hier kurz vorgestellten Kürzel werden im Verlauf des Buches noch im Zusammenhang erklärt werden, aber so haben Sie an dieser Stelle schon einmal eine Übersicht über die wichtigsten Kürzel, die für praktisch alle Programme am Mac gelten und zum Allgemeinwissen eines Mac-Anwenders gehören sollten.

⌘ A	Alles markieren
⌘ C	Das markierte Objekt/die markierten Objekte in die Zwischenablage kopieren
⌘ X	Das markierte Objekt/die markierten Objekte ausschneiden und in die Zwischenablage kopieren
⌘ V	Den Inhalt der Zwischenablage einfügen
⌘ F	Suchen
⌘ H	Ein Programm samt allen Fenstern ausblenden
⌘ I	Informationen zum markierten Objekt einblenden
⌘ M	Ein Fenster verkleinern und im Dock ablegen
⌘ N	In einem Programm ein neues Fenster öffnen
⌘ O	Datei öffnen
⌘ <	Zwischen den Fenstern eines Programms wechseln
⌘ W	Das aktive Fenster schließen (ohne das Programm zu beenden)
⌘ Q	Das aktive Programm beenden
⌘ ⇥	Zwischen allen geöffneten Programmen wechseln

Beachball und Eieruhr

Zum Abschluss dieses Kapitels soll noch kurz auf einen weiteren Unterschied zwischen Windows und Mac OS X hingewiesen werden.

Apple baut sehr schnelle Computer und legt Wert darauf, moderne Prozessoren zu benutzen. Entsprechend zügig und schnell reagiert Mac OS X auf Benutzereingaben, Mausklicks und ähnliches.

Aber natürlich gibt es auch beim Mac immer wieder Situationen, in denen das System oder eine bestimmte Applikation beim besten Willen nicht in der Lage ist, auf den Menschen vor dem Monitor zu reagieren und eine Zeitlang mit sich selbst beschäftigt bleibt.

Bei Windows würden Sie in solchen Fällen eine Eieruhr sehen, bei Mac OS X verwandelt sich der Cursor in einen sich drehenden bunten Ball. Dieser Ball heißt offiziell „spinnig wait cursor", was sich ungefähr mit „drehender Wartezeiger" übersetzen lässt. Unter Anwendern heißt er oftmals „Beachball".

Wenn Sie diesen Ball sehen, bittet Sie das System um etwas Geduld. Sobald es sich wieder um Sie kümmern kann, wird aus dem Beachball wieder ein normaler Mauszeiger.

Üblicherweise ist ein Beachball nur eine vorübergehende Erscheinung. Es kann allerdings auch sein, dass er der Anfang vom Ende und die entsprechende Applikation abgestürzt ist. Daher heißt der Beachball auch – in Anlehnung an den „Blue Screen of Death" von Windows –, gelegentlich „Beachball of Death" oder auch „Spinnig Pizza of Death".

Kapitel 2

Dateien und Ordner

Beim Mac geht es letztlich nicht anders zu als bei anderen Computern auch: Es dreht sich alles um die Verwaltung von Dateien aller Art in unterschiedlichen Ordnerstrukturen. Was immer Sie mit Ihrem Mac anstellen möchten – ohne die Kenntnis, wie Mac OS X mit Dateien umgeht, kommen Sie nicht weit. Im zweiten Kapitel lernen Sie daher das vielleicht wichtigste Programm kennen, das der Mac zu bieten hat. Es ist immer da, kann nie beendet werden, bietet Ihnen Zugriff auf alle Dateien, Ordner und Laufwerke Ihres Macs und werkelt immer und überall im Hintergrund: der Finder.

Der Explorer heißt jetzt Finder

Was bei Windows der Explorer, ist bei Mac OS X der Finder: Das Tor zu allen Dateien, Programmen, Ordnern und Laufwerken Ihres Computers.

Der Finder ist ein ständig aktives Programm, das untrennbar zu Mac OS X gehört und nicht beendet werden kann – es sei denn, Sie schalten Ihren Mac aus. Der Finder verwaltet sämtliche Laufwerke, über den Finder greifen Sie auf bestimmte Ordner zu, legen neue Ordner an, kopieren, verschieben und löschen Dateien, benennen Dateien um und vieles mehr. Kurz: Sämtliche Dateioperationen werden im Finder ausgeführt.

Um ein Finderfenster zu öffnen, wechseln Sie zuerst zum Finder, indem Sie unten links auf das freundlich lächelnde Logo klicken. Falls bereits ein Fenster geöffnet ist, wird es nach vorn geholt, falls nicht, wird eines geöffnet. Sie können beliebig viele Finderfenster geöffnet halten und zwischen ihnen wechseln. Um ein neues Fenster im Finder zu öffnen, drücken Sie ⌘ N. Welchen Ordner der Finder in einem neuen Fenster automatisch anzeigt, legen Sie in den Einstellungen fest. Dazu rufen Sie *Finder > Einstellungen* auf, wechseln auf die Registerkarte *Allgemein* und wählen dort unter *Neues Fenster im Finder zeigt* den gewünschten Ordner.

Ein typisches Finderfenster: Links sehen Sie die Seitenleiste, über die Sie schnellen Zugriff auf wichtige Komponenten erhalten, rechts sehen Sie den Inhalt des gewählten Eintrags (hier den Inhalt meines Benutzerordners).

Ein typisches Finderfenster ist zweigeteilt. Links sehen Sie die farblich abgesetzte Seitenleiste. Im rechten Teil wird der Inhalt des in der Seitenleiste gewählten Eintrags gezeigt. Die Seitenleiste des Finders wird Ihnen auch noch in anderen Programmen begegnen, etwa in Mail oder iTunes (wo sie ursprünglich auch herkommt). Sie bildet eine zusätzliche

Ordnungsebene aus Verweisen auf Objekte, die sich nicht an den Strukturen der Festplatte orientiert, sondern an den Ansprüchen des Anwenders. Dazu bietet sie verschiedene Kategorien, die sich mit einem Klick auf den kleinen Pfeil links auf- und zuklappen lassen.

Die Seitenleiste im Finder ist standardmäßig in drei Bereiche unterteilt:

- **Geräte:** Hier werden alle angeschlossenen physikalischen und virtuellen Laufwerke aufgeführt, also interne und externe Festplatten, USB-Sticks, CDs und DVDs. Von Haus aus sehen Sie hier einen Eintrag zur aktuellen Festplatte, die meist „Macintosh HD" heißt (aber natürlich umbenannt werden kann), und zur „iDisk". Dabei handelt es sich um ein Laufwerk im Web, das zu Apples (kostenpflichtigem) Onlinedienst MobileMe gehört. Wenn Sie keinen MobileMe-Account besitzen, handelt es sich bei diesem Eintrag letztlich nur um Werbung, die Sie löschen können (wie das geht, erfahren Sie weiter unten).
- **Orte:** Damit sind Ordner und Dateien gemeint, auf die Sie häufig zugreifen und die Sie von hier aus mit einem Klick ansteuern können. Hier finden Sie standardmäßig Verweise zu Ihrem Benutzerordner, zu den Programmen und Dokumenten und so weiter. Auch diese Einträge lassen sich natürlich Ihren Wünschen anpassen.
- **Suche:** Oft sucht man eine Datei, deren Namen man nicht mehr so genau weiß, die man aber heute oder in den letzten Tagen bearbeitet hat. Hier hilft die Suche, die Ihnen auf Mausklick alle Dateien anzeigt, die *Heute*, *Gestern* oder im Verlauf der *Letzten Woche* geöffnet wurden. Außerdem können Sie von hier aus rasch sämtliche Bilder, Filme und andere Dokumente auflisten lassen. Natürlich ist auch die Suche frei konfigurierbar. Mit den vielfältigen Möglichkeiten, auf Ihrem Mac eine bestimmte Datei zu suchen und natürlich auch zu finden, beschäftigen wir uns in einem eigenen Kapitel.
- **Freigaben:** Sobald Sie mit Ihrem Mac in einem Netzwerk arbeiten, in dem Server oder Laufwerke zur gemeinsamen Nutzung freigegeben sind, wird zwischen *Geräte* und *Orte* die Gruppe *Freigaben* eingefügt, die Ihnen Zugriff auf die Laufwerke im Netzwerk gibt.

Die Symbolleiste des Finders

Wie schon im ersten Kapitel erwähnt, können Sie die Symbolleiste in Programmfenstern über *Darstellung > Symbolleiste anpassen* um die von Ihnen gewünschten Symbole erweitern bzw. vorhandene Symbole, die Sie nicht benötigen, entfernen.

Das geht natürlich auch beim Finder, aber hier ist noch mehr möglich. Sie sind hier nämlich nicht auf die Symbole beschränkt, die Ihnen das Programm anbietet, sondern können in der Symbolleiste auch Verweise auf Dateien und Ordner ablegen, um diese mit einem Klick sofort zu erreichen.

Ziehen Sie dafür die gewünschten Einträge aus dem Finder einfach auf die Symbolleiste und lassen Sie sie dort los. Um einen so hinzugefügten Verweise wieder zu entfernen, rufen Sie *Darstellung > Symbolleiste* auf und ziehen die entsprechenden Symbole wieder aus der Leiste heraus. Sie verpuffen in einem kleinen Wölkchen und verschwinden.

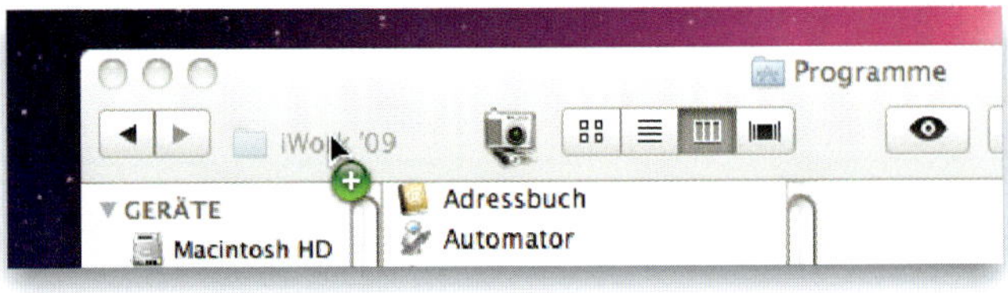

In der Symbolleiste des Finders können nicht nur die vorgegebenen Symbole, sondern auch Dateien und Ordner jeder Art abgelegt werden. Hier zum Beispiel der Ordner „iWork '09" und das Programm „Digitale Bilder".

Die Seitenleiste anpassen

Die Reihenfolge der Rubriken in der Seitenleiste ist fest vorgegeben, aber innerhalb einer Rubrik können Sie die Einträge mit der Maus verschieben und nach Gutdünken anordnen. Doch das ist nicht die einzige Möglichkeit, die Seitenleiste Ihren Wünschen anzupassen. Sie können natürlich auch festlegen, welche Objekte hier angezeigt werden sollen – und welche nicht.

Haben Sie zum Beispiel derzeit kein Interesse an Apples Onlinedienst MobileMe, dann brauchen Sie auch den Eintrag *iDisk* nicht. Schnappen Sie ihn sich also mit der Maus, und ziehen Sie ihn aus der Seitenleiste heraus. Der Eintrag verpufft in einer netten Animation als Bitwölkchen. Das können Sie mit jedem Eintrag in der Seitenleiste machen, ganz gleich, in welcher Rubrik er sich befindet. Keine Sorge, Sie verlieren dabei keine Daten und löschen auch nicht versehentlich einen Ordner. In der Seitenleiste werden ausschließlich Verweise gespeichert. Alles, was Sie hier löschen, lässt sich problemlos zurückholen. Am einfachsten geht das sofort nach der Löschaktion: ⌘ Z macht auch im Finder jede Aktion rückgängig. Zu einem späteren Zeitpunkt lässt sich die Standardbelegung der Leiste ebenfalls sehr schnell wiederherstellen. Rufen Sie *Finder > Einstellungen* auf und wechseln Sie dort auf

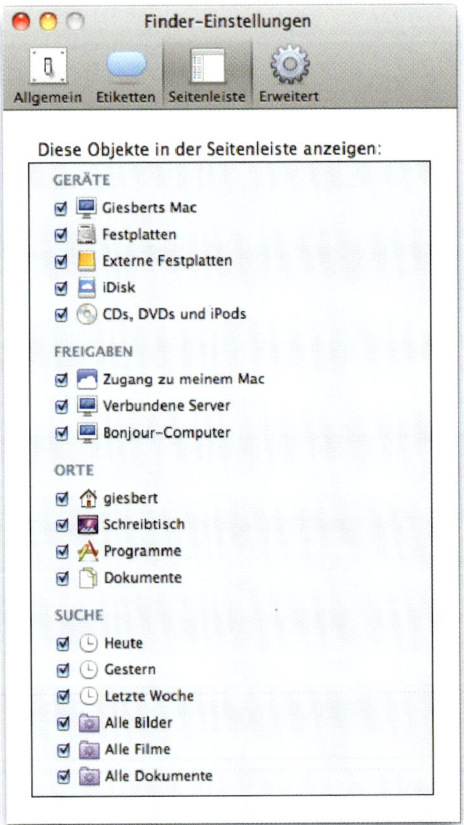

In den Einstellungen des Finders können Sie festlegen, welche Standardelemente in der Seitenleiste angezeigt werden sollen.

die Registerkarte *Seitenleiste*. Hier können Sie alle gewünschten Einträge ein- und ausblenden.

Das heißt – „alle gewünschten Einträge" ist ein wenig übertrieben. Je nach Konfiguration Ihres Macs tauchen in der Seitenleiste standardmäßig auch die Einträge *Filme*, *Musik* und *Bilder* auf. Dabei handelt es sich um Verknüpfungen mit den entsprechenden Ordnern in Ihrem Benutzerordner (dazu weiter unten mehr). Wenn Sie diese Einträge aus der Seitenleiste herausziehen und damit löschen, helfen Ihnen die Einstellungen des Finders bei der Wiederherstellung leider gar nichts. Was also tun?

Sie können auf jeden beliebigen Ordner mit Drag & Drop einen Verweis in der Seitenleiste ablegen.

Nun, ganz einfach: Diese Einträge lassen sich rekonstruieren, indem Sie die entsprechenden Ordner aus dem rechten Teil des Finderfensters in die Seitenleiste ziehen. Das funktioniert mit jedem Ordner – und nicht nur mit Ordnern. Sie können prinzipiell zu jedem Objekt, auf das Ihr Mac Zugriff hat, einen Verweis in der Seitenleiste anlegen, also auch zu Programmen, Dokumenten, Bildern, Songs und so weiter und so fort.

Allerdings gibt es hier für Einsteiger eine kleine Stolperfalle. Sie können in der Seitenleiste nämlich nicht nur Verweise auf Objekte anlegen, sondern Dateien auch physikalisch von einem in einen anderen Ordner verschieben. Wenn Ihnen das beim Versuch, einen Verweis auf eine Datei anzulegen, versehentlich passiert, werden Sie sich vermutlich wundern, wo Ihre Ordner oder Dateien geblieben sind. Übrigens gilt auch hier: Jede Aktion im Finder lässt sich sofort mit [⌘] [Z] rückgängig machen.

Achten Sie also auf die grafische Rückmeldung, die der Finder Ihnen gibt, wenn Sie ein Objekt auf die Seitenleiste ziehen:

- Sie sehen eine blaue Strichmarkierung: Alles klar, an der Stelle der Markierung wird ein Verweis auf das entsprechende Objekt erzeugt.
- Ein Eintrag in der Seitenleiste wird komplett markiert: Vorsicht, Sie sind dabei, das Objekt in den markierten Ordner zu verschieben.

Je nachdem, an welche Position Sie ein Objekt in die Seitenleiste ziehen, wird entweder ein Verweis auf dieses Objekt angelegt (links), oder das Objekt wird in einen Ordner verschoben (rechts).

Schließlich sei noch darauf hingewiesen, dass sich Seiten- und Symbolleiste ausblenden lassen. Soll nur die Seitenleiste verschwinden, drücken Sie ⌥ ⌘ S. Soll auch zusätzlich die Symbolleiste ausgeblendet werden, klicken Sie auf die die ovale Schaltfläche rechts oben im Finderfenster oder drücken ⌥ ⌘ T.

Die verschiedenen Darstellungen im Finder

Der Umgang mit dem Finder unterscheidet sich nicht wesentlich vom Einsatz des Windows Explorers. Um einen beliebigen Ordner anzusteuern, wählen Sie zuerst in der Seitenleiste das entsprechende Gerät aus (etwa: *Macintosh HD*) und klicken sich anschließend durch die Ordnerstruktur im rechten Fenster bis zum gewünschten Objekt durch.

Wenn Sie bereits wissen, wo sich der gesuchte Ordner oder die gesuchte Datei befindet – zum Beispiel in Ihrem Benutzerordner oder in Ihren Dokumenten –, wählen Sie in der Rubrik *Orte* den entsprechenden Eintrag aus und sparen sich so einige Mausklicks.

Dabei merkt sich der Finder Ihren Weg durch die Ordnerstruktur und bietet Ihnen über die Pfeiltasten oben links die Möglichkeit, Ihren Weg zurückzuverfolgen.

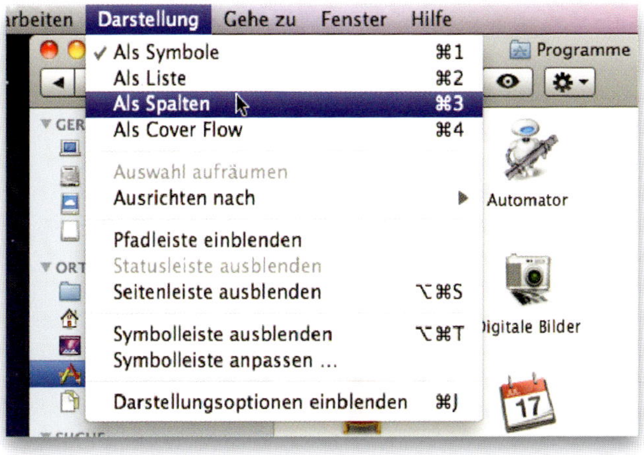

Es gibt verschiedene Wege, die Darstellung im Finderfenster zu verändern. Die Symbol- und Listendarstellung wird Ihnen von Windows her vertraut sein, die Darstellung in Spalten und Cover Flow vermutlich eher nicht. Mit welcher Darstellung Sie am besten klar kommen, hängt von Ihren Vorlieben ab.

Bei der Orientierung im Finder helfen Ihnen die verschiedenen Darstellungsmethoden, die Sie über das Menü *Darstellung* wählen, über die entsprechenden Symbole in der Symbolleiste oder über die die Tastenkürzel ⌘ 1, ⌘ 2, ⌘ 3 oder ⌘ 4. Die Darstellungen im Einzelnen:

Symbole: *Die Einträge werden in Form von Dateisymbolen dargestellt. Bei Programmen ist dies das Programmsymbol, bei einer Datei wird, wann immer möglich, eine Minivorschau auf den Inhalt der Datei gegeben. So können Sie etwa Fotos, Präsentationen, aber auch Textdateien bereits im Finder überfliegen, ohne die Datei öffnen zu müssen. Die Größe der Symbole legen Sie mit dem Schieberegler rechts unten im Finderfenster fest. Die maximale Größe eines Symbols liegt bei 512 x 512 Pixel. In der Symboldarstellung öffnen Sie einen Ordner per Doppelklick.*

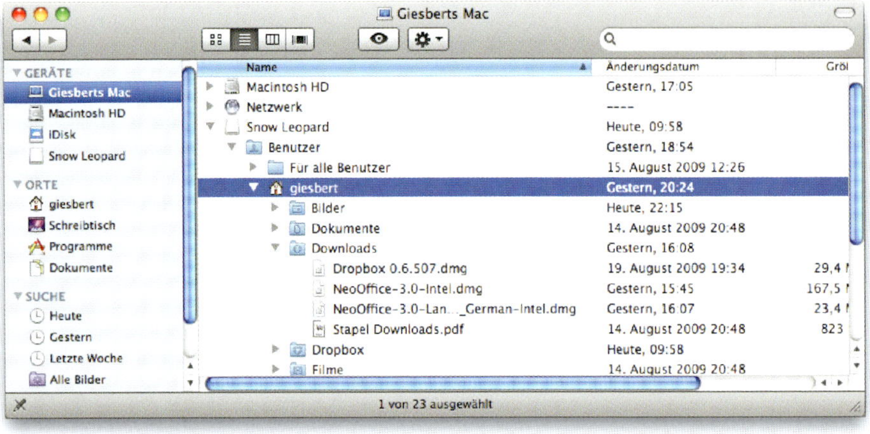

Liste: *Die Einträge werden in Listenform untereinander dargestellt. Ordner innerhalb der Liste werden mit einem Klick auf den kleinen Pfeil links daneben geöffnet bzw. geschlossen.*

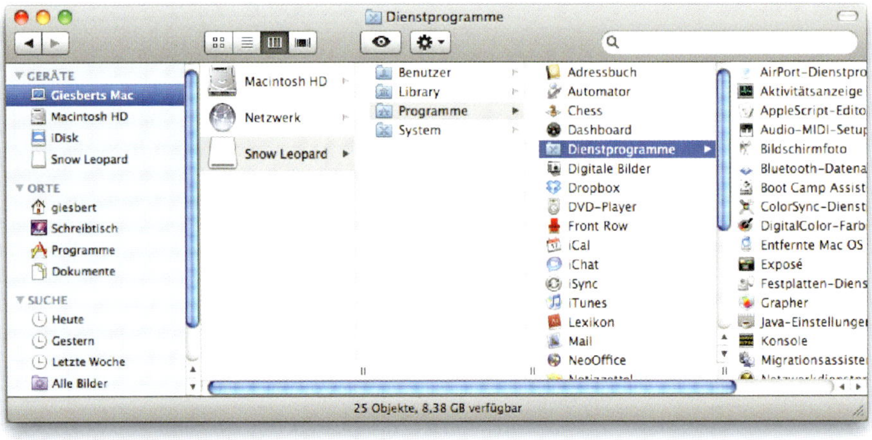

Spalten: *Diese Form der Darstellung wird den meisten Windows-Anwendern unbekannt sein. Zuerst werden, wie bei der Listendarstellung, die Einträge eines Laufwerks oder Ordners untereinander aufgeführt. Klickt man jedoch jetzt auf einen Ordner, dann wird dessen Inhalt nicht eingerückt in der Liste angezeigt, sondern in einer neuen Spalte rechts aufgeführt. Die Spaltenbreite lässt sich manuell über die Griffmarkierungen unten in den Spaltentrennern (die etwas dickere Leiste zwischen zwei Spalten) festlegen, Sie können sich dabei von Mac OS X helfen lassen. Halten Sie die* ⌥*-Taste gedrückt und klicken Sie doppelt auf eine der Markierungen, werden alle Spaltenbreiten so angepasst, dass jeder Eintrag vollständig zu lesen ist.*

Cover Flow: *Auch diese Darstellung findet sich nur auf dem Mac und das auch erst seit der Vorgängerversion von Snow Leopard. Es handelt sich gewissermaßen um eine Mischung aus Symbol- und Listendarstellung. Im oberen Teil des Fensters sehen Sie das Symbol oder bei Dokumenten die Vorschau des aktuell ausgewählten Eintrags, im unteren Teil die Listendarstellung, in der Sie mit den Pfeiltasten nach oben und unten steuern können.*

Normalerweise öffnet der Finder jeden Ordner im gleichen Fenster. Möchten Sie einmal einen Ordner explizit in einem eigenen Fenster öffnen, klicken Sie das Ordnersymbol bei gehaltener [⌘]-Taste doppelt an.

Die Darstellung anpassen

Jede Darstellung im Finder hat eigene Konfigurationsmöglichkeiten. Wechseln Sie dazu zuerst zur gewünschten Darstellung und wählen Sie anschließend *Darstellung > Darstellungsoptionen einblenden*. Alternativ dazu können Sie auch [⌘] [J] drücken.

Die Darstellungsoptionen werden als Palette eingeblendet, die immer zu sehen ist und deren Inhalt sich der jeweils aktuellen Auswahl im Finder anpasst. Sobald Sie hier Änderungen vornehmen, also zum Beispiel die Schrift- oder Symbolgröße ändern, oder festlegen, welche Informationen angezeigt werden sollen, werden Ihre Änderungen sofort übernommen. Sie haben also jederzeit im Blick, wie sich Ihre Einstellungen auswirken.

Möchten Sie, dass in Zukunft der aktuelle Ordner mit den aktuellen Einstellungen geöffnet werden soll, aktivieren Sie den Punkt *Immer in …darstellung öffnen*. Möchten Sie zudem, dass Ihre Einstellungen für eine bestimmte Darstellung als Standardeinstellung dieser Darstellung benutzt werden sollen, klicken Sie auf *Als Standard verwenden*. Diese Option ist natürlich nur aktiv, wenn Sie die aktuell geltenden Standardeinstellungen verändert haben. Bei der Spaltendarstellung gibt es leider keine Möglichkeit, eine Darstellung als Standard zu benutzen.

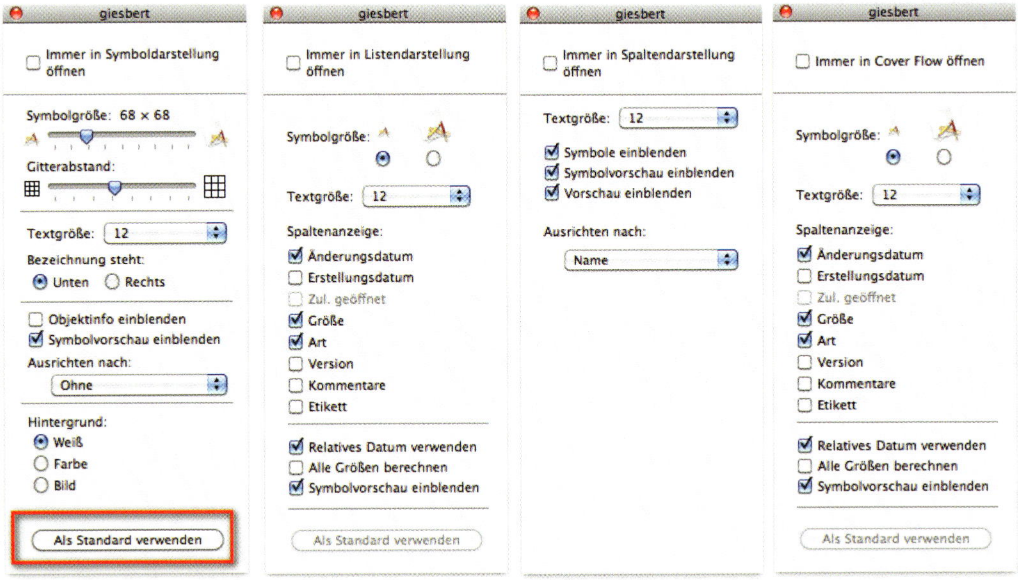

Jede Darstellung im Finder hat ihre eigenen Einstellungen. Sie können jedem Ordner eine individuelle Darstellung zuweisen und auch von jedem beliebigen Ordner aus die Standardeinstellungen für eine bestimmte Darstellung ändern.

Ihr Computer und seine Laufwerke

Bevor wir uns mit den täglichen Dateioperationen beschäftigen, werfen wir rasch einen Blick auf die Dateistruktur von Mac OS X, damit Sie wissen, in welchem Ordner Ihr Mac normalerweise welche Informationen speichert.

Auf der obersten Verwaltungsebene steht für das System natürlich der Computer selbst, zu dessem Betrieb es schließlich installiert ist. Angezeigt wird der Gerätename, unter dem der Computer in einem Netzwerk aufgeführt wird. (Diesen Namen können Sie übrigens unter > *Systemeinstellungen* > *Freigaben* ändern.)

In der Hierarchie folgen alle an den Computer angeschlossenen Laufwerke („Volumes"). Darunter werden alle internen und extern angeschlossenen Festplatten, CD-/DVD-Laufwerke, USB-Sticks, MP3-Player, Netzlaufwerke und ähnliches verstanden. Um sich diese oberste Ebene anzeigen zu lassen, drücken Sie im Finder entweder ⇧ ⌘ C (C für Computer) oder klicken auf den Computer-Eintrag in der Seitenleiste. Falls dieser Eintrag bei Ihnen nicht auftaucht, können Sie ihn über *Finder > Einstellungen > Seitenleiste* einblenden lassen.

Ein Sonderfall unter den Laufwerken sind die Mac-typischen DMG-Dateien, die uns im Verlauf des Buches noch häufiger begegnen werden (DMG = Disk Image). Dabei handelt es sich zwar de facto um Dateien, doch diese werden vom System wie ein Laufwerk behandelt. DMG-Dateien sind eine weitverbreitete Form zur Weitergabe von mehreren Dateien und Programmen und bieten auch sonst manche Vorteile. DMG-Dateien werden mit einem Doppelklick geöffnet und verhalten sich dann wie ein externes Laufwerk.

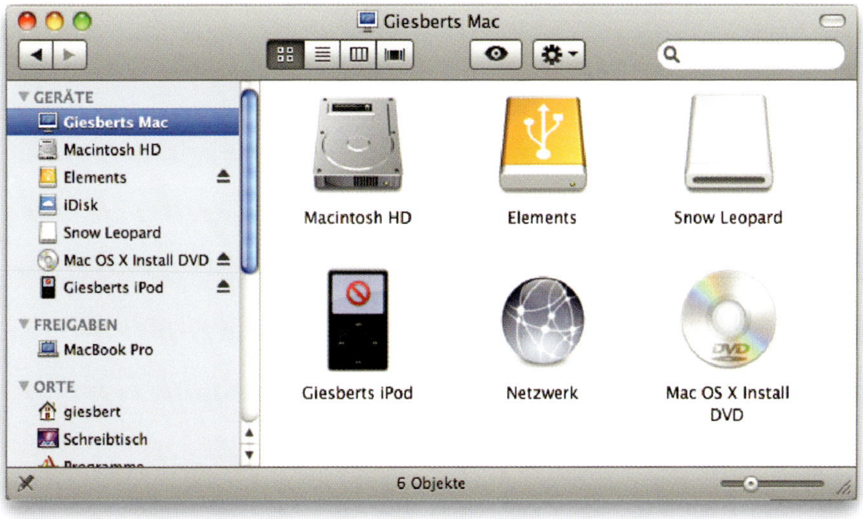

Ganz oben steht für Mac OS X natürlich der Computer selbst, auf dem es installiert ist. Dann folgen in der Hierarchie die angeschlossenen Laufwerke und eventuell verfügbare Netzlaufwerke.

Um ein externes Laufwerk wie etwa einen USB-Stick in Betrieb zu nehmen, genügt es, ihn am Mac einfach einzustecken. Nach einem kurzen Moment erkennt Mac OS X das neue Laufwerk und zeigt es im Finder und auf dem Schreibtisch an. Wie bei Windows müssen hier in der Regel keine Treiber installiert werden, anders als unter Windows erspart Ihnen der Mac aber alle überflüssigen Dialoge und Mausklicks, mit denen Sie unter Windows beim (ersten) Anschluss eines USB-Gerätes nur zu oft belästigt werden.

Ein externes Laufwerk sollten Sie auf keinen Fall einfach wieder abziehen, da hier Datenverlust droht. Stattdessen wird es beim System abgemeldet. Dafür gibt es verschiedene Möglichkeiten. Der Standardweg ist ein Mausklick auf das Auswurfssymbol ⏏ neben dem Laufwerkseintrag im Finder. Falls Sie gerade kein Finderfenster geöffnet haben, markieren Sie das Laufwerkssymbol auf dem Schreibtisch und drücken ⌘ E (E für eject, auswerfen).

Da eine geöffnete DMG-Datei für das Betriebssystem nichts anderes als ein externes Laufwerk ist, müssen Sie dieses virtuelle Laufwerk ebenfalls zuerst auswerfen, um die Datei zu schließen.

Die ⏏-Taste auf der Tastatur bezieht sich dagegen ausschließlich auf den Auswurf von CDs und DVDs.

Die Festplatte und ihre Ordner

Das wichtigste Laufwerk ist natürlich das Startvolume, also das Laufwerk, auf dem das System installiert ist und von dem aus gebootet wird. In der Regel wird das die lokale Festplatte im Computer sein, es ist allerdings auch möglich, von einer externen Festplatte, der System-DVD oder einem USB-Stick zu booten (dazu mehr in Kapitel 11).

Auf der obersten Ebene befinden sich nur einige wenige Ordner. Sie könnten hier auch eigene Ordner ablegen – aber Sie sollten es lieber nicht tun. Dergleichen führt früher oder später zu einem heillosen Durcheinander.

Auf der obersten Ebene, dem „Root" (root = Wurzel), sind vor allem vier Ordner für das System lebenswichtig:

- **Benutzer:** Der Mac ist ein Mehrbenutzersystem. In diesem Ordner finden sich die Daten aller eingerichteten Benutzer. Natürlich erhält man immer nur Zugriff auf seinen eigenen Benutzerordner.
- **Library:** Hier legt das System die verschiedensten Zusatzinformationen und Daten zu installierten Programmen und Funktionen ab. Library-Ordner finden Sie an unterschiedlichen Stellen im System, auch in jedem Benutzerordner. In der Library auf oberste Ebene werden systemweite Informationen verwaltet, die Library in den Benutzerordnern enthält entsprechend individuelle Einstellungen der Benutzer.

- **Programme:** Der Name sagt alles. In diesem Ordner landen in der Regel alle Programme, die auf Ihrem Mac installiert werden.
- **System:** Der Systemordner enthält die eigentlichen Betriebssystemdaten. Hier sollten Sie sich nur tummeln, wenn Sie wissen, was Sie tun. Im Zweifelsfall lassen Sie einfach die Finger davon. Und die Maus natürlich auch.

Neben diesen vier Ordnern, die Sie auf jeden Fall im Root finden, können hier auch noch weitere Ordner auftauchen. Installieren Sie etwa zu einem späteren Zeitpunkt einmal die Entwicklerwerkzeuge von Mac OS X (zu finden auf der Installations-DVD), dann taucht hier der Ordner „Developer" auf.

Doch für Sie sollte diese Ebene tabu sein. Sie können hier zwar Ordner an- und Daten ablegen, aber Sie sollten es nicht tun. Verstreuen Sie Ihre Daten nicht wild im System, nur weil Sie es können, sondern speichern Sie sie da, wo sie hingehören: in Ihrem Benutzerordner.

Wo bin ich? Pfade und Proxy-Icon

Mitunter passiert es, dass man sich im Finder ein wenig verheddert und nicht mehr so genau weiß, an welcher Stelle der Ordnerstruktur man sich eigentlich befindet. Hier bietet der Finder verschiedene Orientierungshilfen.

Da ist zum einen das Dateisymbol in der Titelleiste eines Finderfensters. Dieses Symbol heißt „Proxy-Icon" und hat unter Mac OS X eine besondere Funktion. Ein „Proxy" ist ein „Stellvertreter", und dieses Symbol ist ein Stellvertreter für den aktuellen Inhalt eines Fensters, über das sich verschiedene Dateioperationen erledigen lassen.

Klicken Sie im Finderfenster das Proxy-Icon mit gehaltener [⌘]-Taste an, öffnet sich ein kleines Fenster, in dem der vollständige Pfad zum aktuellen Ordner angezeigt wird. Und nicht nur das: Sie können in diesem kleinen Menü mit einem Klick auf eine übergeordnete Ebene wechseln.

Ein kleines, etwas verstecktes Menü zeigt Ihnen in jedem Ordner, wo genau Sie sich innerhalb der Systemhierarchie befinden und erlaubt Ihnen den schnellen Wechsel zu anderen Ordnern im Pfad.

Zusätzlich können Sie sich über *Darstellung > Pfadleiste einblenden* am unteren Rand eines Finderfensters die aktuelle Position anzeigen lassen. Hier genügt ein Doppelklick auf eine der übergeordneten Stufen, um auf diese zu wechseln.

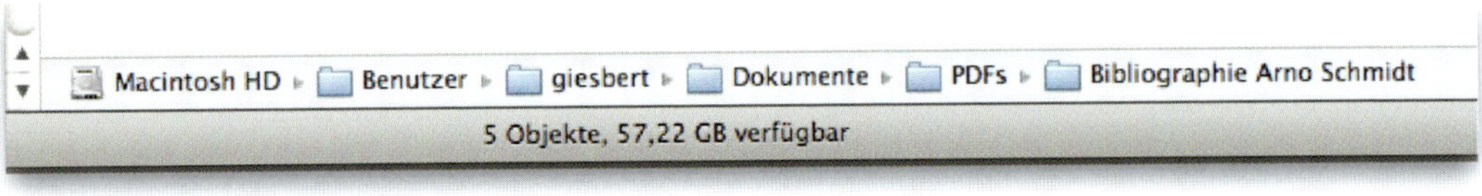

Die optionale Pfadleiste am unteren Fensterrand zeigt Ihnen nicht nur jederzeit, wo Sie sich befinden, sondern erlaubt Ihnen auch den schnellen Wechsel zu übergeordneten Ordnern.

Schließlich besteht noch die Möglichkeit, die Symbolleiste des Finders anzupassen und um das Pfadsymbol zu erweitern. Dazu rufen Sie im Menü *Darstellung > Symbolleiste anpassen* auf und ziehen das Pfadsymbol an die gewünschte Stelle. Fortan genügt zur Orientierung ein Mausklick (und natürlich können Sie auch hier auf die übergeordneten Ebenen wechseln).

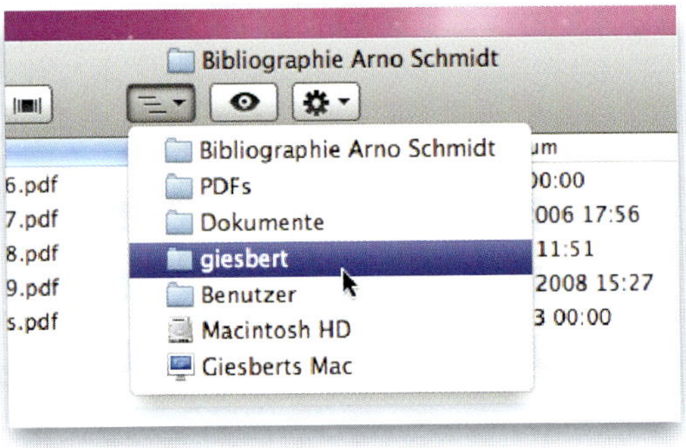

Das Pfadsymbol in der Symbolleiste bietet auf Mausklick Orientierungshilfe im Ordnerdschungel von Mac OS X.

Homer, sweet home: Der Benutzerordner

Der für Sie wichtigste Ordner ist wohl Ihr Benutzerordner, den Sie am Haussymbol erkennen. Auch dort legt Mac OS X einige Ordner an, die es standardmäßig zum Speichern von Fotos, Downloads oder Dokumenten benutzt. Diese Ordner erkennen Sie an den eingeprägten Symbolen, die sie als Systemordner ausweisen.

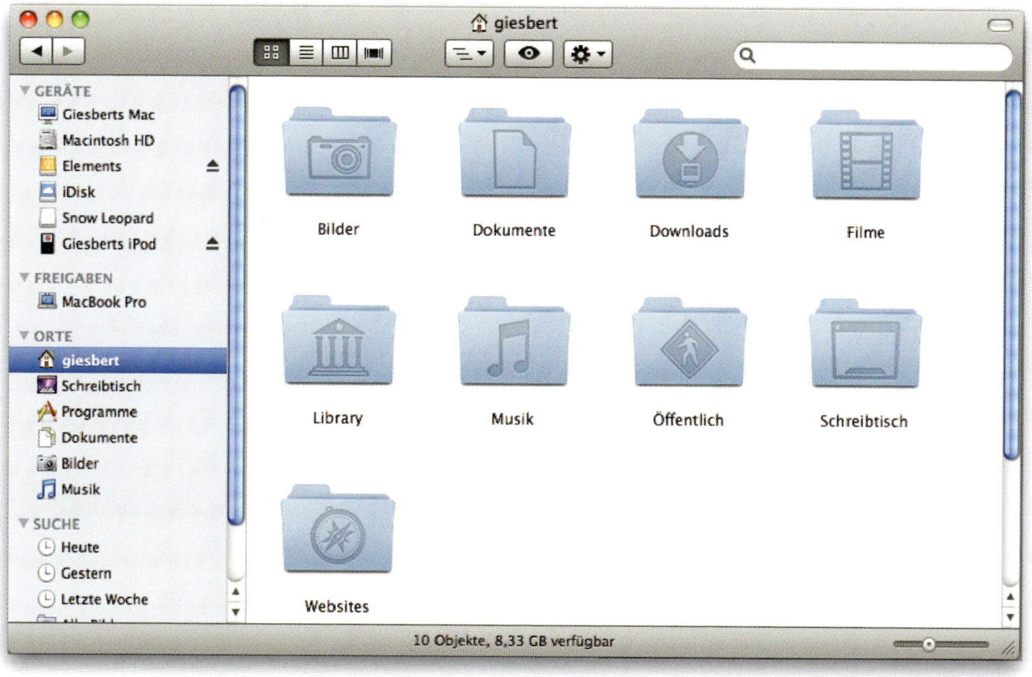

Alle Neune: Jeder Benutzerordner unter Mac OS X wird von Haus aus mit diesen neun Ordnern bestückt.

- **Bilder, Dokumente, Filme, Musik:** In diesen Ordnern verwaltet Mac OS X standardmäßig die entsprechenden Dateien. Natürlich können Sie auch eigene Ordner benutzen, aber Programme wie iTunes, iMovie oder iPhoto erwarten standardmäßig, dass diese Ordner vorhanden sind, und auch manche Systemfunktionen setzen diese Ordner voraus. Sie sollten hier am besten einfach alles so lassen, wie es ist. Später, wenn Sie sich mit Ihrem Mac besser auskennen und ein Gefühl dafür entwickelt haben, welche Eingriffe sinnvoll sind und welche eher nicht, können Sie hier immer noch alles nach Ihrem Gusto umbauen.
- **Downloads** ist der Standardordner, in dem Safari und andere Programme die Dateien ablegen, die aus dem Internet auf Ihren Mac geladen werden.
- Die **Library** enthält verschiedene Konfigurationsdateien zu Programmen, die Sie benutzen, Ihre individuellen Systemeinstellungen und ähnliches mehr.
- **Öffentlich:** Der Name ist Programm. Daten, die Sie hier ablegen, können von anderen Benutzern des Macs oder via Netzwerk eingesehen werden. Hier befindet sich auch der Ordner **Briefkasten**. Andere Benutzer haben hier Schreib-, aber keine Leserechte. Das bedeutet, dass sie Ihnen zwar Dateien in Ihren Briefkasten, aber keinen Blick in diesen Ordner werfen und nicht wissen können, welche Dateien andere Benutzer für Sie hinterlegt haben.
- **Schreibtisch** enthält alle Ordner und Dateien, die Sie auf Ihrem Schreibtisch abgelegt haben.

- **Websites** ist kein Ordner für Webseiten aus dem Internet, sondern für Websites, die Sie auf Ihrem Mac entwickeln. Zu Mac OS X gehört von Haus aus der Webserver Apache, den Sie in den Systemeinstellungen aktivieren können. So ist es etwa möglich, im Netzwerk für andere Teilnehmer Inhalte als Webseiten bereitzustellen oder Ihren Mac als lokale Entwicklungsplattform für Internetsites zu benutzen.

Ordnung muss sein

Natürlich liegen auch unter Mac OS X die einzelnen Dateien nicht kreuz und quer auf der Festplatte verstreut herum, sondern werden in Ordnern verwaltet. Und natürlich können (und sollten) Sie auch für Ihre eigenen Dateien Ordner verwenden, die Sie ganz nach Gutdünken strukturieren und benennen können.

Um einen neuen Ordner anzulegen, gibt es verschiedene Möglichkeiten. Am häufigsten wird man wohl auf dem Schreibtisch einen neuen Ordner benötigen. Rufen Sie dafür mit einem rechten Mausklick auf den Schreibtisch das Kontextmenü auf und wählen Sie den Eintrag *Neuer Ordner*. Alternativ können Sie auch mit der Maus auf den Schreibtisch klicken und ⇧ ⌘ N drücken.

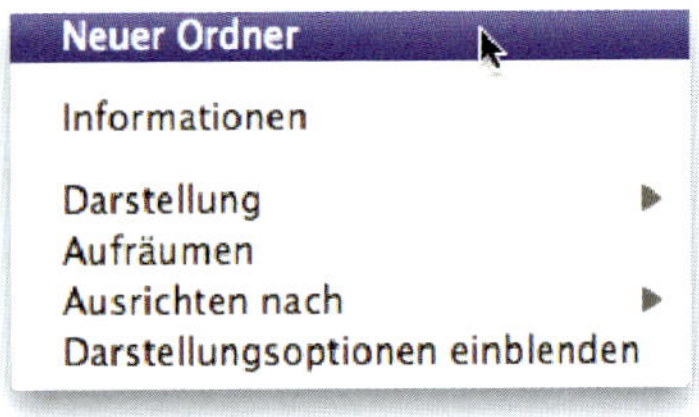

Ein neuer Ordner lässt sich an praktisch jeder beliebigen Stelle auf dem Schreibtisch oder im Finder über das Kontextmenü einfügen.

So weit, so einfach. Genau so funktioniert die Anlage neuer Ordner auch im Finder. Allerdings kann hier eine Eigenschaft für Verwirrung sorgen. Der Befehl *Neuer Ordner* bezieht sich immer auf den aktuell geöffneten Ordner – und das ist etwa in der Listenansicht nicht unbedingt der Ordner, den Sie gerade markiert haben.

Das klingt vielleicht etwas verwirrend, ist aber recht einleuchtend und soll am folgenden Bildschirmfoto erläutert werden:

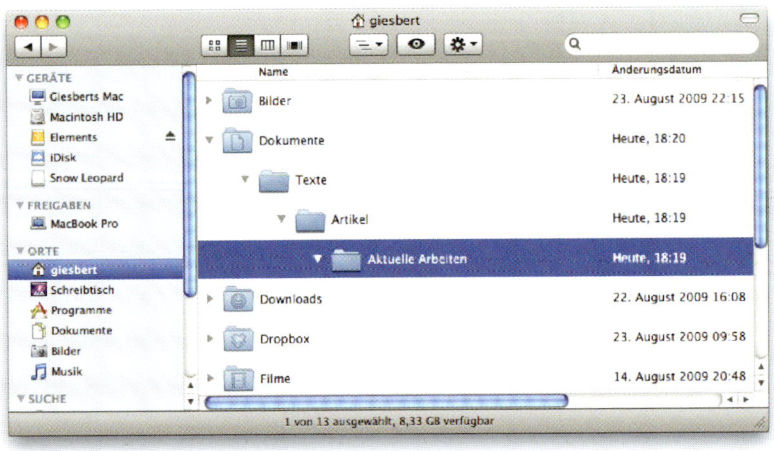

Auf den ersten Blick scheint man sich hier im markierten Ordner Aktuelle Arbeiten zu befinden, doch das täuscht. Tatsächlich ist der aktive Ordner der Benutzerordner (wie man auch am Eintrag in der Titelzeile sieht). Der Befehl zum Anlegen eines neuen Ordners fügt also im Benutzerordner einen neuen Ordner ein – nicht in Aktuelle Arbeiten.

Bevor man also in einem Ordner einen Unterordner anlegen kann, muss man zuerst in diesen Ordner wechseln. Das geht am schnellsten, indem man den Ordner doppelt anklickt. Der Finder öffnet dann ein Fenster, das den Inhalt des entsprechenden Ordners anzeigt.

Umbenennen, kopieren und so weiter: Die tägliche Dateiarbeit

Eine Bemerkung vorweg: Denken Sie daran, dass Sie Dateioperationen mit [⌘] [Z] rückgängig machen können. Sollten Sie also eine Datei versehentlich verschoben oder gelöscht haben, lässt sich dieser Irrtum sofort per Tastendruck korrigieren.

Im Prinzip arbeiten Sie im Finder genauso wie im Explorer. Es gibt allerdings kleinere Unterschiede. Markieren Sie im Explorer einen Eintrag und drücken anschließend die Eingabetaste, dann starten Sie ein Programm, öffnen einen Ordner oder ein Dokument. Probieren Sie das beim Mac, werden Sie vermutlich irritiert sein. Hier verändert sich der Dateiname in ein Textfeld, und Sie können den markierten Eintrag umbenennen. Um unter Mac OS X eine Datei zu öffnen oder ein Programm zu starten, klicken Sie den Eintrag im Finder doppelt an.

Einträge im Finder lassen sich allerdings wie von Windows gewohnt mit der Tastatur oder Maus markieren.

- Eine Markierung lässt sich bei gehaltener [⇧]- und den Pfeiltasten [↑] [↓] nach oben/unten erweitern bzw. einschränken. (Nebenbei: Sie werden es wohl nicht glauben, aber das ist tatsächlich ein neues Feature von Snow Leopard.)
- Um einen Bereich zu markieren, klicken Sie den ersten (oder den letzten) Eintrag an und klicken mit gehaltener [⇧]-Taste auf den letzten (oder den ersten) Eintrag.
- Sie können auch in eine leere Stelle des ersten/letzten Eintrags klicken und mit gehaltener Maustaste den gewünschten Bereich markieren.
- Beliebige, einzelne Einträge markieren Sie mit Mausklick und bei gehaltener [⌘]-Taste. So können Sie auch einzelne Einträge aus einem markierten Bereich von der Markierung ausnehmen.

So kopieren oder verschieben Sie markierte Datei(en):

- Mit [⌘] [C] schieben Sie eine Kopie der markierten Datei(en) in die Zwischenablage von Mac OS X. Wechseln Sie in den Zielordner und fügen Sie sie dort mit [⌘] [V] ein. (Ein Eintrag im Finder lässt sich übrigens nicht mit [⌘] [X] ausschneiden.)
- Eine Datei verschieben Sie wie von Windows gewohnt mit der Maus. Halten Sie eine Datei über einen Ordner, ohne sie loszulassen, öffnet sich nach kurzer Zeit der Ordner. Eine Datei, die Sie von einem Laufwerk auf ein anderes ziehen – also zum Beispiel vom USB-Stick auf den Schreibtisch (und damit von einem externen Laufwerk auf Ihre Festplatte) –, wird mit dieser Aktion kopiert, nicht verschoben.

- Mit der Tastenkombination ⌘ D erzeugen Sie im gleichen Ordner eine Kopie der markierten Datei(en) (D wie duplizieren). Dabei wird der ursprüngliche Dateiname um das Wörtchen „Kopie" ergänzt, dem bei Bedarf ein Zähler hinzugefügt wird.
- Um einen markierten Eintrag oder Bereich mit der Maus zu kopieren, halten Sie die ⌥-Taste gedrückt und ziehen die Datei(en) an die gewünschte Stelle. Als Zeichen dafür, dass kopiert (und nicht verschoben) wird, wird der Mauszeiger um ein grünes Pluszeichen ergänzt.

Verknüpfungen zu Dateien und Ordnern (Alias) werden durch einen kleinen Pfeil links unten am Dateisymbol gekennzeichnet.

Daneben kennt Mac OS X auch die Verweise auf Dateien, also symbolische Links auf eine Datei oder einen Ordner. Unter Windows heißt dergleichen „Verknüpfung", Mac OS X nennt sie „Alias". Gekennzeichnet werden Aliase wie unter Windows mit einem kleinen Pfeil links unten am Dateisymbol. Um ein Alias einer Datei anzulegen, klicken Sie den entsprechenden Eintrag im Finder mit der rechten Maustaste an und wählen im Kontextmenü *Alias erzeugen*. Dabei wird das Alias im gleichen Ordner angelegt. Meist aber möchte man einen symbolischen Verweis an anderer Stelle haben, etwa auf dem Schreibtisch. Sie können nun natürlich den erzeugten Alias-Eintrag auf den Schreibtisch ziehen, Sie können es aber auch einfacher haben: Klicken Sie den Eintrag an, zu dem Sie ein Alias anlegen möchten, und ziehen Sie ihn mit gehaltenen ⌥ ⌘-Tasten an die gewünschte Stelle.

Wenn Sie von einem Alias auf dem Schreibtisch zur Speicherposition der Originaldatei im Finder wechseln möchten, klicken Sie das Alias mit der rechten Maustaste an und wählen *Original zeigen*. Es öffnet sich ein Finderfenster, in dem der entsprechende Eintrag markiert ist.

Dateien löschen und wiederherstellen

Für Irritationen sorgt beim Umstieg vielfach, dass sich eine Datei scheinbar nicht über die Tastatur löschen lässt. Doch das täuscht. Markieren Sie die Einträge, die Sie löschen möchten, und drücken Sie anschließend die Tastenkombination ⌘ ← – die markierten Einträge landen im Papierkorb. Um eine Datei mit der Maus zu löschen, ziehen Sie sie rechts unten in den Papierkorb im Dock.

Wie bei jedem modernen Betriebssystem wird eine gelöschte Datei nicht sofort und unwiederbringlich ins digitale Nirwana befördert, sondern kann aus dem Papierkorb wieder hervorgeholt werden. Dabei notiert sich Mac OS X, woher eine Datei im Papierkorb ursprünglich stammt und kann sie auf Wunsch wieder dorthin zurücklegen, wo sie herkam.

Um eine Datei aus dem Papierkorb zu fischen, öffnen Sie ihn mit einem Klick auf das entsprechende Symbol und ziehen die Datei an die gewünschte Stelle, etwa den Schreibtisch. Soll die Datei wieder an ihren Platz zurückgelegt werden, klicken Sie sie mit der rechten Maustaste an und wählen im Kontextmenü den Eintrag *Zurücklegen*.

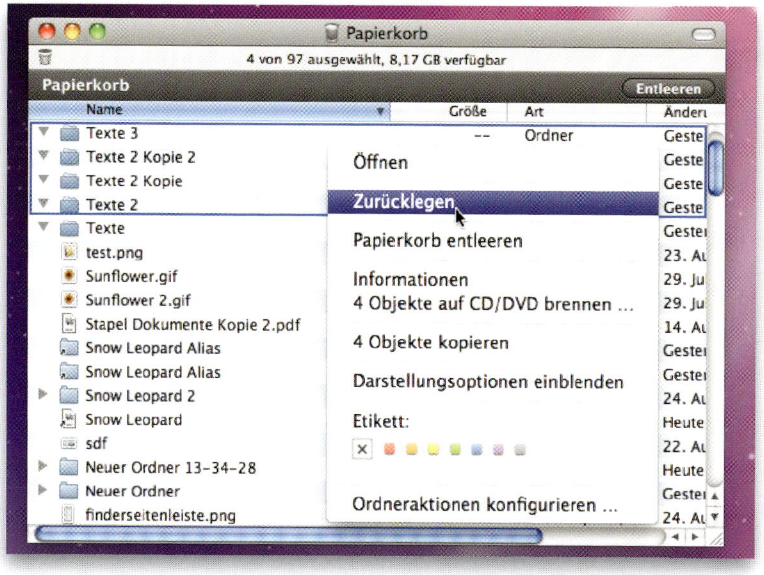

Gelöschte Dateien lassen sich entweder manuell aus dem Papierkorb fischen oder von Mac OS X dorthin bugsieren, wo sie hergekommen sind.

Soll der Inhalt des Papierkorbs endgültig von Ihrer Festplatte verschwinden, klicken Sie im Papierkorbfenster oben rechts auf die Schaltfläche *Entleeren*. Alternativ dazu können Sie den Papierkorb auch mit der rechten Maustaste anklicken und *Papierkorb entleeren* wählen.

Erst wenn der Papierkorb entleert ist, wird der von den gelöschten Dateien noch belegte Speicherplatz wieder freigegeben.

Der Papierkorb ist im Prinzip ein Ordner wie jeder andere auch und hat keine maximale Größe, sondern belegt auf der Festplatte so viel Platz, wie er zur Speicherung der gelöschten Dateien benötigt. Wenn Sie also nicht möchten, dass der Papierkorb immer weiter anschwillt und immer mehr Platz auf der Platte beansprucht, müssen Sie ihn regelmäßig leeren.

Das gilt ganz besonders dann, wenn Sie Dateien von temporär angeschlossene Laufwerken wie einem USB-Stick löschen möchten. Denn solange die gelöschten Daten im Papierkorb liegen, gelten sie zwar als gelöscht, bleiben aber auf dem Stick und belegen dort Speicherplatz. Wenn Sie zum Beispiel einen fast vollen Speicherstick löschen, den Papierkorb anschließend aber nicht leeren, werden Ihnen die gelöschten Dateien auf dem Stick zwar nicht mehr angezeigt – aber der von den gelöschten Dateien belegte Speicherplatz steht Ihnen trotzdem nicht zur Verfügung.

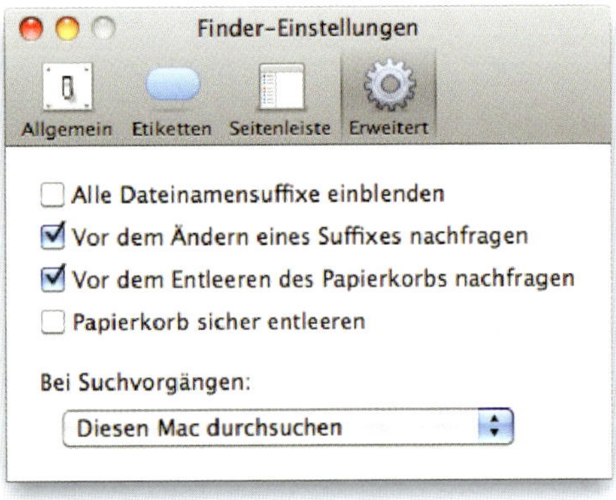

Im Finder legen Sie fest, ob vor dem Entleeren nachgefragt oder der Papierkorb sicher entleert werden soll.

Standardmäßig schiebt Mac OS X beim Entleeren des Papierkorbs eine Sicherheitsabfrage ein, die auf Dauer vielleicht etwas nervig ist. Diese Abfrage können Sie unter *Finder > Einstellungen > Erweitert* ausschalten. Dort findet sich auch die Option *Papierkorb sicher entleeren*, bei der die Dateien nicht einfach gelöscht, sondern der von ihnen belegte Speicherplatz zusätzlich mit unbrauchbaren Daten überschrieben wird. So ist die Wiederherstellung der von Ihnen gelöschten Datei praktisch ausgeschlossen.

Das Dateisuffix

Wie bei Windows haben auch unter Mac OS X die Dateien überlicherweise eine Dateiendung, an der man den Typ der Datei erkennt. Diese Dateiendung oder, wie es bei Mac OS X heißt, dieses Dateisuffix wird dem eigentlichen Dateinamen durch einen Punkt angeschlossen.

So zeigt ein Dateiname wie etwa „archiv.zip", dass es sich um eine komprimierte Datei nach dem ZIP-Standard handelt, ein „doc" markiert üblicherweise eine Word-Datei, „bmp", „gif", „jpg"/„jpeg", „png" oder „tiff" kennzeichnen die wichtigsten Grafikformate und eine PDF-Datei erkennen Sie, wer hätte das gedacht, an der Endung „pdf".

Unter Mac OS X haben Sie nun zwei Möglichkeiten, wie mit diesen Endungen umgegangen werden soll. Sie können einerseits sämtliche Dateisuffixe immer anzeigen lassen, oder Sie können es für einzelne Dateien individuell einstellen.

Standardmäßig blendet Mac OS X fast alle Endungen aus, doch das können Sie unter *Finder > Einstellungen*, Registerkarte *Erweitert* ändern. Hier legen Sie auch fest, ob der Finder bei der Umbenennung der Dateiendung nachfragen soll oder nicht.

Es gibt gute Gründe, an den Standardeinstellungen – Suffixe nicht anzeigen; bei Änderungen nachfragen – nichts zu ändern. Da Sie für jede Datei individuell festlegen können, ob ihr Suffix angezeigt werden soll oder nicht, können Sie auf die eher verwirrende ständige Suffixanzeige verzichten. Und da ein Dateisuffix unter anderem bestimmen kann, wie das Betriebssystem mit der entsprechenden Datei umgeht, sollte man ein Suffix nie ohne Not verändern und sich vor der Änderung lieber noch einmal fragen lassen.

Wenn für eine bestehende Datei ein Suffix angezeigt werden soll, dann aktivieren Sie die entsprechende Option in den Infos der Datei (dazu weiter unten mehr). Bei Dateien, die Sie von einem Programm aus speichern, können Sie dies im *Sichern*-Dialog festlegen.

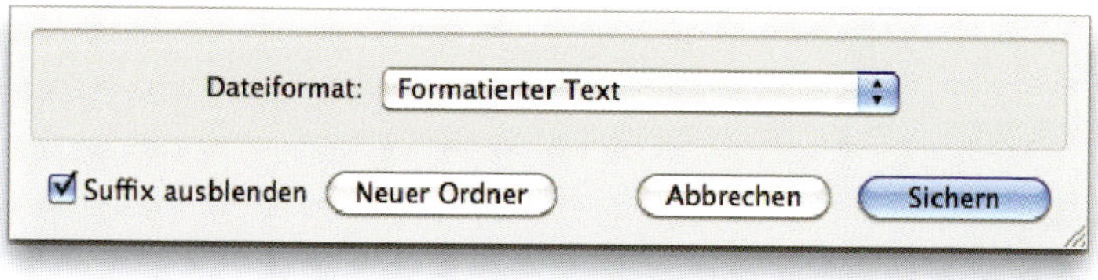

Beim Speichern einer Datei können Sie festlegen, ob das Dateisuffix angezeigt werden soll oder nicht.

ZIP und PDF inklusive

Die beiden Dateiformate ZIP (für Archive) und PDF (für Dokumente) sind ein weltweit verbreiteter Standard, der von Mac OS X von Haus aus unterstützt wird. Sie brauchen weder ein spezielles Archivprogramm noch einen PDF-Viewer, um diese Dateien zu öffnen. Ja, mehr noch: Mac OS X kann sowohl ZIP-Archive als auch PDF-Dokumente direkt erzeugen.

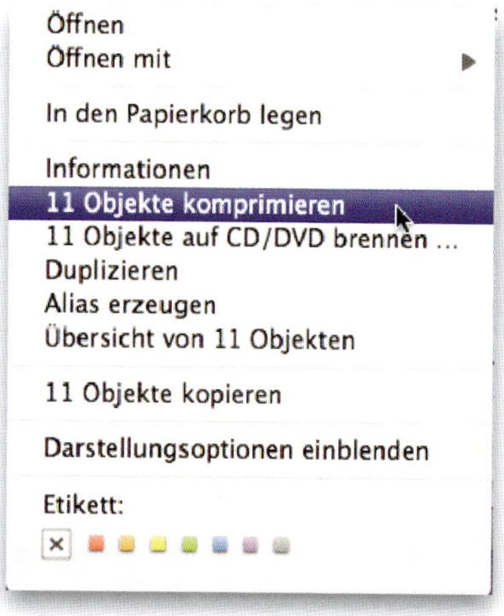

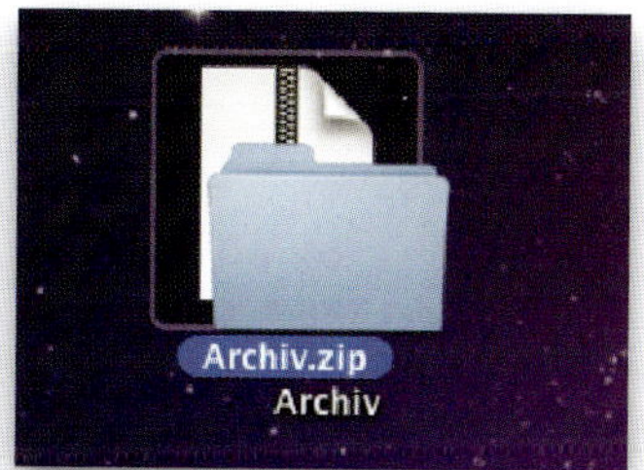

Mac OS X kann von Haus aus mit ZIP-Dateien umgehen.

Um mehrere Dateien zu einem ZIP-Archiv zusammenzufassen, markieren Sie die Dateien, klicken die Markierung mit der rechten Maustaste an und wählen *Objekte komprimieren*. Es wird eine Datei namens „Archiv.zip" angelegt, die Sie natürlich nach Belieben umbenennen können. Um eine ZIP-Datei zu öffnen, klicken Sie sie doppelt an. Der Inhalt des Archivs wird in einen eigenen Ordner entpackt, die Archivdatei selbst bleibt davon unberührt. Und damit Sie wissen, zu welcher ZIP-Datei ein Ordner gehört, legt Mac OS X den Ordner halb über die ZIP-Datei.

Eine PDF-Datei können Sie, wie jede andere Datei unter Mac OS X auch, mit einem Doppelklick öffnen. Daraufhin wird das Programm Vorschau gestartet (mit dem wir uns in Kapitel 11 noch ausführlich beschäftigen werden) und die PDF-Datei angezeigt. Der Clou aber ist, dass Sie mit jedem Programm, mit dem Sie drucken, auch PDF-Dateien erzeugen können. Dazu rufen Sie etwa im Textprogramm TextEdit mit *Ablage > Drucken* den Druckdialog auf und klicken dort auf die Schaltfläche *PDF*.

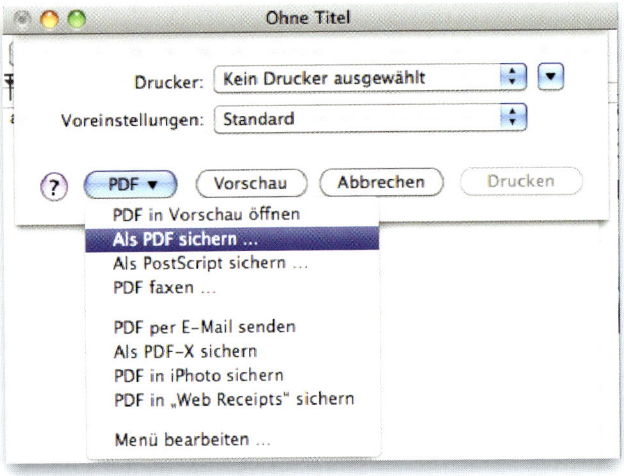

Jedes Programm, das die Druckdienste von Mac OS X benutzt, kann automatisch jedes Dokument auch als PDF-Datei speichern.

Die Datei-Informationen

Jede Datei (oder allgemeiner: jedes Objekt) unter Mac OS X hat eine ganze Reihe von Eigenschaften: einen Namen, einen Speicherort, eine bestimmte Größe, ein Datum, an dem es angelegt oder zuletzt benutzt wurde, und so weiter und so fort.

Alle diese Eigenschaften eines Objekts können Sie sich über die Datei-Infos anzeigen lassen. Dazu markieren Sie den entsprechenden Eintrag im Finder (oder das Symbol auf dem Schreibtisch) und drücken [⌘] [I].

Welche Eigenschaften in dieser Übersicht angezeigt werden, hängt natürlich stark vom jeweiligen Objekt ab, aber die Struktur bleibt sich gleich:

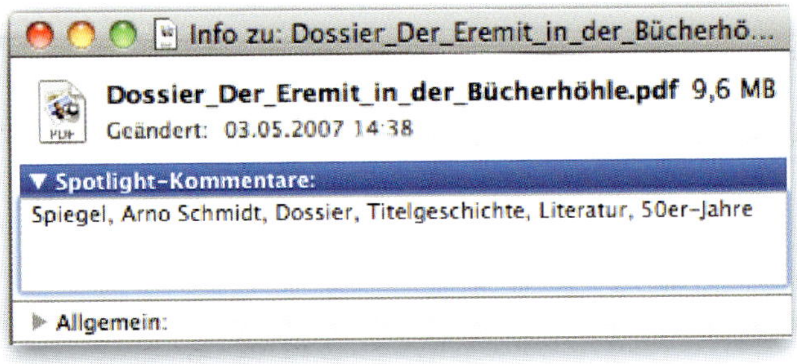

Am Anfang stehen Dateisymbol, Name, Größe und Datum, gefolgt von einem Textfeld Spotlight-Kommentare. Dieses Feld können Sie für Stichwörter benutzen, anhand derer die systemweite Dateisuche Spotlight die Datei besser wiederfindet (mit Spotlight werden wir uns in Kapitel 5 ausführlicher beschäftigen).

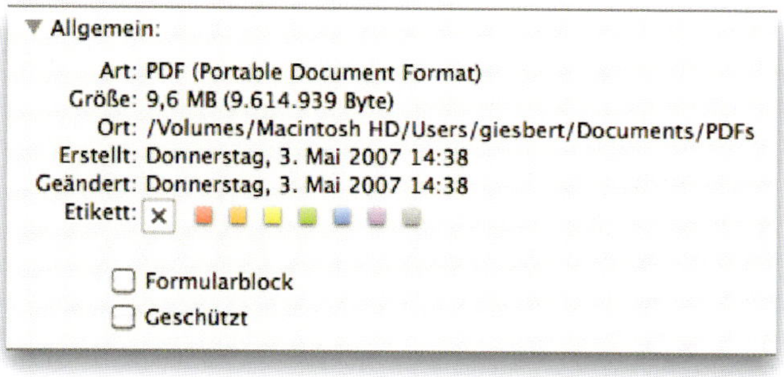

Es folgt der Abschnitt Allgemein; Er enthält Angaben zur genauen Größe, zum Speicherort, zum Erstellungsdatum der Datei und ähnliches. Aktivieren Sie hier den Punkt Geschützt, um die Datei vor versehentlichem Löschen zu bewahren.

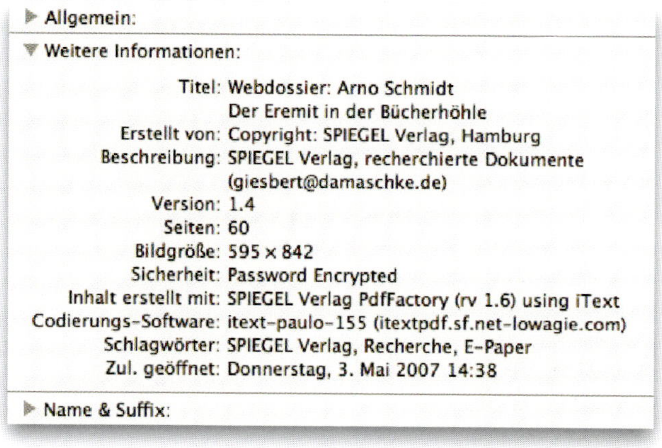

Unter Weitere Informationen finden Sie objektspezifische Angaben, in diesem Beispiel einer PDF-Datei also etwa zum Umfang, zur Codierungs-Software, mit der die Datei erzeugt wurde, oder zur Sicherheit.

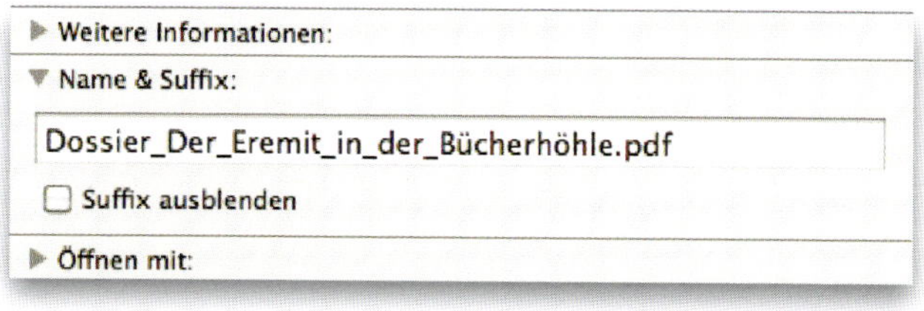

Unter Name & Suffix lässt sich der Objektname ändern und festlegen, ob für dieses Objekt die Dateiendung angezeigt werde soll oder nicht.

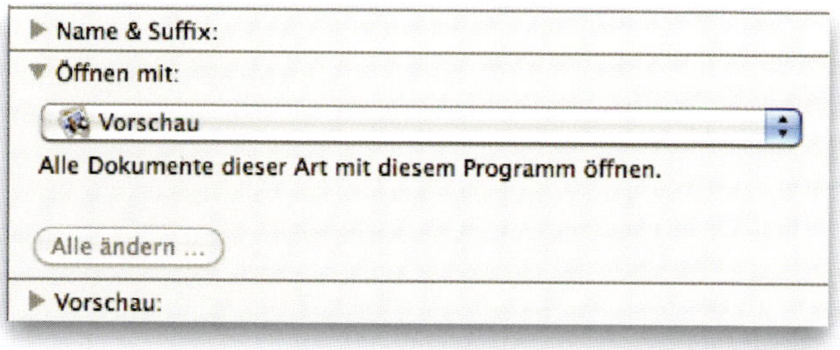

Unter Öffnen mit können Sie festlegen, dass eine bestimmte Datei ausnahmsweise mit einem anderen als dem Standardprogramm geöffnet werden soll. Mit einem Klick auf Alle ändern definiern Sie das Standardprogramm zum Öffnen von Dateien dieses Typs neu.

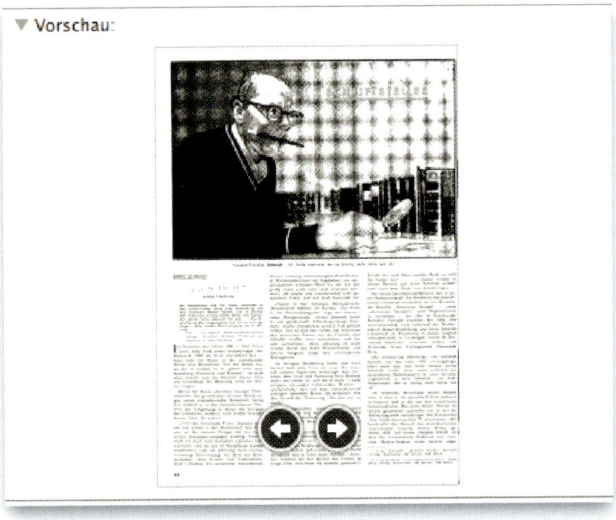

Die Vorschau bietet eine interaktive Miniaturansicht der Datei. Dabei können Sie durch mehrseitige PDF-Dateien (oben) blättern oder Videos (links) abspielen und sich so einen raschen Eindruck vom Inhalt der Datei verschaffen, ohne sie öffnen zu müssen.

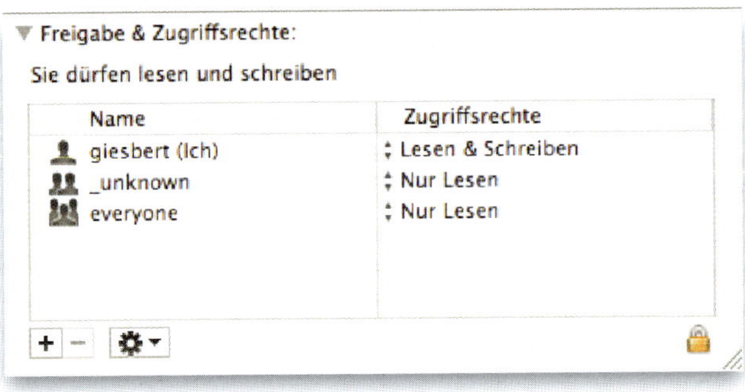

Die Einstellungen unter Freigabe & Zugriffsrechte definieren im Netzwerk, ob andere Benutzer eine Datei oder einen Ordner öffnen und verändern können.

Sie können sich auch die Infos zu mehreren Dateien anzeigen lassen. So erfahren Sie etwa, wieviel Speicherplatz mehrere markierte Objekte belegen. Auch ist es hier möglich, die Eigenschaften wie die Suffix-Anzeige für mehrere Dateien auf einmal zu ändern.

Um diese Informationen aufzurufen, markieren Sie die gewünschten Dateien und drücken anschließend die Tastenkombination [⌥] [⌘] [I]. Es wird eine Palette *Zusammengefasste Infos* eingeblendet, die die Informationen des aktuell angezeigten Ordners oder der aktuell markierten Datei anzeigt. Ändern Sie die Markierung, also fügen Sie zum Beispiel Dateien hinzu oder entfernen welche, werden die Informationen automatisch angepasst. Wenn Sie unterschiedliche Dateien verschiedenen Typs markiert haben, nennen die Infos Art und Anzahl, etwa „2 Alias-Dateien, 3 Dokumente, 1 Volume".

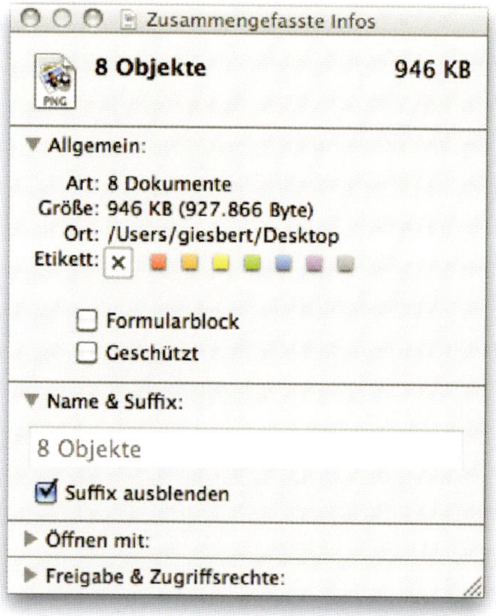

Zusammengefasste Infos bietet den schnellen Zugriff auf die gemeinsamen Informationen mehrerer Dateien.

Kapitel 3

Programme und Prográmmchen

Ohne ein Programm ist der schönste Computer nur ein Haufen Elektroschrott, erst mit Software wird die Hardware mehr als ein kostspieliger Türstopper. Das dritte Kapitel widmet sich daher den Fragen, rund um Programme auf dem Mac. Wie startet man ein Programm? Wie beendet man es? Wie konfiguriert man das Dock? Wie installiert man neue Programme? Und vor allem – wie wird man sie wieder los? Außerdem lernen Sie die verschiedenen Arten von Programmen für Mac OS X kennen und erfahren, was es mit den Prográmmchen im Dashboard auf sich hat.

Programme im Finder und mit Spotlight starten

Programme starten Sie unter Mac OS X genauso, wie Sie es von Windows gewohnt sind: mit einem oder zwei Mausklicks. Wenn sich ein Programmsymbol im Dock befindet, genügt zum Starten ein Mausklick, ein Doppelklick wird im Finder oder auf dem Schreibtisch benötigt.

Standardmäßig werden Programme im gleichnamigen Ordner im Root (also der obersten Ebene in der Hierarchie Ihrer Festplatte) abgelegt, Sie können sie allerdings auch an jeden anderen Ort bewegen (dazu gleich mehr).

Um ein Programm im Finder zu starten, klicken Sie in der Seitenleiste auf den Eintrag *Programme* und klicken das gewünschte Programm doppelt an.

Alle unter Mac OS X installierten Programme landen standardmäßig im gleichnamigen Ordner.

Dieses Verfahren ist allerdings ein wenig umständlich. Doch keine Sorge, es geht auch einfacher: Starten Sie Programme mit Hilfe von Spotlight. Dabei handelt es sich um ein leistungsfähiges Suchsystem für Mac OS X, das den Inhalt Ihrer Festplatte indiziert. Mit Spotlight finden Sie blitzschnell Dateien aller Art auf Ihrem Mac. Im fünften Kapitel werden wir uns ausführlicher mit dieser großartigen Suchfunktion beschäftigen, vorerst setzen wir sie nur als Starthilfe ein.

Für den Einsatz von Spotlight als Schnellstarter müssen Sie lediglich den Namen des zu startenden Programms kennen. Häufig genügt es sogar, wenn Sie nur einen Bestandteil des Namens kennen. Spotlight findet in der Regel schnell und zuverlässig die von Ihnen gesuchte Programmdatei. Als Beispiel nehmen wird das Schreibprogramm TextEdit, das zum Lieferumfang von Mac OS X gehört.

1. Klicken Sie auf das kleine Lupensymbol rechts oben in der Ecke. Es öffnet sich die Spotlight-Eingabeleiste.
2. Tippen Sie den Namen des gesuchten Programms ein. Noch während der Eingabe durchsucht Spotlight bereits die Festplatte nach passenden Einträgen und zeigt die Treffer in einer Liste an. Die Treffer werden dabei nach dem Dateityp geordnet (Programme, Dokumente, Ordner, Bilder, Webseiten, Mails …).
3. Spätestens nach der Eingabe der ersten drei, vier Buchstaben taucht die gesuchte Programmdatei in der Trefferliste auf.
4. Wenn der gesuchte Treffer von Spotlight als *Top-Treffer* eingetragen wurde, genügt ein Druck auf die [↵]-Taste und das gewünschte Programm startet.
5. Ansonsten markieren Sie das Programm in der Liste über die Pfeiltasten oder mit der Maus und starten es mit [↵] bzw. einem Mausklick.

Spotlight ist die systemweite Suchfunktion, mit der Sie unter Mac OS X so ziemlich alles finden, was Sie suchen. Auch Programme, die Sie direkt aus der Trefferliste starten können.

Übrigens können Sie Spotlight auch über die Tastatur aufrufen, was die Sache ein wenig beschleunigt, da Sie zum Tippen des Suchbegriffs nicht erst die Hand von der Maus nehmen müssen. Das Standardkürzel für den Aufruf von Spotlight ist [⌘] [Leertaste].

Programme im Dock

Das Dock haben Sie bereits in Grundzügen kennengelernt. Es dient als Starthilfe für Programme, die Sie oft benötigen und auf die Sie daher möglichst schnell und unkompliziert zugreifen möchten. Einfacher und schneller als über das Dock geht es schlechterdings nicht: Ein Mausklick auf eines der hier abgelegten Programmsymbole genügt, und das entsprechende Programm startet.

Außerdem bietet das Dock standardmäßig den schnellen Zugriff auf den *Programme*-Ordner, ohne dass Sie dazu erst ein Finderfenster öffnen müssten. Klicken Sie dazu auf den ersten Ordner auf der rechten Seite des Docks. Es öffnet sich eine Übersicht über den

Inhalt des *Programme*-Ordners, in der Sie das gewünschte Programm mit einem Mausklick starten.

Der Programme-Ordner ist üblicherweise auch vom Dock aus zu erreichen.

Die Belegung des Docks ist nicht in Stein gemeißelt, schließlich wird so eine Schnellstartleiste erst dann wirklich sinnvoll, wenn man sie seinen Wünschen anpassen kann. Bis auf Finder und Papierkorb können Sie jedes Symbol im Dock verschieben und entfernen oder beliebige Programme hinzufügen.

- Um die Anordnung der Symbole im Dock zu ändern, bewegen Sie sie mit der Maus an die gewünschte Position.
- Ein Symbol entfernen Sie, indem Sie es mit der Maus aus der Liste auf den Schreibtisch ziehen, wo es mit einer netten Animation verpufft.

Um ein Programm dem Dock hinzuzufügen, gibt es drei Möglichkeiten:

- Sie können jeden Programmeintrag aus dem Finder ins Dock ziehen, wo automatisch ein Verweis auf das entsprechende Programm abgelegt wird.

- Jedes gestartete Programm wird im Dock angezeigt – auch dann, wenn es normalerweise nicht im Dock zu sehen ist. Über das Kontextmenü des Programmsymbols im Dock lässt sich jedes laufende Programm dem Dock hinzufügen.
- Bewegen Sie das Symbol eines aktiven Programms im Dock, wird es ebenfalls dauerhaft ins Dock übernommen.

Am besten probieren wir beide Methoden einfach mal rasch aus. Zuerst fügen wir TextEdit aus dem Finder dem Dock hinzu, anschließend löschen wir diesen Eintrag und fügen ihn erneut über das Kontextmenü hinzu.

1. Öffnen Sie ein Finderfenster und klicken Sie in der Seitenleiste auf *Programme*.
2. Ziehen Sie den Eintrag *TextEdit* auf das Dock und lassen Sie ihn an der gewünschten Position los.
3. Es wird ein Verweis auf TextEdit im Dock eingefügt. Sie können das Programm nun mit einem einfachen Mausklick auf sein Symbol im Dock starten.

Denken Sie daran, dass die Programmdatei selbst ihre Position nicht verändert hat. Sie haben das Programm also nicht aus seinem angestammten Ordner ins Dock verschoben, sondern nur einen Verweis auf das Programm im Dock hinterlegt.

Jedes Programm lässt sich aus dem Finder ins Dock ziehen, wo ein Verweis auf das Programm angelegt wird. Hier zum Beispiel für die Textverarbeitung TextEdit.

Um den Eintrag wieder zu entfernen, ziehen Sie ihn auf den Schreibtisch. Ein Wölkchen – und weg ist er.

1. Starten Sie nun TextEdit aus dem *Programme*-Ordner (entweder über den Finder oder den Ordner rechts im Dock). Das Programmsymbol erscheint im Dock und wird durch einen blauen Punkt als derzeit aktives Programm gekennzeichnet.
2. Klicken Sie das TextEdit-Symbol mit der rechten Maustaste an und wählen Sie *Optionen > Im Dock behalten*.
3. Alternativ dazu können Sie das Programmsymbol mit der Maus an eine andere Stelle bewegen. Auch diese Bewegung führt dazu, dass das Symbol dem Dock dauerhaft hinzugefügt wird.

Jedes laufende Programm wird im Dock angezeigt und lässt sich über sein Kontextmenü dem Dock dauerhaft hinzufügen.

Programme, die sich im Dock befinden, können beim Systemstart auch automatisch gestartet werden. Das verzögert zwar den Systemstart um ein paar Sekunden, aber dafür stehen Programme, die man jeden Tag benötigt, sofort zur Verfügung.

Um ein Programm automatisch starten zu lassen, klicken Sie sein Programmsymbol im Dock mit der rechten Maustaste an und wählen den Eintrag *Optionen > Bei der Anmeldung öffnen*.

Schließlich besteht noch die Möglichkeit, von einem Eintrag im Dock zur entsprechenden Datei im Finder zu gelangen. Klicken Sie dazu den Eintrag mit der rechten Maustaste an und wählen Sie *Optionen > Im Finder anzeigen*.

Zwischen Programmen wechseln

Um zwischen allen aktiven Programmen zu wechseln, gehen Sie bei Mac OS X ähnlich vor wie unter Windows:

- Während Sie bei Windows ein Programm über die Startleiste auswählen, klicken Sie bei Mac OS X auf das entsprechende Programmsymbol im Dock.
- Auch der von Windows her vertraute Wechsel zwischen den Programmen über die [⇥]-Taste funktioniert unter Mac OS X.

Wie bei Windows können Sie auch bei Mac OS X durch die geöffneten Programme „tabben". Beim Mac ist der „Programmumschalter" allerdings etwas leistungsfähiger gestaltet.

Mit ⌘ ⇥ rufen Sie den Programmumschalter auf. Das ist eine halbtransparente Leiste, in der alle Symbole der laufenden Programme angezeigt werden. Halten Sie die ⌘-Taste gedrückt und bewegen Sie sich mit einem Druck auf ⇥ von links nach rechts durch das Band mit den Symbolen aller laufenden Applikationen. Mit ⇧ ⇥ bewegen Sie sich bei weiterhin gedrückter ⌘-Taste von rechts nach links. Außerdem können Sie die ⇥-Taste auch loslassen und sich mit der Maus oder den Pfeiltasten im Umschalter bewegen.

Das aktuell markierte Programm wird farblich hervorgehoben, umrandet und zusätzlich mit seinem Namen versehen. Sobald Sie die Tasten loslassen, wechselt Mac OS X zum markierten Programm.

Dabei ist die Platzierung der Symbole im Programmumschalter nicht statisch, sondern passt sich Ihrer Programmnutzung an. Ganz links steht immer das derzeit benutzte Programm, rechts daneben wird das Programm angezeigt, mit dem Sie zuvor gearbeitet haben. So ist es möglich, blitzschnell zwischen zwei Programmen hin- und herzuwechseln. Dazu ein kleines Beispiel.

Nehmen wir an, Sie arbeiten an einem Text und recherchieren dazu im Internet, so dass Sie während der Arbeit immer wieder zwischen Ihrer Textverarbeitung und dem Browser wechseln müssen. Beginnen wir mit der Textverarbeitung, der erste Schritt führt also von der Textverarbeitung zum Browser:

1. Mit ⌘ ⇥ rufen Sie den Programmumschalter auf und wechseln von der Textverarbeitung zum Browser. Dort lesen Sie nach, was Sie nachlesen wollten. Nun möchten Sie zur Textverarbeitung zurückkehren.
2. Der Browser steht nun an erster Stelle im Programmumschalter, die Textverarbeitung als zuletzt aktives Programm folgt an zweiter Stelle. Es genügt also nun ein weiterer Druck auf ⌘ ⇥, um vom Browser zur Textverarbeitung zurückzukehren.
3. Nun steht die Textverarbeitung wieder an erster, der Browser an zweiter Stelle. Der Browser ist nun seinerseits nur einen Tastendruck entfernt.

Und so weiter: Schneller ist ein Wechsel zwischen zwei Programmen wohl kaum zu realisieren – es sei denn, Sie arbeiten mit Spaces. Aber damit beschäftigen wir uns im vierten Kapitel.

Programme beenden

Beim Starten von und beim Wechsel zwischen Programmen sind sich Windows und Mac OS X also sehr ähnlich. Umso größere Unterschiede gibt es beim Beenden von Programmen.

Bei Windows wird ein Programm dann beendet, wenn Sie das letzte aktive Programmfenster schließen. Mit Mac OS X ist das nur bei Ausnahmen der Fall, normalerweise bleibt unter Mac OS X ein Programm auch fensterlos aktiv, und es ist in der Regel jederzeit möglich, zu einem fensterlosen Programm zu wechseln und über ⌘ N ein neues Programmfenster zu öffnen.

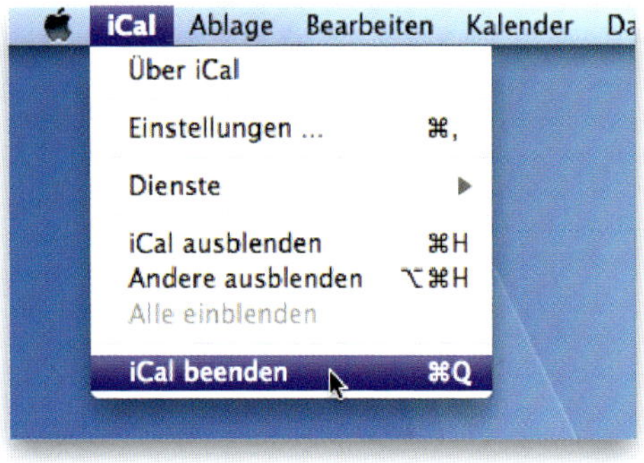

Damit ein Programm unter Mac OS X geschlossen wird, genügt es nicht, seine Programmfenster zu schließen. Stattdessen muss man es explizit beenden. Ansonsten läuft es im Hintergrund weiter und wartet auf seinen Einsatz.

Ob ein Programm tatsächlich beendet wurde oder derzeit nur kein Programmfenster geöffnet ist, sehen Sie mit einem Blick auf das Dock. Wenn ein blauer Punkt unter dem Programmsymbol zu sehen ist, dann ist das Programm nach wie vor aktiv.

Um nicht nur ein Fenster zu schließen, sondern ein Programm tatsächlich zu beenden, gibt es verschiedene Wege.

- Wechseln Sie zum Programm, wählen Sie im Menü den Programmeintrag links (also den Menüpunkt mit dem Namen des Programms) und dort den letzten Eintrag *... beenden*. (Die ... stehen für den jeweiligen Programmnamen.)
- Wechseln Sie zum Programm und drücken Sie [⌘] [Q] (das Q für „quit").
- Klicken Sie mit der rechten Maustaste auf das Programmsymbol im Dock und wählen Sie *Beenden*.
- Rufen Sie den Programmumschalter auf, markieren Sie das gewünschte Programm. Bewegen Sie Ihren Finger nun von der [⇥]-Taste nach rechts zum [Q]. Das System erkennt nun ein [⌘] [Q] und beendet das Programm, ohne den Programmumschalter zu verlassen.

Sobald ein Programm beendet wird, wechselt Mac OS X automatisch zum zuletzt geöffneten Programm. Ein Beispiel: Starten Sie Ihren Mac, läuft auf jeden Fall der Finder (ohne den bei Mac OS X überhaupt nichts geht). Starten Sie nun der Reihe nach Safari, Mail und iCal. Beenden Sie iCal, befinden Sie sich automatisch in Mail. Beenden Sie Mail, landen Sie in Safari, beenden Sie auch Safari, sind Sie wieder am Ausgangspunkt, also im Finder.

Störrische Programme beenden

Es kommt selten vor, aber es passiert auch unter Snow Leopard: Gelegentlich stürzt ein Programm derart hoffnungslos ab, dass Sie es nur noch auf die harte Tour beenden können.

Das bedeutet, dass Sie ein Programm nicht über das Menü verlassen und dabei eventuell noch ungesicherte Daten speichern können, sondern dass Sie das Betriebssystem anweisen, einen laufenden Prozess kurzerhand und ohne Rücksicht auf Verluste für beendet zu erklären.

Das Beenden eines Programms über das Betriebssystem ist eine Notmaßnahme, die Sie auch nur in Notfällen benutzen sollten. Verlassen Sie ein Programm über diesen Notausgang, besteht immer die Gefahr des Datenverlusts. Greifen Sie also nur dann zu diesem Mittel, wenn die üblichen Maßnahmen nicht fruchten:

- Versuchen Sie immer, ein Programm über sein Menü, ⌘ Q oder über das Kontextmenü im Dock zu beenden, bevor Sie zu drastischen Maßnahmen greifen.
- Manchmal ist ein Programm einfach nur zu sehr mit sich selbst beschäftigt – warten Sie einige Zeit ab, bevor Sie eingreifen. Mitunter reagiert ein Programm nach ein paar Minuten wieder wie gewohnt.

Wenn diese Methoden nicht weiterhelfen und ein Programm nicht mehr reagiert, gibt zwei Möglichkeiten, ein Programm sofort zu beenden. Normalerweise funktioniert das so:

1. Wählen Sie > *Sofort beenden*. Falls das störrische Programm auch die Menüleiste blockiert, drücken Sie die Dreier-Kombination ⌥ ⌘ esc (das Zeichen esc steht dabei für die esc-Taste). Die Tastenkombination sieht etwas wild aus, ist aber ohne großartige Verrenkungen zu erzielen. Sie müssen lediglich den Daumen etwas abspreizen, dann können Sie die Kombination ⌥ ⌘ mit dem Daumen drücken, während der Zeigefinger wie von selbst esc erreicht.
2. Es öffnet sich ein kleines Fenster, in dem Sie das störrische Programm auswählen und beenden können.

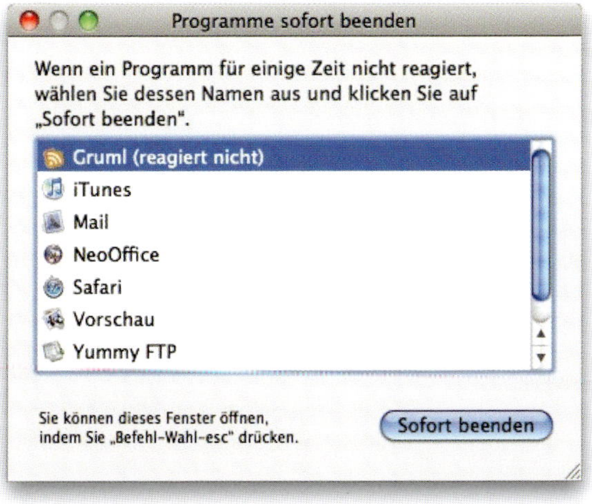

Über den Dialog Programme sofort beenden *können Sie normalerweise jedes störrische Programm schließen. Das sollten Sie allerdings erst dann tun, wenn ein Programm wirklich nicht mehr reagiert.*

Bei besonders hartnäckigen Fällen schlägt der Weg über das Menü allerdings fehl, weil das Menü selbst nicht mehr reagiert. In diesem Fall bleibt noch der Weg über das Programmsymbol im Dock:

1. Rufen Sie das Kontextmenü des widerspenstigen Programms durch einen Klick mit der rechten Maustaste auf das Programmsymbol im Dock auf.
2. Bei einem aktuell nicht reagierenden Programm zeigt das Kontextmenü nun statt des Standardeintrags *Beenden* den Eintrag *Sofort beenden*. Sollte das nicht der Fall sein, können Sie das Menü auch durch einen Druck auf die [⌥]-Taste ändern.

Manchmal stürzt ein Programm ab und muss zwangsweise beendet werden. Doch übereilen Sie nichts – wenn ein Programm nicht reagiert, braucht es vielleicht einfach nur ein wenig Zeit, um sich zu fangen.

Den Finder neu starten

Mitunter kann es passieren, dass nicht irgendein Programm, sondern der Finder selbst aus dem Tritt gekommen ist und neu gestartet werden sollte. Ein Neustart des Finders ist auch dann gelegentlich notwendig, wenn Sie im Terminal die Systemkonfiguration von Mac OS X geändert haben und der Finder mit den neuen Parametern initialisiert werden muss. Um den Finder neu zu starten gibt es zwei Möglichkeiten.

1. Halten Sie die [⌥]-Taste gedrückt und klicken Sie mit der rechten Maustaste auf das Findersymbol im Dock.
2. Das Kontextmenü wurde um den Punkt *Neu starten* ergänzt. Ein weiterer Klick, und der Finder startet erneut. Sie erkennen den Neustart daran, dass das Dock verschwindet und neu aufgebaut wird. Nach kurzer Zeit sollte Ihr Mac wieder wie gewohnt reagieren.

Halten Sie die [⌥]-Taste beim Rechtsklick gedrückt, verändert sich das Kontextmenü im Dock.

Die zweite Methode, den Finder neu zu starten, kann vollständig über die Tastatur eingesetzt werden und empfiehlt sich daher für den Fall, dass ein Absturz des Finders die Maus lahmlegt.

1. Rufen Sie durch gleichzeitiges Drücken von [⌥] [⌘] [esc] den Dialog *Programme sofort beenden* auf.
2. Bewegen Sie mit den Pfeiltasten die Markierung bis an das Ende der Liste, also auf den Eintrag *Finder*.
3. Drücken Sie [↵]. Der Finder wird jetzt neu gestartet.

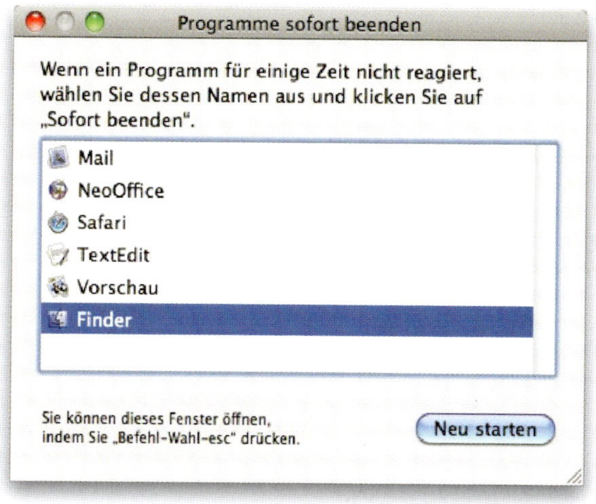

Wenn der Mac scheinbar vollständig abgestürzt ist und die Maus nicht mehr reagiert, kann es helfen, den Finder neu zu starten, was auch ohne Mauseinsatz über die Tastatur erledigt werden kann.

Programme im Finder organisieren

Einer der größten Unterschiede zwischen Windows und Mac OS X beim Umgang mit Programmen besteht wohl darin, dass Sie eine Programmdatei unter Windows möglichst nicht verschieben sollten. Beim Mac ist das kein Problem.

Unter Windows kann es passieren, dass verschiedene Bestandteile eines Programms auf verschiedene Ordner verteilt sind. Verschieben Sie nun die ausführbare Programmdatei, verliert das System die Beziehung zwischen den Modulen, und auch Programmverknüpfungen in der Startleiste können nicht mehr korrekt herstellen kann.

Unter Mac OS X ist das anders organisiert. Hier ist eine Programmdatei im Finder in Wirklichkeit nicht nur eine ausführbare Datei, sondern ein Paket aus verschiedenen Programmkomponenten (dazu weiter unten mehr), die unter einem symbolischen Namen gemeinsam angesprochen werden. Lediglich die individuellen Einstellungen und Konfigurationen werden an anderer Stelle gespeichert (nämlich, wie in Kapitel 2 erwähnt, in den *Library*-Ordnern).

In der Praxis bedeutet das: Sie müssen ein Programm unter Mac OS X nicht erst aufwendig installieren (wie Sie ein neues Programm auf Ihren Mac bekommen, erfahren Sie weiter unten). Und: Sie können es im Finder verschieben, wie es Ihnen gefällt.

Von Haus aus befinden sich praktisch alle Programme im Ordner *Programme*. Lediglich die diversen Hilfsprogramme und Tools werden im Ordner *Programme > Dienstprogramme* zusammengefasst.

Möchten Sie hier nun eigene Strukturen einführen – etwa Ordner wie „Büro", „Internet", „Spiele" –, so steht dem nichts im Wege. Legen Sie die gewünschten Ordner an, ziehen Sie die Programmeinträge hinein: fertig. Sie müssen sich dabei noch nicht einmal um die Programme im Dock oder andere Verknüpfungen kümmern; Mac OS X passt auf, dass hier nichts verlorengeht.

Carbon, Cocoa & Co: Programme für den Mac

Bevor wir uns mit der Installation von Programmen unter Mac OS X beschäftigen, werfen wir einen kurzen Blick auf den technischen Unterbau des Betriebssystems. Denn Mac OS X ist ein sehr flexibles Betriebssystem, das eine lange Entwicklungszeit mit den verschiedensten Einflüssen hinter sich hat. Das hat zur Folge, dass es verschiedene Programmarten für Mac OS X gibt – was Ihnen natürlich herzlich egal sein könnte, wenn dieser Umstand nicht auch gelegentliche Auswirkungen auf die Praxis hätte.

- **Carbon:** Als Carbon bezeichnet Apple eine Schnittstellensammlung, die bei der Einführung von Mac OS X vor allem dafür gedacht war, die Portierung älterer Programme zu Mac OS X zu ermöglichen. Carbon wird von Snow Leopard noch halbwegs unterstützt, verliert aber zunehmend an Bedeutung.
- **Cocoa:** Cocoa (gesprochen: Koko) nennt Apple die Programmierschnittstellen, die zur Entwicklung genuiner Mac-OS-X-Programme bestimmt sind. Nur Cocoa-Programme sind native Mac-OS-X-Programme, die von allen spezifischen Besonderheiten des Betriebssystems vollen Gebrauch machen können.
- **X11**: X11 ist der Name eines Unix-Window-Managers (Window, ohne „s" – nicht zu verwechseln mit Microsofts Betriebssystem Windows), dessen Aufgabe vereinfacht gesagt darin besteht, die Kommunikation zwischen Programm und Grafikkarte zu organisieren. Apple stellt für Mac OS X eine X11-Implementation bereit, die bei Bedarf nachträglich von der Leopard-DVD installiert werden kann. Legen Sie dazu Ihre Snow-Leopard-DVD ein, öffnen Sie den Ordner *Optionale Installationspakete* und starten Sie dort die Datei *Optional Installs.mpkg*. Hier können Sie im Abschnitt *Programme* den Punkt *X11* auswählen und die rund 90 MB große Datei nachträglich installieren. X11-Programme unter Mac OS X sind ein Kompromiss: Einerseits kann man sie unter Mac OS X betreiben, andererseits können sie nicht auf alle Systemkomponenten zugreifen, besitzen eine andere Optik und werden anders bedient als native Mac-Programme.

Die Bildbearbeitung Gimp ist eines der populärsten Beispiele für ein Unix-Programm, das dank X11 auch unter Mac OS X betrieben werden kann. Allerdings muss man dabei in Kauf nehmen, dass hier eine andere Optik und zum Teil auch eine andere Bedienlogik eingesetzt wird.

- **Java**: Mac OS X ist in der Lage, Java-Applikationen auszuführen. Das wohl populärste Beispiel für den Einsatz der Java-Unterstützung ist NeoOffice. Dabei handelt es sich um eine Java-basierte Version von OpenOffice.
- **Anderes**: Daneben gibt es noch Programme wie den populären Webbrowser Firefox oder das Mailprogramm Thunderbird, die auf eigene Standards setzen, um möglichst plattformunabhängig zu sein. So wird zum Beispiel sichergestellt, dass ein Firefox-Addon sowohl unter Windows als auch unter Linux und Mac OS X benutzt werden kann. Der Nachteil, den man auch in diesem Fall in Kauf nehmen muss, besteht einmal mehr in einem nicht Mac-konformen GUI (GUI = Graphical User Interface, grafische Benutzerschnittstelle). Diese Programme sehen anders aus als native Mac-Programme, verhalten sich teilweise anders und können nicht alle Möglichkeiten von Mac OS X nutzen.
- **Classic**: Der Vollständigkeit halber sei noch Classic erwähnt. Dabei handelt es sich um eine Systemumgebung, um Mac-OS-9-Programme unter Mac OS X auszuführen. Bereits mit Leopard (dem Vorgänger von Snow Leopard) hat sich Apple endgültig von Classic verabschiedet.

Rosetta; oder: Vom PowerPC zum Intel-Prozessor

Am 6. Juni 2005 überraschte Steve Jobs auf der Apple-Entwicklerkonferenz die Teilnehmer mit der Bekanntgabe, dass man in Zukunft statt auf IBMs PowerPC auf Prozessoren von Intel setzen werde. Trotz seines Namens hat IBMs PowerPC nichts mit üblichen PCs zu tun, sondern wurde zu diesem Zeitpunkt überwiegend in Macintosh-Computer eingebaut, in denen er seit Mitte der 90er-Jahre vor sich hinwerkelte.

Dieser fundamentale Umbau der Hardware ist inzwischen abgeschlossen, jeder Mac, den Sie heute bei Apple kaufen können, ist ein Intel-basierter Computer und unterscheidet sich in seinen Komponenten nur noch unwesentlich von einem normalen PC. Sie müssen allenfalls bei gebrauchten Macs auf den Prozessor achten. Die zuletzt von Apple verbauten IBM-Prozessoren hießen schlicht G3, G4 und G5.

Der PowerMac G5 vom Oktober 2005 war der letzte große Macintosh-Computer, der mit IBMs PowerPC rechnete (und zwar, wie Sie unschwer erraten werden, mit dem PowerPC G5). Danach wechselte Apple sehr zügig die gesamte Hardwareplattform und setzte auf Intel-Prozessoren samt entsprechendem Umfeld. Heute gibt es von Apple ausschließlich Intel-basierte Macs.

Der Umstieg von IBM zu Intel stellte die Entwickler vor die Aufgabe, ihre Programme in Zukunft an die neue Hardwareplattform anzupassen. Für Sie als Anwender bedeutet das, dass Sie unter Umständen darauf achten müssen, für welchen Mac ein Programm entwickelt wurde.

Als erstes Mac OS unterstützt Snow Leopard keine PowerPC-Architektur mehr und setzt eine Intel-basierte Hardware voraus. Das bedeutet aber nicht, dass Sie keine älteren PowerPC-Programme installieren können.

Da Apple beim Wechsel der Hardwareplattform natürlich nicht einfach von heute auf morgen alle PowerPC-Programme ignorieren konnte, entwickelte man ein Verfahren namens Rosetta. So, wie der antike Stein von Rosetta die Übersetzung der ägyptischen Hieroglyphen ermöglichte, übersetzt Rosetta unter Mac OS X den PowerPC-Programmcode im laufenden Betrieb in Code, den auch Intel-Prozessoren verstehen. Das Verfahren ist beeindruckend und alltagstauglich, kostet aber Rechenleistung.

Rosetta wird bei Snow Leopard nicht mehr von Haus aus installiert, sondern bei Bedarf von der System-DVD nachträglich hinzugefügt. Wie X11 gehört Rosetta zu den optionalen Programmpaketen. Sobald unter Snow Leopard ein Programm gestartet werden soll, das für den PowerPC geschrieben wurde, fordert Mac OS X bei Bedarf zur nachträglichen Installation von Rosetta auf. Falls Sie Ihre Snow-Leopard-DVD verkramt und nicht zur Hand haben, ist auch das kein Problem – Snow Leopard lädt Rosetta in diesem Fall aus dem Internet nach.

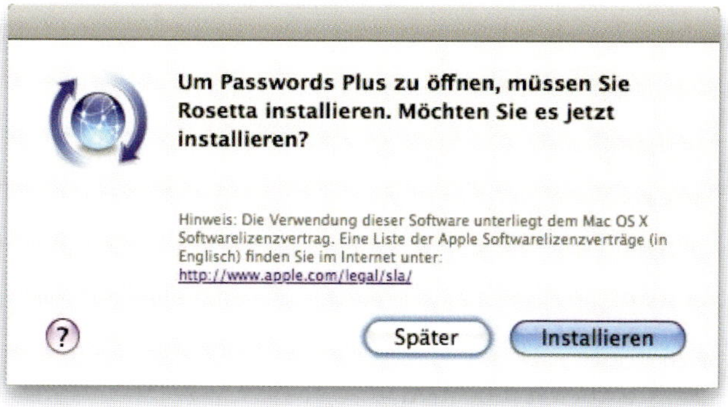

Um ein PowerPC-Programm unter Snow Leopard auszuführen, benötigen Sie Rosetta, das sich bei Bedarf von der Snow-Leopard-DVD oder aus dem Internet installieren lässt.

Schließlich gibt es noch die sogenannten Universal Binaries, Kurzform: Universal. Dabei handelt es sich gewissermaßen um das Beste aus beiden Welten. Ein Universal-Programm enthält sowohl den Code für die PowerPC- als auch für die Intel-Plattform. Ein solches Programm kann also sowohl auf älteren als auch auf neueren Macs installiert werden. Der Nachteil dieser zweigleisigen Strategie: Ein Universal Binary ist erheblich umfangreicher als ein Programm, das dezidiert für eine der beiden möglichen Hardwareplattformen kompiliert wurde. Das allerdings ist angesichts der heutigen Festplattenkapazitäten ein zu vernachlässigender Aspekt.

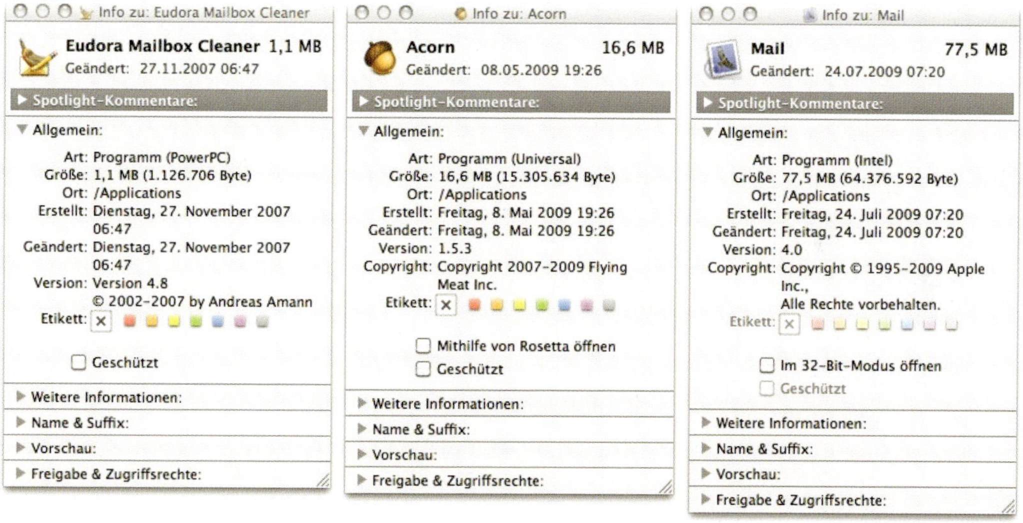

Für welche Hardwareplattform ein Programm kompiliert wurde, erfahren Sie mit einem Blick in die Infos des Programms.

Programme in einem bestimmten Modus starten

Der Mix an möglichen Programmarten kann in seltenen Fällen zu Problemen führen. Dann empfiehlt es sich, ein Programm in einem bestimmten Modus zu starten. Standardmäßig wird eine Universal Binary im Intel-Modus gestartet. Sollte es dabei zu Störungen kommen, können Sie Mac OS X auch anweisen, es lieber via Rosetta als PowerPC-Programm auszuführen. Dazu markieren Sie das Programm im Finder und rufen mit [⌘] [I] die Informationen des Programms auf. Hier aktivieren Sie unter *Allgemein* den Punkt *Mithilfe von Rosetta öffnen*.

Ähnlich gehen Sie vor, wenn ein 64-Bit-Programm besser im 32-Bit-Modus gestartet werden soll. Das kann zum Beispiel nötig werden, wenn eine 64-Bit-Applikation mit 32-Bit-Erweiterungen zusammenarbeiten soll. Auch hier lässt sich in den Informationen unter *Allgemein* mit einem Häkchen bei *Im 32-Bit-Modus öffnen* der Startmodus festlegen.

So installieren Sie Programme auf Ihrem Mac

Eine der Standardfragen, die sich wohl jeder Anwender stellt, der von Windows zum Mac wechselt, lautet: Wie installiere ich auf dem Mac ein neues Programm? Unter Windows wird eine Installationsroutine entweder durch Einlegen einer CD automatisch gestartet oder durch einen Doppelklick auf eine Datei wie *setup.exe*. Unter Mac OS X ist das anders. Und zwar ganz anders.

Zum einen gibt es hier die von Windows vertraute Autostart-Funktion nicht. Legen Sie eine CD oder DVD ein, wird sie als neues Symbol auf dem Schreibtisch angezeigt und eventuell ein Finderfenster geöffnet – aber es wird nicht automatisch ein Programm gestartet. Lediglich bei Musik-CDs oder Video-DVDs startet auf Wunsch automatisch die Wiedergabe.

Zum anderen gibt es bei einer typischen Mac-Applikation kein Installationsprogramm (jedenfalls keines, das von Ihnen als Anwender auf Anhieb erkennbar wäre). Wenn es typische Applikationen gibt, werden Sie jetzt vielleicht denken, gibt es wohl auch untypische. Das stimmt. Und bei diesen (wenigen) Ausnahmen finden Sie mitunter einen Installer. Aber der Reihe nach. Widmen wir uns zuerst dem Standardfall.

Die meisten Programme liegen zur Installation in Form einer DMG-Datei vor. Wie im zweiten Kapitel erläutert, handelt es sich dabei um virtuelle Laufwerke (dmg = disk image), also um eine Datei, die vom System wie ein reales Laufwerk behandelt wird. Bevor Sie das Programm von der DMG-Datei auf Ihrem Mac installieren können, müssen Sie die Datei also mit einem Doppelklick öffnen.

Viele Umsteiger sind allerdings verwirrt, wenn sie sehen, wie sich eine DMG-Datei anschließend präsentiert. Denn hier lassen sich die Entwickler nicht lumpen und machen ausgiebig Gebrauch von den grafischen Fähigkeiten des Macs. Da werden dann farbige Hintergründe und Bildmotive benutzt, und das Programmsymbol wird sehr groß dargestellt.

An die typische grafische Aufbereitung einer Installationsdatei muss man sich als Windows-Umsteiger oftmals erst ein wenig gewöhnen.

Aber lassen Sie sich von den grafischen Anstrengungen der Anbieter nicht irritieren – was Sie zu sehen bekommen, ist immer ein ganz normales Finderfenster. Das merken Sie sofort, wenn Sie sich mit ⌥ ⌘ T die Seitenleiste einblenden lassen.

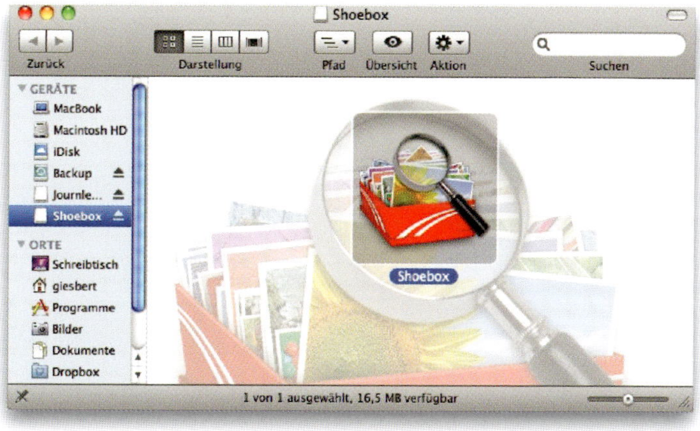

Ein kleiner Tastendruck, und die etwas ungewohnte Darstellung einer DMG-Datei entpuppt sich als normales Finderfenster. Zur Installation ziehen Sie das Programmsymbol auf den Ordner Programme.

Das empfiehlt sich schon deshalb, weil Sie so bequem auf die Programme zugreifen können. Denn um ein typisches Mac-Programm zu installieren, müssen Sie nicht mehr tun, als das Programmsymbol in den *Programme*-Ordner zu ziehen. Den Rest erledigt Mac OS X. Je nachdem, wie umfangreich das Programm ist, erscheint kurz ein Dialog, der über den Fortgang der Installation (die im Prinzip ein einfacher Kopiervorgang ist) informiert, meistens ist die Sache aber so schnell vorbei, dass man das kaum mitbekommt.

Manche Hersteller machen es Ihnen noch einfacher und ersparen es Ihnen, die Programme im Finder anzeigen zu lassen. Stattdessen wird der Programmdatei ein Alias für den Standardordner mit auf den Weg gegeben. Ziehen Sie die Installationsdatei auf diese Alias-Verknüpfung, wird das Programm installiert.

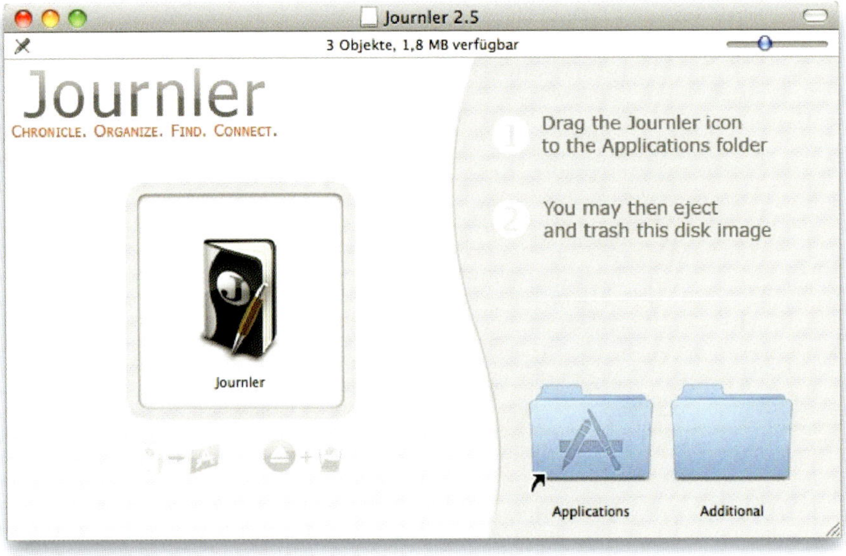

Den Entwicklern sind bei der Gestaltung der Installationsfenster kaum Grenzen gesetzt. Manche Anbieter fügen etwa ein Alias ein, so dass man das Programmsymbol (hier: Journler) einfach auf den verknüpften Standardordner für Programme ziehen kann, ohne sich die Seitenleiste einblenden oder den Ordner im direkten Zugriff haben zu müssen. (Da es sich um ein englischsprachiges Programm handelt, heißt der Ordner hier nicht Programme, sondern Applications, was der Funktionalität aber keinen Abbruch tut.)

Diese Installation mit Drag & Drop ist das Standardverfahren zur Installation von Programmen unter Mac OS X. Doch es geht auch anders: Manche Programme müssen nämlich, ähnlich wie unter Windows, über eine eigene Routine installiert werden.

Hierbei handelt es sich oft um Programme, die nicht speziell für Mac OS X, sondern systemübergreifend für mehrere Betriebssysteme (Windows, Linux, Mac OS X) entwickelt wurden oder die sehr stark ins System eingreifen.

Auch diese Programme werden in der Regel als DMG-Datei weitergegeben, aber das virtuelle Laufwerk enthält dann nicht eine mit Drag & Drop installierbare Programmdatei, sondern ein Paket mit der Dateiendung PKG. Nach einem Doppelklick auf diese Datei startet die Installation.

Manche Programme benötigen auch auf dem Mac zur Installation eine mehr oder weniger aufwendige Installationsroutine. Üblicherweise beschränkt sich die Installation hier auf einige wenige Mausklicks.

Die Standardmenüs von Programmen

Mit vielen Programmen können Sie Dateien öffnen und drucken. Hier arbeitet Mac OS X normalerweise mit einem abgekürzten Menü, das einen Umsteiger vielleicht auf die Idee bringen kann, in diesen Menüs würden ein paar Option fehlen. So scheint das Speichern eines Dokuments (standardmäßig zu finden unter *Ablage > Sichern*) auf den ersten Blick keine Möglichkeit zu bieten, einen bestimmten Ordner anzusteuern. Auch der Zugriff auf die Druckereinstellungen (*Ablage > Drucken*) wirkt ein wenig spartanisch.

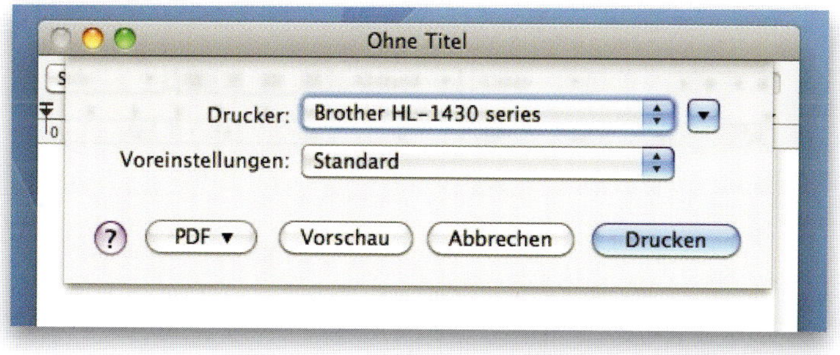

Auf den ersten Blick wirkt das Drucken-Menü in einem Programm sehr sparsam und scheint keine Einstellungsmöglichkeiten zu bieten.

Doch der erste Eindruck täuscht. Denn standardmäßig öffnet Mac OS X diese Dialoge in einer platzsparenden Version. Die Idee dahinter: Der Anwender konfiguriert diese Dialoge nicht jedesmal neu, sondern benutzt die einmal getroffenen Einstellungen erneut. Warum ihn also immer mit dem vollen Menü belästigen? Stattdessen behält Mac OS X die zuletzt gewählten Einstellungen bei – und das ist beim ersten Aufruf des Dialogs die verkleinerte Version.

Möchten Sie den vollen Zugriff auf die Konfiguration dieser Dialoge haben, genügt ein Klick auf den blauen Pfeil rechts oben. Das Menü wird daraufhin erweitert und bietet Ihnen nun alle Möglichkeiten wie detaillierte Druckereinstellung oder Festlegung des Speicherorts einer Datei.

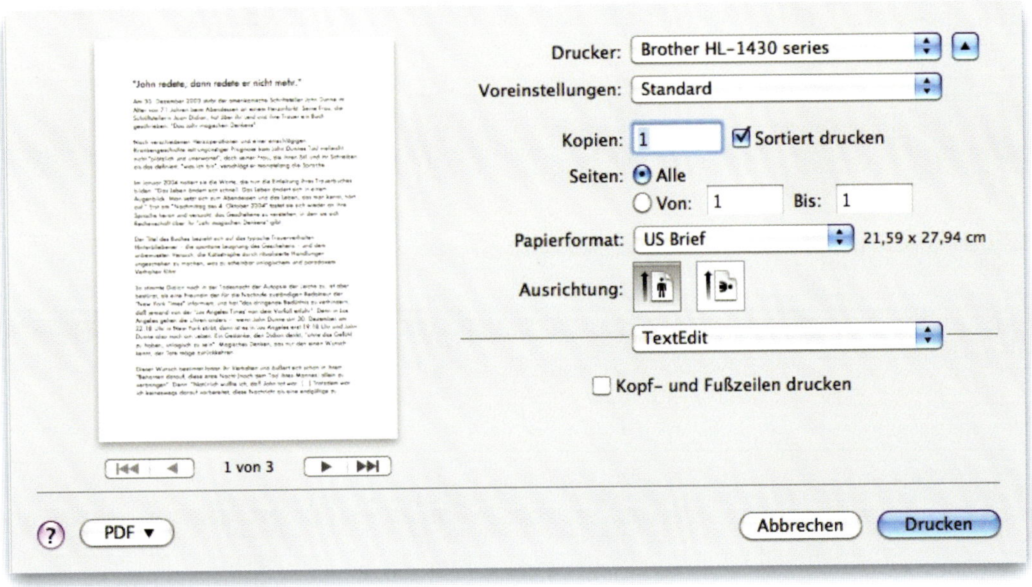

Auf Wunsch wird ein verkürztes Menü auch komplett dargestellt. Über einen erneuten Klick auf den blauen Pfeil oben rechts lässt es sich auch wieder verkleinern.

So werden Sie Programme wieder los

So einfach wie die Installation ist in aller Regel auch die Deinstallation eines Programms. Einen dezidierten Uninstaller werden Sie unter Mac OS X, anders als unter Windows, so gut wie nie finden. Stattdessen funktioniert die Deinstallation praktisch genauso wie die Installation: mit Drag & Drop.

Um ein installiertes Programm zu löschen, genügt es in der Regel, das entsprechende Programmsymbol in den Papierkorb ziehen und den Papierkorb zu leeren. Dabei werden allerdings nicht sämtliche Spuren des Programms von der Festplatte entfernt, es finden sich noch kleinere Konfigurationsdateien in den Libraries. Die können Sie allerdings einfach ignorieren – sie belegen praktisch keinen Speicherplatz und stören das System nicht.

Die Prögrämmchen im Dashboard

Neben den bisher vorgestellten Programmen für Mac OS X gibt es noch eine andere Art von Programmen, die auf eigene Art installiert und entfernt werden: die Widgets im Dashboard.

Dabei handelt es sich um kleine Programme, die aus HTML, CSS und jeder Menge Javascript bestehen, also im Grunde um kleine Webapplikationen, die aber lokal auf dem Mac und außerhalb eines Webbrowsers ausgeführt werden.

Um auf diese Prögrämmchen zuzugreifen, rufen Sie das Dashboard auf, was standardmäßig über F12 bzw. durch eine Druck auf die mittlere Maustaste geschieht. Beim ersten Aufruf verzögert sich der Start um ein paar Sekunden, später steht das Dashboard dann praktisch sofort bereit. Um wieder zum Schreibtisch zurückzukehren, klicken Sie auf eine leere Stelle auf dem Bildschirm.

Das Dashboard legt sich halbtransparent über den aktuellen Bildschirminhalt und blendet die aktiven Widgets ein. In der Regel sind das Prögrämmchen wie ein Taschenrechner, der Wetterbericht oder Notizzettel. Sehr nützlich ist auch ein Umrechnungsprogramm, mit dem Sie Währungen und verschiedene Maßeinheiten umrechnen können (also etwa US-Dollar in Euro oder Inch in Zentimeter).

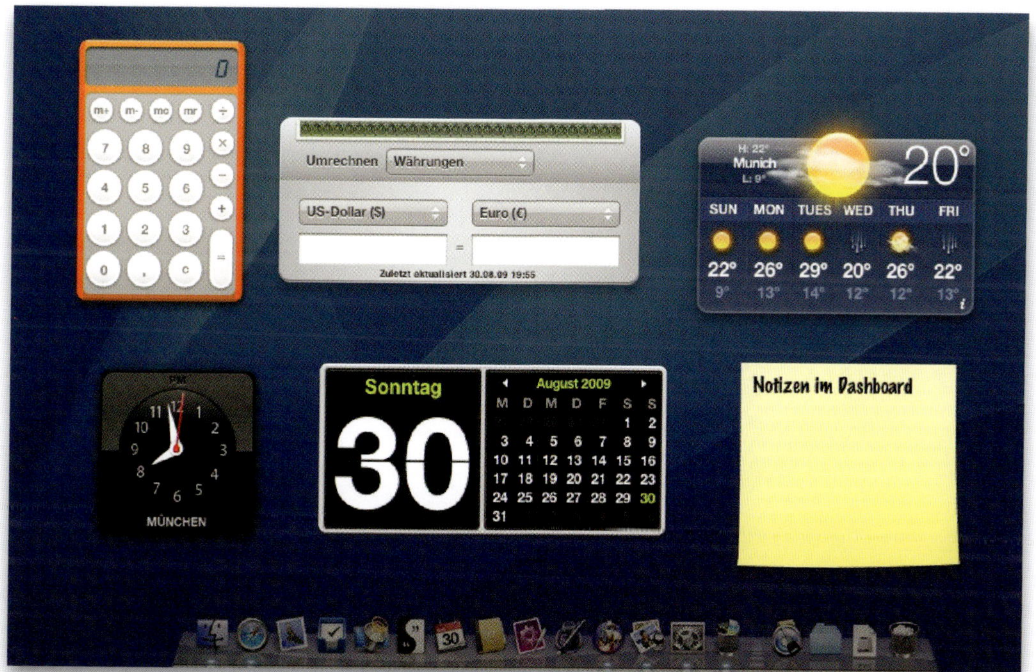

Das Dashboard bietet den blitzschnellen Zugriff auf verschiedene Hilfsprogramme und Tools („Widgets").

Die Widgets lassen sich mit der Maus auf dem Dashboard beliebig platzieren. Falls eines dieser Programme Konfigurationsmöglichkeiten bietet, kann man diese über einen Klick auf ein kleines *i* öffnen. Dieses *i* wird eingeblendet, wenn sich der Mauszeiger der rechten unteren Ecke eines Widgets nähert.

Möchten Sie das Dashboard nicht über die Standardeinstellung F12 oder mittlere Maustaste aufrufen (zum Beispiel weil die mittlere Maustaste von einem anderen Programm benötigt wird), können Sie auch selbst festlegen, auf welchen Tastendruck oder Mausklick Mac OS X das Dashboard starten soll.

Rufen Sie dafür > *Systemeinstellungen* auf. Im Abschnitt *Persönlich*, Eintrag *Exposé und Spaces*, Registerkarte *Exposé* legen Sie anschließend fest, mit welcher F- oder Maustaste das Dashboard eingeblendet werden soll.

Widgets verwalten

Mac OS X kommt von Haus aus mit einer Auswahl an Widgets, die Sie mit wenigen Mausklicks aktivieren können:

1. Starten Sie das Dashboard und klicken Sie auf das Pluszeichen links unten. Es öffnet sich eine Auswahlleiste.
2. Klicken Sie das gewünschte Widget in der Leiste an. Es wird mit einer netten Animation ins Dashboard übernommen, wo Sie es mit der Maus platzieren können.
3. Schließen Sie die Leiste durch einen Mausklick auf das X, zu dem das Pluszeichen geworden ist.

Die Widgets werden mit Drag & Drop aus der Auswahlleiste in das Dashboard übernommen.

Widgets lassen sich normalerweise beliebig oft dem Dashboard hinzufügen. So können Sie etwa die Uhrzeit und Wettervorhersage für verschiedene Orte gleichzeitig im Dashboard nachschlagen.

Sobald Sie die Auswahlleiste eingeblendet haben, können Sie auch aktivierte Widgets vom Dashboard entfernen. Klicken Sie dafür auf das X, das bei jedem Widget oben links erscheint.

Die Verwaltung der Widgets lässt sich natürlich auch via Widget erledigen. Rufen Sie dazu die Auswahlleiste auf und klicken Sie auf die Schaltfläche *Widgets verwalten*. Über diese Widgets können Sie nun alle verfügbaren Kleinstprogramme zum Dashboard mit einem Doppelklick hinzufügen, neue installieren und auch wieder entfernen. Nur wenn Sie eines der Tools aus dem Dashboard entfernen möchten, rufen Sie die Auswahlleiste auf.

Über das Widget zur Verwaltung von Widgets können Sie alle verfügbaren Widgets aktivieren, nachträglich installierte Prográmmchen komplett löschen oder durch Entfernen des Hakens links ein Widget aus der Auswahlleiste ausblenden, ohne es zu löschen.

Die Widget-Auswahl, die Ihnen Mac OS X von Haus aus bietet, zeigt zwar den generellen Einsatzzweck des Dashboards, ist aber zum einen eingeschränkt, zum anderen überwiegend auf den US-Markt zugeschnitten. So praktisch und nützlich etwa die Nachschlage-Widgets wie Business, Movies, ESPN, Flight Tracker oder People auch sind, für Europa oder Deutschland sind sie leider unbrauchbar.

Doch das macht nichts, es gibt zahlreiche Widgets, die nicht nur für mehr Abwechslung sorgen, sondern auch hierzulande nützliche Dienste leisten. Eine sehr umfangreiche Auswahl bietet Ihnen etwa Apple. Klicken Sie einfach mal auf die Schaltfläche *Weitere Widgets* im Verwaltungswidget. Damit wird der Webbrowser Safari aufgerufen und eine Webseite bei Apple aufgerufen, von der aus Sie Widgets herunterladen können. (Mit Safari und dem Internet beschäftigen wir uns im sechsten Kapitel ausführlicher.)

Eine Widget-Datei erkennen Sie an zwei Dingen: zum einen an dem schwarzen Symbol mit vier kleinen Icons, zum anderen an der Endung wdgt. (Ausnahmen bestätigen auch hier die Regel: Manche Widgets haben eigene Symbole.)

Um ein solches Widget zu installieren, gehen Sie folgendermaßen vor:

1. Klicken Sie die wdgt-Datei doppelt an. Es erscheint ein Dialog mit der Frage, ob das Widget installiert werden soll. Nach einem Klick auf *Installieren* wird das Dashboard eingeblendet.
2. Hier können Sie das neue Widget in einer Vorschau auf dem Dashboard platzieren und es mit *Installieren* übernehmen.
3. Haben Sie es sich doch anders überlegt, entfernen Sie das Widget mit einem Mausklick auf *Löschen*.

Die von Ihnen installierten Widgets werden in Ihrem Home-Ordner unter *Library > Widgets* verwaltet. Sie können Widgets auch installieren, indem Sie die entsprechende wdgt-Datei in diesen Ordner verschieben. Das Widget kann dann über die Auswahlleiste dem Dashboard hinzugefügt werden.

Widgets können notfalls auch über den Finder entfernt bzw. installiert werden.

Genauso lässt sich ein Widget auch wieder entfernen, ohne dass Sie dafür das Verwaltungswidget benötigten – löschen Sie einfach die entsprechende Datei aus Ihrem Widgetordner.

Ein Blick ins Innere

Weiter oben wurde erwähnt, dass ein Programmeintrag im Finder nur so aussieht, als verweise er auf eine einzige ausführbare Datei. Stattdessen handelt es sich hier um einen symbolischen Namen, mit dem ein ganzes Paket aus verschiedenen Programmkomponenten angesprochen wird. So ein Paket lässt sich auch öffnen.

Neben der technischen Neugier gibt es noch einen anderen Grund, warum man die Pakete gelegentlich öffnet. Denn so bekommt man Zugriff auf fast alle grafischen Elemente eines Programms: Icons, Symbole und mitunter auch Schaltflächen. Dabei handelt es sich um normale Grafikdateien, die Sie durch eigene Kreationen überschreiben können, um so das Aussehen eines Programms Ihren Wünschen anzupassen. Diese Möglichkeit wird zum Beispiel genutzt, wenn ein Programm eine neue „Skin" verpasst bekommt.

! Doch Vorsicht! Bevor Sie eine Datei in einem Programmpaket überschreiben oder löschen, sollten Sie unbedingt eine Kopie der Originale anlegen. Damit Sie im Falle eines Falles den Ausgangszustand wiederherstellen können.

Um einen Blick ins Innere eines solchen Programmpakets zu werfen, klicken Sie den Eintrag mit der rechten Maustaste an und wählen *Paketinhalt zeigen*.

Jedes Programm besteht in Wahrheit aus einem ganzen Dateipaket, dessen Inhalt Sie sich im Finder anzeigen lassen können.

Es öffnet sich ein neues Finderfenster, das einen Ordner namens *Contents* enthält. Der Inhalt dieses Ordners hängt nun sehr stark davon ab, um welches Programm es sich handelt. Üblicherweise finden Sie hier mindestens die beiden Ordner *MacOS* und *Resources* sowie einige einzelne Dateien.

Kapitel 4

So behalten Sie den Überblick

Das Zauberwort moderner Computer heißt Multitasking. Gemeint ist damit die (fast) gleichzeitige Erledigung unterschiedlicher Aufgaben. Ein Computer hat keine Probleme damit, zahlreiche Programme aktiv zu halten und mit etlichen Fenstern gleichzeitig zu jonglieren. Wir sind da etwas anders gebaut und sehen oft die Daten vor lauter Fenstern nicht. Aber keine Sorge: In diesem Kapitel lernen Sie die Tools und Werkzeuge kennen, die Ihnen Mac OS X hilfreich zur Seite stellt, damit Sie souverän und sicher jederzeit den Überblick behalten.

Exposé: Überblick in der Fensterflut

Als modernes Multitaskingsystem kann Mac OS X verschiedene Programme gleichzeitig ausführen. Diese Fähigkeit wird im Arbeitsalltag natürlich weidlich genutzt. Jetzt, während ich dies schreibe, laufen auf meinem iMac zum Beispiel folgende Programme und sind mit mindestens einem geöffneten Fenster präsent:

- Der **Finder** läuft wie gesagt immer; aktuell sind drei Fenster geöffnet.
- **Safari**: Ohne den sofortigen Zugriff auf den immensen Wissensfundus „Internet" wäre ich in meinem Beruf aufgeschmissen.
- **Mail**: Alle 30 Minuten fragt das Mailprogramm meine E-Mail-Konten ab.
- **Adressbuch** und **iCal**: Das Adressbuch und das Kalenderprogramm von Mac OS X gehören zu den Standardapplikationen, die eigentlich immer geöffnet sind.
- **Things** ist eine Aufgabenverwaltung, die nach dem GTD-Prinzip arbeitet (GTD = Getting Things Done; Dinge erledigt bekommen).
- **Scrivener** ist ein Schreibprogramm zur Verwaltung großer und kleiner Notizen.
- **iTunes**: Ab und an läuft ein wenig Musik im Hintergrund. Außerdem benötige ich iTunes, um mein iPhone und meinen iPod zu synchronisieren.
- **NeoOffice** ist eine an den Mac angepasste Version von OpenOffice. Mit der Textverarbeitung dieses Programmpakets schreibe ich dieses Buch.
- **Yummy** ist ein FTP-Client, mit dessen Hilfe ich Dateien auf Servern im Internet verwalte.
- **Vorschau**: Die Vorschau von Mac OS X ist der Standard-Dateiviewer, der zur Anzeige von Grafiken und PDF-Dateien benutzt wird (das Programm kann sehr viel mehr, aber damit beschäftigen wir uns Kapitel 11).
- **Acorn** ist ein Grafikprogramm, mit dem ich unter anderem Bilder bearbeite, um sie zum Beispiel auf meiner Webseite oder hier im Buch abzubilden.

Das ist ein aktuell sehr überschaubarer Zustand. Normalerweise sind noch mehr Programme geöffnet – etwa Textmate (ein Editor, den ich für Arbeiten an meiner Homepage benutze), 1Password (ein Programm zur Verwaltung von Passwörtern aller Art), Pages (Textverarbeitung von Apple) und iPhoto (Fotoverwaltung von Apple, gehört als Teil von iLife zum Lieferumfang jedes neuen Macs) – aber diese Programme habe ich heute noch nicht benötigt (das wird sich im Verlaufe des Tages fraglos ändern).

Angesichts der ganz normalen Fensterflut stellt sich natürlich das Problem, wie man damit umgeht. Hier bietet Mac OS X mit Exposé leistungsfähige Unterstützung an.

Mit Exposé können Sie sich auf Tastendruck blitzschnell Übersicht über alle geöffneten Fenster verschaffen und mit kleinen Tricks die Arbeit erleichtern.

Alle aktiven Fenster und Programme im Überblick: Die Gesamtansicht ist eine von drei verschiedenen Darstellungen, mit denen Exposé das Fensterchaos in den Griff bekommt.

Exposé macht im Grunde das, was wir normalerweise auch tun, wenn wir ein chaotisches Durcheinander überblicken möchten: Wir treten einen Schritt zurück und betrachten die Dinge von oben. Hier bietet Exposé gewissermaßen verschiedene Blickwinkel.

Zum Aufruf der Exposé-Funktionen hat Apple bei seinen neueren Macs die [F3]-Taste vorgesehen, bei älteren Modellen erreicht man die Funktionen über [F9], [F10] und [F11].

- **Alle Fenster:** Mit dieser Funktion wird der Schreibtisch abgedunkelt, und sämtliche derzeit geöffneten Programmfenster werden in einem ordentlichen Gitter angezeigt. Durch einen Klick auf ein Fenster wechseln Sie automatisch zum entsprechenden Programm. Diese Funktion wird, je nach Mac und Tastatur, entweder durch einen Druck auf [F3], auf [F9] oder durch die Kombination [fn] [F9] aufgerufen.
- **Programmfenster:** Was mit allen Fenstern aller aktiven Programme geht, geht natürlich auch mit den geöffneten Fenstern nur eines bestimmten Programms. Diese Funktion rufen Sie am einfachsten auf, indem Sie auf das Symbol des entsprechenden Programms im Dock klicken und die Maustaste solange festhalten, bis alle Fens-

ter der Applikation in einem Gitter angezeigt werden. Alternativ dazu können Sie, je nach Mac und Tastatur, entweder ctrl F3, F10 oder fn F10 drücken. In dieser Ansicht wechseln Sie mit einem Druck auf die ⇥-Taste zur nächsten Applikation, ohne dass Exposé verlassen wird. So können Sie also schnell durch alle Fenster aller geöffneten Programme blättern. Wenn Sie viele Fenster unterschiedlicher Programme geöffnet haben, kann auch diese Übersicht noch verwirrend sein. Hier helfen Ihnen zwei weitere Tastenkürzel weiter. Drücken Sie in der Anzeige der Programmfenster ⌘ 1, werden alle Fenster nach ihrem Namen alphabetisch sortiert, ⌘ 2 sorgt für eine alphabetische Anordnung nach Programmnamen.

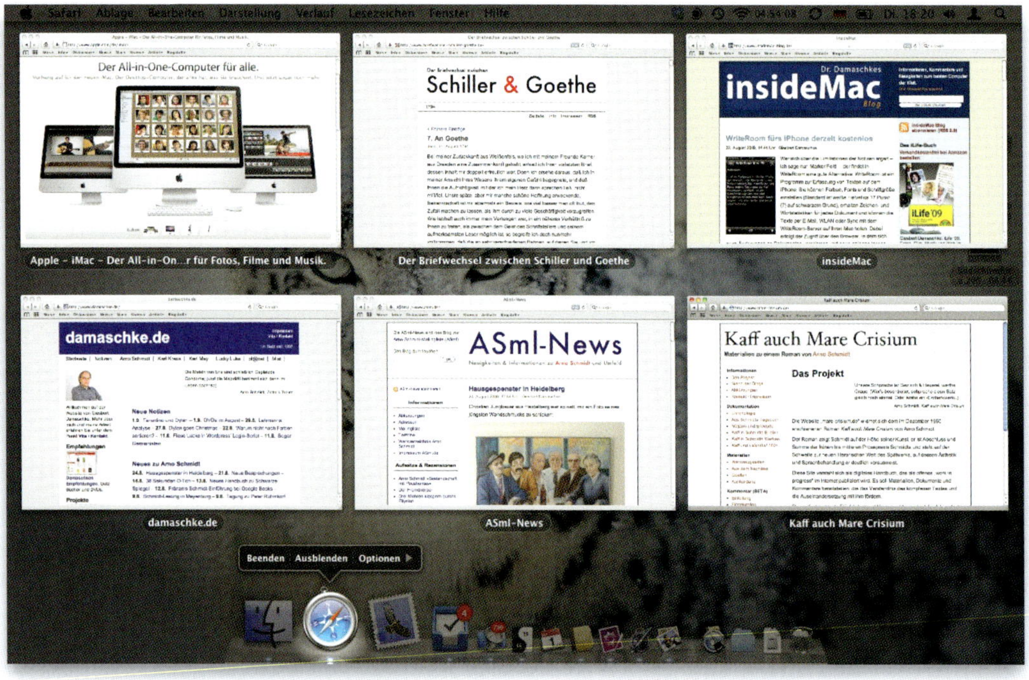

Was mit allen Fenstern geht, geht auch nur mit den Fenstern einer Applikation (hier: Safari), die sich ebenfalls in einer aufgeräumten Übersicht anzeigen lassen.

- **Schreibtisch einblenden:** Möchten Sie rasch alle Fenster aus dem Weg räumen, um einen Blick auf den Schreibtisch zu werfen, drücken Sie ⌘ F3, F11 oder die Tastenkombination fn F11.

Viele Fenster übersichtlich verkleinern

Wenn Sie ein Fenster über einen Klick auf die mittlere, gelbe Murmel links oben verkleinern, dann landet das minimierte Fenster standardmäßig im rechten Bereich des Docks. Solange Sie nur ein oder zwei Fenster verkleinern, ist das eine feine Sache, da Sie über einen Klick auf die Miniaturen im Dock sofort ein bestimmtes Fenster wieder nach vorn holen können. Doch sobald Sie drei, vier oder mehr Fenster auf diese Weise im Dock ablegen, bekommen Sie ein Platzproblem. Denn mit jedem abgelegten Fenster wird das Dock verlängert.

Je mehr Fenster Sie rechts im Dock ablegen, desto mehr Gedränge herrscht.

Doch es geht auch übersichtlicher und platzsparender: Lassen Sie die verkleinerten Fenster hinter dem jeweiligen Programmsymbol verschwinden und holen Sie sie bei Bedarf mit Exposé hervor.

Rufen Sie > *Systemeinstellungen* auf und klicken Sie im Abschnitt *Persönlich* auf *Dock*. Hier aktivieren Sie den Punkt *Fenster im Dock ablegen (Programmsymbol)*.

Ab sofort verschwinden minimierte Fenster hinter dem jeweiligen Programmsymbol. Um zu einem bestimmten Fenster zu wechseln, klicken Sie auf das entsprechende Programmsymbol, bis die Übersicht über alle Fenster der Applikation angezeigt wird. Dabei werden geöffnete Fenster im oberen Bildschirmbereich angezeigt, minimierte in verkleinerter Form darunter.

In der Fensterübersicht werden auch alle minimierten Fenster eines Programms angezeigt.

Exposé anpassen

Wenn Ihnen die Standardbelegung der Funktionstasten zum Aufruf von Exposé nicht zusagt, können Sie das natürlich ändern. Es ist zum Beispiel möglich, Exposé über die Maus zu steuern oder bei einem iMac mit großer Tastatur die kaum benutzten Tasten [F13], [F14] und [F15] einzusetzen.

Rufen Sie > *Systemeinstellungen* auf und klicken Sie im Bereich *Persönlich* auf den Eintrag *Exposé & Spaces*. Im Register Exposé werden die Tasten definiert. Dabei können Sie nicht nur jede Funktionstaste von [F1] bis [F19] benutzen (auf Wunsch in Kombination mit [⌘], [⌥], [ctrl] oder [⇧]), sondern auch die [fn]-, [⌘]-, [⌥]-, [ctrl]- oder [⇧]-Tasten, wobei hier zusätzlich noch zwischen rechts oder links unterschieden wird. Benutzen Sie etwa die rechte [⌘]- oder [ctrl]-Taste normalerweise nicht, dann können Sie auf diese Tasten den Aufruf einer Exposé-Funktion legen.

Möchten Sie zum Beispiel über die Tastenkombination [⌥][F1] den Schreibtisch einblenden, dann öffnen Sie zuerst das Auswahlmenü des entsprechenden Eintrags. Sie sehen eine Liste von *F1* bis *F13*, gefolgt von *Rechte Umschalttaste*, *Rechte ctrl-Taste* und so weiter. Drücken Sie die [⌥]-Taste, wird die Liste der F-Tasten um ein ⌥ erweitert. Klicken Sie nun auf ⌥*F1*. Entsprechend legen Sie beliebige Kombinationen mit [⌘], [ctrl] oder [⇧] fest.

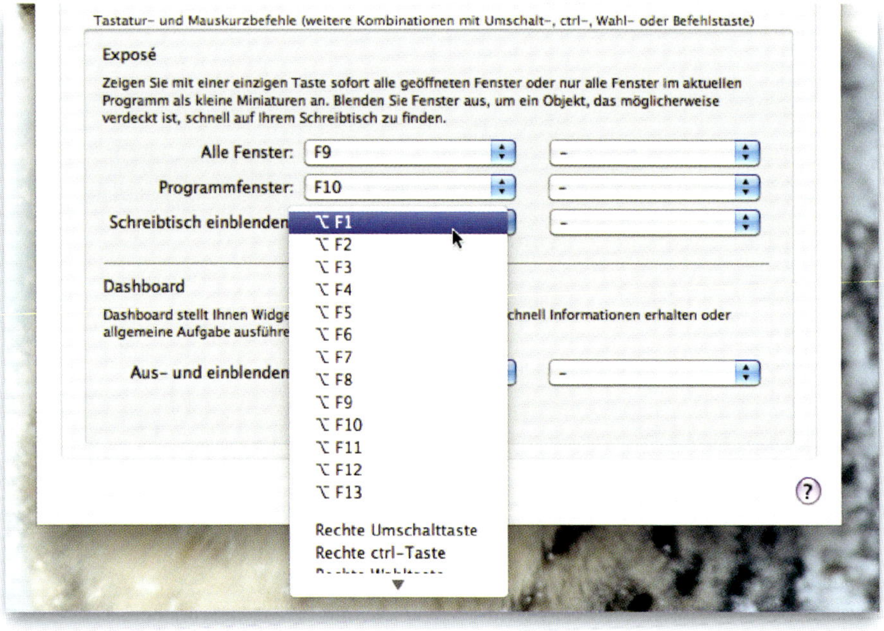

Mit welcher Funktionstaste Sie Exposé aufrufen, legen Sie selbst fest. Um Kombinationen mit den Sondertasten [⌘], [⌥], [ctrl] oder [⇧] zu definieren, drücken Sie die gewünschten Tasten, das Auswahlmenü wird entsprechend angepasst. Mit einem Mausklick wählen Sie eine Taste oder Tastenkombination aus.

Die Sache hat bei neueren Mac-Modellen allerdings einen kleinen Haken. Standardmäßig sind die F-Tasten doppelt belegt. So steuern Sie etwa mit [F1] und [F2] die Helligkeit oder mit [F7] bis [F12] die Wiedergabe von Musik und Videos. Möchten Sie diese Tasten als F-Tasten benutzen, müssen Sie sie zusammen mit [fn] drücken. Aus [⌥][F1] für den Exposé-Aufruf wird also automatisch ein [⌥][fn][F1], was sich nicht sonderlich gut greifen lässt.

In diesem Fall können Sie die Belegung der F-Tasten vertauschen, sie also primär als F-Tasten einsetzen und die Steuerfunktionen auf eine Kombination mit der [fn]-Taste legen. Dazu klicken Sie in den Systemeinstellungen im Bereich *Hardware* auf *Tastatur*, wechseln gegebenenfalls auf das Register *Tastatur* und aktivieren hier den Punkt *Die Tasten F1, F2 usw. als Standard-Funktionstasten verwenden*.

Wenn Ihnen die Neubelegung der F-Tasten zu aufwendig ist und Sie überhaupt lieber mit der Maus arbeiten, dann besteht die Möglichkeit, Exposé auch durch eine gezielte Mausbewegung in eine der vier Ecken des Bildschirms zu steuern.

Auch das erledigen Sie im Register *Exposé* unter *Exposé & Spaces* in den Systemeinstellungen. Hier legen Sie im Abschnitt *Aktive Ecken* fest, was passieren soll, wenn Sie den Mauszeiger zum Beispiel in die linke untere Ecke schieben. Um eine versehentliche Aktivierung zu verhindern, kann es ratsam sein, auch hier Kombinationen mit [⌘], [⌥], [ctrl] oder [⇧] zu definieren. Drücken Sie dazu bei geöffnetem Auswahlmenü die gewünschte(n) Taste(n), die Menüpunkte werden entsprechend angepasst.

Bequemer als über die F-Tasten lässt sich Exposé über die Maus steuern. Hier wird zum Beispiel definiert, dass eine Mausbewegung in die linke untere Ecke bei gedrückter [⌘]-Taste alle Fenster aller aktiven Programme anzeigt.

Fenstertricks mit Exposé

Exposé sorgt nicht nur für mehr Übersicht, sondern erleichtert Ihnen auch die tägliche Arbeit. Um eine Datei zwischen zwei Fenstern zu verschieben, müssen Sie diese Fenster nicht unbedingt nebeneinander anordnen. Das können Sie auch Exposé überlassen. (Im Folgenden wird von der Standardbelegung der Exposé-Taste ausgegangen.)

1. Klicken Sie die Datei an, die Sie verschieben möchten, bewegen Sie die Datei ein paar Pixel und halten Sie die Maustaste gedrückt.
2. Lassen Sie sich mit [F3] alle Fenster anzeigen.
3. Bewegen Sie die Datei in das Zielfenster und lassen Sie sie dort los.

Um eine Datei aus einem Fenster an eine bestimmte Stelle auf dem Schreibtisch abzulegen, drücken Sie nicht [F3], sondern räumen mit [⌘][F3] alle Fenster aus dem Weg.

Via Exposé lässt sich auch eine von einem Fenster verdeckte Datei vom Schreibtisch in ein Dokument einfügen, also zum Beispiel eine Grafik in einen Text.

1. Sorgen Sie mit [⌘][F3] für einen freien Blick auf den Schreibtisch.
2. Klicken Sie die Datei an, die Sie mit Drag & Drop einfügen wollen und halten Sie die Maustaste gedrückt.
3. Drücken Sie erneut [⌘][F3]. Sie befinden sich wieder in Ihrem Dokument und können die Datei mit Drag & Drop einfügen.

Das funktioniert auch zusammen mit einem Programmwechsel, zum Beispiel dann, wenn Sie eine Datei auf dem Schreibtisch speichern, die Sie anschließend in einen anderen Ordner verschieben möchten.

Räumen Sie wieder mit [⌘][F3] den Blick auf den Schreibtisch frei und klicken Sie die Datei an, die Sie mit Drag & Drop einfügen wollen.

1. Halten Sie die Maustaste gedrückt und lassen Sie sich mit [F3] alle Fenster anzeigen.
2. Zeigen Sie mit der Datei auf das Zielfenster und aktivieren Sie es mit einem erneuten Druck auf [F3].
3. Die Datei vom Schreibtisch hängt immer noch am Mauszeiger und kann nun an die gewünschte Stelle übernommen werden.

Doch Exposé beherrscht noch andere Tricks. Nehmen wir zum Beispiel an, Sie lassen sich im Hintergrund in Safari eine Webseite anzeigen, im Vordergrund schreiben Sie einen Text, für den Sie ab und an einen Blick auf die Webseite werfen müssen. Was machen Sie, wenn das Textfenster genau den Teil der Webseite verdeckt, der Sie interessiert?

Sie können natürlich zum Browserfenster wechseln, es mit der Maus so auf dem Bildschirm platzieren, dass Ihr Text und die Webseite gleichzeitig zu sehen sind, und anschließend wieder zu Ihrem Text wechseln.

Das geht mit Exposé aber auch einfacher: Sie können das hintere Fenster verschieben, ohne das vordere verlassen zu müssen. Und das geht so:

1. Halten Sie die [⌘]-Taste gedrückt und klicken Sie auf die Titelleiste des hinteren Fensters.
2. Nun können Sie das hintere Fenster verschieben, ohne es in den Vordergrund zu holen und ohne damit Ihr eigentliches Arbeitsfenster zu überlagern.

Um ein Fenster im Hintergrund zu verschieben, ohne dass es automatisch nach vorn rutscht und damit das gerade aktuelle Fenster überdeckt, halten Sie beim Verschieben einfach die ⌘*-Taste gedrückt.*

So können Sie ein Fenster übrigens nicht nur verschieben, sondern auch im Hintergrund skalieren, ohne es zu aktivieren. Allerdings muss dafür die rechte untere Ecke des hinteren Fensters zu sehen sein, da Sie ein Fenster unter Mac OS X nur über diese Ecke skalieren können:

1. Halten Sie die ⌘-Taste gedrückt und klicken Sie auf die rechte untere Ecke des hinteren Fensters.
2. Nun können Sie das Fenster vergrößern oder verkleinern – auch hinter das derzeit aktive Fenster.

Fenster im Hintergrund können skaliert werden, ohne in den Vordergrund geholt zu werden, wenn Sie beim Skalieren die ⌘*-Taste gedrückt halten.*

Spaces: Schafft zwei, vier, viele Schreibtische

Manchmal ist selbst Exposé überfordert. Da wünscht man sich am liebsten noch einen zweiten Monitor, um die Fensterflut übersichtlich kanalisieren zu können. Genau diese Lösung bietet Mac OS X mit Spaces an.

Dabei handelt es sich um virtuelle Schreibtische, zwischen denen Sie blitzschnell wechseln können. So ist es etwa möglich, auf dem einem Schreibtisch mit der Tabellenkalkulation zu arbeiten, auf einem anderen den Browser geöffnet zu haben und auf einem dritten ein kleines Spielchen laufen zu lassen, mit dem man sich in kurzen Arbeitspausen zwischendurch entspannt.

Bevor Sie Spaces nutzen können, müssen Sie es in den Systemsteinstellungen aktivieren. Das geht so:

1. Rufen Sie > *Systemeinstellungen* auf und wählen Sie im Abschnitt *Persönlich* den Eintrag *Exposé & Spaces*.
2. Schalten Sie hier im Register *Spaces* mit einem Mausklick bei *Spaces aktivieren* die Funktion ein.
3. Standardmäßig stellt Mac OS X vier virtuelle Schreibtische zur Verfügung. Über die Plus- und Minuszeichen können Sie zwei bis 16 Spaces festlegen.

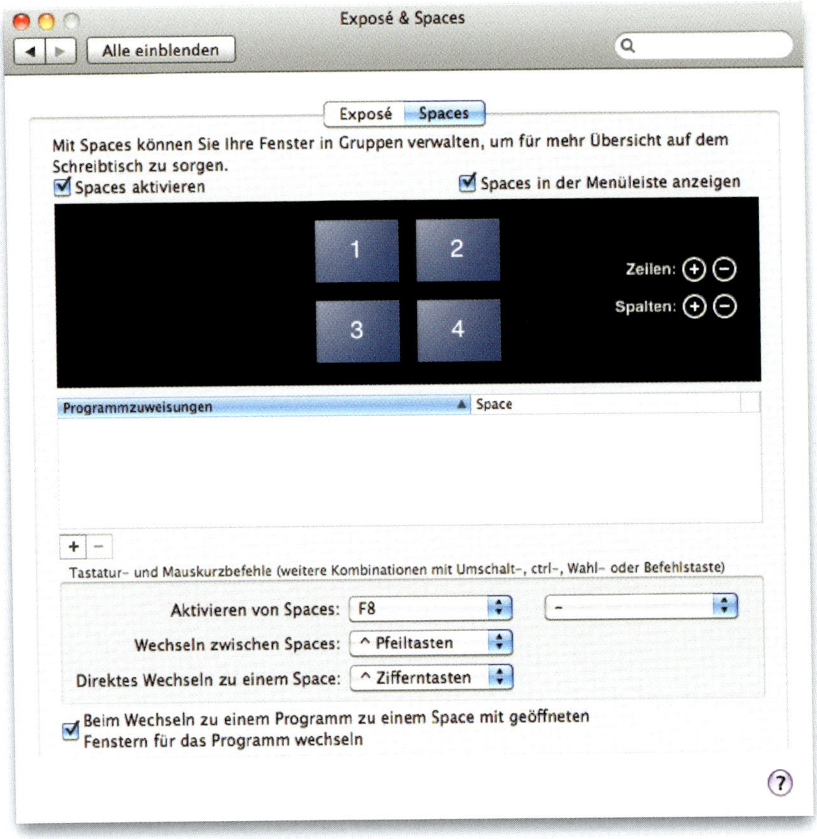

Mit Spaces führte Apple das Konzept des virtuellen Schreibtischs in Mac OS X ein. Das Feature muss zuerst in den Systemeinstellungen aktiviert werden.

Für die schnelle Orientierung kann es ratsam sein, den Punkt *Spaces in der Menüleiste anzeigen* ebenfalls zu aktivieren.

Sobald Spaces aktiviert ist, stehen Ihnen so viele Arbeitsflächen zur Verfügung, wie Sie in den Systemeinstellungen definiert haben. Um zwischen diesen Spaces zu wechseln, gibt es verschiedene Möglichkeiten:

- Falls Sie die Anzeige der Spaces in der Menüleiste aktiviert haben, können Sie über das Spaces-Symbol mit einem Mausklick die Liste der aktivierten Spaces öffnen und zur gewünschten virtuellen Arbeitsfläche wechseln.

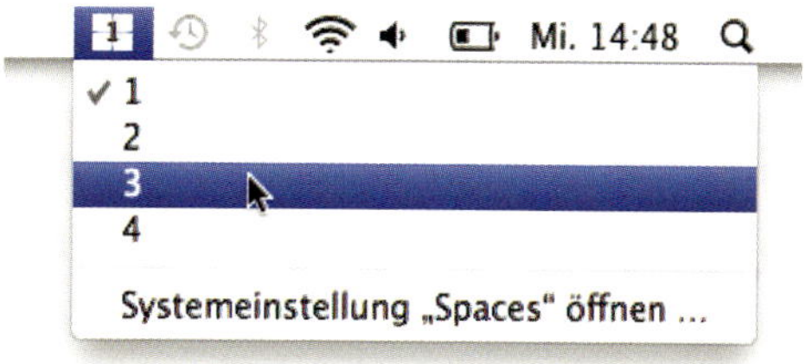

- Stellen Sie sich die Spaces als Fläche von mehreren, neben- und untereinander angeordneten Arbeitsflächen vor. Space 1 liegt links oben, Space 2 rechts daneben, Space 3 unter Space 1 und Space 4 unter Space 2. Zwischen den Spaces können Sie sich nun mit der `ctrl`-Taste in Kombination mit den Pfeiltasten bewegen. So gelangen Sie mit `ctrl` `→` von Space 1 nach Space 2, mit `ctrl` `↓` von 2 nach 4 und mit `ctrl` `←` von Space 4 nach Space 3. Damit Sie dabei den Überblick behalten, wird eine schematische Übersicht mit der Bewegungsrichtung und dem Ziel-Space eingeblendet.

Beim Wechsel von einem Space in einen anderen zeigt Ihnen der Mac immer an, woher Sie kommen und wohin die Reise geht.

- Alternativ zu den Pfeiltasten können Sie auch `ctrl` zusammen mit der Nummer des gewünschten virtuellen Arbeitsbereiches eintippen. So lässt sich etwa ein spezieller virtueller Arbeitsbereich von jedem anderen Space aus sofort und ohne Umwege erreichen.

Wenn Sie einmal nicht wissen, auf welchem virtuellen Schreibtisch sich welches Programm versteckt, lassen Sie sich einfach die Übersicht einblenden.

- Der Tastendruck auf [F8] (bzw. die Tastenkombination [fn] [F8]) blendet eine Übersicht über die aktuellen Spaces ein. Klicken Sie hier auf die virtuelle Arbeitsfläche, zu der Sie wechseln möchten, und Mac OS X schaltet entsprechend um.

Die verschiedenen virtuellen Arbeitsflächen sind nicht vollständig voneinander unabhängig, sondern haben einige Gemeinsamkeiten.

So bleiben das Dock und der rechte Bereich der Menüleiste in allen Spaces gleich, und auch die Symbole auf dem Schreibtisch sind in allen Arbeitsbereichen identisch. Legen Sie also in einem Space auf dem Schreibtisch einen neuen Ordner an, ist dieser Ordner auch automatisch in den anderen Spaces vorhanden. Das Hintergrundbild und die Darstellungsoptionen des Schreibtischs (Symbolgröße, Gitterabstand und so weiter) sind ebenfalls nach dem Motto „einer für alle!" ausgeführt.

Spaces im Einsatz

Jeder Space verhält sich gewissermaßen wie ein eigener Schreibtisch. Das heißt, Sie können auf jeder virtuellen Arbeitsflache Programme starten und Fenster ablegen, anschließend zu einer anderen virtuellen Arbeitsfläche wechseln und dort andere Programme starten. Wenn Sie auf diese Weise mehrere Programme auf verschiedene virtuelle Arbeitsflächen verteilt haben, dann wechseln Sie mit einem Klick auf das Programmsymbol im Dock automatisch in den Space, in dem das Programm läuft.

Das ist natürlich einerseits sehr praktisch, weil man sich schließlich nicht immer merken kann, auf welchem Schreibtisch nun gerade das gewünschte Programm läuft. Doch andererseits ist das mitunter auch kontraproduktiv.

Hat man zum Beispiel in Space 1 ein Finderfenster geöffnet und arbeitet aktuell im Space 2, wo man ebenfalls ein Finderfenster öffnen möchte, dann hat man ein Problem. Denn ein Klick auf das Findersymbol im Dock öffnet kein neues Fenster im aktuellen Space, sondern reißt einen aus dem aktuellen Arbeitsumfeld in Space 2 und wechselt kurzerhand zum Finderfenster in Space 1. Doch es gibt eine einfache Möglichkeit, diese Problem zu beheben.

Um den Wechsel zu einem anderen virtuellen Schreibtisch zu vermeiden und ein neues Fenster eines Programms im aktuellen Space zu öffnen, gehen Sie folgendermaßen vor:

1. Klicken Sie das Programmsymbol im Dock mit der rechten Maustaste an.
2. Wählen Sie im Kontextmenü den Eintrag *Neues Fenster*.

Über das Kontextmenü eines Programms im Dock können Sie in jedem Space ein neues Programmfenster öffnen, ohne zwangsweise auf eine andere virtuelle Arbeitsfläche zu wechseln.

Wenn ein Programm mehrere Fenster auf verschiedenen virtuellen Arbeitsflächen geöffnet hat, dann wechseln Sie mit einem Klick auf das Programmsymbol im Dock zwischen diesen Fenstern (das funktioniert allerdings nicht immer so zuverlässig, wie man sich das wünscht).

Doch das ist nicht alles. Es ist auch möglich, ein beliebiges Fenster von der einen auf die andere virtuelle Arbeitsfläche zu bewegen.

1. Rufen Sie mit F8 bzw. fn F8 die Übersicht über alle virtuellen Arbeitsflächen auf.
2. Ziehen Sie das entsprechende Fenster mit der Maus auf den gewünschten Space.

Nun kann es natürlich passieren, dass sich die Fenster auf einer Arbeitsfläche überlappen und das Fenster, das Sie von dem einen auf den anderen virtuellen Schreibtisch schieben möchten, in der Übersicht nicht zu sehen ist. Doch auch das ist kein Problem, da auch in der Übersicht über die virtuellen Schreibtische Exposé funktioniert:

1. Falls das gewünschte Fenster in der Übersicht nach F8 (bzw. fn F8) verdeckt wird, drücken Sie F3. Es werden sofort alle Fenster auf allen virtuellen Schreibtischen sichtbar.
2. Ziehen Sie das Fenster nun auf die gewünschte Arbeitsfläche.

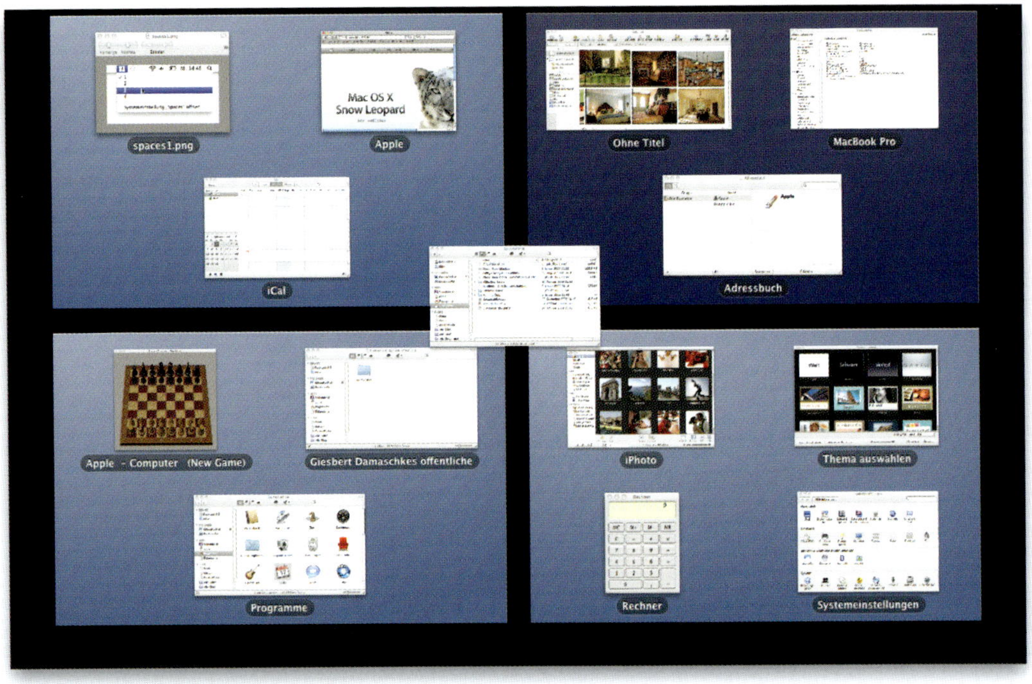

In der Übersicht über die virtuellen Schreibtische können Sie nicht nur Fenster verschieben, sondern dank Exposé alle Fenster auf allen Arbeitsflächen so anordnen lassen, dass kein Fenster verdeckt wird.

Ist ein Fenster nur halb verdeckt, genügt es auch, mit der Maus auf das gewünschte Fenster zu zeigen und einmal die `Leertaste` zu drücken. Das Fenster wird nach vorn geholt und lässt sich nun im gewünschten Space ablegen.

Eine andere Methode, ein bestimmtes Fenster von dem einen zum anderen Space zu bewegen besteht darin, es einfach über den Bildschirmrand hinaus auf den nächsten virtuellen Schreibtisch zu schieben.

Bei der Standardeinstellung von vier Spaces ist es also möglich, ein Fenster von Space 1 nach rechts in den Space 2 zu schieben, von dort nach unten in den Space 4 und von hier aus nach links in den Space 3.

1. Klicken Sie in die Titelleiste des Fensters, das Sie verschieben möchten, und ziehen Sie es in die Richtung des gewünschten virtuellen Schreibtischs.
2. Bewegen Sie Maus so weit es geht über den Bildschirmrand hinaus. Nach einem kurzen Moment blendet Mac OS X als Rückmeldung eine kleine schematische Übersicht über die Spaces ein und wechselt wie gewünscht die Arbeitsfläche.

Möchten Sie nicht die Fensterverteilung auf den verschiedenen virtuellen Schreibtischen verändern, sondern die Anordnung der Schreibtische selbst, so lässt sich auch das schnell und unkompliziert erledigen

1. Rufen Sie mit [F8] (bzw. [fn] [F8]) die Übersicht über die virtuellen Schreibtische auf.
2. Klicken Sie bei dem Space, den Sie verschieben möchten, auf eine leere Fläche und ziehen Sie ihn an die Stelle, an der er stehen soll.
3. Die beiden Spaces tauschen automatisch die Plätze.

In der Übersicht der Spaces lässt sich die Anordnung der virtuellen Arbeitsflächen problemlos verändern. In diesem Beispiel wird etwa der Inhalt von Space 3 nach Space 2 geschoben. Sobald er dort abgelegt wird, wandert der Inhalt von Space 2 nach Space 3.

Falls Sie bestimmte Programme immer in bestimmten Spaces öffnen wollen, können Sie dies in den Systemeinstellungen festlegen.

1. Rufen Sie > *Systemeinstellungen* auf und wählen Sie im Abschnitt *Persönlich* den Eintrag *Exposé & Spaces*.
2. Im Register Spaces können Sie nun mit der Plus- und Minusschaltfläche den gewünschten Programmen eine bestimmte virtuelle Arbeitsfläche zuordnen, also zum Beispiel festlegen, dass der Webbrowser Safari in Space 1 aktiv sein soll, der Browser Firefox dagegen in Space 2.
3. Wird eines der zugeordneten Programme gestartet, wechselt Mac OS X in den entsprechenden Space. Falls eines der Programme bereits aktiv ist während Sie die Systemeinstellungen verändern, wird es ebenfalls verschoben.

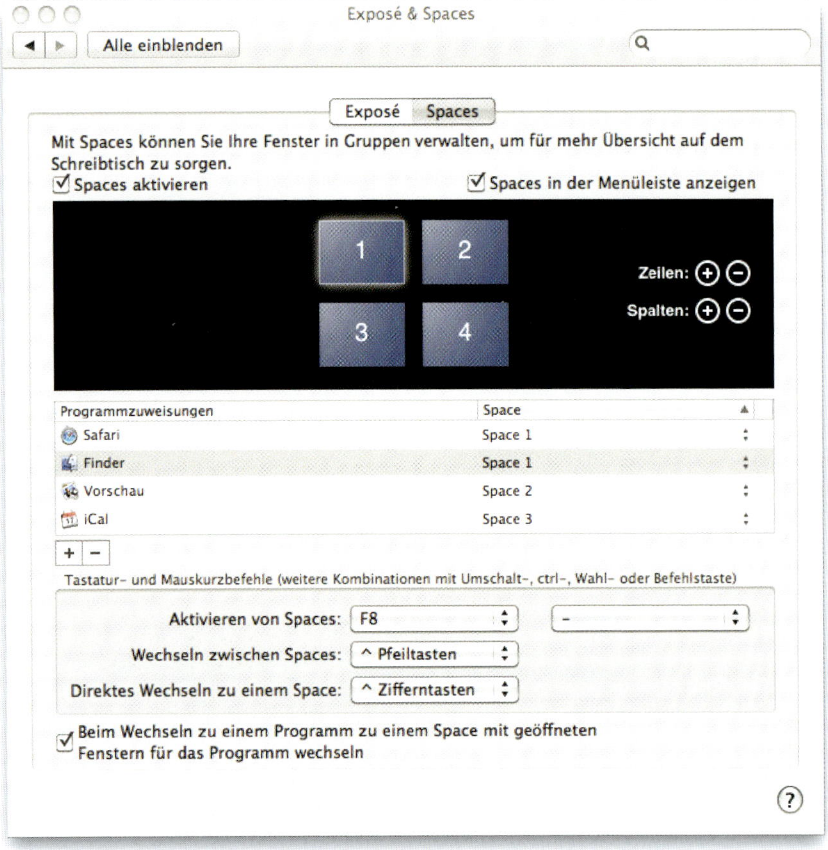

Möchten Sie bestimmte Programme immer in einem bestimmten Space starten, können Sie eine Zuordnung von Programm und virtueller Arbeitsfläche in den Systemeinstellungen definieren.

Wenn Sie möchten, können Sie die Programmzuordnung zu einem bestimmten Space auch mit der Maus erledigen. Ziehen Sie dazu den entsprechenden Eintrag aus dem *Programme*-Ordner auf einen der symbolisierten Spaces in den Systemeinstellungen.

Der schnelle Einblick in Dateien aller Art

Eine der häufigsten Aktionen bei der täglichen Arbeit am Mac ist der Blick in eine Datei, um sich einen Überblick über deren Inhalt zu verschaffen. Was genau zeigt die Datei „urlaub-2007-05-01_b.jpg"? Was steht in „vertrag_01.rtf"? Und welche Informationen bietet „budget.pdf"?

Nun, nichts leichter als das, werden Sie vielleicht sagen. Man öffnet die Datei halt rasch per Doppelklick und schaut nach. Das ist natürlich richtig. Aber es ist auch etwas lästig, erst eine Textverarbeitung oder die Vorschau starten zu müssen, nur weil man einen kurzen Blick in ein Dokument werfen, ein Foto betrachten oder eine PDF-Datei überfliegen möchte.

Hier hat Apple mit der Funktion Übersicht für Abhilfe gesorgt. Im Englischen heißt sie Quick Look, was die Sache deutlich besser trifft. Denn dabei handelt es sich um eine rasend schnelle Dateivorschau, mit der Sie blitzschnell einen Blick auf den Inhalt einer Datei werfen können, ohne dass dafür ein eigenes Programm gestartet werden müsste.

Dabei kann die Übersicht mit den unterschiedlichsten Dateitypen umgehen und zeigt Ihnen Bilder und Dokumente aller Art umstandslos an. Selbst mit Film- oder Musikdateien hat diese Funktion kein Problem.

Die Übersicht oder Quick Look zeigt Ihnen blitzschnell den Inhalt von Dokumenten an.

1. Markieren Sie die Datei, in die Sie einen Blick werfen möchten, und drücken Sie die `Leertaste`.
2. Der Inhalt der Datei wird (fast) sofort und verzögerungsfrei in einem HUD (Sie erinnern sich an Kapitel 1?) angezeigt. Durch einen Klick auf den Doppelpfeil wird die Anzeige bildschirmfüllend vergrößert.

3. Je nach Datei bietet Ihnen die Übersicht noch einige weitere Funktionen, etwa die Übernahme eines Bildes in die iPhoto-Library. Bei Videos und Musik werden zusätzliche Elemente zur Wiedergabe der Datei eingeblendet.
4. Wenn Sie im Finder ein anderes Objekt auswählen, ändert sich die Anzeige der Übersicht entsprechend. So können Sie zum Beispiel schnell durch viele Bilder in einem Verzeichnis blättern.
5. Sie schließen die Übersicht durch einen Klick auf das kleine x links oben oder durch einen erneuten Druck auf die `Leertaste`.

Falls die Übersicht mit einem Dateiformat nichts anzufangen weiß, wird lediglich das Dateisymbol gezeigt. Von Haus aus kommt die Übersicht mit den gängigsten Grafik- und Dokumentenformaten klar, verweigert aber etwa den Blick in ein ZIP-Archiv. Doch hier gibt es inzwischen Abhilfe. Die Funktion Übersicht kann über zusätzliche Filter um beliebige Formate erweitert werden, suchen Sie im Internet einfach mal nach„Mac OS X Quick Look Plugins".

Was mit einer Datei geht, geht natürlich auch mit mehreren:

1. Markieren Sie mehrere Dateien. Rufen Sie mit der `Leertaste` die Übersicht auf.
2. Die Übersicht zeigt das erste markierte Dokument an, gleichzeitig wird am unteren Rand eine Menüleiste eingeblendet. Darüber blättern Sie vor- und zurück oder lassen sich die markierten Dateien als Diashow anzeigen.

Lassen Sie sich in der Übersicht mehrere Dateien anzeigen, werden Schaltflächen zur Navigation eingeblendet.

3. Mit einem Klick auf das Index-Symbol wechseln Sie zur *Index-Seite*. Hier sehen Sie alle markierten Dateien in der Übersicht und können nun mit der Maus das gesuchte Dokument auswählen.
4. Da das Übersichtsfenster so lange eingeblendet bleibt, bis es explizit geschlossen wird, kann man sich so einen raschen Überblick über alle Dateien in einem Ordner verschaffen.

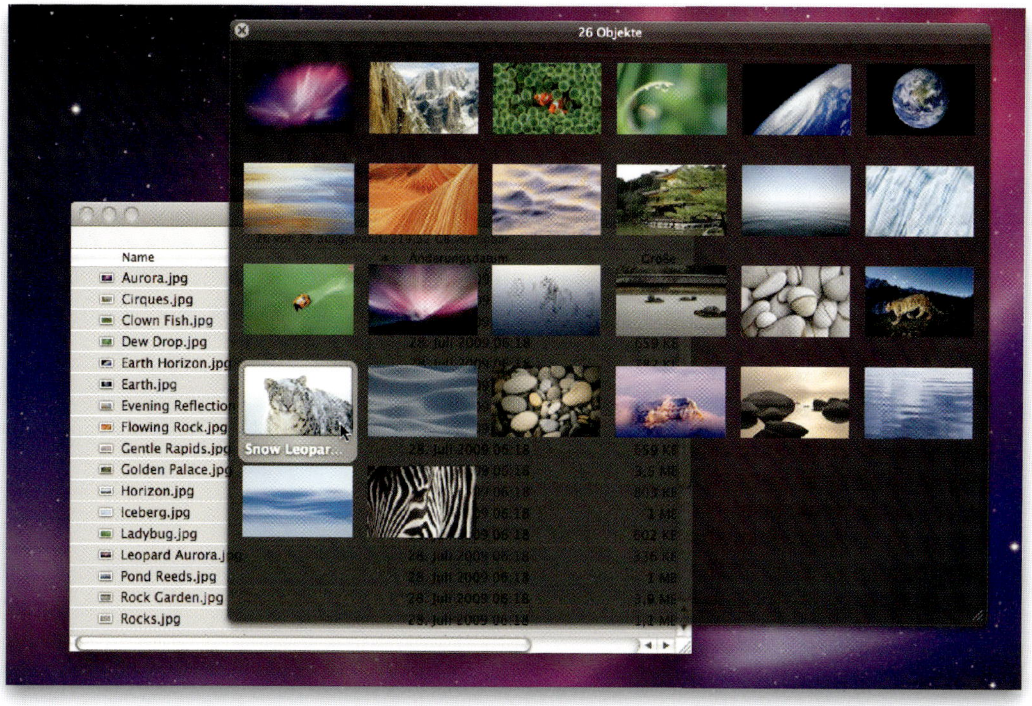

Über die Index-Seite der Übersicht können Sie sich schnell einen Überblick über die verschiedensten Dateien verschaffen.

Auch der Finder nutzt diese Funktionalität. Vielleicht haben Sie sich schon im zweiten Kapitel gefragt, warum man in der Symboldarstellung ein Dateisymbol mit bis zu 512 x 512 Pixeln darstellen kann. Das schaut nett aus, sicherlich, aber ist das nicht eher eine letztlich überflüssige Spielerei? Nicht ganz: Denn so erhalten Sie bereits im Finder einen guten Eindruck davon, was sich in den verschiedenen Dateien für Inhalte verbergen.

Und nicht nur das. Denn Sie können hier auch in PDF-Dateien blättern, Filme abspielen oder Musik wiedergeben. Alles direkt in der Symbolansicht im Finder und ohne dass Sie dazu ein Programm starten oder auch nur die Übersicht aufrufen müssten.

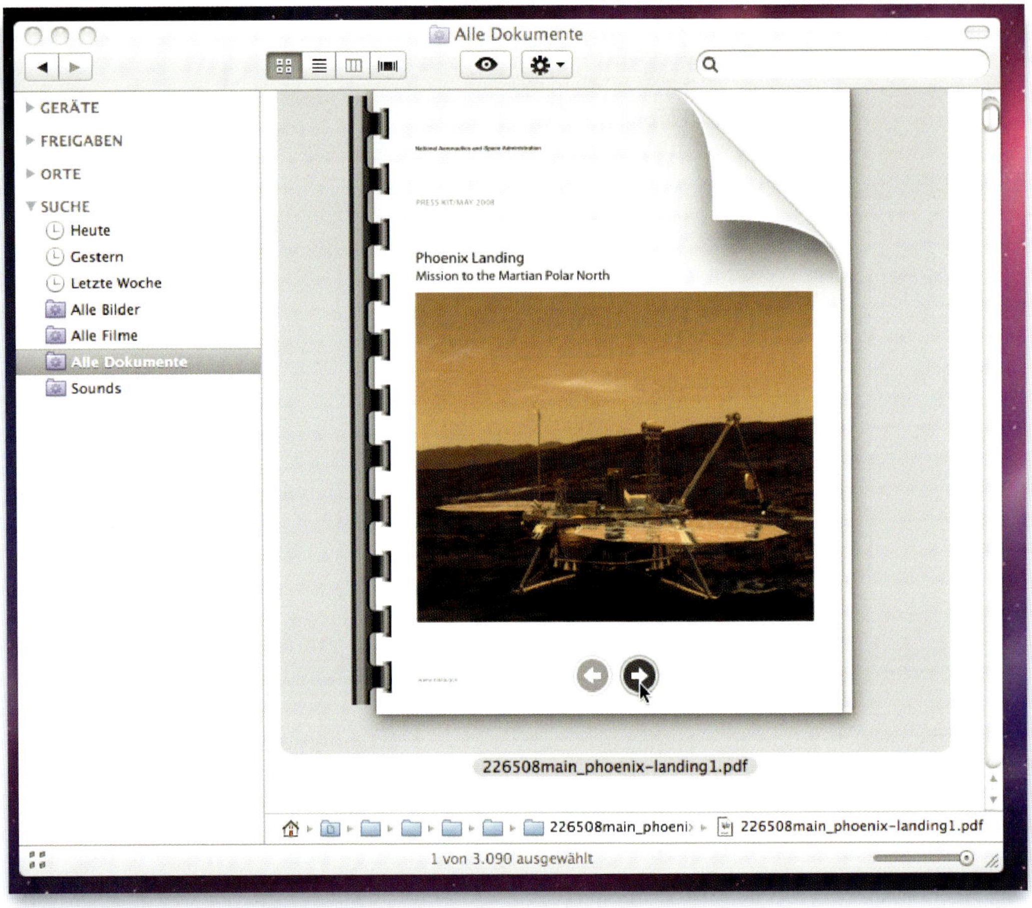

Auch in der Symboldarstellung des Finders können Sie direkt in PDF-Dateien blättern oder Filme wiedergeben.

Stacks: Dateien stapelweise

Ein Stapel („Stack") ist ein Ordner auf der rechten Seite des Docks, der mit einem Mausklick geöffnet wird und seinen Inhalt als Liste, Fächer oder als Gitter anzeigt. So können Sie bei wichtigen und oft benutzten Ordnern wie etwa *Dokumente* oder *Downloads* sofort auf bestimmte Dokumente und Dateien zugreifen, ohne erst den Finder bemühen zu müssen. Welche Darstellungsform ein Stapel einnehmen soll, legen Sie über sein Kontextmenü fest.

Klicken Sie dazu den Stack mit der rechten Maustaste an und wählen Sie die gewünschte Form. Mit *Automatisch* nimmt Ihnen Mac OS X diese Entscheidung ab.

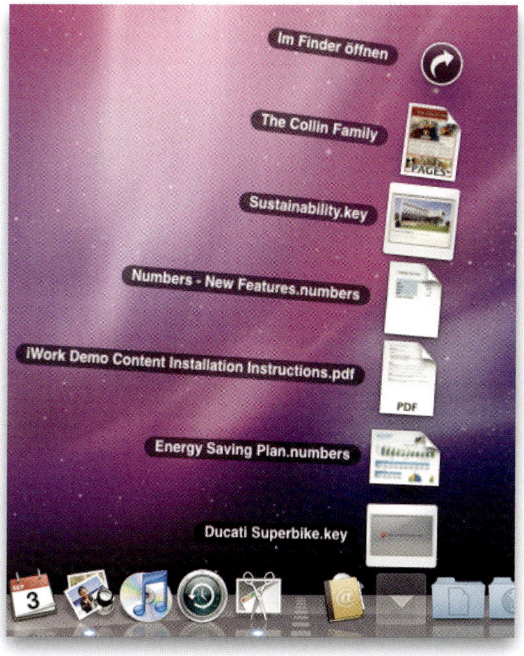

Fächer: *Bei der Fächerdarstellung wird der Inhalt des Ordners mit einer eleganten Bewegung aufgeblättert. Das funktioniert allerdings nur, wenn im Ordner nur einige wenige Dateien abgelegt sind, andernfalls wird es etwas unübersichtlich.*

Gitter: *Die Gitterdarstellung sortiert die Dateisymbole schön ordentlich neben- und untereinander dargestellt. Sie können sich in diesem Fenster wie in einem normalen Finderfenster bewegen, also Unterordner öffnen und sich über einen Rollbalken durch einen umfangreichen Datenbestand bewegen. Diese Darstellung wird von Mac OS X gewählt, sobald neun Objekte – hier: acht Dateien und der Eintrag Im Finder öffnen – oder mehr angezeigt werden müssen.*

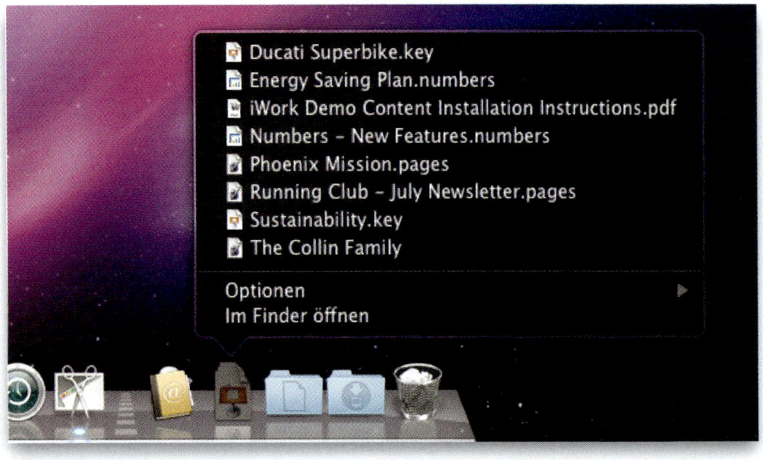

Liste: *Die Listendarstellung ist, wie der Name schon sagt, eine nüchterne Auflistung der Ordnerinhalte.*

Anders als beim Finder genügt zum Öffnen einer Datei in einem Stapel ein einfacher Klick. Sie können jede Datei aus einem Stapel auf den Schreibtisch oder in einen anderen Ordner ziehen. Falls Sie doch noch zum Finder wechseln müssen, können Sie sich über *Im Finder öffnen* den Stapel als normalen Ordner im Finder anzeigen lassen.

Wenn ein Stapel sehr voll ist, tippen Sie einfach auf die Anfangsbuchstaben des gewünschten Eintrags, der blitzschnell markiert und mit einem deutlichen Hintergrund hervorgehoben wird.

Stapel und Ordner

Wie bei einem echten Stapel, bei dem das neueste Dokument immer zuoberst liegt, zeigt auch das Symbol eines Stapels im Dock standardmäßig immer die Datei, die zuletzt hinzugefügt wurde. Bei der Fächerdarstellung wird die Reihenfolge allerdings standardmäßig umgekehrt, hier stehen die jüngsten Dateien unten, sie werden also gewissermaßen unter den Stapel geschoben. Das hat seinen sehr guten Grund: Denn so ist der Mausweg vom Klick auf das Stapelsymbol zum neuesten Eintrag im Stapel so kurz wie eben möglich. Und genau das ist normalerweise auch gewünscht, etwa wenn man auf einen gerade abgeschlossenen Download zugreifen möchte.

Wenn Sie statt einer Darstellung als Stapel mit dem Symbol der zuletzt gespeicherten Datei lieber die vertraute Ordnerdarstellung wünschen, rufen Sie mit der rechten Maustaste das Kontextmenü des entsprechenden Stapels auf und wählen *Anzeigen als Ordner*. Mit der rechten Maustaste rufen Sie das Kontextmenü eines Stapels auf. Hier legen Sie das genaue Verhalten und Aussehen dieses Stapels fest.

Stapel verwalten

Von Haus aus finden Sie drei Stapel im Dock: *Programme*, *Dokumente* und *Downloads*. Die Reihenfolge der Stapel legen Sie genauso fest wie die Reihenfolge der Programmsymbole im Dock – Sie verschieben sie mit der Maus.

Um einen beliebigen Ordner als Stapel anzeigen zu lassen, ziehen Sie ihn aus dem Finder oder vom Schreibtisch in den rechten Bereich des Docks. Dabei wird der Ordner selbst nicht verschoben oder kopiert, sondern es wird im Dock lediglich ein Verweis auf ihn angelegt.

Um einen Stapel zu löschen gehen Sie so vor wie beim Dock üblich: Ziehen Sie den nicht mehr benötigten Stapel einfach heraus, er verpufft in einer kleine Bitwolke.

Kapitel 5

Spot an! Suchen und finden mit Mac OS X

Ein Mac besitzt eine riesige Festplatte, die nur darauf wartet, von Ihnen mit Ihren Daten, Dateien, Dokumenten und Programmen gefüllt zu werden. Ein Platzproblem werden Sie beim Speichern Ihrer Daten also so schnell nicht bekommen. Schwieriger ist es da schon, eine gespeicherte Datei später auch wiederzufinden. Nur gut, dass Mac OS X mit mächtigen Suchfunktionen aufzuwarten weiß, mit denen Sie die Datennadel im Byte-Haufen finden.

Etiketten im Finder

Bei einem prall gefüllten Aktenordner sind farbige Markierungen ein probates Mittel, um Wichtiges von Unwichtigem zu unterscheiden und zusammengehörige Dokumente auf einen Blick zu erfassen.

Das ist bei digitalen Dingen nicht anders. Auch hier helfen Ihnen farbige Markierungen dabei, Zusammenhänge zu erkennen und bestimmte Dateien mit einem Blick wiederzufinden.

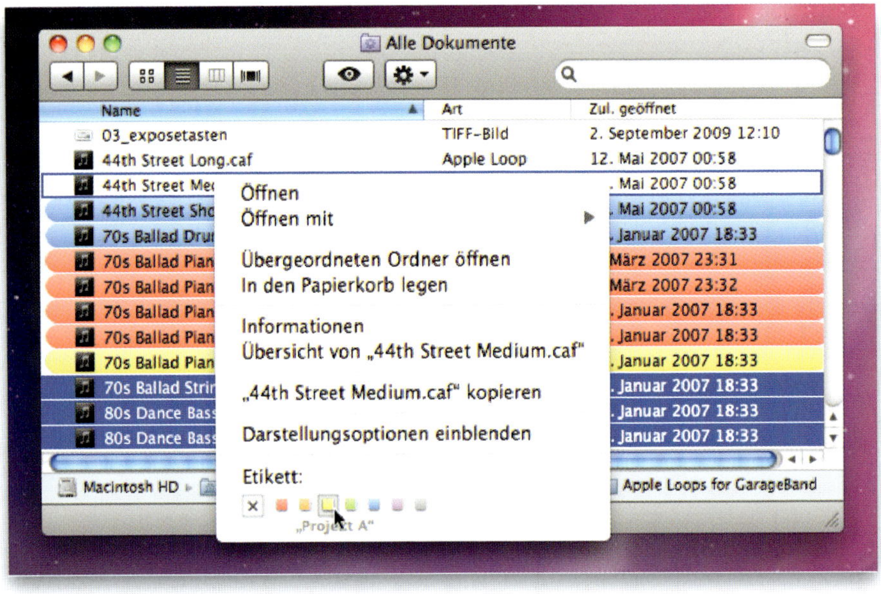

Mit farbigen Etiketten können Sie im Finder zusammenhängende oder wichtige Dateien markieren.

Dazu bietet der Finder Ihnen sieben Etikette in unterschiedlichen Farben. Markieren Sie zum Beispiel die Dokumente und Dateien, die zu einem bestimmten Projekt gehören mit der gleichen Farbe, erkennen Sie auch bei einem nur flüchtigen Blick im Finder, wo sich die entsprechenden Dateien befinden.

Um einem Eintrag ein Etikett anzuhängen, gehen Sie folgendermaßen vor:

1. Markieren Sie die gewünschte(n) Datei(en) und klicken Sie die Markierung mit der rechten Maustaste an.
2. Wählen Sie im Kontextmenü im Abschnitt *Etikett* die gewünschte Farbe.
3. Um ein Etikett wieder zu entfernen, klicken Sie auf das kleine ×.

Zu einem Etikett gehört nicht nur eine Farbe, sondern auch ein Stichwort. Dazu benutzt Mac OS X von Haus aus die Farbnamen – das rote Etikett heißt also einfach „Rot" –, was zwar nicht sehr einfallsreich, aber dafür jedenfalls nicht verkehrt ist.

Die Etikettenamen helfen Ihnen dabei, zusammengehörige Dateien und Einträge im Finder schneller zu finden.

Natürlich können Sie diese Stichwörter auch selbst festlegen und alle rot markierten Einträge etwa mit dem Stichwort „Wichtiges Projekt" versehen.

Um die Bezeichnungen der Etiketten Ihren Wünschen anzupassen, wählen Sie *Finder > Einstellungen*. Im Register *Etiketten* legen Sie den Namen fest.

Sie können die Listenansicht im Finder nicht nur nach Name, Datum oder Dateigröße, sondern auch nach Etiketten sortieren lassen. So wird zusammen angezeigt, was zusammengehört. Damit das geht, müssen Sie lediglich die Spalte *Etikett* hinzufügen und sie mit der Maus an die gewünschte Stelle ziehen. Rufen Sie dafür die Darstellungsoptionen mit ⌘ J auf und aktivieren Sie den Eintrag *Etikett*.

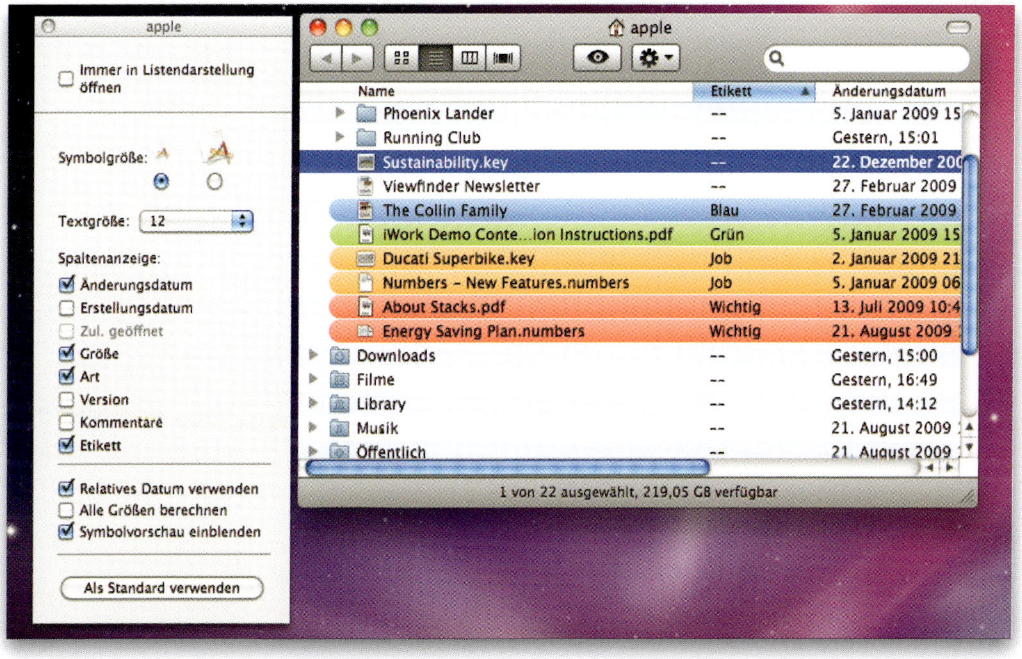

Lassen Sie sich die Spalte Etikett im Finder anzeigen, können Sie Dateilisten mit einem Klick auf den Spaltennamen auch nach Etiketten sortieren.

Suchen und finden mit Spotlight

Die systemweite Suche mit Spotlight haben wir schon im zweiten Kapitel in Zusammenhang mit dem Starten von Programmen kurz kennengelernt. Jetzt wird es Zeit, sich diese hilfreiche Funktion von Mac OS X etwas genauer anzusehen.

Das Programm läuft seit dem ersten Einschalten Ihres Macs still und (fast immer) unauffällig im Hintergrund und führt dabei eifrig Buch. Dabei wird jede Datei intern verschlagwortet und einem Volltextindex hinzugefügt, über den Sie eine gesuchte Datei blitzschnell wiederfinden. Dabei gibt es kaum etwas, das Spotlight entgeht; lediglich einige bestimmte, systemnahe Bereiche werden gemieden.

Die Indizierung der Festplatte dauert beim ersten Mal naturgemäß einige Zeit, später erfolgt dieser Vorgang praktisch in Echtzeit. Sobald Sie eine Datei auf Ihrem Mac speichern, eine E-Mail empfangen oder ein Programm installieren, fügt Spotlight die entsprechenden Daten seinem Index so schnell hinzu, dass Sie keine Verzögerung wahrnehmen werden.

Beim ersten Start Ihres Macs dauert die Indizierung der Festplatte etwas länger, später wird Spotlight neue Daten in Echtzeit hinzufügen.

Spotlight werkelt im Hintergrund und lässt sich von Ihrer Arbeit am Mac nicht stören. Solange Spotlight sich noch auf seinen Einsatz vorbereitet und seinen Index aufbaut, wird die Lupe rechts oben in der Menüleiste mit einem Punkt versehen. Sobald dieser Punkt verschwunden ist, kann Spotlight in Aktion treten.

Apple unterscheidet zwei Arten des Spotlight-Aufrufs:

- **Spotlight-Menü:** Hier suchen Sie über das Spotlight-Symbol in der Menüleiste (das ist die Lupe rechts oben).
- **Spotlight-Fenster:** Das ist die Suchfunktion im Finder, die Ihnen erheblich mehr Möglichkeiten zur Verfügung stellt.

In der alltäglichen Praxis ist die Suche mit dem Spotlight-Menü oftmals bereits von Erfolg gekrönt und funktioniert folgendermaßen.

1. Drücken Sie [⌘] [Leertaste]. Es öffnet sich oben rechts ein blaues Eingabefeld, in das Sie den Namen oder ein Stichwort zur gesuchten Datei eintragen.
2. Noch während Sie tippen, durchstöbert Spotlight seinen Index nach passenden Einträgen und zeigt sie Ihnen an.

3. Sie müssen nicht warten, bis Spotlight seine Suche vollständig beendet hat, sondern können jederzeit auf einen Eintrag in der Trefferliste klicken.

Spotlight markiert automatisch den Eintrag, den es für den vermutlich gesuchten hält, und platziert ihn als *Top-Treffer*.

Vielfach stimmt diese Einschätzung, was die Suche sehr schnell und effizient werden lässt. Denn so kommen Sie gewissermaßen mit einem Bewegungsablauf zum gesuchten Dokument: Aufrufen von Spotlight über das Tastenkürzel, Eintippen des Suchbegriffs, Druck auf die [↵]-Taste, und die gesuchte Datei wird geöffnet.

Manchmal möchte man allerdings gar nicht die Datei öffnen, sondern nur wissen, in welchem Ordner sie sich befindet. Auch das ist kein Problem: Halten Sie beim Klick auf den Eintrag die [⌘]-Taste gedrückt. Es öffnet sich ein Finderfenster, in dem die gesuchte Datei markiert ist.

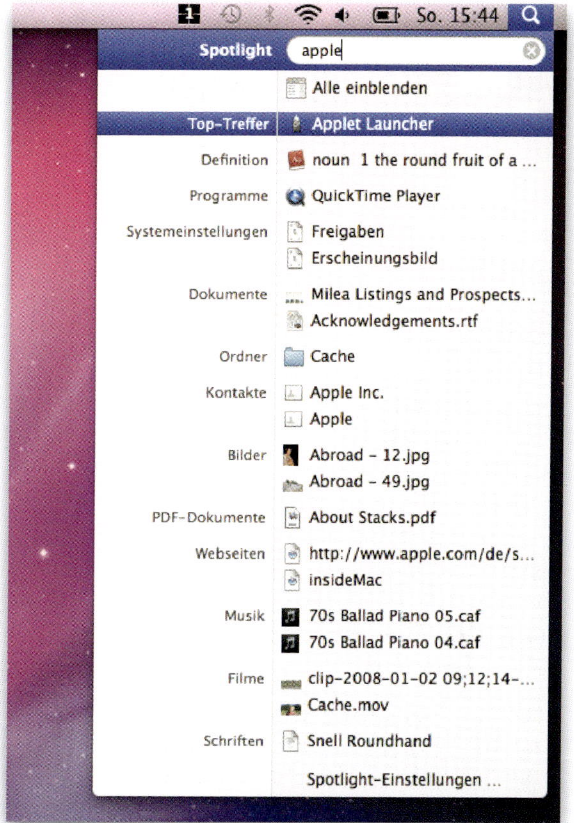

Spotlight durchstöbert blitzschnell Ihre Festplatte und ordnet die Treffer nach den verschiedenen Dateitypen an.

Spotlight bietet mit seiner Trefferliste nur eine Auswahl aus sämtlichen Treffern. Üblicherweise genügt dies auch, um die gesuchte Datei zu finden. Sollte das einmal nicht der Fall sein oder eine einfache Schlagwortsuche den Datenbestand nicht fein genug sieben, können Sie über *Alle einblenden* ein Finderfenster mit sämtlichen Treffern öffnen. Hier stehen Ihnen dann weitere Suchfunktionen zur Verfügung, mit denen wir uns weiter unten beschäftigen werden.

Ein kleiner Spotlight-Test

Die Stärke von Spotlight liegt darin, dass das Programm nicht nur nach dem Namen einer Datei sucht, sondern auch in ihrem Inhalt – und dass es das sehr, sehr schnell kann. So findet Spotlight etwa E-Mails oder Dokumente, in denen das gesuchte Stichwort auftaucht. Außerdem verfügt jede Datei in ihren Informationen (Sie erinnern sich: [⌘] [I]) über ein Feld *Spotlight-Kommentare*. Alles, was Sie hier eintragen, wandert praktisch sofort in den Spotlight-Index und kann als Suchbegriff benutzt werden.

In den Informationen zu jeder Datei (hier am Beispiel des Programms iMovie aus dem iLife-Paket) können beliebige Begriffe als Spotlight-Kommentare eingetragen werden. So findet Spotlight die entsprechende Datei auch dann, wenn der Suchbegriff weder im Namen noch im Inhalt der Datei auftaucht.

Um die Fähigkeiten von Spotlight zu testen habe ich einmal ein kleines Experiment gemacht und verschiedene Dokumente und Dateien, angelegt, in denen irgendwo das Wort „Schrecksenmeister" auftaucht. Sobald diese Testdokumente angelegt waren, habe ich nach „Schrecksenmeister" mit Spotlight gesucht. Die verschiedenen Dateien wurden praktisch sofort gefunden. Natürlich dauert die Indizierung umfangreicher Texte etwas länger, aber alles in allem ist dieses Verhalten für Spotlight typisch: Es findet sehr schnell und sehr zuverlässig den gesuchten Begriff.

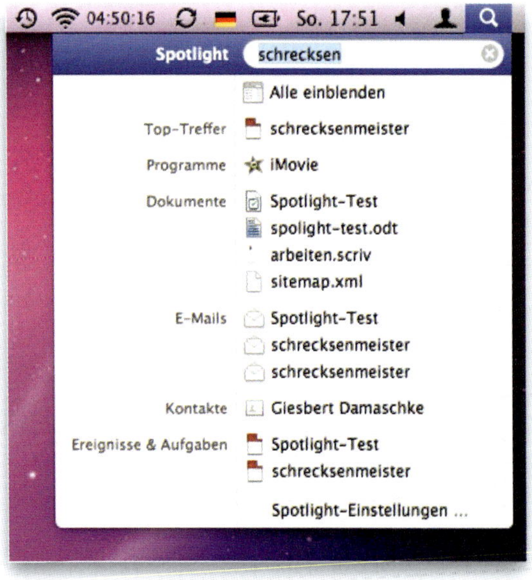

Mit einem kleinen Test können Sie sich einen Eindruck über die Zuverlässigkeit, Treffsicherheit und Geschwindigkeit von Spotlight verschaffen. Generell gilt, dass Spotlight jede Datei in dem Moment indiziert, in dem sie angelegt wird. So können Sie auch nach den neuesten Dokumenten suchen.

Ist doch logisch ...

Tippen Sie bei der Suche mit Spotlight zwei oder mehr Begriffe ein – also zum Beispiel „Apple Jobs Mac" – dann verknüpft Spotlight diese Begriffe automatisch mit einem logischen UND. Damit wird eine Bedingung definiert, die genau dann zutrifft, wenn alle mit UND verknüpften Begriffe auftauchen.

Das bedeutet, dass bei der Suche nur noch Dateien und Dokumente erscheinen, in denen alle eingegebenen Begriffe enthalten sind. Ein Satz wie „Auf der Pressekonferenz stellte Apple-CEO Steve Jobs den neuen Mac vor" würde bei unserem Beispiel also gefunden, dagegen fiele „Steve Jobs stellte den neuen Mac vor" (hier fehlt das Stichwort „Apple") ebenso durchs Raster wie „Apple stellt neuen Mac vor" (hier fehlt „Jobs").

Durch diese automatische UND-Verknüpfung lässt sich eine Suchabfrage sehr einfach durch Hinzufügen weiterer Begriffe immer stärker einschränken. So führt die Suche nach „Apple" auf dem Mac, an dem ich dieses Kapitel schreibe, aktuell zu über 10.000 Treffern. Mit „Apple Jobs" schrumpft die Trefferliste schlagartig auf 164 zusammen, bei „Apple Jobs Mac" sind es nur noch 142, durch die Zugabe von „Leopard" bleiben noch 27 Einträge übrig, und bei „Apple Jobs Snow Leopard" werden ganze elf Dateien gefunden.

Doch Spotlight kann noch mehr und beherrscht sowohl ein logisches ODER als auch ein logisches NICHT (allerdings in den gebräuchlichen englischen Schreibweisen OR und NOT), mit denen sich die Suche gezielt beschränken lässt. Außerdem ist der Einsatz von Klammern möglich, wobei die geklammerten Bedingungen zuerst ausgewertet werden.

- Bei einer Verknüpfung mit **OR** findet Spotlight alle Dokumente und Dateien, in denen wenigstens einer der eingegebenen Begriffe benutzt wird. Mit „Jobs OR Apple" werden also alle Dateien ausgefiltert, in denen entweder „Jobs" oder „Apple" (oder beide gemeinsam) auftauchen.
- Bei einer Verknüpfung mit **NOT** werden dagegen nur Dokumente gefunden, in denen zwar der erste, nicht aber der zweite Begriff enthalten ist. Die Suche nach „Jobs NOT Apple" findet also nur Dokumente, in denen zwar von „Jobs" die Rede ist, nicht aber von „Apple". Diese Verknüpfung lässt sich auch durch ein vorgestelltes Minuszeichen realisieren: „Jobs -Apple".
- Durch geklammerte Ausdrücke **(...)** lassen sich auch komplexere Abfragen formulieren. So findet eine Suchabfrage wie „(Apple OR Jobs) Windows -Mac" alle Dateien, in denen entweder „Apple" oder „Jobs" zusammen mit „Windows", aber nicht mit „Mac" auftaucht.

Suche nach Attributen

Spotlight sucht nicht nur nach Stichwörtern, sondern kann auch nach den verschiedenen Attributen einer Datei suchen. So lassen sich also zum Beispiel bestimmte Grafik- oder Dokumentenformaten finden, aber auch Dateien, die an einem bestimmten Datum geändert wurden.

Das geht zwar am einfachsten über die Suche im Finder (die ebenfalls auf Spotlight zurückgreift und die wir weiter unten kennenlernen), lässt sich aber auch über das Eingabefeld im Menü einsetzen und soll hier wenigstens kurz erwähnt werden.

Geben Sie im Suchfeld etwa „art:png" ein, zeigt Ihnen Spotlight alle PNG-Dateien auf der Festplatte, mit „geändert:18.05.2009" finden Sie die Dateien, die am 18. Mai 2009 geändert wurden, und ein „art:NeoOffice" listet alle Dokumente, die mit NeoOffice erstellt wurden.

Richtig sinnvoll wird diese Suche nach bestimmten Objekten dann, wenn sie mit anderen Begriffen kombiniert wird. Ein „Meier art:kontakte" findet alle „Meier"-Einträge im Adressbuch, mit „messe art:ereignis" filtern Sie alle „Messe"-Einträge in iCal heraus.

Spotlight als Taschenrechner

Eine Sonderfähigkeit von Spotlight, die Apple ein wenig verschweigt, sind die Rechenfähigkeiten der Suchmaschine. Sie finden mit Spotlight also nicht nur Dateien auf Ihrem Mac, sondern auch Ergebnisse zu Rechenaufgaben.

Dazu rufen Sie mit [⌘] [Leertaste] die Eingabezeile von Spotlight auf und tippen Ihre Berechnung ein, etwa „27*3+19-61". Die Antwort erscheint prompt: 39.

Spotlight geht nach der Punkt-vor-Strich-Regel vor und beherrscht auch geklammerte Ausdrücke. In diesem Beispiel wird also zuerst 27 mit 3 multipliziert, anschließend werden 19 addiert und 61 subtrahiert. Setzen Sie eine Klammer, etwa „27*(3+19)-61", wird zuerst 3 und 19 addiert, das Ergebnis mit 27 multipliziert und anschließend 61 subtrahiert. Ergebnis: 533. Natürlich können Sie auch mit Kommawerten rechnen: „1,7*3,1+0,342" ergibt 5,612.

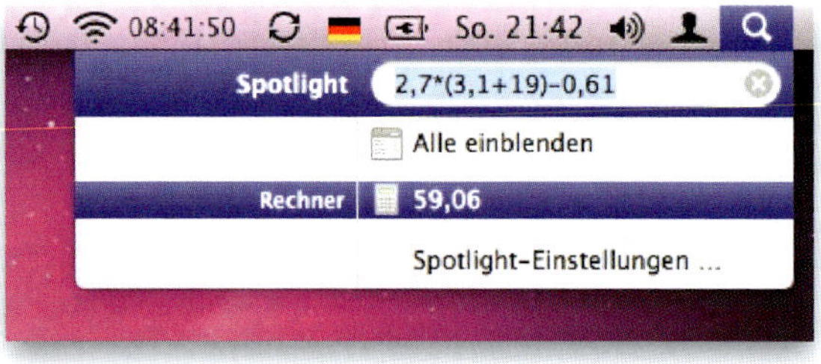

Spotlight kann auch als Taschenrechner für die schnelle Berechnung zwischendurch eingesetzt werden.

Leider ist es nicht möglich, das Ergebnis der Berechnung zu kopieren, um es in ein Dokument oder eine andere Applikation zu übernehmen. Ein Druck auf die [↵]-Taste öffnet zwar den Rechner von Mac OS X, aber der beginnt trotzdem bei Null.

Dabei beherrscht Spotlight nicht nur die vier Grundrechenarten, sondern schreckt auch vor etwas anspruchsvolleren Aufgaben nicht zurück. Ein kleiner Ausschnitt:

- sqrt(x) berechnet die **Quadratwurzel** von x. Beispiel: sqrt(16) = 4
- cbrt(x) berechnet die **Kubikwurzel** von x. Beispiel: cbrt(27) = 3

- x! berechnet die **Fakultät** einer Zahl (1*2*3 … *x). Beispiel: 5! = 120
- **Potenzen** lassen sich über den Zirkumflex ^ (links neben der 1, nicht die `ctrl`-Taste, deren Symbol ^ sehr ähnlich ist). Um den Zirkumflex einzugeben, drücken Sie diese Taste und anschließend die `Leertaste`. Beispiel: 7^4 = 2401.

Spotlight anpassen

Standardmäßig wird Spotlight über die Kombination `⌘` `Leertaste` aufgerufen, doch das lässt sich natürlich ändern und den Gegebenheiten Ihrer Arbeitsumgebung anpassen.

1. Klicken Sie in der Spotlight-Trefferliste auf den untersten Eintrag *Spotlight-Einstellungen* oder wählen Sie > *Systemeinstellungen* und klicken Sie auf den *Spotlight*-Eintrag im Abschnitt *Persönlich*.
2. Im unteren Bereich des Fensters lassen sich nun die Tastaturkurzbefehle für den Aufruf von Spotlight festlegen.

Die Tastaturkurzbefehle zum Aufruf von Spotlight werden in den Systemeinstellungen von Spotlight definiert. So lassen sich Kürzelkonflikte zwischen verschiedenen Applikationen vermeiden.

Von Haus aus indiziert Spotlight alle Dateien (außer den systemnahen Einträgen und Einstellungen) auf allen Laufwerken. Das gilt auch für Ordner und Laufwerke wie USB-Sticks. Sobald ein solches Laufwerk angeschlossen wird, beginnt Spotlight mit der Arbeit und nimmt die neuen Dateien in seinen Index auf.

Das muss aber nicht so sein. Schließlich möchte man nicht jeden Speicherstick, den man vorübergehend angeschlossen hat, nun auch gleich im Spotlight-Index aufnehmen, und auch auf der Festplatte kann es Ordner mit sensiblen Daten geben, bei denen man nicht möchte, dass sie über Spotlight so einfach zu finden sind.

Hier bietet Spotlight die Möglichkeit, bestimmte Laufwerke und Ordner von der Indizierung auszunehmen. Und das geht so:

1. Rufen Sie die Spotlight-Einstellungen auf und wechseln Sie zur Registerkarte *Privatsphäre*.

2. Über die Plus- und Minusschaltflächen können Sie nun gezielt Ordner und Laufwerke von der Indizierung ausnehmen. Das funktioniert auch mit nur vorübergehend angeschlossenen Laufwerken und USB-Sticks.

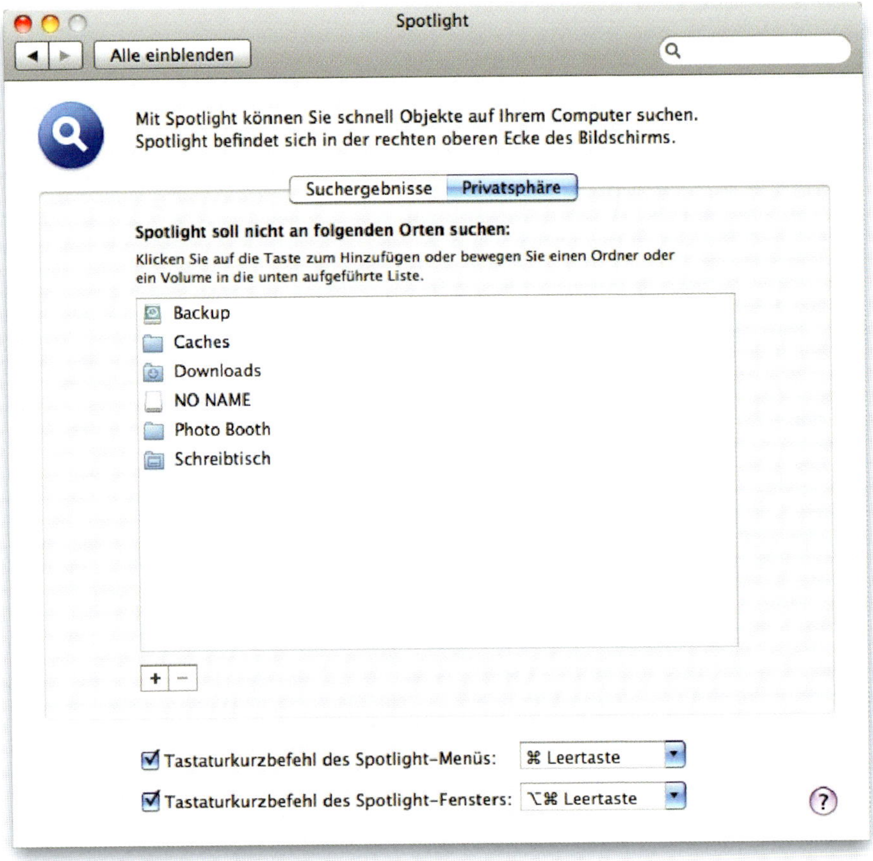

Spotlight indiziert mehr oder weniger alles. Wenn Sie das nicht möchten, müssen Sie die Bereiche, die für Spotlight tabu sein sollen, in den Systemeinstellungen eintragen.

Außerdem können Sie Spotlight anweisen, bestimmte Dateiarten bei der Indizierung zu ignorieren.

1. Wechseln Sie in den Spotlight-Einstellungen auf die Registerkarte *Suchergebnisse*.
2. Hier können Sie durch einen Mausklick bestimmte Dateiarten von der Suche ausnehmen. Wenn Sie etwa bei Ihrer Suche auf Filme oder Schriften verzichten können, entfernen Sie einfach den entsprechenden Haken. Bereits vorhandene Einträge im Spotlight-Index werden umgehend gelöscht.

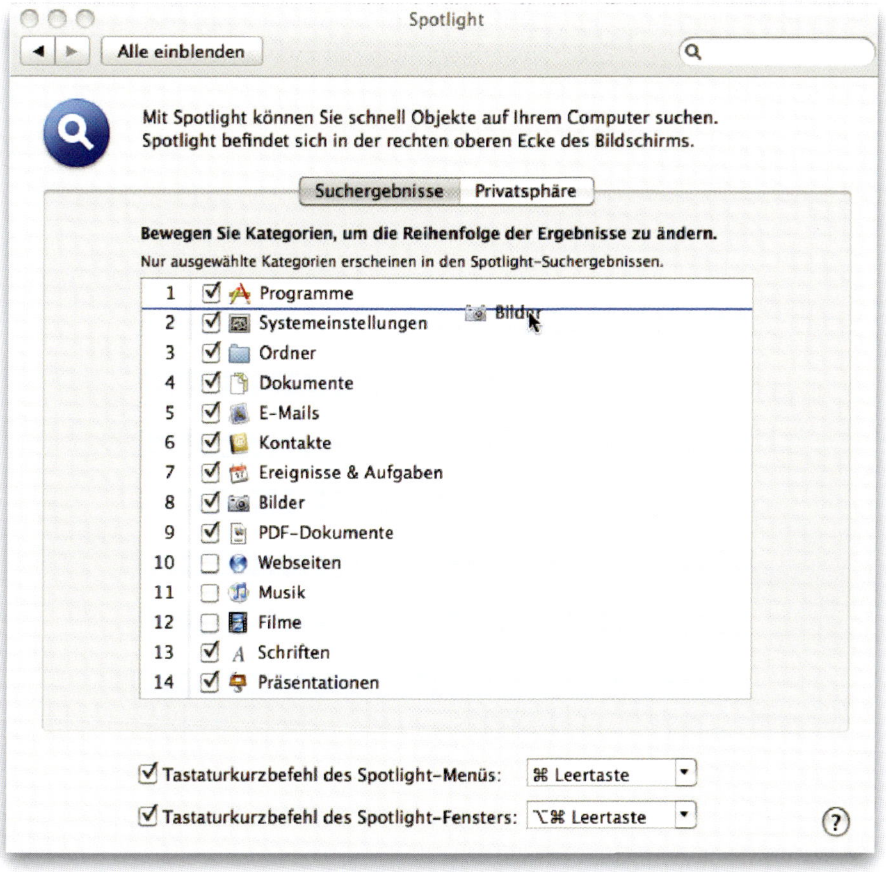

In den Einstellungen zu Spotlight können Sie bestimmte Dateitypen von der Indizierung ausnehmen und auch die Reihenfolge der Trefferliste festlegen.

Auch die Reihenfolge, in der Spotlight die Ergebnisse in der Trefferliste sortiert, kann über dieses Menü verändert werden. Wenn Sie zum Beispiel häufig nach Bildern oder PDF-Dokumenten suchen, kann es sinnvoll und übersichtlicher sein, die entsprechenden Einträge zu Beginn der Trefferliste angezeigt zu bekommen. Die Reihenfolge der Kategorien legen Sie mit Drag & Drop fest.

Spotlight-Index neu aufbauen

Wenn Sie sehr lange und intensiv mit Ihrem Mac arbeiten, Ihr Datenbestand immer stärker anwächst und sich stetig verändert, dann kann es mitunter passieren, dass Spotlight ein wenig aus dem Tritt gerät. Sie erkennen das daran, dass die Suche etwas länger dauert und Sie Dateien, von denen Sie sicher wissen, dass sie irgendwo auf Ihrer Festplatte liegen, mit Spotlight nicht aufspüren können.

In diesem Fall hilft ein Großreinemachen – zwingen Sie Spotlight dazu, seinen Index zu löschen und komplett neu anzulegen. Das dauert zwar einige Zeit, aber danach ist Spotlight wieder so schnell und zuverlässig, wie man sich das wünscht.

Um den Index komplett zu löschen, gehen Sie folgendermaßen vor:

1. Rufen Sie > *Systemeinstellungen* > *Spotlight* auf und wechseln Sie zur Registerkarte *Privatsphäre*.
2. Klicken Sie auf das Pluszeichen und wählen Sie in der Seitenleiste des Finders unter *Geräte* die Festplatte in Ihrem Mac (normalerweise heißt sie *Macintosh HD*).
3. Es erscheint eine Warnung, die Sie mit *OK* bestätigen. Spotlight löscht nun umgehend seinen kompletten Index.
4. Markieren Sie nun unter *Privatsphäre* den soeben hinzugefügten Eintrag und klicken Sie auf das Minuszeichen. Spotlight legt den Index nun vollständig neu an.

Sobald Sie die Festplatte zur Privatsphäre erklären, warnt Sie Mac OS X, dass Sie damit allen Suchfunktionen den Boden unter den Füßen wegziehen.

Richtig suchen: Spotlight im Finder

Die Suche über das Spotlight-Menü (also über die Lupe rechts oben in der Menüleiste) reicht in vielen Fällen aus, um eine gesuchte Datei schnell zu orten. Aber es gibt natürlich auch Fälle, wo man die Suche etwas präziser formulieren muss, um zum Ziel zu gelangen. In diesen Fällen öffnet man ein Spotlight-Fenster im Finder, in dem man seine Suchanfrage nahezu beliebig verfeinern kann.

Es gibt verschiedene Methoden, um ein Spotlight-Fenster zu öffnen:

- Sie klicken in der Trefferliste des Spotlight-Menüs auf den Eintrag *Alle einblenden*.
- Sie drücken während Ihrer Arbeit im Finder die Tastenkombination [⌘] [F].
- Sie drücken die Tastenkombination [⌥] [⌘] [Leertaste] (oder was immer Sie in den Systemeinstellungen als Tastenkürzel für das Spotlight-Fenster definiert haben). Dieses Kürzel funktioniert an jeder beliebigen Stelle in Mac OS X, Sie müssen also nicht das Spotlight-Menü oder ein Finderfenster geöffnet haben.

Das Spotlight-Fenster ist eine Variante des vertrauten Finderfensters, das um einige Elemente erweitert wurde.

So wird etwa in der Symbolleiste ein Eingabefeld für den Suchbegriff eingeblendet. Darunter findet sich eine neue Menüleiste, in der Sie festlegen, wo gesucht werden soll. Dabei können Sie entweder die komplette Festplatte auswählen (*Diesen Mac*) oder einen bestimmten Ordner (samt eventuell vorhandenen Unterordnern).

Das Spotlight-Fenster ist ein um bestimmte Suchfunktionen erweitertes Finderfenster. Standardmäßig wird der gesamte Mac und der Inhalt der Dateien durchsucht. Es kann aber auch sinnvoll sein, diese Suche auf bestimmte Ordner oder den Namen einer Datei einzuschränken.

Dabei wird immer der aktuell angezeigte Ordner als Alternative zu *Diesen Mac* angeboten. Befinden Sie sich zum Beispiel im Dokumentenordner, stehen Ihnen die beiden Optionen *Diesen Mac* und *„Dokumente“* zur Auswahl. Möchten Sie einen anderen Ordner durchsuchen, müssen Sie vor dem Aufruf der Suche im Finder also zuerst diesen Ordner öffnen.

Standardmäßig öffnet der Finder das Suchfenster immer mit der Option *Diesen Mac*. Möchten Sie, dass stattdessen der aktuelle Ordner für die Suche aktiviert ist, rufen Sie *Finder > Einstellungen* auf und legen auf der Registerkarte *Erweitert* als Suchoption *Aktuellen Ordner durchsuchen* fest.

Neben der Angabe, in welchen Ordnern gesucht werden soll, können Sie außerdem festlegen, in welchem Teil einer Datei gesucht werden soll: in ihrem *Inhalt* oder in ihrem *Dateinamen*.

Das allein ist natürlich noch nicht wirklich allzu hilfreich und geht kaum über die Möglichkeiten des Spotlight-Menüs hinaus. Seine Stärke entfaltet das Spotlight-Fenster nämlich erst dann, wenn Sie auf die Plusschaltfläche am rechten Rand klicken. Damit blenden Sie eine weitere Suchleiste ein, über die Sie die Suche annähernd beliebig verfeinern können.

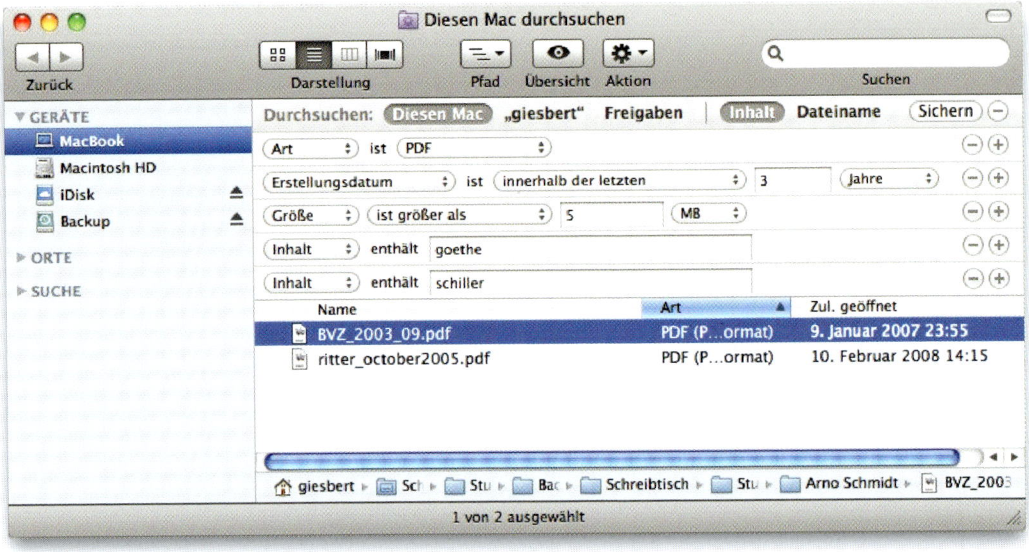

Das Spotlight-Fenster erlaubt komplexe Suchanfragen. In diesem einfachen Beispiel wird nach PDF-Dateien gesucht, die innerhalb der letzten drei Jahre erstellt wurden, die größer als fünf MB sind und in denen die Worte „goethe" und „schiller" auftauchen. Die Pfadleiste unten wird eingeblendet, sobald Sie einen Eintrag auswählen. Dabei werden die Ordnernamen zum Teil deutlich abgekürzt. Den vollständigen Namen eines Ordners zeigt Ihnen der Finder an, wenn Sie mit der Maus auf die Abkürzung zeigen.

Die drei Punkte; oder: Suchen mit ODER und NICHT

Standardmäßig macht es das Spotlight-Fenster so wie das Spotlight-Menü: Alle Bedingungen werden mit einem logischen UND verknüpft. Was aber, wenn Sie eine ODER- bzw. NICHT-Verknüpfung benötigen, weil Sie alle PDF- oder JPEG-Dateien suchen oder alle Bilder, aber keine JPEG-Dateien?

Das funktioniert mit den bisher vorgestellten Methoden nicht. Eine Suche mit den Bedingungen *Art ist PDF* und *Art ist Bilder JPEG* geht schief. Denn eine UND-Kombination dieser Bedingungen sucht nach Dateien, die gleichzeitig im PDF- und JPEG-Format vorliegen – was offensichtlich unmöglich ist. Doch keine Sorge, im Spotlight-Fenster können Sie auch ODER-Verknüpfungen eintragen. Allerdings hat Apple diese Option ein wenig versteckt.

Um das PDF/JPEG-Beispiel Spotlight-gerecht zu formulieren, gehen Sie folgendermaßen vor:

1. Blenden Sie ein neues Spotlight-Fenster ein und fügen Sie über die Plusschaltfläche eine Suchleiste hinzu.
2. Halten Sie die [⌥]-Taste gedrückt. Das Pluszeichen rechts in der Suchleiste wird zu einer Ellipse, also zu …

3. Klicken Sie auf diese drei Punkte. Es werden zwei neue Leisten eingefügt.

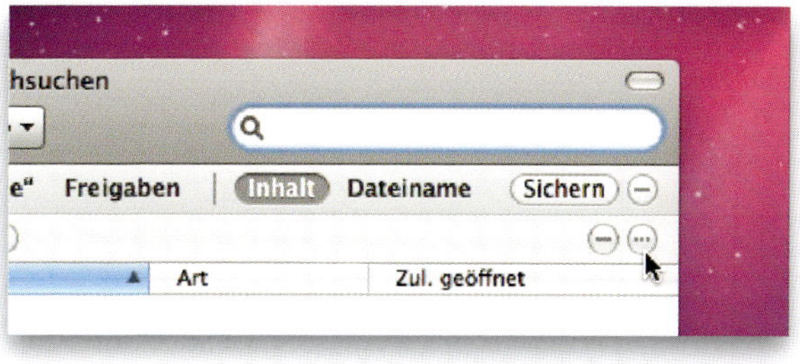

Um Ihre Suchbedingungen mit ODER- oder NICHT-Verknüpfungen zu verfeinern, halten Sie beim Hinzufügen einer weiteren Suchleiste die ⌥-Taste gedrückt.

4. Damit hat die erste Suchleiste ihre Funktion erfüllt. Die haben wir nämlich nur gebraucht, um die beiden neuen Zeilen einfügen zu können. Mit einem Klick auf das Minuszeichen löschen wir also die erste Zeile.
5. Nun steht zu Beginn unserer Suchkonstruktion *Einer der folgenden Werte zutreffen*, die nächste Zeile darunter ist ein wenig nach rechts eingerückt.
6. In der eingerückten Zeile legen Sie *Art ist PDF* fest und fügen mit einem Klick auf das Pluszeichen eine neue Zeile hinzu.
7. Hier legen Sie *Art ist Bild* fest und präzisieren über das Drop-Down-Menü zu *JPEG*.

Damit ist die ODER-Verknüpfung definiert. Gefunden werden nun alle Dateien, die entweder im PDF- oder im JPEG-Format vorliegen.

Standardmäßig verknüpft das Spotlight-Fenster alle eingegebenen Bedingungen mit einem logischen UND. Mit einem kleinen Trick sind aber auch ODER-Verknüpfungen möglich.

Mit dem gleichen Trick lassen sich auch NICHT-Verknüpfungen realisieren. Suchen wir zum Beispiel nach allen Bilddateien, außer denen im JPEG-Format, dann geht das so.

1. Blenden Sie ein neues Spotlight-Fenster ein und fügen Sie über die Plusschaltfläche eine Suchleiste hinzu.
2. Definieren Sie als erste Suchbedingung *Art ist Bild Alle*.

3. Halten Sie die [⌥]-Taste gedrückt und klicken Sie auf die drei Punkte rechts.
4. Wählen Sie im Drop-Down-Menü der neu eingefügten Leiste den Eintrag *Keiner*.
5. Definieren Sie *Art ist Bild JPEG*.

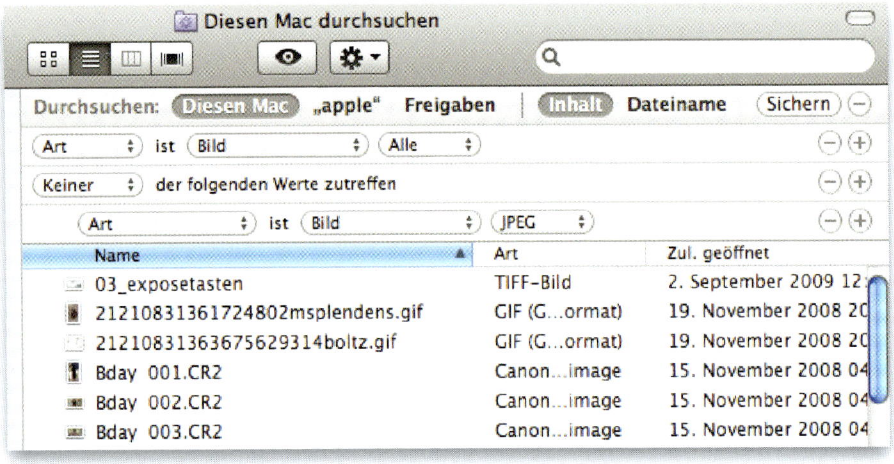

Auch eine NICHT-Verknüpfung ist im Spotlight-Fenster möglich.

Alle drei Verknüpfungen – UND, ODER, NICHT – lassen sich beliebig kombinieren und verschachteln, so dass Sie im Spotlight-Fenster beliebig komplexe Suchabfragen formulieren können.

Andere Suchkriterien festlegen

Wenn Sie die Suche ausprobieren, werden Sie vielleicht zuerst ein wenig enttäuscht sein, scheint doch das erste Suchfeld – in dem standardmäßig mit *Art* der Dateityp festgelegt wird – kaum Alternativen zu bieten. Außer nach Dateidatum, -inhalt und -name scheint man hier nicht suchen zu können. Doch das täuscht.

Ein Klick auf *Andere* innerhalb des Drop-Down-Menüs öffnet ein sehr umfangreiches Auswahlmenü, in dem Sie so ziemlich jede Eigenschaft einer Datei auswählen können. Dabei ist es auch möglich, die Auswahl des Drop-Down-Menüs nach eigenen Vorstellungen zu belegen. Setzen (bzw. löschen) Sie dafür beim gewünschten *Kriterium* den Haken in der Spalte *Im Menü*.

In die Liste der Kriterien kann es ein wenig durcheinander zugehen. Nicht immer ist der gesuchte Eintrag auf Anhieb zu finden, manche Einträge sind recht kryptisch und offensichtlich nur für Spezialfälle interessant.

Spielen wir das Vorgehen einmal am Beispiel der zu Beginn des Kapitels erläuterten Etikette durch (denn auch danach lässt sich natürlich suchen – andernfalls wäre diese Funktion ja nicht wirklich hilfreich).

1. Blenden Sie das Spotlight-Fenster ein und fügen Sie bei Bedarf eine Suchleiste über die Plusschaltfläche hinzu.
2. Wählen Sie im linken Drop-Down-Menü (Standardanzeige: *Art*) den Eintrag *Andere*.
3. Es wird eine umfangreiche und etwas verwirrende Liste mit den möglichen Suchkriterien eingeblendet. Aber keine Sorge, auch hier können Sie natürlich suchen. Tippen Sie in das Suchfeld oben rechts also „etikett" ein – und noch während Sie tippen, wird de Eintrag *Dateietikett* angezeigt.

Das Drop-Down-Menü der Suche lässt sich nahezu beliebig erweitern und anpassen.

4. Setzen Sie für den Eintrag *Dateietikett* in der Spalte *Im Menü* einen Haken und klicken Sie auf *OK*.
5. Nun wird eine Suchleiste eingeblendet, in der Sie das gewünschte Etikett markieren können.

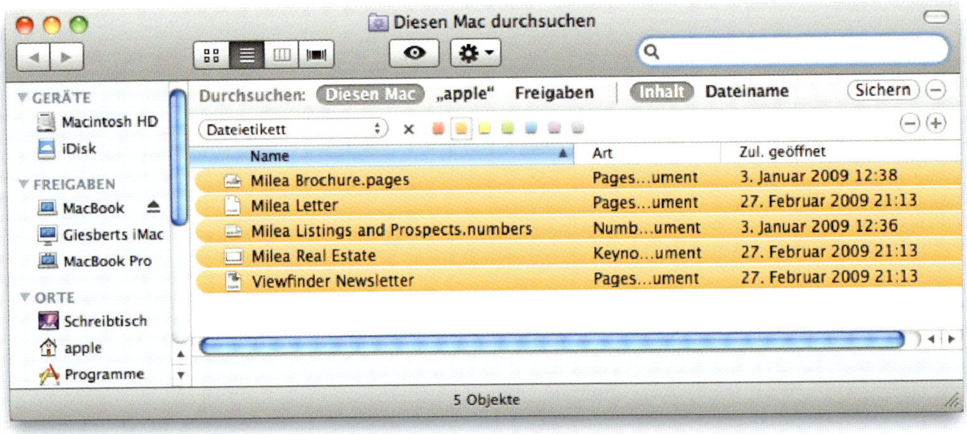

Über die Suche nach bestimmten Etiketten können Sie quer über die Festplatte nach gemeinsamen Dateien suchen, unabhängig von der Dateiart.

Eine Suche als intelligenten Ordner speichern

Mitunter kommt es vor, dass man eine Suchanfrage nicht nur einmal, sondern im Verlauf der Arbeit häufiger benötigt. Da ist es praktisch, dass Sie jede Suchanfrage und jede Kombination der Suchkriterien über die Schaltfläche *Sichern* speichern können. So haben Sie jederzeit Zugriff auf eine einmal erstellte Suchanfrage, die als „intelligenter Ordner" gespeichert wird.

Ein normaler Ordner ist statisch und muss von Ihnen gefüllt werden. Sie entscheiden, was in diesen Ordner kopiert bzw. verschoben wird. Ein intelligenter Ordner ist dagegen dynamisch, und Sie müssen sich nicht um seinen Inhalt kümmern. Stattdessen definieren Sie über die Suchkriterien die Bedingungen, die ein Eintrag erfüllen muss, um in diesem Ordner angezeigt zu werden. Daraufhin durchstöbert Mac OS X die Festplatte und zeigt die Dateieinträge an, die zu den definierten Bedingungen passen.

Von Haus aus liefert der Finder schon einige Beispiele für solche intelligenten Ordner mit – nämlich die Einträge, die in der Seitenleiste in der Rubrik *Suche* aufgeführt werden. Die sind zwar recht nützlich, aber auch etwas allgemein.

Wenn Sie zum Beispiel bestimmte Bilddateien im schnellen Zugriff haben möchten, ist ein intelligenter Ordner, der Ihnen *Alle Bilder* auf Ihrer Festplatte anzeigt, doch etwas arg grobmaschig. Ähnliches gilt für intelligente Ordner wie *Alle Dokumente* oder *Alle Filme*. Möchte man es etwas genauer und auf die eigenen Bedürfnisse zugeschnitten haben, muss man wohl selbst Hand anlegen.

Als einfaches Beispiel legen wir einen intelligenten Ordner an, der uns alle PDF-Dateien anzeigen soll, die im Laufe dieses Jahres erstellt wurden.

1. Falls Sie sich gerade im Finder befinden, drücken [⌥] [⌘] [N], um einen neuen, noch leeren, intelligenten Ordner anzulegen. Andernfalls rufen Sie mit [⌥] [⌘] [Leertaste] das Spotlight-Fenster auf.
2. Als erste Bedingung legen Sie *Art ist PDF* fest.
3. Fügen Sie über das Pluszeichen eine weitere Bedingung hinzu: *Erstellungsdatum ist dieses Jahr.*
4. Um diese Suchanfrage im ständigen Zugriff zu haben, klicken Sie auf *Sichern.*
5. Geben Sie der Suche einen Namen, achten Sie darauf, dass die Option *Zur Seitenleiste hinzufügen* aktiviert ist und klicken Sie erneut auf *Sichern.*
6. Der neue intelligente Ordner taucht in der Seitenleiste in der Rubrik *Suchen* auf.

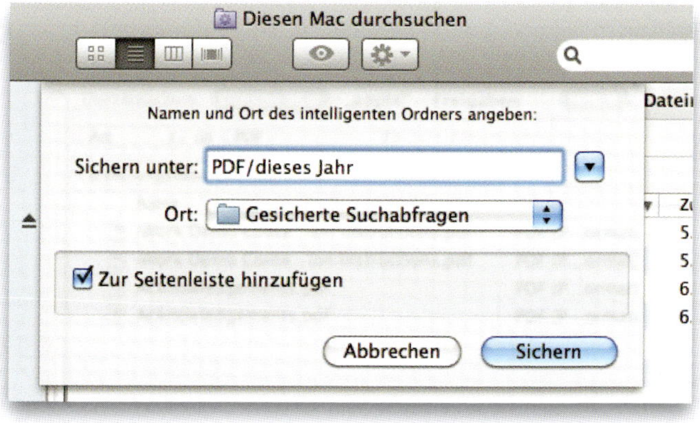

Beim Sichern einer Suchabfrage sollten Sie darauf achten, dass die Option Zur Seitenleiste hinzufügen aktiviert ist, um einen schnellen Zugriff auf Ihren intelligenten Ordner zu haben.

Eine gespeicherte Suchanfrage trägt ihren Namen „intelligenter Ordner" zurecht. Denn sie verhält sich einerseits so wie ein normaler Ordner, passt ihren Inhalt aber immer den aktuellen Verhältnissen an. Wann immer Sie einen intelligenten Ordner öffnen – er ist immer up to date.

Einen intelligenten Ordner anpassen

Eine einmal gespeicherte Suchabfrage ist nicht in Stein gemeißelt, sondern kann jederzeit angepasst und verändert werden. Allerdings hat Apple auch diese Funktion ein klein wenig versteckt.

1. Öffnen Sie den intelligenten Ordner.
2. Klicken Sie auf das Zahnrad in der Symbolleiste und wählen Sie den Eintrag *Suchkriterien einblenden*.
3. Nun können Sie die Kriterien Ihren Wünschen anpassen und Ihre Änderungen speichern.

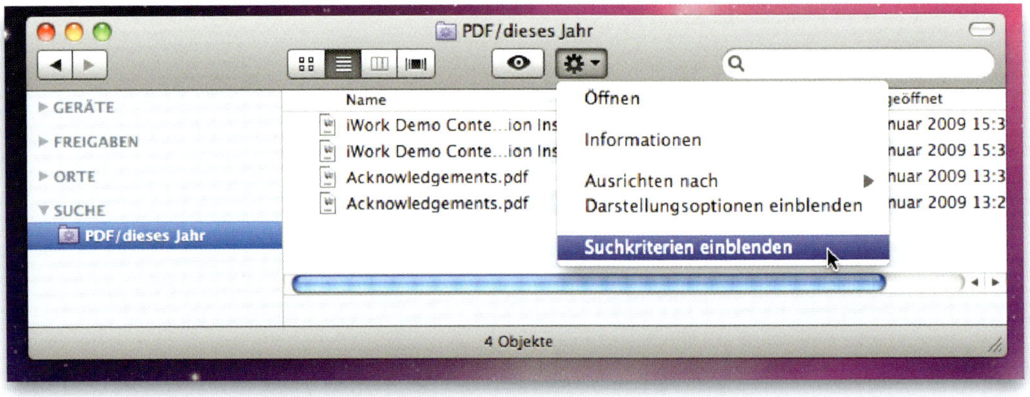

Die Bedingungen eines intelligenten Ordners lassen sich auch nachträglich anpassen.

Zum Umgang mit intelligenten Ordnern

Von Haus aus bietet der Finder in der Rubrik *Suche* die Einträge *Heute*, *Gestern*, *Letzte Woche*, *Alle Bilder*, *Alle Filme* und *Alle Dokumente*. Wie schon im zweiten Kapitel erläutert, können Sie diese Einträge einfach löschen, indem Sie sie aus der Seitenleiste herausziehen bzw. unter *Finder > Einstellungen*, Registerkarte *Seitenleiste*, ein- oder ausblenden. Bei diesen Einträgen handelt es sich um nichts anderes als vom System vorgegebene intelligente Ordner.

Standardmäßig speichert Mac OS X die von Ihnen angelegten intelligenten Ordner auf der Festplatte im Ordner *(Home) > Library > Gesicherte Suchabfragen* und legt einen Verweis in der Seitenleiste in der Rubrik *Suche* an. Aber das muss natürlich nicht sein. Sie können einen intelligenten Ordner an jeder beliebigen Stelle im Dateisystem ablegen. Dabei wird ein eventuell vorhandener Verweis in der Seitenleiste automatisch aktualisiert.

Sie müssen den intelligenten Ordner auch nicht zwingend in der Rubrik *Suche* ablegen, sondern können ihn auch unter *Orte* einsortieren – je nachdem, was Ihnen besser in den Kram passt.

Um eine gespeicherte Suchabfrage aus der Seitenleiste zu löschen, ziehen Sie wie gewohnt das Symbol aus der Leiste heraus. Damit wird allerdings nur der Verweis gelöscht, nicht der entsprechende intelligente Ordner selbst. So können Sie einen versehentlich entfernten Ordner mit Drag & Drop wieder hinzufügen. Möchten Sie die gespeicherte Suchabfrage vollständig löschen, müssen Sie den entsprechenden Ordner löschen.

Falls Sie nicht mehr so genau wissen, wo Sie überall eine Suchabfrage gespeichert haben, hilft Ihnen auch hier Spotlight weiter. Definieren Sie dafür *Art ist Andere Suchabfrage*.

Kapitel 6

Mit dem Mac ins Internet

Ohne Internetanschluss ist ein Computer heute praktisch undenkbar. Kein Wunder, dass Ihr Mac von Haus aus darauf ausgelegt ist, online zu gehen. Die Interneteinwahl beschränkt sich im Grunde darauf, Ihre Zugangsdaten einzutippen. Anschließend steht Ihnen mit Safari einer der modernsten und besten Browser zur Verfügung und mit Mail ein Programm, das seine Fähigkeiten unter einem unscheinbaren Äußeren verbirgt. Ach, Sie chatten lieber und möchten Videokonferenzen durchführen? Kein Problem: Dafür hat Ihr Mac iChat an Bord.

AirPort und WLAN

Der Mac ist eine außerordentlich kommunikationsfreudige Maschine und kann über eine Vielzahl von Protokollen und Schnittstellen mit anderen Computern oder Netzwerken verbunden werden. Dabei ist die mit Abstand wichtigste Verbindung natürlich der Zugriff aufs Internet.

Der Internetzugang mit einem Mac unterscheidet sich im Prinzip nicht von dem Zugang mit anderen Computern. Der Aufbau einer Internetverbindung erfolgt heute wohl überwiegend via WLAN, aber natürlich können Sie Ihren Mac auch mit einem Ethernet-Kabel an einen Router anschließen. Auf den Einbau eines Modems verzichtet Apple allerdings seit einiger Zeit.

Der typische Aufbau einer DSL-/WLAN-Lösung sieht folgendermaßen aus: An die Telefondose wird ein „Splitter" angeschlossen, der das Signal in den Telefon- und DSL-Anteil aufdröselt. An diesen Splitter schließt man einerseits das Telefon, andererseits die WLAN-Basisstation an. Die Basisstation verwaltet das Funknetz und stellt den Kontakt zum Internet her. Sie wird im Regelfall vom Computer aus konfiguriert. Wie das im Detail funktioniert, hängt von der jeweiligen Basisstation ab.

Diese Basisstation kann nun über Funk kontaktiert werden und für jeden akzeptierten Kontakt den Zugang zum Internet ermöglichen. Der Zugriff auf die Basisstation sollte verschlüsselt und kennwortgeschützt erfolgen. Zwar spielt es bei einer DSL-Flatrate keine große Rolle, ob der Nachbar nun gelegentlich mitsurft oder nicht, aber die rechtliche Seite dieser Form der digitalen Nachbarschaftshilfe ist problematisch. Wenn ein Cybergangster Ihr offenes WLAN missbraucht, können Sie sich unter Umständen ebenfalls strafbar machen.

Die Apple-eigene WLAN-Lösung hört auf den Namen „AirPort" und umfasst sowohl Basisstationen (AirPort Extreme, AirPort Express) als auch die WLAN-Karte in Ihrem Mac, die ebenfalls auf den Namen „AirPort Extreme" hört. AirPort unterstützt das übliche WLAN-Protokoll 802.11 in den Varianten a, b, g und n. Sie müssen für Ihr WLAN also nicht unbedingt eine Basisstation von Apple kaufen, sondern können jede andere, standardkonforme Lösung einsetzen.

Verbindung aufnehmen

Schon bei der ersten Inbetriebnahme sucht der Mac nach verfügbaren Netzwerken. Findet er dabei ein frei zugängliches WLAN, fragt er nach, ob dieses Netzwerk benutzt werden soll. Andernfalls zeigt er Ihnen eine Liste der verfügbaren Netzwerke, aus der Sie das gewünschte Netzwerk auswählen und sich nach der Eingabe der Zugangsdaten einloggen.

Wenn Mac OS X keine Netzwerke findet, zu denen es ein Kennwort gespeichert hat, zeigt Ihnen Ihr Mac automatisch alle verfügbaren WLANs.

Standardmäßig zeigt Mac OS X oben rechts in der Menüleiste den Netzwerkstatus in Form eines kleinen Tortenstücks an. Ist der AirPort in Ihrem Mac deaktiviert, ist das Tortenstück leer, besteht eine Verbindung, ist es je nach Qualität der Verbindung gefüllt.

Das tortenstückähnliche AirPort-Symbol in der Menüleiste zeigt Ihnen an, ob der AirPort deaktiviert ist (links), eine Verbindung in optimaler Qualität besteht (mitte) oder die Verbindungsqualität zu wünschen übrig lässt (rechts).

Über das AirPort-Symbol haben Sie raschen Zugriff auf alle WLANs in Empfangsnähe, können den AirPort ein- und ausschalten und auch direkt zum Punkt *Netzwerk* in den Systemeinstellungen wechseln.

Im AirPort-Menü sehen Sie nicht nur, welche Funknetzwerke aktuell erreichbar sind, sondern auch, wie gut die Verbindungsqualität zu diesen Netzen ist und ob sie verschlüsselt sind.

Ist ein Menüeintrag in der Netzwerkliste mit einem Haken versehen, ist Ihr Mac aktuell mit diesem Funknetzwerk verbunden. Möchten Sie die Verbindung trennen, klicken Sie den Eintrag an und wählen im sich öffnenden Untermenü den Punkt *Trennen*.

In diesem Untermenü können Sie auch festlegen, ob das Symbol in der Menüleiste um die Verbindungsdauer und um Statusmeldungen während des Verbindungsaufbaus ergänzt werden soll. Das kann unter Umständen recht informativ sein, fordert aber Platz in der Menüleiste.

Das AirPort-Menü verrät Ihnen aber noch mehr: Klicken Sie das Symbol mit gehaltener [⌥]-Taste an, wird der Eintrag zum aktuellen Netzwerk um einige technische Daten ergänzt, denen Sie zum Beispiel entnehmen können, welcher 802.11-Standard benutzt wird oder über welchen Kanal der AirPort mit der Basisstation kommuniziert.

Bei gehaltener [⌥]-Taste und Klick auf das AirPort-Symbol zeigt das AirPort-Menü einige Informationen zum aktuellen Netzwerk an.

Normalerweise merkt sich Mac OS X das Kennwort für den WLAN-Zugang und verbindet Sie automatisch mit dem Netzwerk, sobald es in Empfangsnähe ist. Sie können über das AirPort-Symbol allerdings auch mit jedem anderen WLAN in Ihrer Nähe Kontakt aufnehmen. Klicken Sie dazu auf das Symbol und wählen Sie das gewünschte Netzwerk. Anschließend fragt Sie Mac OS X nach dem Kennwort und loggt sich ein.

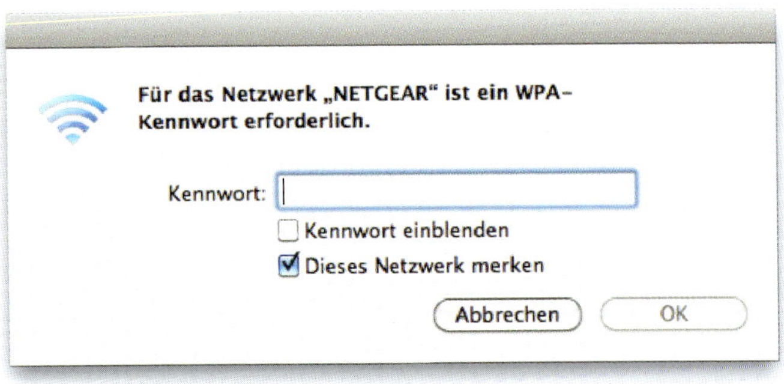

Normalerweise ist der Zugriff auf ein WLAN – und von dort auf das Internet – ein Klacks. Der Mac ortet verfügbare WLANs automatisch und stellt nach der Eingabe des Kennwortes die Verbindung her.

WLANs verwalten

Ein einmal eingegebenes Kennwort für ein WLAN merkt sich der Mac in einer Liste der „bevorzugten Netzwerke" und wählt sich beim nächsten Mal automatisch ein, ohne Sie mit einer Kennwortabfrage zu belästigen. Gespeichert werden auch Zugriffe auf freie WLANs, die ebenfalls in diese Liste der eingetragen werden.

Das ist normalerweise so erwünscht, kann unter Umständen aber auch zu leichten Problemen führen. Etwa dann, wenn sich in Ihrer Umgebung ein freies WLAN befindet, mit dem sich Ihr Mac automatisch verbindet statt auf Ihr eigenes Netzwerk zuzugreifen oder wenn Sie sich vorübergehend mit einem anderen WLAN in Ihrer Nähe verbunden haben, das von Mac OS X nun dauerhaft als erste Wahl benutzt wird.

Hier bietet Mac OS X Ihnen die Möglichkeit, die gespeicherten WLAN-Verbindungen manuell zu bearbeiten, gemerkte Verbindungen zu löschen oder bei mehreren gespeicherten Verbindungsdaten die Reihenfolge festzulegen, in der Ihr Mac nach einem WLAN sucht.

1. Rufen Sie > *Systemeinstellungen* auf und wählen Sie den Eintrag *Netzwerk*.
2. Markieren Sie gegebenenfalls in der linken Spalte *AirPort* und klicken Sie rechts unten auf *Weitere Optionen*.
3. Nun können Sie die Reihenfolge der WLANs mit der Maus festlegen, über die Plustaste neue Verbindungsdaten eintragen oder über die Minustaste einen Eintrag löschen.
4. Um eine eingetragene Verbindung nachträglich zu bearbeiten, klicken Sie auf das Bleistiftsymbol.
5. Möchten Sie nicht, dass Mac OS X jede Netzwerkverbindung speichert, deaktivieren Sie den Punkt *Alle Netzwerke merken, mit denen dieser Computer verbunden war*.

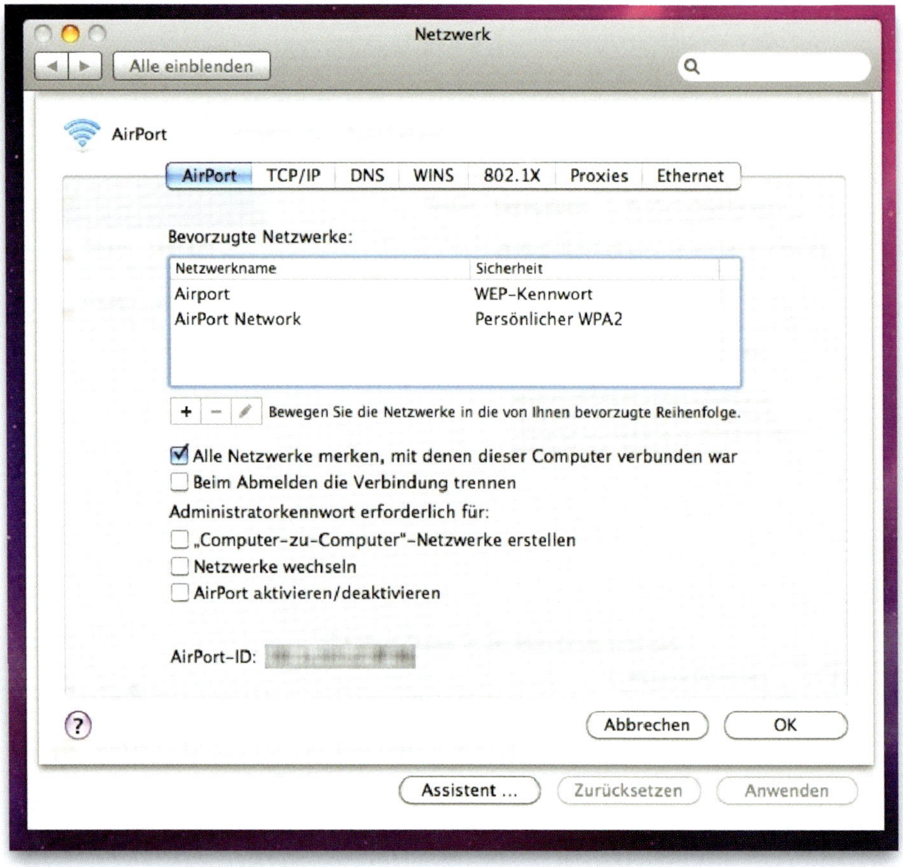

Mac OS X merkt sich alle WLAN-Verbindungen und speichert sie als „Bevorzugte Netzwerke".

PPPoE-Verbindung ins Internet

Auch wenn WLANs weit verbreitet sind, sind sie doch nicht überall anzutreffen. Mitunter muss man seinen Mac auch mit einem Netzwerkkabel an ein DSL-Modem anschließen und manuell eine PPPoE-Verbindung aufbauen (PPPoE steht für „Point to Point Protocol over Ethernet" und ist das Standardverfahren bei vielen Anbietern).

1. Verbinden Sie Ihren Mac über ein Netzwerkkabel (Ethernetkabel) mit dem DSL-Modem und öffnen Sie *Systemeinstellungen > Netzwerk*.
2. Wählen Sie unter *IPv4 konfigurieren* den Eintrag *PPPoE-Dienst erstellen*.
3. Geben Sie im folgenden Dialog die Accountdaten ein, klicken Sie auf *Anwenden* und anschließend auf *Verbinden*.

Bei einer Verbindung via Ethernetkabel werden die Verbindungsdaten in den Systemeinstellungen eingetragen.

Safari

Safari ist ein moderner, standardkonformer Webbrowser, der verschiedene Webseiten innerhalb eines Fensters auf verschiedenen Registerkarten (die hier Tabs heißen) darstellen kann und der mit einigen Besonderheiten aufwartet. Das Programm ist für den Einsatz unter Mac OS X optimiert, sehr schnell, robust und zuverlässig. Die Grundfunktionen von Safari unterscheiden sich dabei nicht von denen anderer Browser, Sie werden sich also sehr schnell mit Safari anfreunden können.

Safari ist schnell, standardkompatibel und optimal auf Mac OS X abgestimmt. Dabei sind wichtige Bedienelemente wie die zentrale Adressleiste, das Suchfeld rechts oder die Navigationsschaltflächen links selbsterklärend.

Auch die Einstellungen von Safari – die Sie wie üblich über das Menü oder mit der Tastenkombination [⌘][,] aufrufen – sollten Sie nicht verwirren oder gar ins Stolpern bringen. Hier finden Sie nur das, was Sie bei anderen Browsern auch finden, etwa die Möglichkeit, Javascript auszuschalten, Popups zu unterdrücken oder eine Startseite zu definieren und ein Standardverzeichnis für Downloads festzulegen. Die entsprechenden Optionen finden Sie auf der Registerkarte *Sicherheit* bzw. *Allgemein*.

Beim Umgang mit diesen Tabs – ein neues Tab legen Sie wie von anderen Browsern gewohnt mit [⌘][T] an – erweist sich Safari übrigens als sehr flexibel. So können Sie die Reihenfolge der Tabs nicht nur mit der Maus verändern, indem Sie ein Tab nach links oder rechts schieben, sondern ein Tab lässt sich auch einfach auf den Desktop ziehen und so als separates Browserfenster benutzen. Umgekehrt ist es möglich, mehrere Fenster über das Menü *Fenster > Alle Fenster zusammenführen* als Tabs in einem gemeinsamen Browserfenster zu bündeln.

Erwähnenswert ist allerdings auch, dass Safari im Bestreben, es Ihnen so leicht wie möglich zu machen, vielleicht eine Spur zu weit geht und Dateien, die der Browser als „sicher" einschätzt, nach dem Download automatisch öffnet.

Das kann immer mal wieder zu Verwirrung führen und sollte am besten deaktiviert werden. Schlimmstenfalls müssen Sie dann einmal mehr klicken, aber Sie haben etwas genauer im Blick, was der Browser da eigentlich macht.

Die entsprechende Option *„Sichere" Dateien nach dem Laden öffnen* finden Sie auf der Registerkarte *Allgemein*.

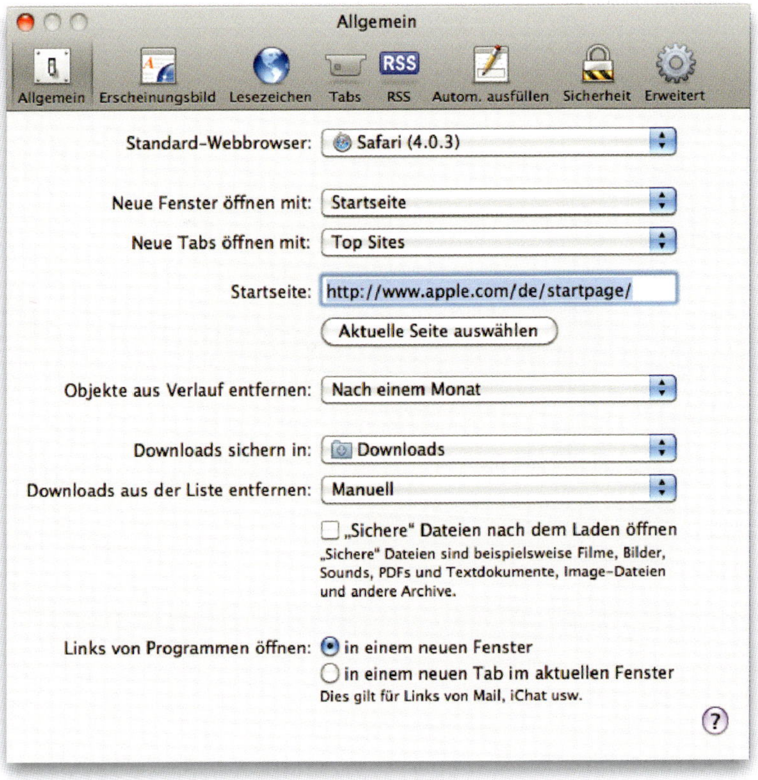

Ein Browser sollte besser keine Dateien automatisch öffnen. Auch dann nicht, wenn es sich um Safari handelt und das System eine bestimmte Datei als „sicher" klassifiziert hat.

Eine weitere, oft auftretende Situation sind Weblinks in anderen Dokumenten, also etwa in einer PDF-Datei oder einer E-Mail. Ein Klick auf diesen Link startet Safari. Doch was genau passiert, wenn Safari bereits gestartet ist? Hier gibt es zwei Möglichkeiten:

- Entweder, die neue Seite wird in einem neuen Fenster geöffnet,
- oder aber sie wird als neues Tab im aktuellen Fenster angezeigt.

Welche der beiden Varianten Sie bevorzugen, bleibt natürlich Ihnen überlassen. Die entsprechende Einstellung nehmen Sie auf der Registerkarte *Allgemein* im unteren Abschnitt *Links von Programmen öffnen* vor.

Auch beim Umgang mit PDF-Dateien unterscheidet sich Safari von anderen Browsern. Da PDF zu den Formaten auf dem Mac gehört, die das System von Haus aus unterstützt, kann Safari PDF-Dateien nicht nur umstandslos anzeigen, sondern auch zoomen, an die Vorschau übergeben oder direkt im Downloadverzeichnis ablegen (mit dem Programm Vorschau und seinen erstaunlichen Möglichkeiten beschäftigen wir uns in Kapitel 11).

Bewegen Sie bei Safari auf einer angezeigten PDF-Datei den Mauszeiger nach unten, wird ein kleines PDF-Menü eingeblendet.

Nützlich ist im Alltag auch die Möglichkeit, sich nicht nur den Quelltext einer Webseite anzeigen zu lassen (⌘ U), sondern auch detaillierten Einblick in die Browseraktivitäten nehmen zu können (⌘ A). So lässt sich exakt verfolgen, welche Dateien der Browser geladen hat oder auch, welche Elemente einer Webseite nicht korrekt geladen werden können.

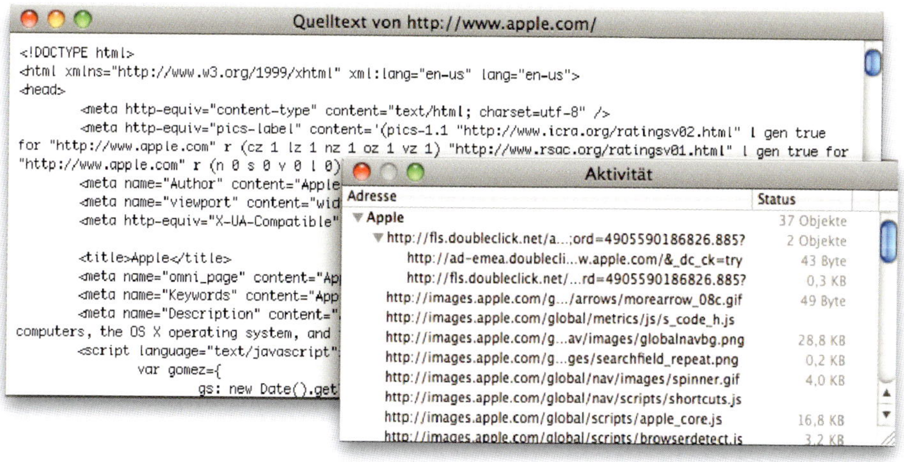

Über die Quelltext- und Aktivitätsanzeige bietet Safari detaillierten Aufschluss über alle Objekte und Elemente, die zu einer Webseite gehören. So lassen sich nicht nur Strukturen einer Seite analysieren, sondern auch einzelne Dateien gezielt ansprechen, Fehler finden und beheben.

Zu den Besonderheiten von Safari gehört schließlich auch, dass der Browser beliebige Webseiten als Widget im Dashboard ablegen kann. Dabei wird im Widget ein aktueller Ausschnitt der Webseite angezeigt. Mit einem Klick auf das Widget wechseln Sie dann zur Vollanzeige in Safari.

1. Rufen Sie die Webseite auf, zu der Sie ein Widget erzeugen wollen, und klicken Sie auf das Webclip-Symbol oder wählen Sie *Ablage > In Dashboard öffnen.*
2. Legen Sie den Ausschnitt fest, der als Widget angezeigt werden soll, und klicken Sie auf *Hinzufügen.*
3. Der Mac wechselt nun zum Dashboard und zeigt den gewünschten Ausschnitt als Widget an. Bei jedem Aufruf des Dashboards wird der Ausschnitt aktualisiert, das Verfahren eignet sich also zum Beispiel für Nachrichtenticker und ähnliche Seiten, deren Inhalte sich rasch ändern.

Sprung zurück: Snapback

Ausgangspunkt vieler Surftouren im Netz ist eine Suchergebnisseite von Google. Doch bis man die gesuchten Informationen gefunden hat, muss man mitunter vielen Links folgen und immer wieder zur Seite mit den Suchergebnissen zurückkehren. Statt sich nun über die „Zurück"-Schaltfläche Mausklick um Mausklick zurückzubewegen, bietet Safari Ihnen eine „Snapback"-Schaltfläche.

Als Snapback (was sich mit „zurückschnappen" übersetzen lässt) bezeichnet Apple die Möglichkeit, mit nur einem Mausklick zu einer Suchergebnisseite zurückzukehren. Probieren Sie es einfach mal aus.

1. Geben Sie in das Suchfeld oben rechts einen Suchbegriff ein, zum Beispiel „Apple", und drücken Sie die ↵-Taste.
2. Safari übergibt den Suchbegriff an Google und zeigt die Ergebnisseite an. Klicken Sie dort einen beliebigen Link an. Im Suchfeld wird oben rechts die orangefarbene Snapback-Schaltfläche gezeigt.
3. Folgen Sie nun nach Lust und Laune verschiedenen Links, spüren Sie weiteren Verzweigungen nach, und sorgen Sie sich nicht darum, den Weg zurück nicht mehr zu finden. Denn ganz gleich, wie weit Sie sich verirren – ein Klick auf den Snapback-Pfeil bringt Sie sofort zu Ihrem Ausgangspunkt zurück.

Mit einem Klick auf den orangenen Snapback-Pfeil springen Sie jederzeit zur Suchergebnisseite zurück, von der aus Sie Ihre Reise begonnen haben.

Die Lesezeichen von Safari

Snapback ist gewissermaßen ein temporäres Lesezeichenverfahren, bei dem sich der Browser genau eine Seite vorübergehend merkt. Sobald man mehr möchte, reicht das natürlich nicht aus, und es wird Zeit für ein etwas leistungsfähigeres Ablagesystem.

Hier bietet Safari einerseits die üblichen Lesezeichenfunktionen an („Lesezeichen" nennt man bei Safari das, was beim Internet Explorer „Favoriten" heißt), geht aber andererseits auch eigene Wege.

Safari verwaltet die Lesezeichen an drei Orten:

- Das ist die **Lesezeichenleiste** unterhalb der Symbolleiste. Hier können Sie Links zum direkten Zugriff ablegen und mit hierarchisch strukturierten Ordnern sortieren.
- Der zweite Ort ist das **Lesezeichenmenü** (also der Eintrag *Lesezeichen* in der Menüleiste). Hier lassen sich Lesezeichen in Form von Menüs samt Untermenüs verwalten. Lesezeichen, die Sie hier ablegen, behalten Sie im schnellen Zugriff, ohne dass Sie ihnen einen Platz auf der Lesezeichenleiste opfern müssten. Das Menü eignet sich also für wichtige Links, die aber auch nicht so wichtig sind, dass sie in der Lesezeichenleiste aufbewahrt werden müssen.

- Die **Sammlungen**. Dabei handelt es sich um den Ort, an dem Safari sämtliche Lesezeichen organisiert. Dazu gehören nicht nur die Lesezeichen in Leiste und Menü, sondern auch Webadressen im Adressbuch, der Verlauf (also alle bisher besuchten Adressen), abonnierte RSS-Feeds (dazu weiter unten mehr) oder Lesezeichen im Netzwerk. Außerdem können Sie hier zusätzliche Ordner für Lesezeichen anlegen, die weder für die Lesezeichenleiste noch für das Lesezeichenmenü wichtig genug, die Sie aber dennoch aufheben möchten.

Am einfachsten ist die Lesezeichenverwaltung mit Drag & Drop. Dabei ziehen Sie eine Adresse auf die Lesezeichenleiste, die verlinkte Seite kann in Zukunft jederzeit über einen Klick auf diesen Link in der Lesezeichenleiste angesteuert werden. Ziehen Sie dafür das Favicon (also das kleine Symbol links von der URL in der Adressleiste) bzw. die kleine Weltkugel an die gewünschte Stelle in der Lesezeichenleiste.

Ein Klick auf das Favicon, und schon lässt sich eine Adresse mit der Maus in der Lesezeichenleiste ablegen.

Natürlich können Sie hier auch Ordner anlegen, um Ihre Linksammlung aufzuräumen. Ein rechter Mausklick in die Lesezeichenleiste öffnet ein Kontextmenü mit nur einem Eintrag: *Neuer Ordner*.

Zur übersichtlichen Verwaltung von Lesezeichen sollten Sie mit Ordnern arbeiten und Ihre Lesezeichen thematisch sortieren.

Die Ordner in der Lesezeichenleiste können mit Unterordnern beliebig tief verschachtelt werden, allerdings ist es nicht möglich, eine Adresse mit Drag & Drop in einen Unterordner abzulegen. In diesem Fall klicken Sie entweder auf das Pluszeichen in der Symbolleiste oder drücken ⌘ D. So rufen Sie einen Dialog auf, über den Sie ein Lesezeichen in jeden beliebigen Ordner auf der Lesezeichenleiste oder im Lesezeichenmenü eintragen können.

Über das Lesezeichenmenü können Sie jeden Link genau im gewünschten Ordner ablegen.

Ordner und Links, die auf der Lesezeichenleiste abgelegt sind, lassen sich durch eine einfache Mausbewegung löschen. Ziehen Sie die Links aus der Leiste, verpuffen sie in einem Wölkchen. Haben Sie es sich doch anders überlegt, machen Sie die Löschaktion mit ⌘ Z rückgängig.

Wenn Sie einen Link aus einem Ordner von der Lesezeichenleiste entfernen möchten, ohne ihn gleich komplett zu löschen, verschieben Sie ihn entweder in das Lesezeichenmenü oder als Lesezeichen in die Sammlungen.

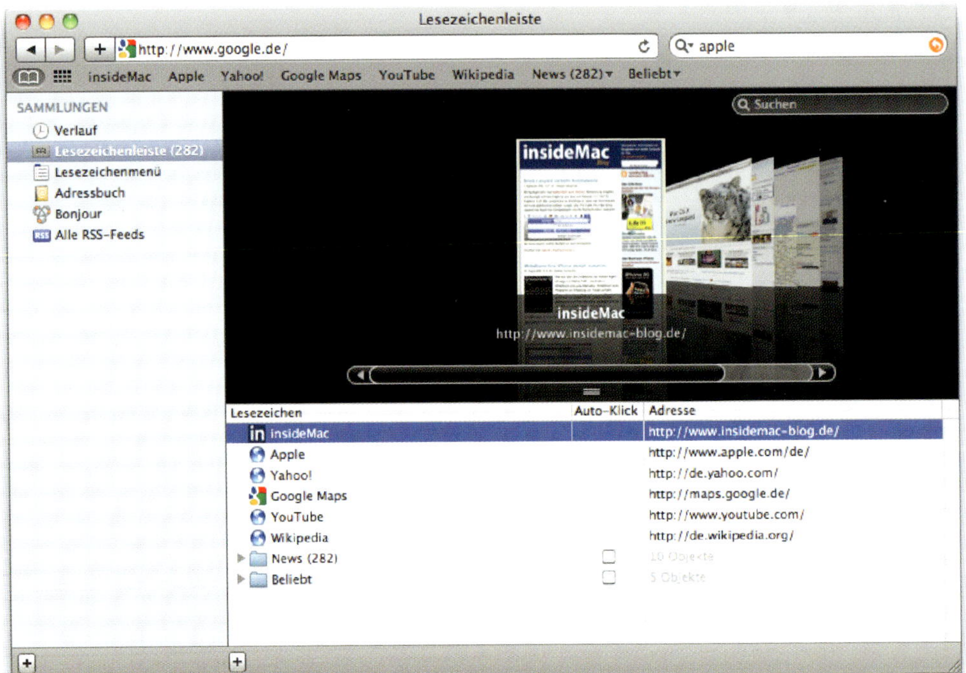

Bei der Darstellung der Lesezeichen in den Sammlungen setzt Safari Cover Flow ein, was die Suche nach einer bestimmten Seite deutlich erleichtert.

1. Öffnen Sie die Sammlungen durch einen Klick auf das Buchsymbol ganz links in der Lesezeichenleiste.
2. Um einen Link aus der Lesezeichenleiste in das Lesezeichenmenü zu verschieben, ziehen Sie ihn von der Leiste auf den Eintrag *Lesezeichenmenü* der Sammlungen.
3. Um einen Link in den Sammlungen zu speichern, ziehen Sie ihn von der Leiste nach links in die Seitenleiste der Sammlungen. Falls noch nicht vorhanden, wird automatisch eine neue Rubrik *Lesezeichen* angelegt.
4. Mit einem Klick auf das Buchsymbol schließen Sie die Sammlungen und kehren zur zuvor angezeigten Webseite zurück. Alternativ dazu können Sie natürlich auch eine Webseite über ein beliebiges Lesezeichen aufrufen.

Der Verlauf

Eine Adresse, die man in den Lesezeichen gespeichert hat, findet man in aller Regel schnell wieder. Was aber ist mit den Webseiten, über die man durch Zufall stolperte und die einem nicht wichtig genug schienen, um sie in den Lesezeichen zu notieren – nur damit man ein, zwei Tage später natürlich genau die Informationen benötigt, die auf dieser Seite zu finden waren?

Hier sorgt der Verlauf für Abhilfe, in dem Safari stur jede Adresse, die Sie auf Ihren Surftouren besucht haben, speichert.

Wie weit dieses Surfprotokoll zurückreichen soll, legen Sie unter *Safari > Einstellungen*, Register *Allgemein* im Drop-Down-Menü *Objekte aus Verlauf entfernen* fest. Standardmäßig zeigt der Verlauf einen Monat an, Sie können ihn aber auch auf einen Tag, eine Woche oder zwei Wochen beschränken. Wenn Sie nicht möchten, dass Safari den Verlauf überhaupt automatisch löscht, sondern das lieber selbst in die Hand nehmen möchten, wählen Sie hier *Manuell*.

Auf den Verlauf greifen Sie entweder über den gleichnamigen Menüpunkt zu oder über die Sammlungen, die Sie mit einem Klick auf das Buchsymbol einblenden.

Der Verlauf lässt sich (wie alle anderen Lesezeichensammlungen auch) entweder chronologisch oder über die Suchfunktion erschließen. Die Suche nutzt die Spotlight-Funktion von Mac OS X, weshalb Einträge aus dem Verlauf auch bei der Spotlight-Suche auftauchen.

Da eine Lesezeichensammlung (und erst recht der Verlauf) dazu tendieren, sehr schnell sehr groß und damit auch sehr unübersichtlich zu werden, greift Safari auf die schnelle Suchhilfe von Spotlight zurück. So lassen sich auch im größten Wust der Webadressen doch noch die gesuchten Informationen finden.

Top Sites

Eine besonders anschauliche Art, sich wichtige Webseiten zu merken, bietet Top Sites. Dabei werden sechs bis 24 Webseiten als Vorschau in Form einer Videowand angeordnet. Welche Seiten hier zu finden sind, legen Sie natürlich selbst fest. Doch Sie können das auch Safari überlassen. In diesem Fall werden die von Ihnen am häufigsten besuchten Webseiten in Top Sites aufgenommen.

Top Sites wird entweder über *Verlauf > Top Sites einblenden* aufgerufen oder über das Top-Sites-Symbol – ein gefülltes Gittermuster – in der Lesezeichenleiste. Ob das Symbol angezeigt werden soll, legen Sie unter *Safari > Eigenschaften > Lesezeichen* fest.

Beim ersten Start füllt Safari Top Sites mit einer vorgegebenen Belegung; je länger Sie Safari einsetzen, desto stärker spiegelt Top Sites Ihr Surfverhalten wider. Um die Webseiten in einer Vorschau anzeigen zu können, ohne dass Sie lange auf den Aufbau von Top Sites warten müssen, speichert Safari einen aktuellen Schnappschuss von jeder Webseite. Dieser Schnappschuss wird beim Aufruf von Top Sites von der Festplatte geladen.

Anders als die normalen Lesezeichen wird Top Sites dynamisch verwaltet. Wenn sich der Inhalt einer Webseite in Top Sites geändert hat, wird dies durch einen Stern rechts oben markiert.

Natürlich kann auch ein aktueller Schnappschuss sehr schnell veralten. Daher überprüft Safari regelmäßig, ob sich der Inhalt einer Seite geändert hat. Ist dies der Fall, wird oben rechts ein blauer Stern eingeblendet.

Stoßen Sie beim Surfen im Netz auf eine Seite, die Sie zu Top Sites hinzufügen möchten, so ziehen Sie das Favicon der Seite (also die kleine Grafik links in der Adressleiste) auf das Top-Sites-Symbol.

Sie können jede beliebige Webseite zu Top Sites durch Drag & Drop hinzufügen.

Um Top Sites Ihren Wünschen anzupassen, klicken Sie links unten auf *Bearbeiten*. Nun können Sie die Anordnung der Seiten mit der Maus festlegen. Webseiten, die auf jeden Fall in Top Sites bleiben sollen, werden mit einem Klick auf den Pin links oben festgesteckt, ein Klick auf das Kreuz löscht die Seite, und Safari fügt automatisch die nächste Seite aus dem Fundus der bisher besuchten Seiten hinzu.

Über die Schaltflächen *Klein*, *Mittel* und *Groß* legen Sie fest, wie groß die Seitenvorschau sein soll und wieviele Webseiten damit in die Anzeige von Top Sites passen. Bei „Klein" sind es 24, bei „Mittel" noch zwölf, und bei „Groß" passen nur noch sechs Seiten in das Safarifenster.

Wieviele und welche Webseiten in Top Sites auftauchen, legen Sie natürlich selbst fest.

Mail

Die elektronische Post ist heute vielfach so selbstverständlich und unverzichtbar wie das Telefon oder SMS. Kein Wunder, dass ein E-Mail-Programm zum Lieferumfang von Snow Leopard gehört. Es hört auf den schlichten Namen „Mail" und wird, um Verwechslungen von Mail (dem Programm) und einer E-Mail (der elektronischen Nachricht) auch als Apple Mail oder Mail.app bezeichnet (die Dateiendung „app" steht übrigens für „application", also „Programm", nicht für Apple).

Mail folgt der Devise aller Mac-Programme: mehr Sein als Schein. Wer von Windows her Funktionsboliden wie The Bat oder Eudora gewohnt ist, dem wird Mail fast schon läppisch vorkommen, eher wie eine Notlösung für Leute, die nur alle Jubeljahre einmal eine Mail verschicken.

Doch der erste Eindruck trügt. Mail ist kein Spielzeugprogramm, sondern ein erstaunlich leistungsfähiges, flexibles, robustes und sehr schnelles Werkzeug. Mail kann problemlos mehrere Accounts und ein paar tausende Mails verwalten, ohne dass Sie Leistungseinbußen wahrnehmen werden. Mail besitzt einen lernfähigen und sehr treffsicheren Spamfilter und ein Filtersystem zur automatischen Sortierung von Post, die in hierarchisch strukturierten Ordnern organisiert werden kann. Intelligente Ordner erlauben die Definition übergreifender Ansichten, und obendrein kann Mail RSS-Feeds verwalten (mit dem Thema RSS beschäftigen wir uns weiter unten).

Doch nicht nur das: Mail bietet darüber hinaus eine Aufgaben- und Notizenfunktion, die direkt mit dem Kalenderprogramm iCal verknüpft sind (dem wir uns im Kapitel 7 widmen werden).

Einen Account bzw. ein Postfach in Mail einrichten

Bevor Sie mit Mail arbeiten können, müssen Sie es (wie jedes Mailprogramm) zuerst einrichten. Konkret bedeutet das: Sie müssen dem Programm sagen, wo es die eintreffende Post findet („Posteingangsserver") und welchen Mailserver es für den Postversand benutzen soll („Postausgangsserver"). In der Mail-Sprache heißt das: Sie müssen einen Account (bzw. ein Postfach, die Nomenklatur geht hier ein wenig durcheinander) einrichten.

Beim Posteingang gibt es verschiedene Möglichkeiten. Der Standardfall ist ein POP3-Postfach (POP3 = Post Office Protocol, Version 3). Dabei wird die elektronische Post von einem Mailserver entgegengenommen und in Ihr Postfach auf dem Server geschoben. Aus diesem Postfach holt es Ihr Mailprogramm – hier also: Mail – ab und löscht die Nachrichtendatei auf dem Server. Anschließend liegt die Nachricht nur noch auf Ihrem Computer vor.

Eine andere Variante ist ein IMAP-Server (IMAP = Internet Message Access Protocol). Hier verbleiben die Mails auf dem Mailserver, das Mailprogramm lädt also immer nur eine Kopie des aktuellen Mailbestands. Das hat den großen Vorteil, dass Sie Ihre Mails von verschiedenen Computern aus bearbeiten und verwalten können, da die Mails (anders als bei POP3) nicht vom Mailserver gelöscht und auch auf dem Server in Ordnerstrukturen verwaltet werden. Mail benutzt dieses Protokoll zum Beispiel bei der Verwaltung von (kostenpflichtigen) MobileMe-Konten, bei denen der gesamte Mailbestand auf den Servern von Apple verwaltet wird.

Beim Postausgang geht es einfacher zu. Der Versand der elektronischen Post wird über einen SMTP-Server geregelt (SMTP = Simple Mail Transfer Protocol). Dem übergibt Mail die zu verschickende E-Mail-Nachricht – der SMTP-Server kümmert sich um den Rest.

Zur Einrichtung eines Postfachs in Mail sollten Sie normalerweise die folgenden Angaben zur Hand haben:

- Ihren Absendernamen
- Ihre E-Mail-Adresse
- die Adresse des Posteingangsservers (POP3 oder IMAP)
- Ihr Kennwort, das den Zugang zu Ihrem Postfach schützt

Mit diesen Angaben können Sie zwar E-Mails abrufen, aber nicht verschicken. Dafür benötigen Sie noch:

- die Adresse des Postausgangsservers (SMTP)
- eventuell ein Kennwort oder Zugangsdaten zum SMTP-Server

Mail versucht es Ihnen hier möglichst einfach zu machen und fragt beim ersten Start lediglich Ihren Namen, Ihre Mailadresse und ein Kennwort ab. Die Servernamen versucht das Programm automatisch zu ermitteln, was bei vielen populären Mailanbietern auch gut funktioniert, aber natürlich nicht bei allen.

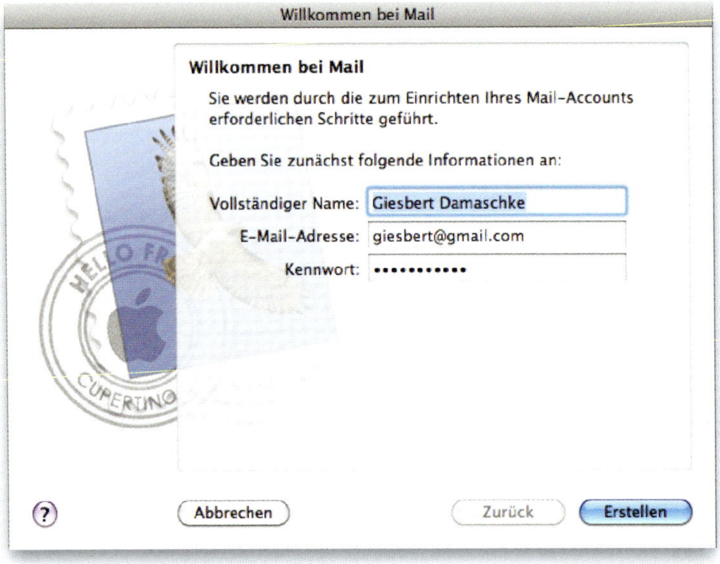

Beim ersten Start versucht Mail, den Account automatisch einzurichten, was dem Programm bei populären Anbietern wie Google auch problemlos gelingt.

Wenn die automatische Einrichtung nicht möglich ist, müssen Sie die erforderlichen Daten in einigen wenigen Dialogen manuell eintragen. Bereits bei der Anlage des Accounts überprüft Mail, ob es mit den angegebenen Daten auf einen Mailserver zugreifen kann. So können Sie eventuelle Tippfehler sofort korrigieren und müssen später nicht rätseln, warum der Mailabruf nicht funktioniert.

Sie können beliebig viele Postfächer bzw. Accounts hinzufügen. Dazu rufen Sie entweder den Menüeintrag *Ablage > Account hinzufügen* auf oder benutzen die Registerkarte *Accounts* in den Einstellungen von Mail. Hier können Sie auch die Details des Accounts nachträglich anpassen.

Standardmäßig löscht Mail zum Beispiel E-Mails in einem POP3-Postfach erst nach einer Woche, was zwar einerseits Schutz vor versehentlichem Löschen bietet, andererseits aber dazu führen kann, dass ein Postfach auf dem Mailserver überläuft. Standard ist auch, dass ein Account aktiviert ist und beim Mailabruf berücksichtigt wird. Das ist zwar normalerweise sinnvoll, doch es gibt Sonderfälle. Etwa dann, wenn Sie einen Account nur für bestimmte Zwecke einrichten und ihn nicht ständig im Blick haben müssen.

Falls Sie Ihre E-Mails über eine langsame Internetverbindung abrufen, ist auch die Option interessant, den Abruf von Mails ab einer bestimmten Größe explizit bestätigen zu müssen.

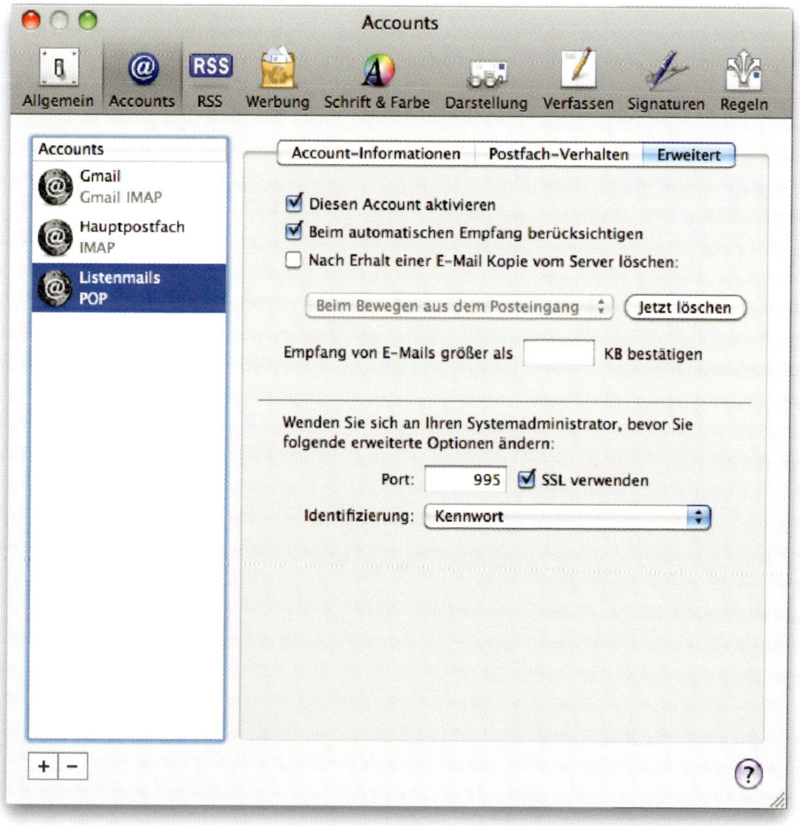

Die Standardeinstellungen sorgen für einen reibungslosen Einsatz von Mail, können aber natürlich nicht jeden Einzelfall optimal abdecken. Das Verhalten eines Accounts lässt sich daher detailliert festlegen und den individuellen Anforderungen anpassen.

Diese und andere Anpassungen nehmen Sie folgendermaßen vor:

1. Rufen Sie *Mail > Einstellungen* auf und wechseln Sie auf die Registerkarte *Accounts*.
2. Markieren Sie den Account, den Sie konfigurieren möchten, und klicken Sie auf den Karteireiter *Erweitert*.
3. Hier können Sie nun festlegen, ob der Account aktiv ist, beim Mailabruf berücksichtigt werden und wie lange abgerufene Post sicherheitshalber auf dem Mailserver belassen werden soll.
4. Anders als man es sonst bei Mac OS X gewohnt ist, werden die Änderungen erst übernommen, wenn Sie den aktuellen Dialog verlassen. Wechseln Sie dafür auf eine beliebige andere Registerkarte oder klicken Sie auf einen anderen Account. Mail fragt explizit nach, ob die geänderten Einstellungen gespeichert werden sollen.

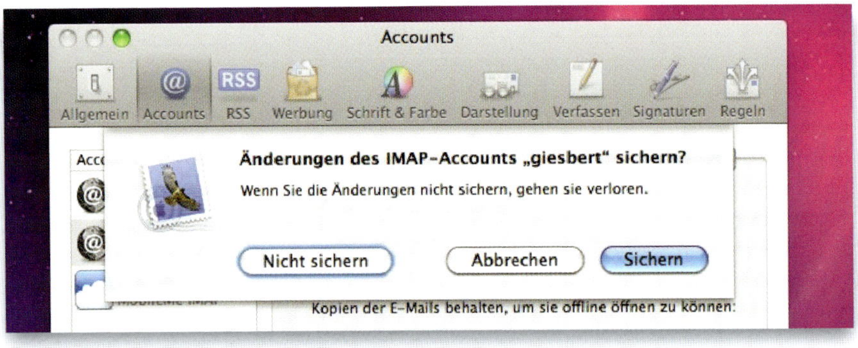

Sie müssen die Änderungen an den Einstellungen eines Accounts ausdrücklich mit einem Klick auf Sichern bestätigen, bevor Mail sie übernimmt.

Ein besonders ärgerliches Problem für jeden Mailer sind defekte oder beschädigte E-Mails auf dem Server. Hier kann es dazu kommen, dass eine solche Mail den gesamten Mailabruf blockiert, weil der Mailer sie aufgrund ihrer fehlerhaften Struktur weder vom Server laden noch löschen kann.

Hier bietet Mail die Möglichkeit, einen Blick in das Postfach auf dem Server zu werfen, ohne die E-Mails abzurufen, und eine bestimmte Mail gezielt zu löschen. Das ist auch dann sehr hilfreich, wenn eine besonders dicke E-Mail Ihr gesamtes Postfach verstopft.

Um diese Funktion aufzurufen, gehen Sie folgendermaßen vor:

1. Markieren Sie in Mail den gewünschten Account und drücken [⌘] [I]. Alternativ dazu können Sie den Account auch mit der rechten Maustaste anklicken und den Kontextmenü-Eintrag *Account-Informationen* anwählen.

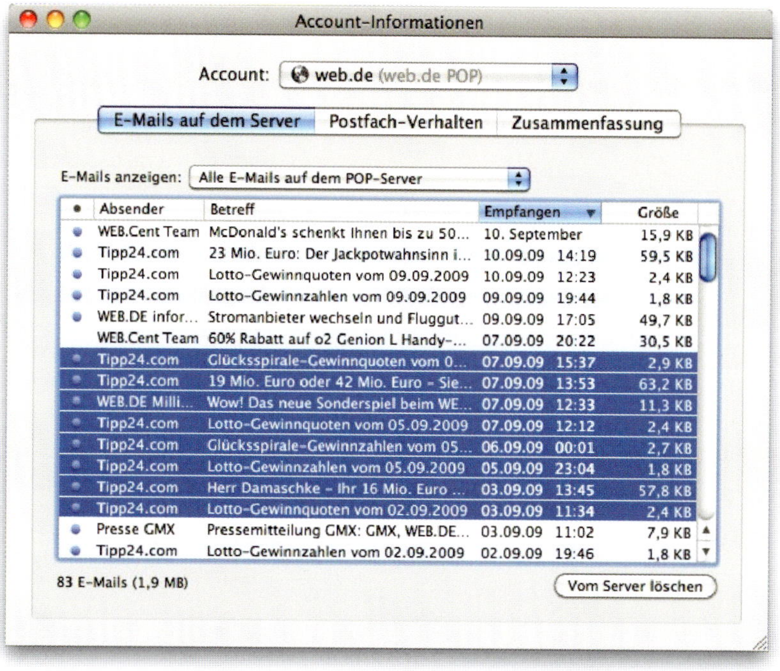

Über die Account-Informationen können Sie gezielt auf einzelne Mails zugreifen und so beschädigte oder sehr umfangreiche Nachrichten direkt vom Server löschen, ohne sie mit Mail abzurufen. Über das obere Drop-Down-Menü können Sie zu einem anderen Account wechseln.

2. Wechseln Sie gegebenenfalls zum Register *E-Mails auf dem Server* und wählen Sie dort *Alle E-Mails auf dem POP-Server.*
3. Mail listet nun sämtliche noch nicht gelöschten Mails auf dem Server auf. Sie können die Liste durch einen Klick auf den entsprechenden Spaltenkopf sortieren lassen, etwa nach *Größe*, um so die besonders umfangreichen Mails schnell zu entdecken.

E-Mails mit und ohne Format

Eigentlich dürfte die elektronische Post, die wir da jeden Tag so selbstverständlich benutzen, überhaupt nicht funktioneren. Zu groß sind die technischen Unterschiede zwischen den Rechnerwelten, als dass eine E-Mail ihren Weg von dem einen zum anderen Rechner finden und dort auch noch als lesbarer Text statt als Zeichensalat ankommen könnte. Und doch passiert dies jeden Tag millionenfach. Dabei kommt es zwar auch immer mal wieder zu Unfällen und Pannen, gelegentlich stößt man auf falsch und fehlerhaft formatierte Nachrichten oder gar auf komplett unlesbare Buchstabenballungen. Doch solche groben Aussetzer sind alles in allem die Ausnahme – normalerweise funktioniert das System erstaunlich gut und zuverlässig.

Wirklich verlustfrei und sicher übertragbar sind zwischen zwei Rechnern nur einfache Ziffern von 0–9 und Buchstaben von a–z, A–Z und eine Handvoll Satzzeichen. Alles andere, also etwa Umlaute, Symbole und andere Sonderzeichen stellen bereits ein nicht gerade kleines Problem dar. Von Bildern, Farben und Formatierungen in E-Mails einmal ganz zu schweigen.

Um dieses Problem zu lösen, wurden verschiedene Verfahren entwickelt, die allesamt nach dem gleichen Prinzip funktionieren. Die E-Mail wird vom Mailprogramm des Absenders vor dem Versand so kodiert, dass sie nur noch aus unproblematischen Zeichen besteht. Bei der oft benutzten Kodierung nach „quoted printable" werden etwa „ä" und „ß" zu „=E6" und „=DF". Das Mailprogramm des Empfängers erkennt das benutzte Kodierungsverfahren und ersetzt die Codes durch die entsprechenden Zeichen. In der Mail, die schließlich am Bildschirm angezeigt wird, stehen also statt „=E6"und „=DF" wieder „ä" und „ß". Im Idealfall merken weder Absender noch Empfänger etwas von diesem Aufwand, nur wenn etwas schiefgeht und das Mailprogramm des Empfängers das Kodierungsverfahren nicht korrekt erkannt hat, sieht man plötzlich nur noch Kuddelmuddel anstelle einer E-Mail.

Manche Mailprogramme überlassen die Entscheidung, nach welchem Verfahren eine Nachricht kodiert werden soll, dem Anwender. Damit hat er zwar die volle Kontrolle über den Mailversand, muss sich aber im Gegenzug mit technischen Fragen herumschlagen, die ihn eigentlich überhaupt nicht interessieren.

Apple wählt bei Mail einen anderen Weg, hier entscheidet der Anwender lediglich, ob er seine E-Mails mit „Formatiertem Text" – womit Dinge wie Fettungen, farbige Markierungen oder eingefügte Bilder gemeint sind – oder mit „Reinem Text" erstellen möchte, bei dem die Gestaltungsmöglichkeiten entfallen und Bilder als Dateianhang hinzugefügt werden.

Die Entscheidung, nach welchem Verfahren Ihre E-Mails kodiert werden sollen, um nach ihrem Weg durchs Internet beim Empfänger heil einzutreffen, reduziert sich bei Mail auf die Frage, ob Sie mit Textauszeichnungen wie Fettungen oder Farben arbeiten möchten oder lieber bei schmucklosem, aber sicherem reinen Text bleiben.

Wer auf Nummer sicher gehen und dafür sorgen will, dass der Empfänger der Mails sie auch korrekt angezeigt bekommt, der wird um die Sparversion „Reiner Text" kaum herumkommen. Andererseits aber ist der Einsatz formatierter Mails – wobei gewissermaßen komplette Webseiten als Mail verschickt werden – inzwischen so weit verbreitet, dass man damit nur selten auf echte Probleme stößt.

Sie haben bei Mail zwei Möglichkeiten, das Format einer Mail zu bestimmen. Zum einen legen Sie unter *Mail > Einstellungen* das Standardformat für Ihre Mails fest, zum anderen können Sie bei jeder neuen Mail entscheiden, in welchem Format diese bestimmte Mail erstellt werden soll.

Das generelle Format für neue E-Mails legen Sie unter *Mail > Einstellungen*, Registerkarte *Verfassen* fest. Öffnen Sie in Mail mit [⌘] [N] oder *Ablage > Neue E-Mail* ein neues, leeres Mailformular greift Mail auf dieses Standardformat zurück. Möchten Sie das Format für eine Mail ausnahmsweise einmal wechseln, wählen Sie entweder den Eintrag *Format > In reinen Text umwandeln* bzw. *Format > In formatierten Text umwandeln* oder wechseln mit [⇧] [⌘] [T] zwischen den beiden unterschiedlichen Einstellungen hin und her.

Mail wartet dabei noch mit einer Besonderheit auf: den Vorlagen. Das sind gut 30 vorgestaltete E-Mails für verschiedene Zwecke, von der Schmuckmail über den Geburtstagsgruß bis zum Memo oder zur Umzugsmeldung. Um die aufwendigen Formatierungen in einer E-Mail realisieren zu können, setzt Apple hier HTML-Mails ein, die am besten funktionieren, wenn Sie eine Mail von einem Mac an einen anderen Mac schicken. Aber auch viele Mailprogramme unter Windows zeigen diese Mails wie gewünscht an, wenn Sie sich hier auch leider nicht wirklich sicher sein können.

Um mit einer solchen Vorlage zu arbeiten, klicken Sie im Formular einer neuen Mail ([⌘] [N]) in der Symbolleiste rechts auf die Schaltfläche *Vorlagen einblenden* und wählen eine Vorlage aus, die Ihnen gefällt.

In vielen Vorlagen werden Fotos benutzt, die Sie natürlich durch eigene Bilder ersetzen können. Lassen Sie sich dafür die Fotoübersicht anzeigen (entweder durch einen Klick in die Symbolleiste oder über *Fenster > Fotoübersicht*) und ziehen Sie das gewünschte Foto einfach auf das Bild in der Vorlage, an dessen Stelle es eingesetzt werden soll. Mail formatiert und skaliert das Bild automatisch und bringt es auf das passende Format. Zudem lässt sich das Foto mit der Maus positionieren und über einen kleinen Schieberegler in das Bild hineinzoomen, um einen bestimmten Ausschnitt zu wählen.

Mail stellt Ihnen gut 30 unterschiedliche Vorlagen für die verschiedensten Zwecke zur Verfügung. Eigene Fotos lassen sich dabei problemlos über die Fotoübersicht einfügen.

Aber wie gesagt: Die Wahrscheinlichkeit, dass der Empfänger Ihre mühsam gestaltete Mail auch so empfängt, wie Sie sich das gedacht haben, ist zwar sehr groß – eine Garantie gibt es hierfür allerdings leider nicht.

Notizen, Termine und Aufgaben mit Mail

Bei der täglichen Arbeit mit E-Mails ist es häufig so, dass eine Nachricht zu einer Notiz, zu einem Termin oder zu einer Aufgabe führt.

Dazu ein einfaches Beispiel: Ihr Freund Peter lädt Sie per Mail zu einer Geburtstagsfeier ein und beschreibt Ihnen auch gleich den Anfahrtsweg. Mit Mail können Sie nun:

- den **Termin** der Feier in den Kalender eintragen
- sich den Anfahrtsweg aus der Mail in eine **Notiz** kopieren
- und die **Aufgabe** „Geschenk für Peter besorgen" notieren

Und zwar ohne dass Sie Mail verlassen oder ein weiteres Programm starten müssten.

Um aus einer E-Mail einen Termin zu machen, genügt es, dass in der Mail ein Datum genannt wird, entweder als absolute Angabe wie „Freitag, 4. Dezember 2009" oder in relativer Form wie „heute", „morgen" oder „nächsten Montag".

Sobald Sie einer solchen Angabe in einer Mail mit dem Mauszeiger zu nahe kommen, wird das Datum markiert, und über ein kleines Drop-Down-Menü können Sie aus dem automatisch erkannten Datum einen Termin im Mac-eigenen Kalenderprogramm iCal anlegen.

Daten und Adressen in einer E-Mail erkennt Mail mit hoher Treffsicherheit automatisch und bietet die Möglichkeit, aus dem Datum einen Termin in iCal anzulegen oder eine Adresse ins Adressbuch zu übernehmen.

Ganz ähnlich arbeitet übrigens auch die automatische Erkennung von Adressen, die von Mail aus direkt ins Adressbuch übernommen werden können. Da es allerdings sehr viele Wege gibt, eine Adresse zu notieren, gelingt es Mail hier nicht immer, die korrekten Daten zu erkennen.

Auch die Erstellung einer Aufgabe erfolgt (fast) automatisch:

1. Markieren Sie in der Mail das Stichwort, mit dem die Aufgabe verknüpft sein soll – also etwa „Geburtstagsfeier" – und klicken Sie anschließend in der Symbolleiste auf das Aufgaben-Symbol (das „Erledigt"-Häkchen). Alternativ dazu können Sie auch mit der rechten Maustaste das Kontext-Menü aufrufen und den Eintrag *Neue Aufgabe* wählen.

Aus jeder Textmarkierung innerhalb einer Mail lässt sich mit wenigen Mausklicks eine Aufgabe erzeugen.

2. Der markierte Text wird als Betreffzeile der Aufgabe übernommen und die Aufgabe oberhalb der eigentlichen Mail angezeigt (wo Sie die Betreffzeile der Aufgabe gegebenenfalls anpassen können). Außerdem wird sie auch in der Seitenleiste eingeblendet.
3. Dabei bleibt die Aufgabe mit der Mail verknüpft. Um von einer Aufgabe direkt zur verknüpften Mail zu springen, klicken Sie auf den kleinen Pfeil, der am rechten Rand der Betreffzeile eingeblendet wird. (Das funktioniert übrigens auch von iCal aus, hier wird die Verknüpfung zur Mail über eine URL realisiert.)
4. Darüber hinaus können Sie Aufgaben natürlich auch unabhängig von einer konkreten Mail notieren. Klicken Sie dazu in der Symbolleiste von Mail auf das Aufgaben-Symbol oder wählen Sie *Ablage > Neue Aufgabe*.

Schließlich haben Sie noch die Möglichkeit, Notizen anzulegen und in Mail zu verwalten. Um eine neue Notiz anzulegen, wählen Sie *Ablage > Neue Notiz*. Anders als die Termine und Aufgaben werden die Notizen von Mail allerdings nicht über iCal zugänglich gemacht. Auch das Hilfsprogramm Notizzettel (mit dem wir uns im Kapitel 7 beschäftigen) hat trotz seines Namens mit den Notizen in Mail nichts zu schaffen.

Kampf dem Chaos

Die elektronische Post ist schnell, unkompliziert und flexibel. Aber leider tendiert sie auch zum Chaos. Doch mit einfachen Strategien lässt sich die Mailflut in geordnete Bahnen lenken.

Das Problem mit der elektronischen Post beginnt ganz oben, beim Posteingang. Dort landen sämtliche Mails kunterbunt durcheinander, ganz gleich ob erwünscht oder unerwünscht, wichtig oder unwichtig, privat oder beruflich. Das ist nicht nur unübersichtlich, sondern sorgt für einen latenten Druck, suggeriert ein überquellendes Postfach doch, man habe etwas vergessen – selbst dann, wenn alles erledigt ist. Das oberste Ziel einer effizienten Mailverwaltung ist es daher, dieses Chaos möglichst unaufwendig in geordnete Bahnen zu lenken, den Posteingang (und damit auch sich selbst) zu entlasten und ihn im Idealfall auf einige, wenige Mails zu reduzieren.

Um dieses Ziel zu erreichen, muss man zuerst seinen Maileingang analysieren: Welche Mails treffen regelmäßig ein oder lassen sich zu Gruppen zusammenfassen? Aufbauend auf diese Analyse lässt sich ein Ablagesystem aus verschiedenen Postfächern entwickeln, mit dem man dem Chaos zu Leibe rückt.

Doch Vorsicht, hier scheitert man leicht an der Klippe der Überstrukturierung. Zwar können Sie in Mail über *Postfach > Neues Postfach* beliebig verschachtelte Ablagestrukturen anlegen – aber Sie sollten es besser nicht tun.

Gehen Sie hier nach der Faustregel „So wenig wie möglich, so viel wie nötig" vor und arbeiten Sie zuerst mit einem sehr grobmaschigen System wie „Arbeit", „Privat" und „Infopost", das sie bei Bedarf verfeinern können. Es kann unter Umständen sogar genügen, sich lediglich auf Postfächer für sämtliche Mails eines Monats oder gar Jahres zu beschränken und sich für den gezielten Zugriff auf die Suchfunktion von Mail zu verlassen.

Die Mails aus dem Posteingang können Sie manuell in das entsprechende Postfach verschieben oder aber durch entsprechend definierte Regeln, die Sie über *Mail > Einstellungen* auf der Registerkarte *Regeln* definieren. Hier bietet es sich an, regelmäßige Newsletter und ähnliche Informationen automatisch in ein Postfach „Infopost" zu verschieben oder Mails von Freunden in „Privat".

Bei der Definition einer Regel orientieren Sie sich an Merkmalen, die den entsprechenden Mails gemeinsam sind. Ein Newsletter stammt zum Beispiel in der Regel immer vom gleichen Absender wie „newsletter@..." . Dabei lassen sich verschiedene Bedingungen wie „Betreff beginnt mit ... ", „Von ..." oder „Absender ist in meinem Adressbuch" in einer Regel zusammenfassen und so auch unterschiedliche Mails in ein gemeinsames Postfach wie „Infopost" umleiten.

Dazu ein einfaches Beispiel für eine Regel, die auf einem Absender basiert. Das Ziel ist es, Mails von diesem Absender in Zukunft automatisch in ein bestimmtes Postfach zu sortieren.

1. Markieren Sie eine Mail, die vom entsprechenden Absender stammt.
2. Rufen Sie *Mail > Einstellungen* auf und wechseln Sie zur Registerkarte *Regeln*.
3. Klicken Sie auf die Schaltfläche *Regel hinzufügen*.
4. Im folgenden Dialog können Sie nun die genauen Bedingungen einstellen. Dabei hat Mail die Einträge der markierten Mail übernommen. Legen Sie hier also als Bedingung *Von* und *enthält* fest, wird automatisch der Absender der aktuellen Mail eingetragen.
5. Legen Sie als Aktion *E-Mail bewegen* fest und wählen Sie das gewünschte Postfach.

6. Nach einem Klick auf *OK* wird die Regel gespeichert. Anschließend bietet Mail Ihnen an, die neu erstellte Regel auf alle Mails im Posteingang anzuwenden.

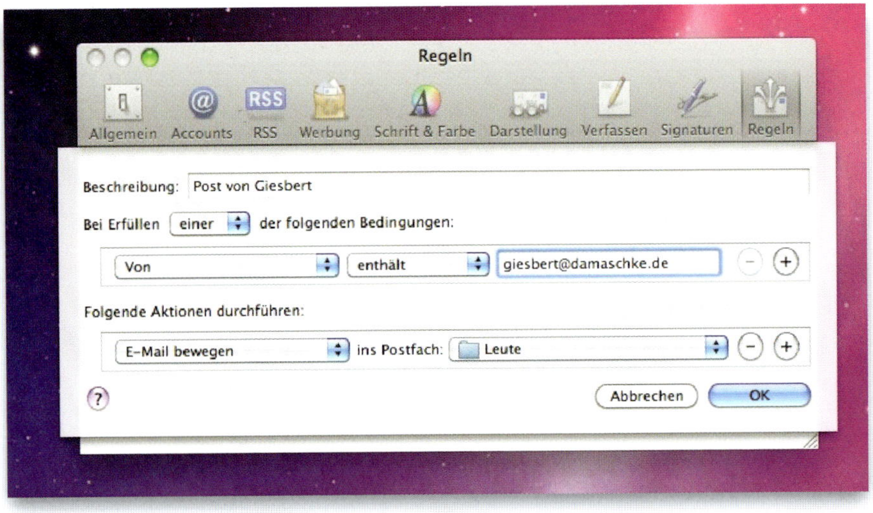

Mit den Regeln lassen sich zum Beispiel Mails von einem bestimmten Absender in einem eigenen Postfach ordnen, aber auch sehr viel komplexere Vorgänge automatisieren.

Bei der Definition der Regeln sind vielfältige Verknüpfungen von Bedingungen und Aktionen denkbar. So lassen sich Mails nicht nur nach Absender und Betreff, sondern etwa auch nach Stichwörtern im Text, ihrem Datum oder einem beliebigen Feld im Mail-Header definieren. Der Mail-Header enthält eine Reihe von technischen Daten, die Mail Ihnen normalerweise nicht anzeigt, und die über *Darstellung > E-Mail > Lange Header* eingeblendet werden können.

An Aktionen steht nicht nur die automatische Verschiebung einer Mail zur Verfügung, sondern eine Mail kann etwa auch farblich markiert, automatisch beantwortet, kopiert, weitergeleitet oder gelöscht werden.

Die Kombination verschiedener Bedingungen innerhalb einer Regel mag ein Beispiel aus meinem Mailalltag demonstrieren.

Zu meiner täglichen Post gehören Pressemitteilungen per E-Mail, die ich einige Zeit lang in einem eigenen Ordner aufhebe. Damit mir diese Mitteilungen nicht den Posteingang überschwemmen und ich am Ende noch eine wichtige Mail übersehe, lasse ich es bei Pressemitteilungen gar nicht erst soweit kommen, sondern habe eine Regel definiert, mit der ich sie automatisch in den für sie bestimmten Ordner umleite.

Eine Pressemitteilung per Mail lässt sich an verschiedenen Merkmalen erkennen, zum Beispiel am Bestandteil „presse" in der E-Mail-Adresse (wie in „presse@firma.tld") oder am Wort „Pressemitteilung" in der Betreffzeile. Außerdem gibt es eine Reihe von Absenderadressen, von denen aus fast ausschließlich Pressemitteilungen verschickt werden. Diese Absender habe ich im Adressbuch von Mac OS X (dazu mehr im Kapitel 7) zu einer Gruppe

„Presse" zusammengefasst. Diese Gruppe wird ebenfalls als Entscheidungskriterium herangezogen.

Trifft nun eine dieser drei Bedingungen auf eine Nachricht zu, wird sie automatisch in den Ordner „Presse" verschoben. Außerdem habe ich zur Vermeidung unerwünschter Nebenwirkungen als weitere Aktion festgelegt, dass Mail nach der erfolgreichen Überprüfung dieser Regel keine weiteren Prüfungen mehr vornimmt. Ansonsten könnte es passieren, dass eine Mail zufällig noch von einer anderen Regel erfasst und in einem falschen Ordner einsortiert wird.

Das ganze Regelmodell sieht schließlich so aus:

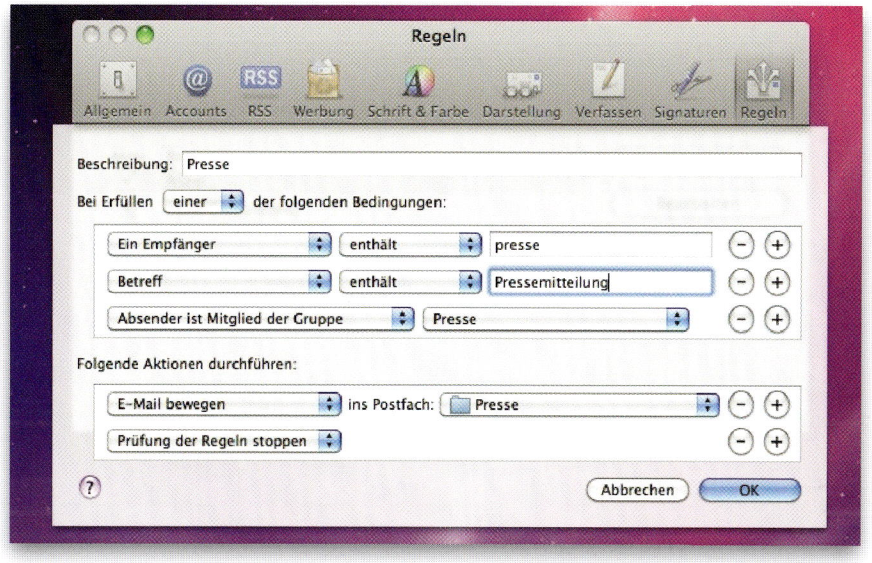

Mail kann nahezu beliebig viele Bedingungen und Aktionen zu einer Regel zusammenfassen. In der Praxis kommt es allerdings selten vor, dass mehr als drei, vier Bedingungen definiert werden müssen, um eine präzise Regel formulieren zu können.

Die intelligente Postablage

Das Zusammenspiel von Postfächern und Posteingangsregeln hilft zwar schon ein gutes Stück weiter, bildet aber letztlich nur die klassische Papierablage im Büro ab und bleibt weit hinter den Möglichkeiten eines Computers zurück. So wie ein Originalbrief auf Papier nur in genau einem Eingangskorb abgelegt werden kann, wird mit einer Posteingangsregel eine E-Mail nur genau in einen Ordner verschoben.

Was aber macht man, wenn eine Mail in verschiedene Zusammenhänge gehört oder für ein Projekt Mails aus verschiedenen Postfächern zusammengefasst werden sollen? Natürlich kann man eine Mail kopieren und so in mehrere Postfächer ablegen oder Mails zwischen den Postfächern verschieben. Doch die Idee eines Postfachs sollte sein, dass eine einmal dorthin verschobene Mail auch dort bleibt.

Hier kommen die wesentlich flexibleren „intelligenten Postfächer" ins Spiel, bei denen es sich – ähnlich wie bei den intelligenten Ordnern im Finder – um gespeicherte Suchabfragen handelt, die von Mail automatisch aktuell gehalten werden.

Sie legen eine solche Suchanfrage mit *Postfach > Neues intelligentes Postfach* an, definieren die Bedingungen, und Mail kümmert sich um den Rest.

Da diese Postfächer lediglich Verweise auf und nicht die Mail selbst enthalten, ist es möglich, dass eine Mail in beliebig vielen intelligenten Postfächern aufgeführt wird. Intelligente Postfächer können auch problemlos gelöscht werden, ohne dass eine Mail verlorengeht. Sie eignen sich daher gut für Ordnungsstrukturen, die nur vorübergehend benötigt werden, etwa für den Mailwechsel rund um ein aktuelles Projekt.

Wie Sie intelligente Postfächer einsetzen, hängt sehr stark von Ihren individuellen Anforderungen ab, aber mit zweien sollten Sie auf jeden Fall arbeiten: eines mit der Bedingung „E-Mail ist ungelesen" und eines mit „E-Mail ist markiert".

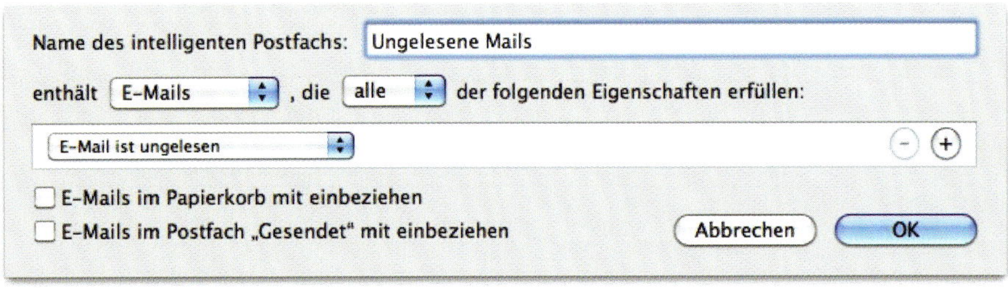

Mit einem einfachen intelligenten Postfach haben Sie alle ungelesenen Mails auf einen Klick bereit.

Mit dem ersten Postfach haben Sie alle ungelesenen Mails im Blick, ganz gleich, in welchem Postfach sie sich befinden. Haben Sie viele Newsletter oder ähnliches abonniert, kann es sich empfehlen, diese Postfächer aus der Anzeige im intelligenten Postfach gezielt auszublenden, etwa mit „E-Mail ist nicht im Postfach Infopost".

Beim Durchsehen der neuen ungelesenen Mails sollten Sie Mails, die Sie sich merken möchten – etwa weil eine Antwort notwendig ist –, mit einem Klick auf die kleine Fahne in der Symbolleiste markieren. Diese markierten Mails werden im zweiten intelligenten Postfach gesammelt und können dort der Reihe nach abgearbeitet werden.

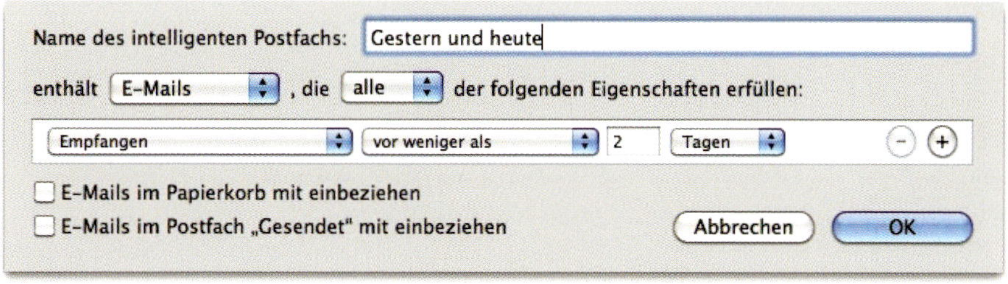

Es ist kein Problem, jederzeit den Maileingang der letzten Tage aus dem Datenbestand herauszufiltern.

Ein intelligentes Postfach eignet sich auch sehr gut dazu, erst kürzlich eingetroffene Mails zu sammeln, um so rasch einen Überblick über die Korrespondenz der letzten zwei oder drei Tage zu haben. Einen solchen Ordner „Gestern und heute" (oder wie immer Sie ihn nennen möchten) erzeugen Sie mit der Bedingung „Empfangen vor weniger als 2 Tagen".

Wirkungsvoll und vielfach nützlich ist auch die Kombination mit dem Adressbuch. Arbeiten Sie zum Beispiel mit verschiedenen Personen gemeinsam an einem Projekt, fügen Sie deren Adressen im Adressbuch zu einer Gruppe „Projekt X" zusammen. Anschließend können Sie über die Bedingung „Absender ist Mitglied der Gruppe ‚Projekt X'" ein intelligentes Postfach anlegen, in dem sämtliche Mails dieser Personen angeführt werden.

Die automatische Müllabfuhr

Der große Erfolg der elektronischen Post hat auch seine Schattenseiten: Spam. Das ist einerseits ein eingetragenes Markenzeichen für Dosenfleisch der Firma Hormel, aber auch der Name eines Sketches der britischen Komikertruppe Monty Python. Dort sorgt eine Horde Wikinger durch den Abgesang von „Spam, Spam, Spam, lovely Spam, wonderful Spam ..." dafür, dass jedes Gespräch unmöglich wird: Man wird von den Wikinger „zugespammt".

In diesem übertragenen Sinne sorgt unerwünschte Post im Übermaß dafür, dass die erwünschten Nachrichten im Datenmüll versinken. Zwischen all der Werbung für dubiose Produkte, den obskuren Jobangeboten und angeblichen Gewinnbenachrichtigunge, kann eine wichtige Nachricht schon einmal übersehen oder gar versehentlich gelöscht werden.

Der Anteil an unerwünschter Post hat in den letzten Jahren dramatisch zugenommen und liegt laut diverser Statistiken bei deutlich über 90 Prozent. Kein Wunder, dass Pessimisten seit längerem das Ende von E-Mail vorhersagen. Dass sie sich darin bislang geirrt haben, liegt nicht zuletzt an der Entwicklung moderner Werbefilter, die mit erstaunlicher Zuverlässigkeit die Spreu vom Weizen trennen. Damit ist das Müllproblem natürlich noch nicht gelöst (die unerwünschte Werbung wird ja nach wie vor verschickt, frisst Bandbreiten und belastet Server), aber aus Anwendersicht doch deutlich entschärft worden.

Doch ganz gleich wie gut Ihr Provider Spam aussortiert – es wird immer noch ein wenig bis zu Ihnen durchsickern. Aber keine Sorge, um diesen Rest kümmert sich der Spamfilter von Mail. Dabei handelt es sich um einen Filter, der im Laufe der Zeit lernt, welche Mails für Sie erwünscht und welche unerwünscht sind.

Dazu ist es zwar notwendig, dass Sie anfangs manche Mails explizit als „unerwünscht" bzw. als „erwünscht" einstufen, aber Mail lernt schnell, und schon nach wenigen Tagen erreicht der Spamfilter eine so hohe Treffsicherheit, dass Sie sich auf seine Arbeit verlassen können.

Der Werbefilter von Mail ist standardmäßig aktiv. Sollte das bei Ihnen nicht der Fall sein, können Sie ihn über *Mail > Einstellungen* auf der Registerkarte *Werbung* einschalten. Setzen Sie hier ein Häkchen bei *Filter für unerwünschte Werbung aktivieren*.

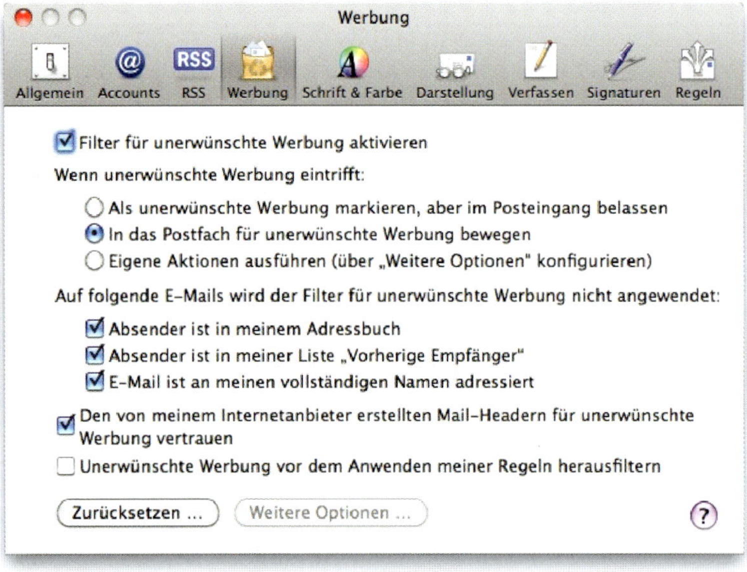

Für den Kampf gegen unerwünschte Werbe- und andere Müllmails ist Mail gut gerüstet. Ein leistungs- und lernfähiger Filter sorgt dafür, dass der Müll entsorgt wird, bevor er den Posteingang erreicht.

Wenn Sie Mail das erste Mal einsetzen, werden Sie feststellen, dass das Programm Nachrichten, die es für unerwünscht hält, zwar braun markiert, aber im Posteingang belässt. Unter *Mail > Einstellungen > Werbung* können Sie Mail anweisen, Werbung automatisch in einen eigenen Ordner zu verschieben, um Ihren Posteingang zu entlasten.

Dazu, müssen Sie dem Programm allerdings ein wenig unter die Arme greifen und es trainieren, damit es lernen kann, was für Sie persönlich unerwünschte Werbung und was erwünschte Post ist. Das geht so:

1. Klicken Sie auf die Nachricht, die Sie als unerwünschte Werbung aussortieren möchten. Dabei können Sie auch mehrere Mails auf einmal markieren, indem Sie beim Anklicken die ⌘-Taste gedrückt halten.
2. Nun sorgt ein Klick auf das Symbol *Ist Werbung* dafür, dass Mail die unerwünschte Werbung in einem eigenen Ordner zwischenlagert.

Dabei lernt Mail aus Ihren Klassifizierungen und arbeitet nach ein wenig Training mit einer sehr hohen Trefferquote fast fehlerfrei.

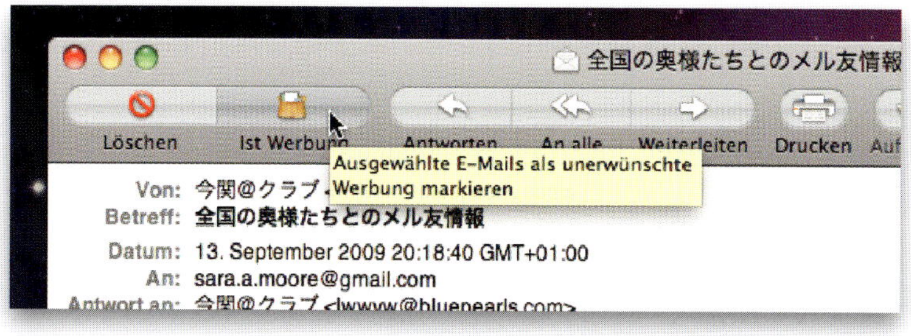

Anfangs muss man den Werbefilter von Mail ein wenig trainieren, doch das Programm lernt schnell.

Eine Besonderheit sollten Sie allerdings beachten: Mail lernt auch dann, wenn Sie nichts tun, also eine Nachricht als legitim akzeptieren und nicht als Werbung markieren. Dieses Verhalten hat einen wichtigen Nebeneffekt: Sollten Sie eine unerwünschte E-Mail löschen, ohne sie als Spam markiert zu haben, dann lernt Mail, dass diese eigentlich unerwünschte Mail erwünscht war.

Je konsequenter Sie Spammails als Werbung markieren, desto präziser arbeitet der Werbefilter von Mail. Aus diesem Grund sollten Sie sich der Fehlerkorrektur sorgfältig widmen. Denn zu Beginn wird Mail bei der automatischen Klassifizierung unweigerlich Fehler machen. Insbesondere beim Beginn des Trainings sollten Sie nach jedem Mailabruf folgende Schritte vornehmen:

- Markieren Sie jede unerwünschte E-Mail in Ihrem Posteingang als Werbung.
- Löschen Sie keine unmarkierte Spammail!
- Kontrollieren Sie den Ordner für unerwünschte Werbung. Sollten Sie hier auf legitime E-Mails stoßen, die Mail hier fälschlich einsortiert hat, wählen Sie den entsprechenden Eintrag aus und klicken auf die Schaltfläche *Ist keine Werbung*.

Denken Sie daran: Je sorgfältiger Sie die anfänglichen Fehler von Mail korrigieren, desto schneller lernt das Programm.

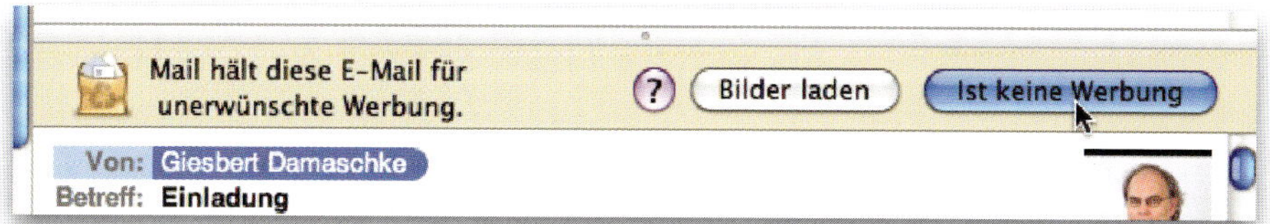

Auch Mail macht mal Fehler. Dann ist es wichtig, den Fehler zu korrigieren, ansonsten merkt sich Mail die falsche Einordnung als korrekt.

Damit Sie sich beim nächsten Mailabruf nicht mit den Altlasten im *Werbung*-Ordner herumschlagen müssen, sollten Sie den Ordner nach jeder Durchsicht leeren. Das geht am einfachsten, wenn Sie in der Seitenleiste unten auf das Werkzeug-Symbol klicken (ein Zahnrad) und den Eintrag *Unerwünschte Werbung löschen* wählen.

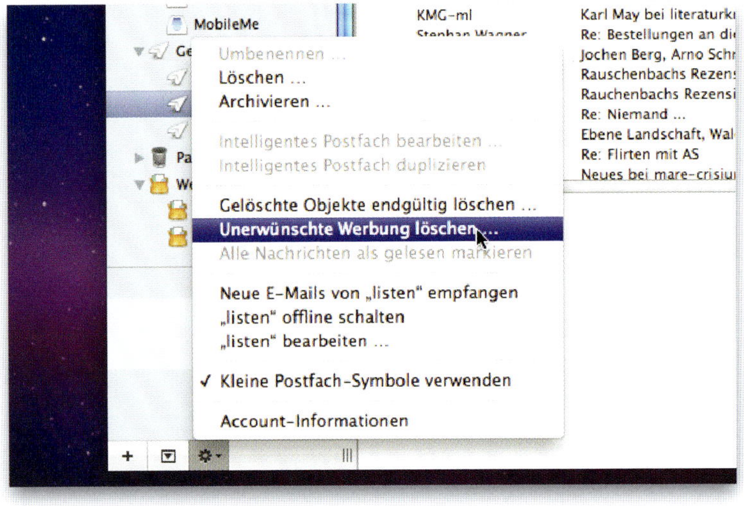

Es genügt leider nicht, den Müll in einem eigenen Ordner zu sammeln, er muss auch regelmäßig gelöscht werden.

Wenn Sie das Gefühl haben, dass der Werbefilter unzuverlässig arbeitet, dann ist vermutlich die Datenbank mit unsinnigen Daten verstopft. Denn viele Spammails dienen heute gar nicht dem Verkauf eines konkreten Produktes, sondern sollen vor allem die Filter durch Überlastung aus dem Verkehr ziehen. Das ist ärgerlich, hat aber auch eine positive Seite: Die Art und Weise, wie sich die Spammerbanden wehren zeigt, dass die Filter funktionieren.

Sollte der Werbefilter also einmal nicht so arbeiten, wie Sie sich das gedacht haben, dann hilft es, einfach von vorn anzufangen:

1. Wählen Sie *Mail* > *Einstellungen* und wechseln Sie zur Registerkarte *Werbung*.
2. Klicken Sie hier auf die Schaltfläche *Zurücksetzen*.
3. Bestätigen Sie die Sicherheitsabfrage mit *Ja*.

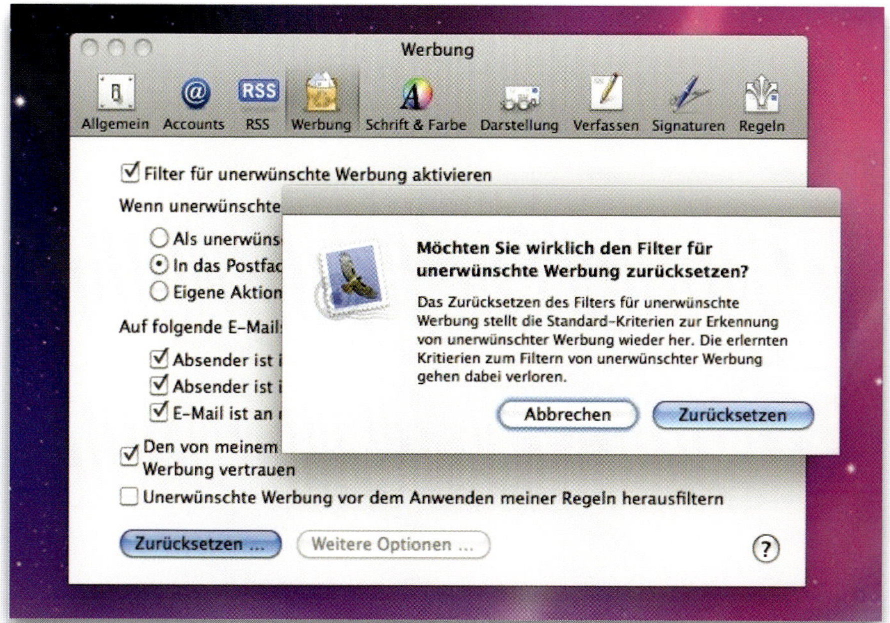

Viele Spammails sind darauf ausgelegt, lernende Filter zu verunreinigen. Manchmal haben sie damit leider Erfolg. In diesem Fall sollte man einfach ganz von vorn anfangen.

Mails archivieren

Je länger Sie mit Mail arbeiten, desto mehr Mails sammeln sich an. Nun kann Mail zwar problemlos auch mit tausenden von Nachrichten arbeiten, ohne dass das Programm langsamer oder instabiler würde, aber unsereins kann von den Mailmassen schon mal überfordert werden. Da ist es eine gute Idee, ältere Mails, die man nicht mehr ständig im Zugriff benötigt, als Archiv zu speichern und in Mail zu löschen. Wenn man dann später doch noch einmal einen Blick in eine bestimmte Mail werfen muss, lässt sich das Archiv problemlos importieren.

1. Klicken Sie in der Seitenleiste von Mail das Postfach an, das Sie archivieren möchten.
2. Wählen Sie *Postfach > Archivieren.*
3. Legen Sie nun den Speicherort fest (legen Sie gegebenenfalls einen neuen Ordner an) und klicken Sie auf *Auswählen.* Es wird eine mbox-Datei gespeichert, die den Namen des archivierten Ordners trägt, also zum Beispiel „Meine Mails.mbox".
4. Nun können Sie das archivierte Postfach in Mail löschen und so für mehr Überblick sorgen.

Postfächer lassen sich problemlos komplett archivieren und können anschließend aus Mail gelöscht werden.

Um ein Archiv wieder in Mail zu importieren, gehen Sie folgendermaßen vor:

1. Wählen Sie *Ablage > Postfächer importieren*.
2. Im folgenden Dialog wählen Sie den Punkt *Dateien im mbox-Format*.
3. Nach einem Klick auf *Fortfahren* legen Sie die zu importierende Datei fest – in unserem Beispiel also „Meine Mails.mbox" – und klicken auf *Auswählen*.
4. Mail importiert nun die archivierten Mails und speichert sie in einem Ordner *Importiert*. Von hier aus können Sie die Mails entweder verschieben oder auch gleich wieder löschen, wenn Sie das nachgelesen haben, was Sie nachlesen wollten.

So einfach wie Sie ein Archiv anlegen, so einfach können Sie die archivierten Mails auch wieder importieren.

RSS-Feeds

Viele Nachrichtenseiten und Blogs aktualisieren mehrfach am Tag ihre Inhalte. Damit die Leser wissen, wann es auf einer Webseite neue Meldungen gibt, wurde ein Verfahren namens RSS entwickelt. Wofür die Abkürzung steht, ist nicht wirklich eindeutig klar, einerseits für „Really Simple Syndication", andererseits für „Rich Site Summary" oder „RDF Site Summary", wobei das Kürzel RDF („Ressource Description Framework") gleich für neue Verwirrung sorgt.

Glücklicherweise kann man dieses Kuddelmuddel einfach ignorieren. RSS bezeichnet ein spezielles Format für Textdateien, die den aktuellen Inhalt einer bestimmten Webseite in Kurzform enthalten, also etwa die Überschriften und Vorspänne der letzten zehn Artikel. Sobald ein neuer Artikel zu einer Webseite hinzugefügt wird, wird die entsprechende RSS-Datei aktualisiert.

RSS-Dateien lassen sich mit speziellen Programmen – den RSS-Readern – anzeigen und abonnieren (bei Mac OS X können sowohl Safari als auch Mail als Reader eingesetzt werden).

Das meint nichts anderes, als dass der RSS-Reader in regelmäßigen Abständen die jeweils aktuelle Version einer RSS-Datei lädt. Und was mit einer Datei geht, geht auch mit nahezu beliebig vielen. So kann man mit einem RSS-Reader problemlos 50, 100 oder sogar mehr

Webseiten und Blogs im Auge behalten, ohne diese selbst regelmäßig abklappern zu müssen.

Klingt eine Zusammenfassung interessant genug, um den ganzen Artikel lesen zu wollen, genügt ein Klick auf den Eintrag im Reader und der Webbrowser lädt die entsprechende Webseite mit der aktuellen Meldung.

Safari als RSS-Reader

Man kann sich einen RSS-Reader daher als eine Art automatischen Browser vorstellen, der die aktuellen Informationen für Sie zwischenspeichert. Was liegt also näher, als einen Webbrowser wie Safari um die Funktion eines RSS-Readers zu ergänzen? Und genau das haben die Entwickler getan.

Ursprünglich war RSS nur die Sache einer Handvoll Blogs, inzwischen gibt es kaum noch eine Nachrichtenseite, die auf diesen Informationsservice verzichtet. Auch Unternehmen verteilen ihre Pressemitteilungen und Informationen zu neuen Dienstleistungen und Produkten als RSS-Datei. Man spricht in diesen Fällen auch davon, dass eine Seite einen RSS- oder, allgemeiner, einen Newsfeed anbietet.

Das Standardformat für RSS-Feeds ist heute RSS 2.0, es gibt aber auch andere Formate, deren Unterschiede Sie allerdings ignorieren können. Falls eine Webseite den Newsfeed in verschiedenen Formaten anbietet, wählen Sie einfach das erste Format, das Safari Ihnen vorschlägt.

Sie erkennen Webseiten mit RSS-Feed am blaugrauen RSS-Symbol, das Safari in der Adressleiste rechts einblendet.

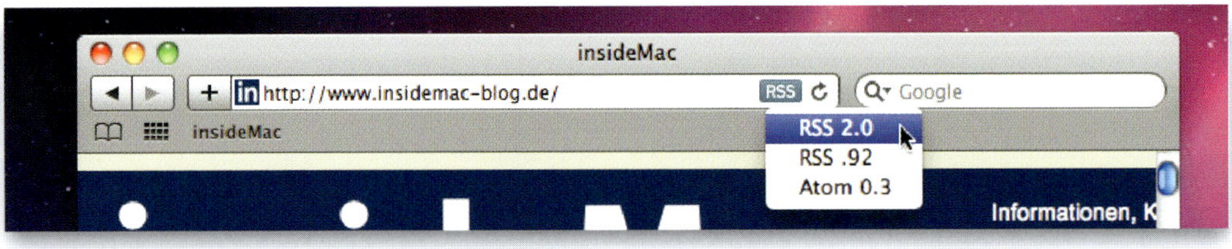

Sobald Sie das graublaue RSS-Symbol sehen, bietet eine Webseite Informationen als RSS-Feed an.

Stoßen Sie im Netz auf eine Seite mit interessanten Informationen, die einen RSS-Feed anbietet, dann können Sie diesen Feed folgendermaßen mit Safari abonnieren:

1. Klicken Sie auf das graublaue RSS-Symbol in der Adressleiste. Falls der Feed in verschiedenen Formaten vorliegt, wählen Sie in einem kleinen Dialog das gewünschte Format aus.
2. Safari öffnet den aktuellen Feed wie eine normale Webseite.

3. Nun können Sie zu dieser RSS-Seite wie gewohnt ein Lesezeichen anlegen. Wenn Sie mehr als einen RSS-Feed abonnieren – und die Wahrscheinlichkeit, dass Sie das tun, ist sehr hoch –, dann empfiehlt es sich, die Feeds in einem eigenen Ordner zu verwalten.
4. Nachdem Sie einen Feed auf diese Weise abonniert haben, zeigt Ihnen Safari hinter dem Lesezeichen die Anzahl der noch nicht gelesenen (also neuen) Artikel im Feed an.
5. Um sich einen Überblick über die aktuellen Inhalte einer Webseite zu verschaffen, deren RSS-Feed Sie abonniert haben, können Sie sich nun über das neu angelegte Lesezeichen den aktuellen Stand der RSS-Datei anzeigen lassen.

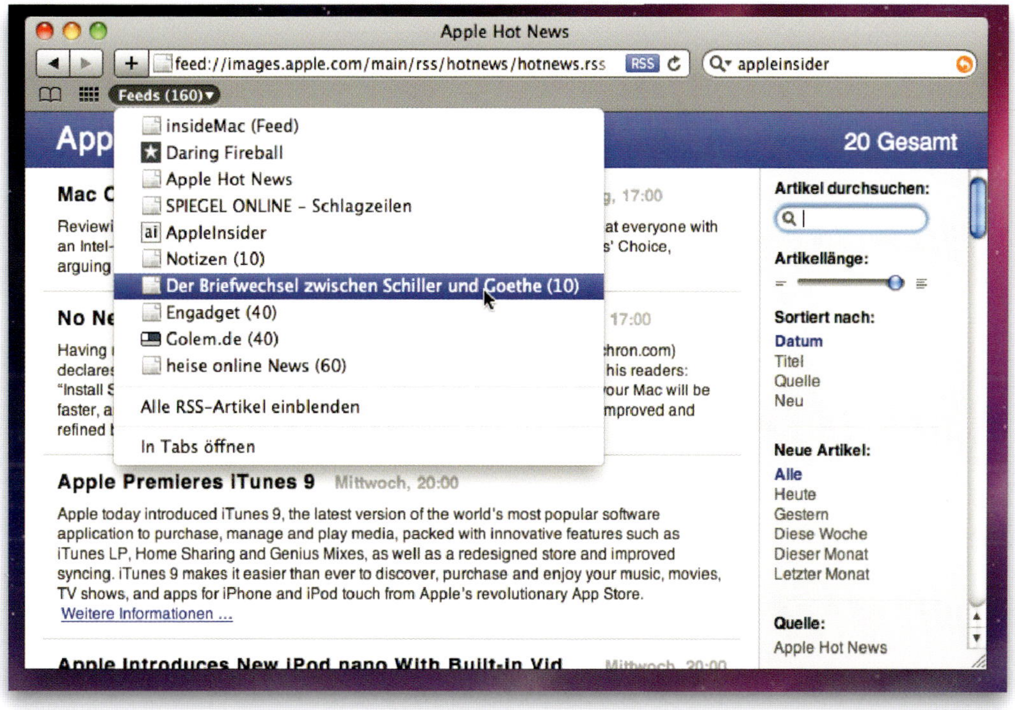

Bei einem abonnierten RSS-Feed handelt es sich um eine spezielle Form von Lesezeichen, die Safari automatisch regelmäßig überprüft und Ihnen dann im Menü anzeigt, wieviele ungelesene Artikel auf einer Seite auf Sie warten.

Standardmäßig genügt der Aufruf eines Feeds, um alle Artikel darin als „gelesen" zu markieren. Das ist aber nicht immer gewünscht. In den Einstellungen von Safari können Sie daher (auf der Registerkarte *RSS*) festlegen, dass ein Eintrag erst dann als gelesen vorausgesetzt werden soll, wenn Sie ihn tatsächlich angeklickt haben.

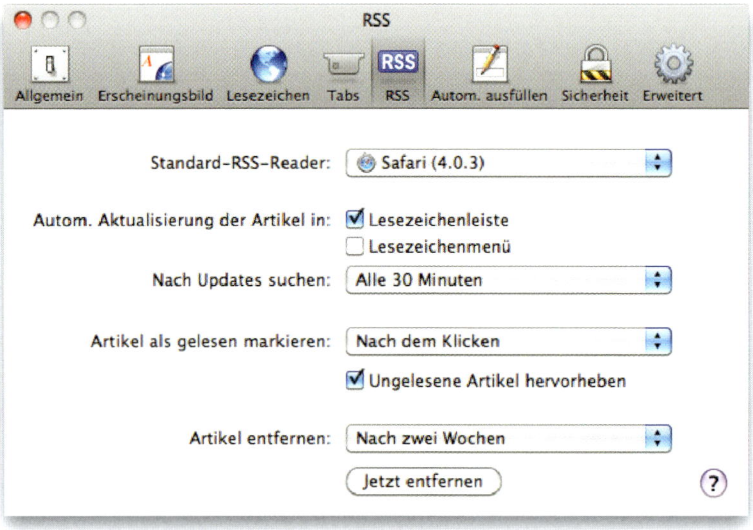

In den Einstellungen von Safari legen Sie fest, wie der Browser mit RSS-Dateien umgehen soll.

Mail als RSS-Reader

Außer Safari kann auch Mail als RSS-Reader eingesetzt werden. Dabei stellt Mail die RSS-Datei nicht als Webseite, sondern als speziellen Ordner dar, in dem die Einträge der RSS-Datei wie eine normale E-Mail angezeigt werden. Das Abonnieren eines Feeds funktioniert wie gewohnt in Safari, aber der Browser übergibt die Feed-Adresse anschließend an Mail.

In den Einstellungen von Mail oder Safari legen Sie fest, welches Programm Sie als RSS-Reader benutzen möchten.

Damit Mail als RSS-Reader benutzt werden kann, müssen Sie lediglich in den Einstellungen von Safari oder Mail auf der Registerkarte *RSS* den Eintrag zum *Standard-RSS-Reader* entsprechend setzen.

Um die Übersicht zu behalten, können Sie die Feeds in Ordnern samt Unterordnern verwalten. Eine Besonderheit von Mail ist dabei, dass Sie neue RSS-Artikel in einem Feed nicht nur im RSS-Ordner, sondern auch im Posteingang anzeigen lassen können. So sind Sie über aktuelle Meldungen in Ihren wichtigsten Feeds informiert, ohne ständig die komplette RSS-Rubrik in der Seitenleiste geöffnet zu halten.

1. Um einen RSS-Feed im Posteingang anzeigen zu lassen, markieren Sie den Feed und klicken anschließend auf den kleinen Pfeil, der nach oben zeigt und rechts eingeblendet wird.
2. Ebenso können Sie einen Feed aus dem Posteingang entfernen. Markieren Sie den Feed und klicken Sie auf den kleinen Pfeil nach unten.

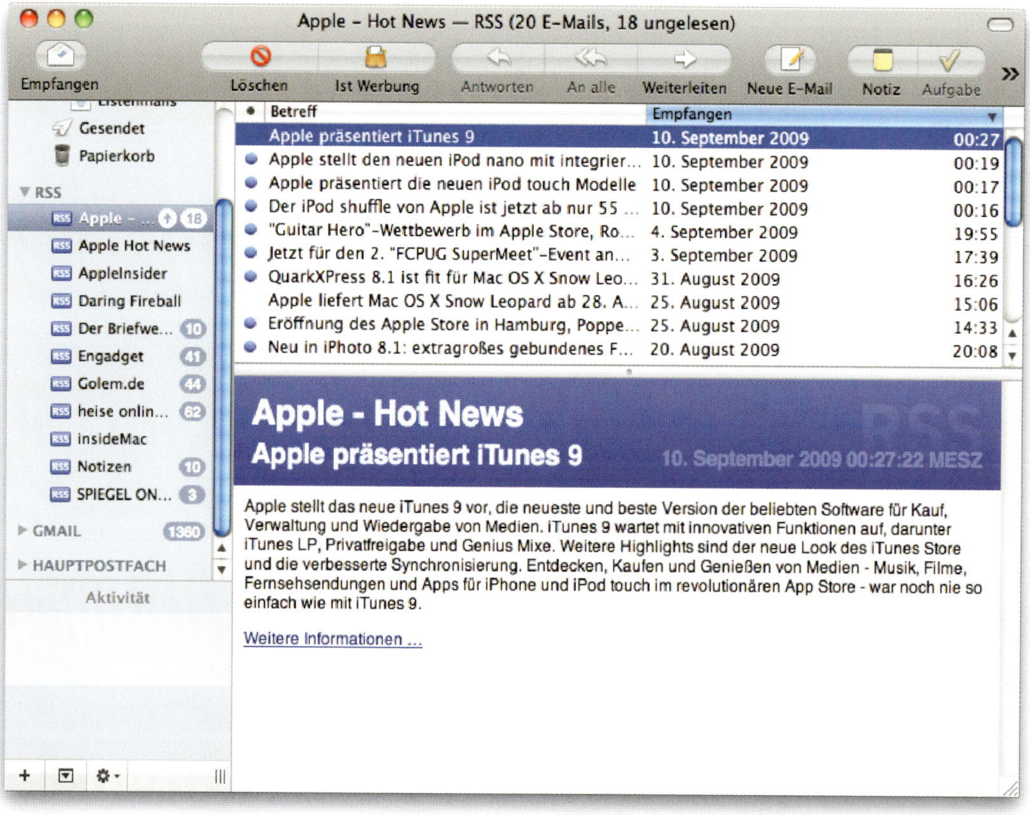

Wem die Darstellung eines RSS-Feeds in Safari nicht zusagt, der kann seinen Newsfeed auch mit Mail verwalten. Das Programm ist besonders für umfangreichere Feedsammlungen geeignet, da die Artikel in einer übersichtlichen Drei-Fenster-Struktur angezeigt und in Ordnern mit Unterordnern sortiert werden können. Außerdem ist es möglich, wichtige Feeds im Posteingang einzublenden.

Plauderstündchen im Netz & mehr: iChat

Neben dem Browser Safari und dem Mailprogramm Mail bringt Mac OS X mit iChat auch ein mächtiges Chat-Programm mit, das nicht nur für ein Plauderstündchen zwischendurch, sondern auch für Videokonferenzen eingesetzt werden kann.

Damit Sie die Fähigkeiten von iChat nutzen können, brauchen Sie Zugang zu einem Chat-Netzwerk. Dabei haben Sie vor allem zwei Möglichkeiten:

- **AIM/MobileMe:** Sie können das AOL-Chatnetzwerk benutzen. Damit haben Sie Kontakt zu allen AIM-Anwendern (AIM = AOL Instant Messenger). Um das Netzwerk zu nutzen, benötigen Sie einen (kostenlosen) AOL-Account, den Sie unter *www.aol.de* registrieren können. Alternativ dazu können Sie sich auch mit einem (kostenpflichtigen) Account bei Apples Onlinedienst MobileMe anmelden, um auf das AIM-Netzwerk zuzugreifen.
- **Jabber/Google Talk:** Bei Jabber handelt es sich um eine Open-Source-Lösung, die unter anderem von Google unterstützt wird. Jeder Benutzer eines Googlemail-Accounts besitzt automatisch auch einen Jabber-Account

Achten Sie darauf, dass Sie nur dann in einem Fenster mit mehreren Personen gleichzeitig chatten können, wenn alle Teilnehmer der Konferenzschaltung im gleichen Netzwerk angemeldet sind. Wenn Sie einen Bekannten via AIM, einen anderer via Jabber erreichen, können Sie zwar mit beiden parallel chatten, aber nur in getrennten Fenstern und nicht als Konferenz.

Um iChat zu nutzen, müssen Sie lediglich Ihren Account eintragen. Dabei können Sie beliebig viele Accounts anlegen und in verschiedenen Chat-Netzwerken gleichzeitig chatten; iChat öffnet in diesen Fällen für jeden Chat ein eigenes Fenster. Allerdings ist es nicht möglich, unter verschiedenen Namen im gleichen Chatnetzwerk aktiv zu sein, also etwa mit zwei AIM-Accounts gleichzeitig zu chatten.

Einen Account legen Sie unter *iChat > Einstellungen* auf der Registerkarte *Accounts* an. Hier öffnen Sie über das Pluszeichen den entsprechenden Dialog, in dem Sie Ihren Nutzernamen und Ihr Kennwort eingeben, den Rest übernimmt iChat.

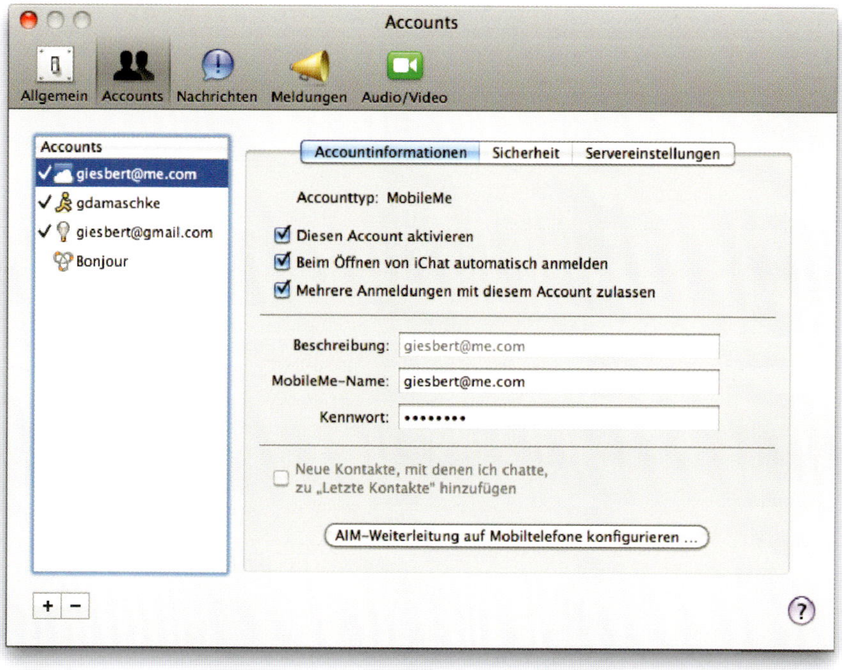

Mit iChat können Sie beliebig viele Accounts einrichten und, wenn Sie möchten, auch parallel benutzen.

Standardmäßig wird jeder Account beim Start von iChat automatisch im Netzwerk angemeldet und in einem eigenen Chat-Fenster geöffnet. Wenn Sie das nicht möchten, deaktivieren Sie die entsprechende Option unter *iChat > Einstellungen*.

Um einen Kontakt in Ihre Kontaktliste aufzunehmen, klicken Sie im iChat-Fenster auf das Pluszeichen und geben die entsprechenden Daten ein. Sobald Ihr Gesprächspartner Ihre Kontaktanfrage bestätigt hat, kann es losgehen.

Einen Textchat starten Sie, indem Sie den gewünschten Gesprächspartner in Ihrer Kontaktliste markieren und anschließend unten auf das *A* klicken. Es öffnet sich ein Chat-Fenster, in dem Sie Ihre Meldung eingeben, die Sie mit einem Druck auf die ↵-Taste abschicken. Falls Ihr Kontakt ebenfalls online und gesprächsbereit ist, erscheint Ihre Meldung automatisch auf dem Computer Ihres Gegenübers, das nun seinerseits eine Meldung schreiben kann, die bei Ihnen erscheint.

Falls Ihr Gegenüber einen Computer mit Mikrofon benutzt, verbindet Sie ein Klick auf den Telefonhörer zu einem Gespräch. Entsprechend startet ein Klick auf das Kamerasymbol einen Video-Chat. Dabei sehen Sie Ihren Gesprächspartner fensterfüllend, während Ihr eigenes Bild (also das, was Ihr Gegenüber sieht) verkleinert angezeigt wird. Dieses kleine Fenster lässt sich verschieben und skalieren.

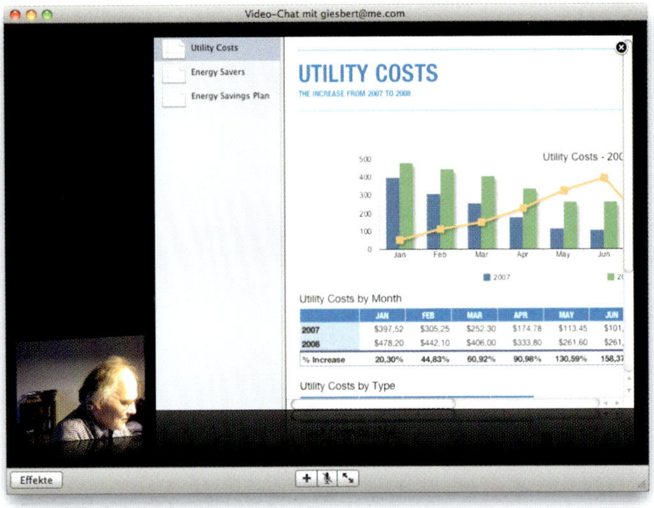

Im iChat Theater lassen sich Bilder und Dokumente weitentfernten Chat-Partnern problemlos demonstrieren.

Bei einem Video-Chat ist es möglich, Texte und Bilder freizugeben, die dann im Chat-Fenster angezeigt werden. Eine Bearbeitung ist zwar nicht möglich, aber so kann man schnell und unkompliziert Fotos präsentieren, PDF-Dateien zeigen oder über Layoutentwürfe diskutieren. Klicken Sie dazu auf das Pluszeichen im Chat-Fenster und wählen Sie *Datei für iChat Theater freigeben*.

Für Spaß beim Video-Chat sorgen die *Effekte*, die über die entsprechende Schaltfläche links aufgerufen werden. Damit sind Bildmanipulationen und Verzerrungen in Echtzeit möglich, wobei iChat auf die Möglichkeiten von Photo Booth zurückgreift, mit dem wir uns in Kapitel 8 beschäftigen.

Für Spaß beim Chat sorgen die Effekte, die Ihr Bild in Echtzeit manipulieren.

Sie können jedem Kontakt via iChat auch rasch eine Datei zukommen lassen. Markieren Sie den Kontakt und öffnen Sie mit einem Klick auf das *A* ein Chat-Fenster. Rufen Sie nun *Kontakte > Datei senden* auf und wählen Sie die gewünschte Datei aus. Nun erscheint links in der Eingabezeile des Chat-Fensters ein Dateisymbol und Sie können Ihre begleitende Nachricht eintippen. Haben Sie es sich anders überlegt, löschen Sie das Dateisymbol mit der [←]-Taste.

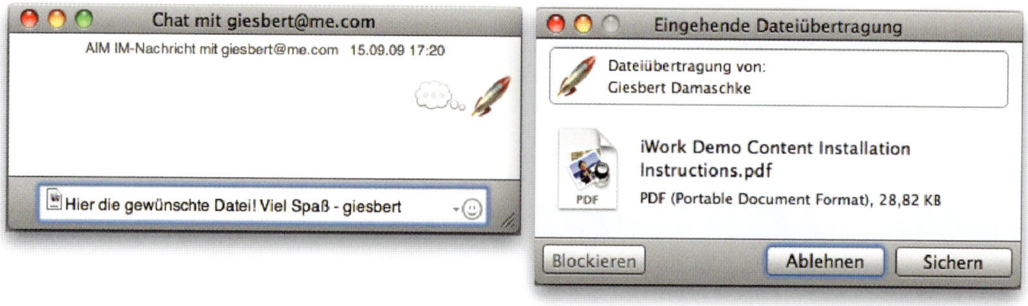

Sie können von Ihren Kontakten auch via iChat Dateien erhalten. Doch Achtung! Lassen Sie hier Vorsicht walten und akzeptieren Sie nicht blindlings alle Dateien, die Ihnen via iChat auf den Mac purzeln.

Es ist auch möglich, eine Datei einfach auf das Chat-Fenster zu ziehen, um sie per iChat auf die Reise zu schicken. Dabei werden Grafiken, Bilder und Fotos direkt in der Chat-Meldung angezeigt. Der Empfänger kann sie dann mit Drag & Drop aus dem Chat-Fenster auf den Schreibtisch ziehen.

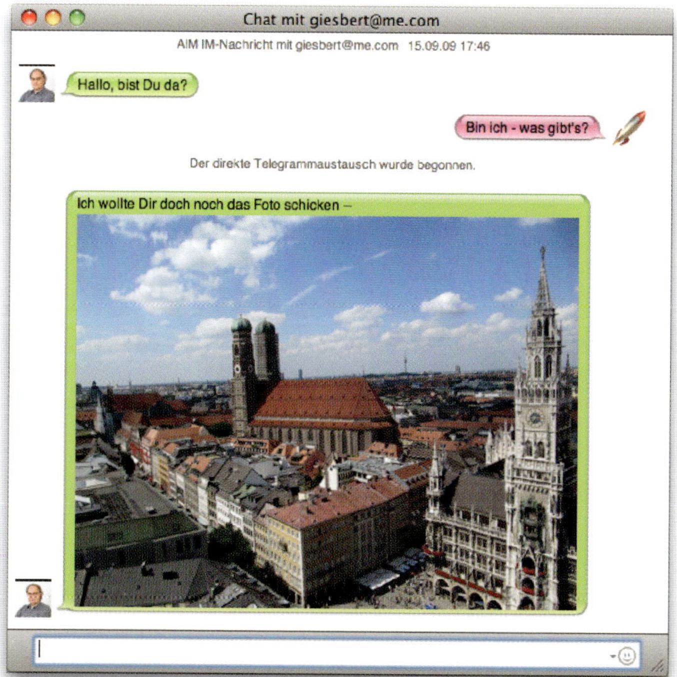

Grafik- und Bilddateien werden als Bestandteil der Chat-Meldung direkt im Chat-Fenster angezeigt und können von da mit Drag & Drop auf den Schreibtisch gezogen werden.

Kapitel 7

Termine, Adressen & Co

Auslöser für den Kauf eines Computers ist oftmals der Wunsch, das tägliche Gewusel aus Notizen, Terminen, Adressen und Kontakten besser in den Griff zu bekommen. Mag man mit seinem Mac dann auch andere Dinge tun – dieses klassische Anforderungsprofil bleibt doch erhalten. Da überrascht es nicht, dass zum Standardumfang von Mac OS X auch leistungsfähige Programme zur Erledigung der täglichen Arbeit gehören. Dieses Kapitel zeigt Ihnen, wie Sie Ihre Termine und Adressen mit Ihrem Mac verwalten, wie Sie Notizen anlegen und wie Sie die Mac-eigene Textverarbeitung einsetzen können.

Das Kalenderprogramm iCal

Mit dem Kalenderprogramm iCal verwalten und planen Sie auf dem Mac Ihre Termine und Aufgaben. Darin unterscheidet sich iCal nicht von ähnlichen Programmen, wie Sie sie vermutlich von Windows her kennen.

Neu ist für Sie vielleicht das Konzept von iCal. Das Programm ist nicht nur ein Kalender, sondern bündelt so viele Kalender, wie Sie wollen. Ein Kalender besteht dabei aus Terminen (die hier „Ereignisse" heißen) und Aufgaben. Jeder Kalender kann gezielt ein- oder ausgeblendet werden.

So ist es zum Beispiel möglich, private Termine und Aufgaben von beruflichen nicht nur farblich zu trennen, sondern auch zwischen beiden zu wechseln oder sich beide gleichzeitig anzeigen zu lassen. Kalender können in Gruppen zusammengefasst und dann gemeinsam (de)aktiviert werden.

Um einen Termin in einen Kalender einzutragen, markieren Sie zuerst in der Seitenleiste den gewünschten Kalender und drücken anschließen ⌘ N. Der Eintrag erscheint standardmäßig an der Position, die Sie im Kalender zuletzt angeklickt haben. Alternativ dazu können Sie auch gleich auf die Stelle des gewünschten Termins doppelklicken. Der neue Eintrag lässt sich mit der Maus beliebig platzieren, durch Verschieben des oberen bzw. unteren Randes verändern Sie seinen Start- und Endzeitpunkt.

Möchten Sie es genauer haben, klicken Sie den Eintrag erneut doppelt an. Es öffnet sich nun ein Dialog, in dem Sie alle gewünschten Angaben eintragen können. Um einen gespeicherten Eintrag nachträglich zu bearbeiten, klicken Sie ihn ebenfalls doppelt an und wählen anschließend *Bearbeiten*. Einfacher ist es, den Eintrag auszuwählen und sich mit ⌘ I die Informationen des Eintrags einblenden zu lassen. Auch hier lassen sich die Details des Termins anpassen.

Natürlich können Sie auch wiederkehrende Termine eintragen, wobei Sie nicht nur zwischen „täglich", „wöchentlich", „monatlich" und „jährlich" wählen können, sondern auch eigene Intervalle wie etwa „alle 3 Wochen", „jeden zweiten Sonntag" oder „am letzten Mittwoch im Monat" angeben können.

Damit Sie keinen Termin verpassen, können Sie sich zu einem beliebigen Zeitpunkt vor einem Termin eine Nachricht (mit oder ohne Ton) einblenden oder sich auch eine E-Mail schicken lassen. Ebenfalls möglich ist die zeitgesteuerte Ausführung eines Scripts oder das automatische Öffnen einer Datei zu einem bestimmten Termin.

Bei einem Termin lassen sich nicht nur die üblichen Angaben wie Datum, Uhrzeit und Ort angeben, sondern Sie können auch Notizen anfügen, Dateien anhängen oder der Eintrag mit einer URL verknüpfen.

Das Programm iCal verwaltet beliebig viele Kalender (die wiederum jeweils aus Terminen und Aufgaben bestehen). Da sich jeder Kalender gezielt ein- und ausblenden lässt, herrscht auch dann kein Chaos, wenn man viele verschiedene Kalender verwaltet.

Weitere Kalender fügen Sie entweder über *Ablage > Neuer Kalender* oder mit einem Klick auf das Pluszeichen links unten hinzu. Jedem Kalender wird eine eigene Farbe zugeordnet, damit Sie die Einträge in der Kalenderansicht sofort erkennen können. Um einen Kalender ein- oder auszublenden, setzen Sie in der Seitenleiste ein Häkchen bzw. entfernen es.

Für mehr Übersicht in Ihren Terminen sorgen die Gruppen, zu denen Sie verschiedene Kalender zusammenfassen können. Wählen Sie dazu *Ablage > Neue Kalendergruppe* und verschieben Sie die Kalender mit der Maus in die gewünschten Gruppen. Alternativ dazu können Sie auch die ⇧-Taste gedrückt halten. Damit wird das Pluszeichen unten links zu einem Symbol mit gestaffelten Kalenderblättern. Ein Klick auf dieses Symbol fügt ebenfalls eine neue Gruppe ein.

Eine der Vorteile von iCal ist die nahtlose Zusammenarbeit mit anderen Programmen wie etwa Mail oder dem Adressbuch. So lassen sich etwa die Aufgaben, die in iCal angelegt werden, auch von Mail aus abrufen – und umgekehrt. Auch andere Programme können auf die in iCal gespeicherten Daten zugreifen und für ihre Zwecke nutzen. Die Aufgabenleiste blenden Sie durch einen Klick auf die Stecknadel rechts unten ein und aus. Die Aufgaben sind ebenfalls einem Kalender zugeordnet und werden automatisch im Programm Mail in der Rubrik *Erinnerungen* angezeigt.

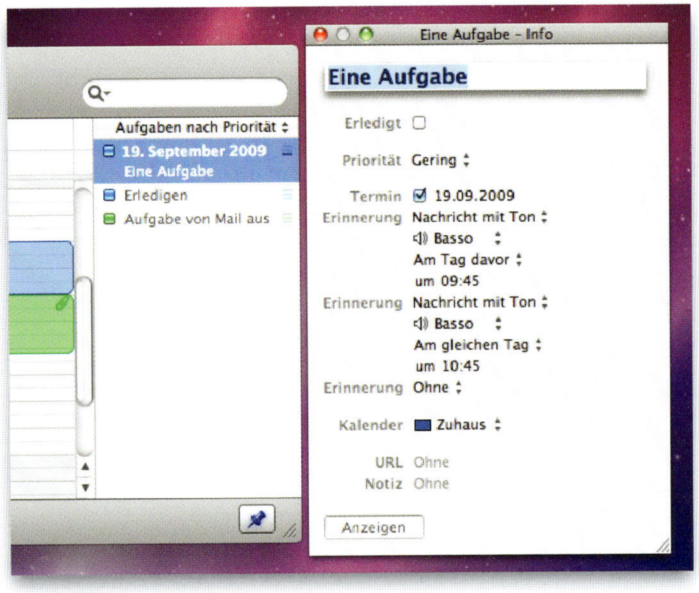

Die Aufgabenverwaltung von iCal ist nahtlos mit Mail verbunden. Alle Änderungen, die Sie hier vornehmen, werden automatisch auch in Mail übernommen (und umgekehrt).

Das Programm verwaltet die Kalender im ICS-Format. Dabei handelt es sich um einen allgemeinen, offenen Kalenderstandard, den nicht nur iCal beherrscht, sondern mit dem auch andere Programme auf anderen Plattformen etwas anfangen können. So ist es möglich, in iCal Kalender von anderen Anwendern zu importieren oder eigene Kalender in Form einer ICS-Datei weiterzugeben. Und zwar ohne dass alle Beteiligten nun partout mit iCal arbeiten müssten.

Ebenfalls möglich ist die Publikation eines Kalenders im Inter- oder Intranet, der dann von anderen Anwendern abonniert werden kann. Da Snow Leopard von Haus aus Exchange 2007 unterstützt, können Sie mit iCal auch automatisch auf Ihre Exchange-Kalender zugreifen.

Im Internet finden Sie zahlreiche Kalender, die Sie entweder abonnieren oder in iCal importieren können. So lässt sich iCal praktisch beliebig ergänzen, zum Beispiel um eine Anzeige der Kalenderwochennummern. Da jeder zusätzliche Kalender gezielt ein- und ausgeblendet werden kann, besteht keine Gefahr, dass die Darstellung in iCal zu unübersichtlich wird. Um selbst einen iCal-Kalender im Internet zu publizieren, benötigen Sie allerdings speziellen Speicherplatz auf einem Webserver oder einen Account bei Apples kostenpflichtigem Onlinedienst MobileMe.

Eine besondere Form der abonnierten Kalender ist der Geburtstagskalender. Damit werden die Geburtstage, die Sie im Adressbuch eingetragen haben, automatisch als Kalender in iCal eingebunden. Ändern Sie ein Datum im Adressbuch oder fügen Sie einen neuen Geburtstag hinzu, wird diese Änderung automatisch auch in iCal übernommen.

Um den Geburtstagskalender in iCal zu aktivieren, gehen Sie folgendermaßen vor.

1. Rufen Sie *iCal* > *Einstellungen* auf.

2. Wechseln Sie gegebenenfalls auf die Registerkarte *Allgemein*.
3. Aktivieren Sie dort den Punkt Geburtstagskalender einblenden.

Die Seitenleiste von iCal wird nun um die Gruppe *Abonnements* erweitert, in der sich der Kalender *Geburtstage* findet.

Daneben kommt iCal auch mit dem Standardformat CalDAV zurecht, mit dem zum Beispiel Google oder auch Yahoo arbeiten. So ist es kein Problem, einen Kalender, den Sie etwa bei Google im Internet pflegen, auch lokal in iCal einzubinden. Für Google und Yahoo bringt Mac OS X bereits alle benötigten Daten wie die Adresse des Kalenderservers mit, so dass Sie sich hier unkompliziert und schnell mit Ihren Accountdaten anmelden können.

1. Rufen Sie *iCal > Einstellungen* auf und wechseln Sie auf die Registerkarte *Accounts*.
2. Hier klicken Sie unten links auf die Plusschaltfläche und legen den *Accounttyp* fest (zum Beispiel: *Google*).
3. Geben Sie Ihre Accountdaten ein und klicken Sie auf *Erstellen*.
4. Legen Sie nun noch unter *Accountinformationen* fest, wie oft der Kalender aktualisiert werden soll, damit Änderungen auf dem Mac möglichst umgehend an den Google- Kalender übertragen werden.

Mit iCal können Sie auch Ihren Google-Kalender bearbeiten und lokal verwalten.

Das Adressbuch

Das Adressbuch dient, richtig geraten, der Verwaltung Ihrer Adressen und Kontaktdaten. Wie bei anderen Programmen dieser Art setzt auch das Adressbuch virtuelle Visitenkarten ein, deren Felder Sie nach Bedarf ausfüllen.

Welche Felder auf einer Visitenkarte zur Verfügung stehen, legt eine Vorlage fest, die Sie jederzeit Ihren Vorstellungen anpassen können. Es ist natürlich auch möglich, die Felder einer einzelnen Karte individuell festzulegen, ohne die allgemeine Vorlage zu verändern.

In der Standardansicht ist das Adressbuch in drei Spalten geteilt. Links außen sehen Sie Ihre Gruppen, dann folgt eine Spalte mit den Einträgen der gewählten Gruppe und schließlich sehen Sie die Detailanzeige des aktuellen gewählten Eintrags.

Um eine neue Visitenkarte anzulegen, klicken Sie auf die Plusschaltfläche am unteren Rand der Spalte *Name*. Es wird eine neue, leere Karte angezeigt, die Ihnen die Felder zur Verfügung stellt, die in der aktuellen Vorlage definiert sind. Um die Felder für eine Visitenkarte individuell zu ändern, wählen Sie im Menü den Eintrag *Visitenkarte > Feld hinzufügen*.

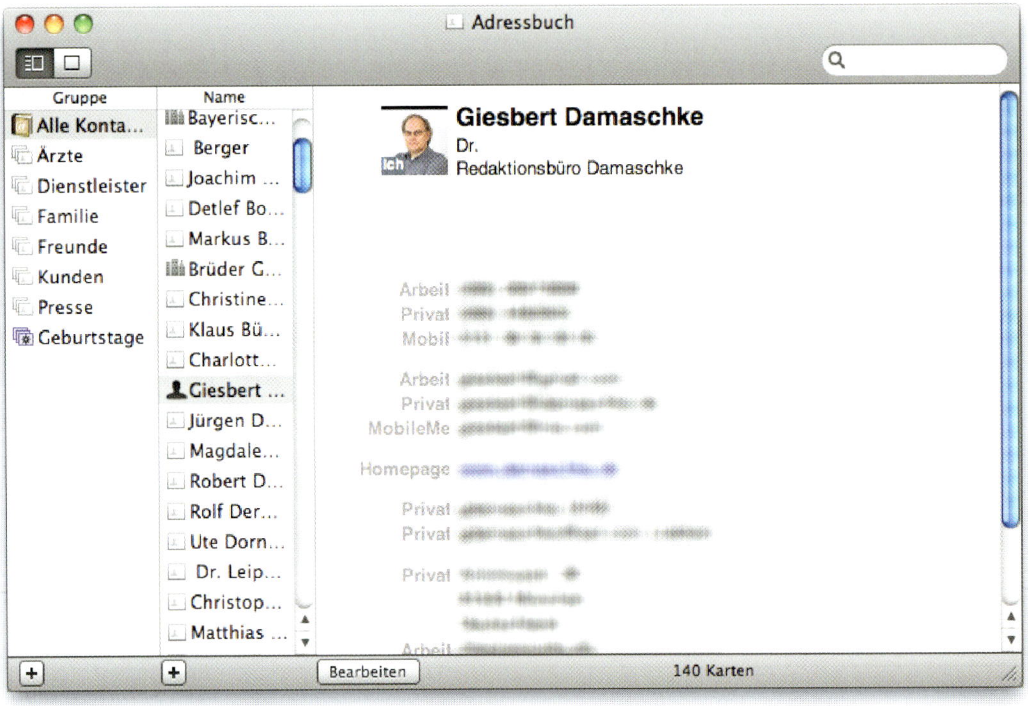

Das Adressbuch bietet ein übersichtliches, leistungsfähiges und flexibles System zur Verwaltung von Kontaktdaten aller Art. Die Felder einer Visitenkarte können frei definiert werden.

Möchten Sie die komplette Vorlage Ihren Wünschen anpassen, wählen Sie entweder *Visitenkarte > Feld hinzufügen > Vorlage bearbeiten* oder rufen die Einstellungen mit ⌘ . auf und wechseln zur Registerkarte *Vorlage*. Dort können Sie neue Felder hinzufügen, bestehende Felder verdoppeln oder entfernen und auch eigene Etiketten (so heißen hier die Feldbezeichner) definieren. So lassen sich etwa für eine Telefonnummer Felder wie „Urlaub" oder „Hotel" hinzufügen.

Welche Felder auf einer Visitenkarte standardmäßig auftauchen, welchen Namen („Etikett") und welchen Inhalt (Telefon, URL, Adresse ...) sie besitzen, definieren Sie in den Einstellungen des Adressbuchs.

Um Ihre Kontakte in Gruppen zu verwalten, legen Sie zuerst über das Pluszeichen in der Spalte *Gruppe* eine neue Gruppe an, wechseln anschließend auf den Eintrag *Alle Kontakte* und fügen die Gruppenteilnehmer mit Drag & Drop hinzu. Gruppen dienen nicht nur als Filter bei der Anzeige der Kontakte, sondern sie können zum Beispiel auch als Verteileradresse in Mail benutzt werden.

Mit den „intelligenten Gruppen" ist es leicht, Kontakteinträge automatisch zusammenzufassen, etwa alle Mitarbeiter eines Unternehmens oder die Empfänger eines regelmäßigen Rundschreibens.

Rufen Sie dazu entweder *Ablage > Neue intelligente Gruppe* auf oder halten Sie die ⌥-Taste gedrückt und klicken Sie unten links auf das Werkzeugsymbol (das ohne ⌥-Taste ein Pluszeichen ist). Legen Sie nun die Bedingungen fest, die erfüllt sein müssen, damit ein Kontakt hier angezeigt wird, zum Beispiel *Firma enthält (Firmenname)* oder *Notizen enthält (Stichwort).*

Sobald Sie über die Plustaste eine weitere Bedingung einfügen, erscheint ein Auswahlfeld, in dem Sie festlegen, ob alle Bedingungen erfüllt sein müssen oder ob es reicht, wenn eine der genannten Bedingungen zutrifft.

Da eine intelligente Gruppe automatisch aktualisiert wird, sobald ein neuer Kontakteintrag im Adressbuch auftaucht, der die Bedingungen der Gruppe erfüllt, kann sich die Zusammensetzung einer solchen Gruppe immer wieder ändern. Möchten Sie über solche automatischen Änderungen informiert werden, aktivieren Sie bei der Definition der Gruppenbedingungen das Feld *Gruppe bei Änderungen hervorheben*.

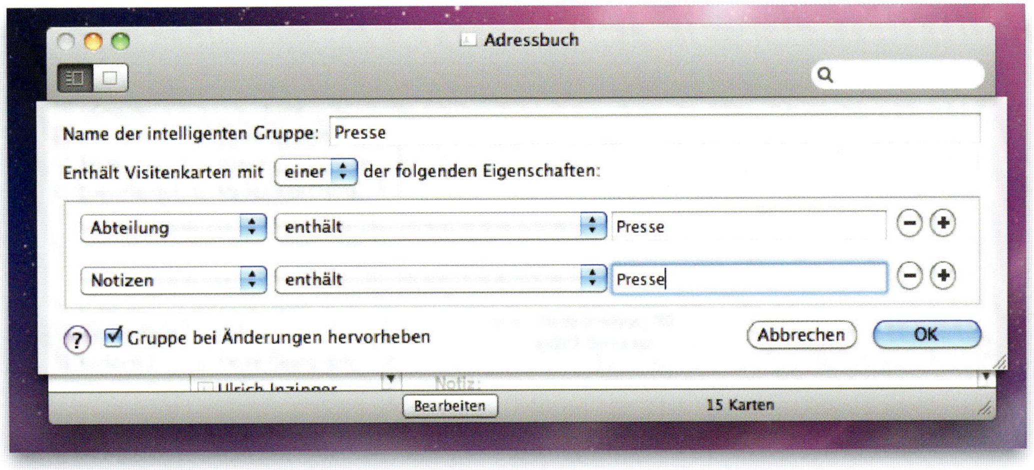

Mit intelligenten Gruppen können Sie aus Ihrem Adressenbestand zusammengehörige Einträge automatisch gruppieren lassen.

Die Einträge auf einer Visitenkarte können direkt für verschiedene Aktionen benutzt werden, etwa um einem Kontakt eine E-Mail zu schicken oder um die Homepage eines Eintrags zu besuchen (die im Adressbuch eingetragenen Webadressen werden übrigens auch in der Lesezeichensammlung von Safari aufgeführt). Außerdem kann ein Adresseintrag an Google Maps übergeben werden, so dass nach einem Mausklick im Browser die Umgebungskarte der Adresse angezeigt wird. Klicken Sie dafür auf das Etikett des Adresseintrags und wählen Sie den Menüeintrag *Umgebungskarte der Adresse*.

Was iCal mit Kalendern kann, kann das Adressbuch mit seinen Daten auch, nämlich sie mit den entsprechenden Daten anderer Adressbücher synchronisieren bzw. auf einen Adressbuchserver zugreifen.

Ein Mausklick genügt, um eine Anschrift eines Kontakts in Google Maps anzuzeigen.

Dabei werden verschiedene Standards zum Ausstausch von Kontaktinformationen unterstützt: CardDAV-Adressbuchserver, LDAP und Exchange 2007. Die Adressen lassen sich mit Google, Yahoo und Apples MobileMe synchronisieren. Auch Freigaben sind möglich, so dass Sie Adressbücher auch im Team verwalten können.

Die entsprechenden Eingaben werden unter *Adressbuch > Einstellungen > Accounts* vorgenommen.

Die Textverarbeitung TextEdit

Beim ersten Start scheint TextEdit ein simpler Editor ohne Besonderheiten zu sein. Doch das täuscht, das kleine Programm entpuppt sich bei näherer Bekanntschaft als leistungsfähige Textverarbeitung, die für viele der alltäglichen Aufgaben durchaus genügen kann. Allerdings ist sie in der Bedienung ein wenig ungewöhnlich und hält sich auch sonst nicht immer an die vom Mac gewohnten Standards.

Das Programm kann Text in Listen und Tabellen darstellen, speichert in regelmäßigen Intervallen automatisch den Fortgang der Arbeit und speichert und liest Dokumente unter anderem im Text-, RTF-, DOC- oder ODT-Format. Am besten kommt das Programm mit RTF zurecht, einfache Word-Dateien (DOC) oder Dokumente von OpenOffice (ODT) werden zwar importiert, allerdings gehen hier häufig Strukturen und Formatierungen verloren.

TextEdit hat vollen Zugriff auf alle Schriften, die auf dem Mac installiert sind und kann sie mit Farben oder auch Schattenwürfen versehen.

TextEdit erfüllt unter Mac OS X zwei Aufgaben. Zum einen ist es die kleine Textverarbeitung für jeden Zweck, zum anderen ein ASCII-Editor zur Bearbeitung reiner Textdateien. Standardmäßig arbeitet TextEdit mit Formaten, über *Format > In reinen Text umwandeln* bzw. *Format > In formatierten Text umwandeln* wechseln Sie zwischen den beiden Betriebsarten.

Ungewöhnlich ist, dass das Programm keine Symbolleiste besitzt, sondern die für eine Textverarbeitung üblichen Schaltflächen für Textformate, Tabulatoren und Einrückungen als „Lineal" ein- und ausblendet. Ungewöhnlich ist auch, wo sich der Menüpunkt zum Ein- und Ausblenden des Lineals verbirgt, nämlich hier: *Format > Text > Lineal einblenden* bzw. *Lineal ausblenden*. Schneller geht's mit ⌘ R (R für Ruler, Lineal).

Bei der Schriftenauswahl greift TextEdit auf die systemweite Fontverwaltung zurück, auf die alle Programme zugreifen können. In TextEdit rufen Sie den entsprechenden Dialog mit *Format > Schrift > Schriften einblenden* auf. Hier legen Sie auch die Vorder- und Hintergrundfarben fest, wobei sich der Farbendialog auch unabhängig von den Schriften aufrufen lässt (*Format > Schrift > Farben einblenden*).

Damit Sie einmal erstellte Formate nicht jedesmal erneut festlegen müssen, bietet TextEdit Formatvorlagen, die hier *Stile* heißen. Um einen Stil zu definieren gehen Sie folgendermaßen vor:

1. Schreiben Sie in TextEdit einen beliebigen, kurzen Text und formatieren Sie die verschiedenen Passagen nach Ihren Wünschen.
2. Wählen Sie anschließend im Drop-Down-Menü *Stile* den Eintrag *Andere*.
3. Es öffnet sich ein Dialog, in dem Sie den Anfang des aktuellen Absatzes mitsamt seinen Formatangaben zur Kontrolle angezeigt bekommen. Aktivieren Sie, falls nötig, die Option *Dokumentstile*.

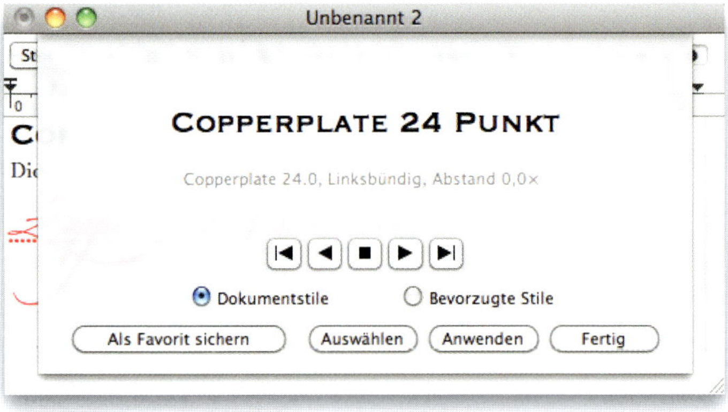

Über die Schaltflächen, die so aussehen, wie die Bedienelemente eines CD-Players, springen Sie von Format zu Format im Text. Ein Klick auf die Stopp-Schaltfläche – also auf das Quadrat in der Mitte – bringt Sie zu der Textstelle, in der aktuell der Cursor steht.

4. Über die Schaltflächen können Sie nun der Reihe nach durch alle im aktuellen Dokument benutzten Formatierungen klicken. Dabei wird jeweils eine Textprobe samt Formatierung angezeigt.

5. Um einen angezeigten Stil zu speichern, klicken Sie auf die Schaltfläche *Als Favorit sichern*.

6. Geben Sie dem neuen Stil einen passenden Namen und vergessen Sie nicht, die beiden Optionen *Schrift als Teil des Stils verwenden* und *Lineal als Teil des Stils verwenden* zu aktivieren. Klicken Sie anschließend auf *Hinzufügen*.

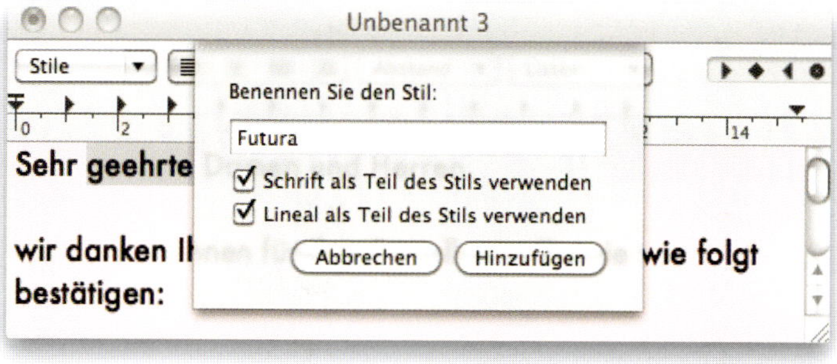

Nur wenn Sie die Schrift und das Lineal als Bestandteil des Stils sichern, wird Ihre neue Absatzformatvorlage den gewünschten Effekt erzielen.

Um einen selbstdefinierten Stil in einem Dokument zu benutzen, gibt es verschiedene Möglichkeiten – je nachdem, ob Sie nur die Absatzformate oder auch die im Stil definierten Zeichenformate anwenden möchten.

- **Übernehmen der Absatzformate:** Klicken Sie in eine beliebige Stelle in einem Absatz, ohne einen Textbereich zu markieren, und wählen Sie im *Stile*-Menü die gewünschte Formatvorlage.
- **Übernehmen von Absatz- und Zeichenformat:** Markieren Sie einen Textbereich und wählen Sie anschließend den gewünschten Stil, so übernimmt TextEdit die Absatzformate für den aktuellen Absatz und die Zeichenformate des Stils für den markierten Bereich.
- **Vollständiges Übernehmen eines Stils:** Um einen Stil mit Absatz- und Zeichenformat für einen kompletten Absatz zu übernehmen, markieren Sie den gesamten Absatz – was mit einem dreifachen Mausklick am schnellsten geht – und wählen den gewünschten Stil aus.

Um einen Stil zu löschen, müssen Sie kein besonderes Dokument geöffnet haben, sondern können auch mit einem neuen, leeren Fenster arbeiten.

1. Wählen Sie im Drop-Down-Menü *Stile* den Punkt *Andere*.
2. Es öffnet sich der Stile-Dialog. Hier aktivieren Sie den Punkt *Bevorzugte Stile*.
3. Nun können Sie in einem Drop-Down-Menü den Stil auswählen, den Sie löschen möchten.

4. Nach der Auswahl klicken Sie auf *Von Favoriten entfernen*, und der Stil wird gelöscht. Doch Vorsicht! Denken Sie daran: weg ist weg. Ein versehentlich gelöschter Stil lässt sich nicht wieder zurückholen, sondern muss neu angelegt werden.

Weg damit – Stile, die Sie nicht benötigen, sollten Sie konsequent löschen, um für mehr Übersicht in den Stilvorlagen zu sorgen.

Üblicherweise passt TextEdit den Zeilenumbruch der Fenstergröße an. Ziehen Sie das Fenster auf, werden die Zeilen länger, schieben Sie es zusammen, werden die Zeilen kürzer. Das ist einerseits ganz praktisch, wird aber fatal, wenn Sie die Dokumente nicht nur am Bildschirm bearbeiten, sondern auch drucken wollen. Denn dann übernimmt TextEdit das Bildschirmformat auch für den Ausdruck.

Haben Sie auf einem breiten iMac-Bildschirm das Fenster zum Beispiel großzügig aufgezogen, wird der Ausdruck entsprechend unlesbar, da TextEdit automatisch zu einem sehr kleinen Font greift, um den Zeilenumbruch auf dem deutlich schmaleren Papier genau so hinzubekommen wie auf dem breiten Bildschirm.

Um diese unschöne Überraschung zu verhindern und TextEdit anzuweisen, die Papierbreite als Formatierungsmaßstab zu benutzen, wählen Sie *Format > Seitenränder einblenden*. Das Programm zeigt nun die Seitenränder des aktuell eingestellten Papierformats an und passt den Text entsprechend ein.

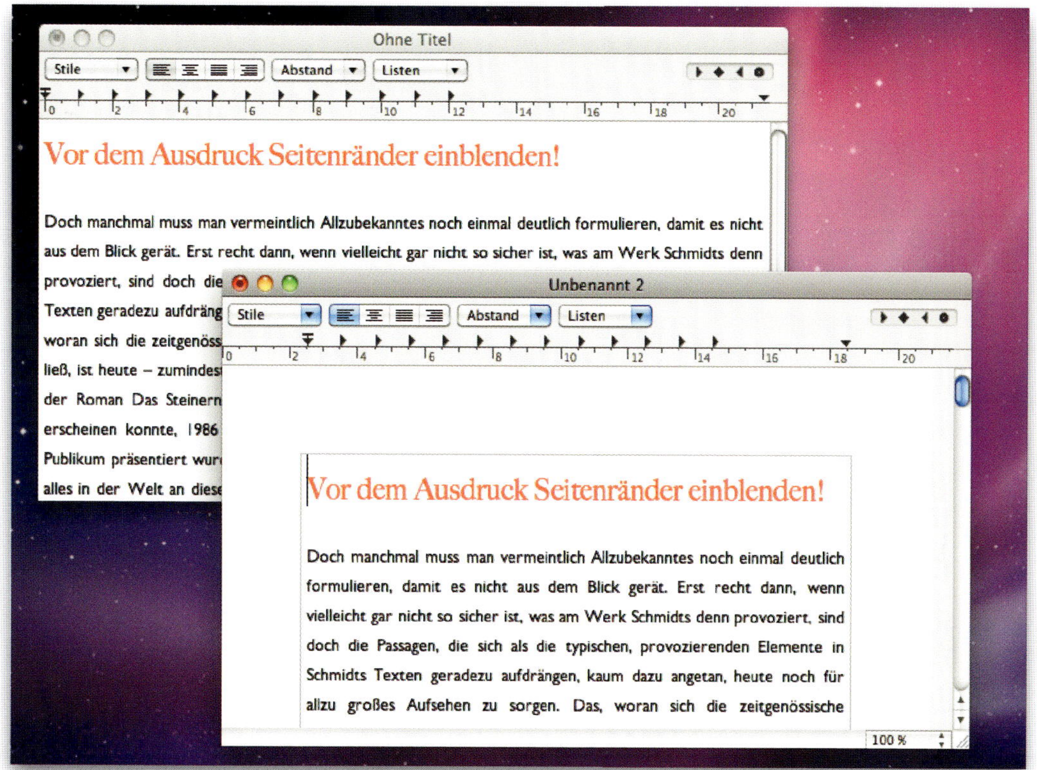

Möchten Sie ein Dokument aus TextEdit nicht nur am Bildschirm betrachten, sondern auch auf Papier vorliegen haben, sollten Sie daran denken, die Seitenränder einzublenden. Nur so passt TextEdit den Zeilenumbruch dem Seitenformat des Druckers an.

Die Rechtschreibprüfung

Was ist eine Textverarbeitung ohne Rechtschreibprüfung? Natürlich besitzt auch TextEdit diese hilfreiche Waffe im Kampf gegen Buchstabendreher und Tippfehler. Und nicht nur das: Jedes Programm unter Mac OS X besitzt eine Rechtschreibprüfung. Denn dabei handelt es sich nicht um eine spezielle Funktion von TextEdit, sondern um ein systemweit verfügbares Tool, das Snow Leopard jeder Applikation zur Verfügung stellt. Daher hat TextEdit eine Rechtschreibprüfung, aber auch Mail oder Pages oder Textmate oder wer immer es nutzen will. Manche Programme wie etwa OpenOffice bzw. NeoOffice bringen allerdings lieber ihre eigenen Rechtschreibkorrekturen mit.

Die systemweite Rechtschreibprüfung hat den Vorteil, dass Wörter, die Sie in der einen Applikation dem Wörterbuch hinzugefügt haben, auch in einem anderen Programm erkannt werden.

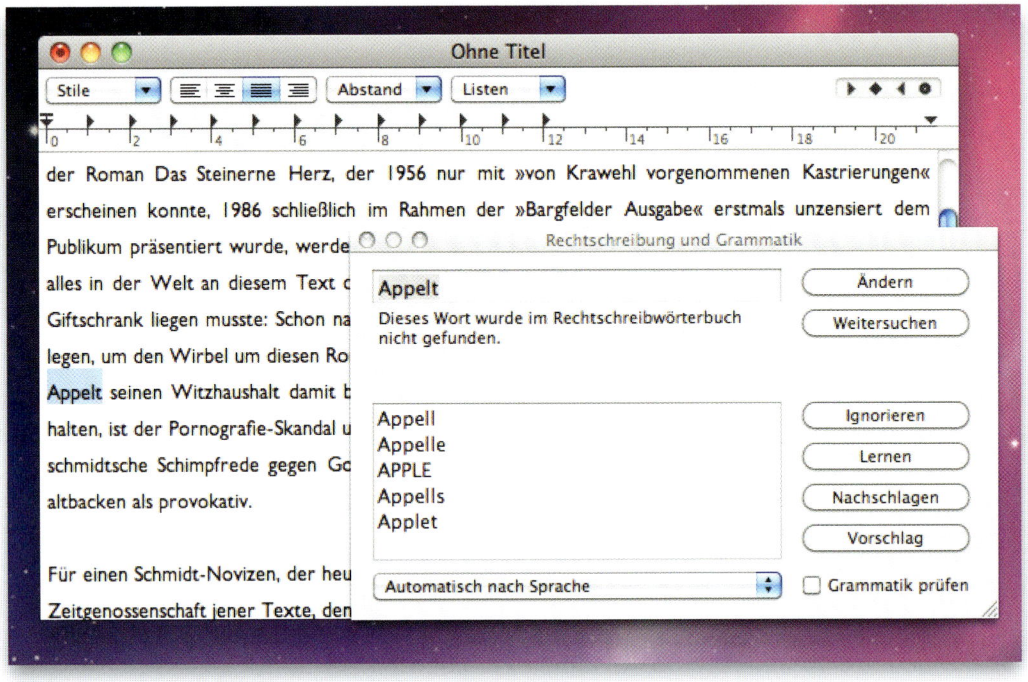

Die systemweite Rechtschreibprüfung steht jedem (nativen) Mac-OS-X-Programm zur Verfügung. Den Zusatz Grammatik prüfen sollten Sie zumindest bei deutschen Texten nicht allzu wörtlich nehmen.

Sie blenden die Rechtschreibprüfung mit ⇧ ⌘ . ein bzw. wieder aus. Jedes Wort, über das die Prüfung stolpert, wird in einem Fenster angezeigt. Sie können nun das Wort manuell korrigieren, einen Vorschlag aus dem Wörterbuch übernehmen oder die Fehlermeldung ignorieren. Dabei ist die Rechtschreibprüfung multilingual, die jeweilige Sprache wird automatisch erkannt, lässt sich aber auch über ein Drop-Down-Menü einstellen. Die Option *Grammatik prüfen* funktioniert leider nur bei englischen Texten, nicht bei deutschen. Schade eigentlich.

Sie können die Rechtschreibung auch schon während der Eingabe aktivieren, den entsprechenden Menüpunkt finden Sie bei Programmen, die auf die Rechtschreibprüfung zurückgreifen, unter *Bearbeiten > Rechtschreibung und Grammatik*.

Sollten Sie einmal versehentlich eine Fehlschreibung als korrekt gelernt haben, lässt sich dieser Fehler mit einem kleinen Trick beheben. Markieren Sie das falsch geschriebene Wort im Text, klicken Sie es mit der rechten Maustaste an und wählen Sie im Kontextmenü den Eintrag *Rechtschreibung verlernen*.

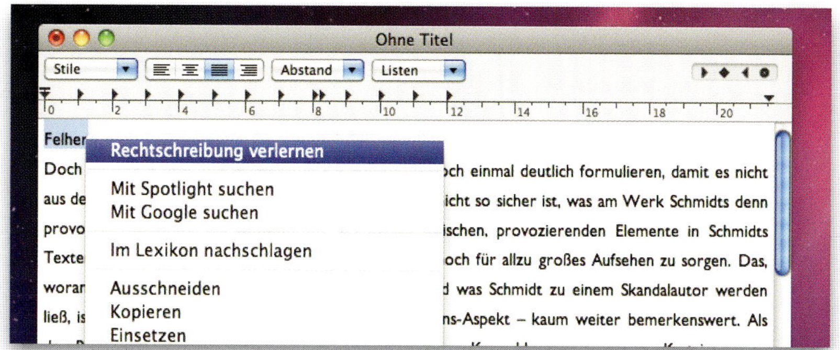

Was die Rechtschreibprüfung falsch gelernt hat, kann sie auch wieder verlernen.

Symbol- und Textersetzung

Was mit der Rechtschreibung geht, geht auch mit automatischer Ersetzung von Texten, Kürzeln, Symbolen und Zeichen. So wird die Eingabe von „(c)" automatisch in Copyrightzeichen („©") umgewandelt oder aus "geraden" Anführungszeichen werden „typographische".

Natürlich können Sie auch eigene Kürzel definieren und in Zukunft einfach mit „mfg" unterschreiben, damit ein „Mit freundlichen Grüßen" im Text erscheint.

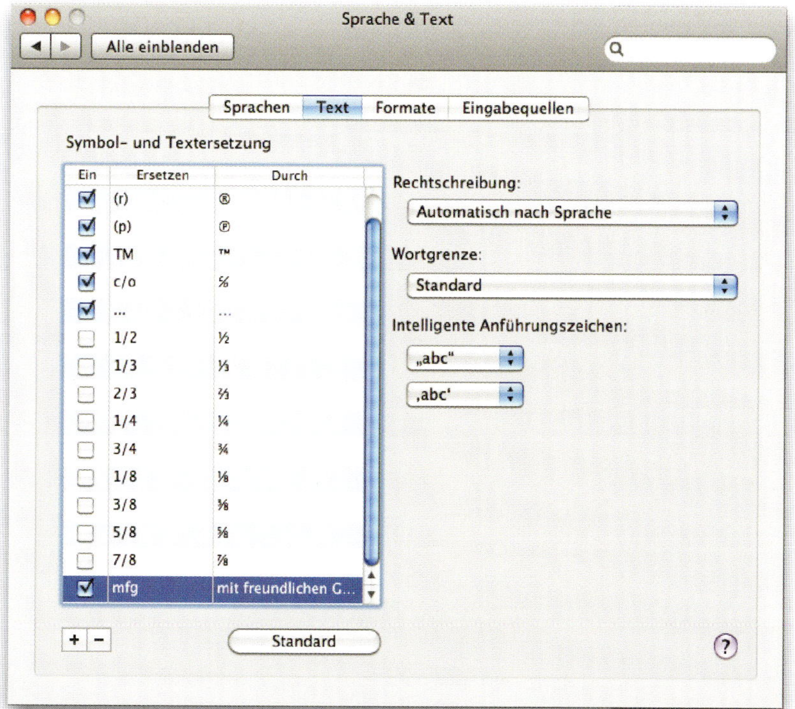

Wie die Rechtschreibprüfung sind auch die Tabellen der Symbol- und Textersetzung systemweit verfügbar.

Sie konfigurieren die Ersetzungstabellen unter > *Systemeinstellungen* > *Sprache & Text* auf der Registerkarte *Text*. Mit einem Klick auf das Pluszeichen fügen Sie eine neue Ersetzung hinzu, mit dem Minuszeichen löschen Sie einen Eintrag. Über die Drop-Down-Menüs bei *Intelligente Anführungszeichen* legen Sie fest, welche Art von Anführungszeichen Sie benutzen möchten. Hier stehen acht Varianten zur Verfügung. Kleiner Tipp: Mit dem zweiten Eintrag wählen Sie die hierzulande üblichen Anführungszeichen.

Die Ersetzungen sind ein systemweiter Service, der allen Programmen auf dem Mac zur Verfügung steht, der allerdings nicht von allen genutzt wird. TextEdit gehört zu den Programmen, die auf diese Tabellen zurückgreifen. Um die Ersetzungen in TextEdit zu nutzen, wählen Sie *TextEdit* > *Einstellungen* und aktivieren auf der Registerkarte *Neues Dokument* die Punkte *Textersetzung* und *Intelligente Anführungszeichen*.

Notizzettel

Bei der täglichen Arbeit am Mac ist ein Notizblock fast unverzichtbar. Sei, es, um sich einen Geistesblitz zu notieren; sei es, um den Einkaufszettel nicht aus dem Blick zu verlieren.

Oft stößt man auch im Internet auf interessante Informationen, die man sich gern dauerhaft notieren möchte, oder man will sich schnell eine Telefonnummer aufschreiben. Hier hilft das kleine, aber flexible Programm Notizzettel.

Der Einsatz dieser Notizzettel ist denkbar einfach. Beim Aufruf des Programms wird automatisch ein neuer, leerer Notizzettel angelegt, den Sie sofort benutzen können. Das Programm unterstützt die Symbol- und Textersetzung, die Sie unter *Bearbeiten* > *Ersetzungen* aktivieren können. Dabei gelten die hier getroffenen Einstellungen immer nur für den aktuellen Notizzettel.

Und nicht nur das – Notizzettel kann markierten Text aus Dokumenten und Webseiten automatisch in eine Notiz übernehmen. Stoßen Sie also zum Beispiel bei einer Webseite auf eine interessante Stelle, die Sie sich notieren möchten, gehen Sie folgendermaßen vor.

Markierte Texte lassen sich mit einem Tastenkürzel in einen Notizzettel übernehmen – inklusive aller Formatierungen und Links.

1. Markieren Sie die Passage, die Sie sich notieren möchten.
2. Drücken Sie ⇧ ⌘ Y. Damit wechseln Sie zu Notizzettel bzw. starten das Programm. Das Kürzel „Y" steht dabei für yellow, gelb, und bezieht sich auf die Standardfarbe der Notizen.
3. Das Programm legt automatisch einen neuen Notizzettel an und übernimmt den von Ihnen markierten Text als Notiz.

Über das Menü *Schrift* können Sie Ihre Notizen beliebig formatieren, unter *Farbe* legen Sie die Hintergrundfarbe fest. Bilder fügen Sie mit Drag & Drop ein, und mit einem Doppelklick auf die Titelleiste lassen Sie den Notizzettel platzsparend zusammenschrumpfen oder entfalten ihn wieder zur vollen Größe. Alternativ dazu können Sie auch ⌘ M drücken. Außerdem lassen sich mit ⌘ F einer oder alle Notizzettel durchsuchen oder auch bestimmte Begriffe und Formulierungen automatisch ersetzen.

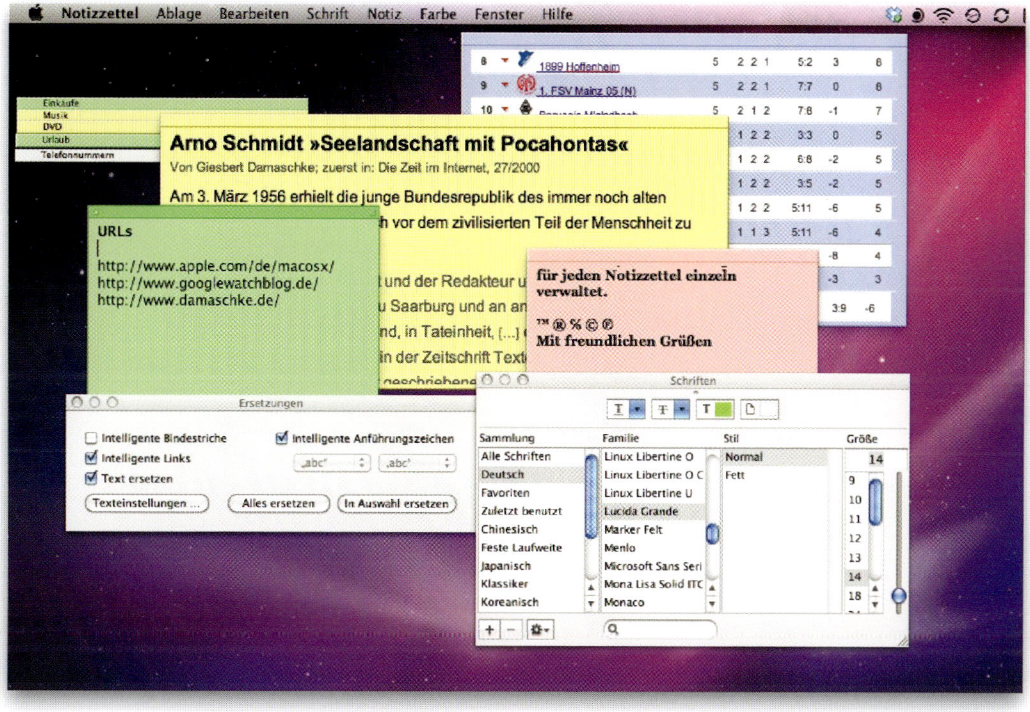

Notizzettel ist ein sehr flexibles und nützliches Programm, das alle Arten von Notizen aufnehmen kann.

Soll ein Notizzettel nicht den Bildschirminhalt komplett verdecken, lässt er sich mit *Notiz > Transparentes Fenster* durchsichtig machen. Möchten Sie im Gegenteil, dass ein Zettel immer sichtbar bleibt, wählen Sie *Notiz > Immer im Vordergrund*.

Wer seinen Desktop nicht in der Zettelwirtschaft umkommen lassen will, der kann alle Zettel über *Fenster > Ausrichten* nach verschiedenen Kriterien fein säuberlich in der linken oberen Ecke anordnen lassen, wobei jeweils nur die erste Zeile einer Notiz angezeigt wird.

Zu jedem Notizzettel merkt sich das Programm Erstellungszeit und den Zeitpunkt der letzten Bearbeitung. Um sich diese Informationen anzeigen zu lassen, genügt es, den Mauszeiger etwas länger über die Notiz zu halten.

Beenden Sie das Programm mit ⌘ Q, so werden Position und Inhalte aller Notizzettel gespeichert und beim nächsten Aufruf wieder hergestellt. Möchten Sie einen Zettel löschen, schließen Sie ihn mit einem Klick auf die obere linke Ecke des Zettels. Sie werden dann gefragt, ob Sie die Notiz löschen oder doch lieber speichern möchten. Beim Speichern wird der Inhalt des Zettels als Textdatei im Text-, RTF- oder RTFD-Format abgelegt (RTFD ist ein Format für formatierten Text mit Bildern).

Der Taschenrechner

Ein Taschenrechner darf natürlich auch nicht fehlen. Zwar stehen Ihnen für einfache Rechenoperationen der Taschenrechner im Dashboard oder die Rechenfähigkeiten von Spotlight zur Verfügung, aber manchmal darf's ruhig ein wenig mehr sein als die vier Grundrechenarten.

Hier setzt das kleine Programm Rechner ein. Das Tool funktioniert genauso wie ein normaler Taschenrechner, kann aber einige Tricks. So ist es zum Beispiel möglich, die durchgeführten Berechnungen unter dem Menüpunkt *Ablage* als Beleg in einer Textdatei zu sichern bzw. zu drucken.

Das Programm kann nicht nur be-, sondern auch Maße, Gewichte und andere Angaben von einem in ein anderes System umrechnen. Ein kleines Beispiel: Sie möchten wissen, wieviel 124 Zentimeter in Fuß sind. Das geht so:

1. Geben Sie den Startwert ein, den Sie umrechnen möchten, in diesem Beispiel also „124".
2. Wählen Sie aus dem Menü *Umrechnen* die gewünschte Kategorie. Bei der Umrechnung von Zentimeter in Fuß ist das also *Umrechnen > Länge*.
3. Stellen Sie im folgenden Dialog die gewünschten Parameter ein, also *Von: Zentimeter* und *In: Fuß*.
4. Klicken Sie auf *Umrechnen*.
5. Der Taschenrechner zeigt das Ergebnis (nämlich rund 4,068), gleichzeitig wird die benutzte Umrechnung im Menü *Umrechnen* für den späteren schnellen Zugriff gespeichert.

Mit welcher Anzahl von Nachkommastellen Sie arbeiten möchten, legen Sie unter *Darstellung > Nachkommastellen* fest. Hier definieren Sie auch, ob Sie das Programm als normalen Taschenrechner, als wissenschaftlichen Rechner oder als hilfreiches Werkzeug für Programmierer einsetzen möchten.

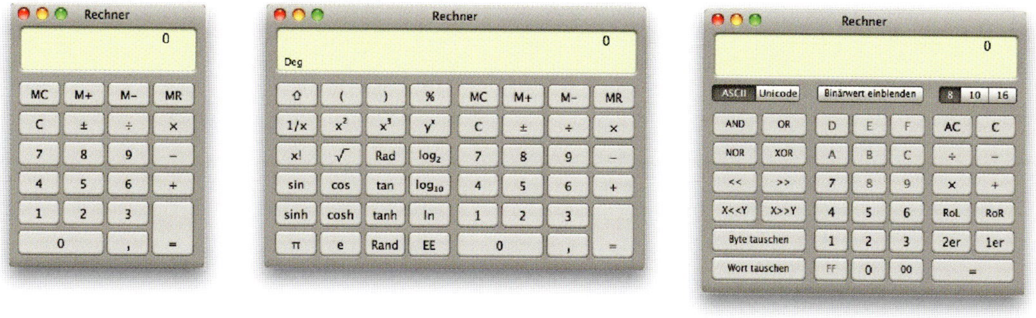

Ein Programm, drei Gesichter: Der Rechner kann als normaler Taschenrechner, aber auch als Wissenschaftlicher Rechner und als Hilfsmittel für Programmierer eingesetzt werden.

Kapitel 8

Foto, Film, Musik

Bislang haben wir uns eher mit den nüchternen und nützlichen Dingen im Mac-Leben beschäftigt. Da wird es höchste Zeit, sich den unterhaltsamen Seiten von Mac OS X zu widmen. In diesem Kapitel lernen Sie also die verschiedenen Programme zur Verwaltung und Bearbeitung von Bildern, Videos und Musik kennen und erfahren auch, wie Sie mit dem lustigen Programm Photo Booth die albernsten Aufnahmen und von der eingebauten Kamera Ihres Macs den spaßigsten Gebrauch machen können.

DVD-Player

Zählen wir doch mal eins und eins zusammen: (a) Jeder Mac hat ein DVD-Laufwerk, (b) MacBooks und iMacs haben brillante Displays. Das ergibt: Jeder Mac bringt gute Voraussetzungen mit, um bei einem gemütlichen DVD-Abend im Mittelpunkt zu stehen. Da fehlt nur noch das passende Abspielprogramm, das heißt: das fehlt natürlich nicht, sondern gehört in Form des Programms DVD-Player zum Lieferumfang von Mac OS X.

Mit diesem Programm lässt sich jede DVD unkompliziert abspielen. Sobald Sie eine Video-DVD einlegen, startet automatisch der DVD-Player und macht aus Ihrem Mac ruck, zuck ein Gerät zur Wiedergabe von Filmen auf DVD.

Sollte das Programm ausnahmsweise einmal nicht starten, genügt es, den DVD-Player aus dem Programmverzeichnis zu starten; er sucht automatisch nach eingelegten DVDs und spielt sie ab.

Das Programm kann in verschiedenen Modi betrieben werden, wobei es standardmäßig bildschirmfüllend startet und so die gesamte Bildschirmfläche zur Filmwiedergabe nutzt. Um zwischen Vollbild- und Fenstermodus zu wechseln, klicken Sie doppelt in das Bild. Die Fenstergröße lässt sich über das Menü *Darstellung* festlegen.

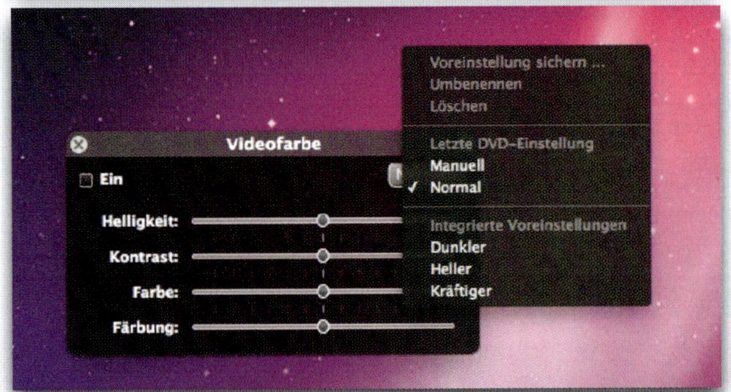

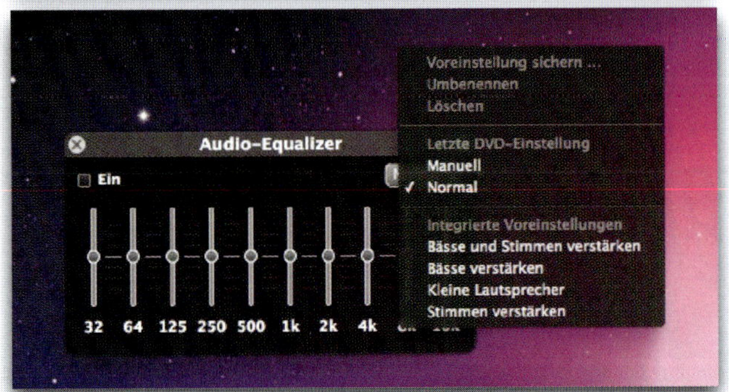

Seitenverhältnis, Farben und Audiowiedergabe lassen sich individuell festlegen.

Aber natürlich kann das Programm ein wenig mehr, als einfach nur eine DVD abspielen. So ist es zum Beispiel möglich, das Bild beliebig zu dehnen oder zu stauchen, Helligkeit und Farben anzupassen oder die Tonwiedergabe zu manipulieren. Die entsprechenden Punkte finden Sie im Menüpunkt *Fenster*. Falls Sie die DVD im Vollbildmodus betrachten, wird das Menü ausgeblendet, damit der Film bildschirmfüllend angezeigt werden kann. Sie holen es wieder hervor, indem Sie mit der Maus an den oberen Bildschirmrand fahren.

Eine Besonderheit des Players sind die Videoclips. Dabei markieren Sie Start- und Endpunkt einer Szene im Film, die der Player dann als Clip speichert (genau genommen merkt er sich nur Anfangs- und Endpunkt der Szene, aber der Effekt bleibt sich gleich). Legen Sie die DVD später noch einmal ein, haben Sie so blitzschnell Zugriff auf bestimmte Szenen und Einstellungen. Sie rufen diese Funktion über *Steuerung > Neuer Videoclip* auf.

Front Row

Einen Schritt weiter als der DVD-Player geht Front Row, mit dem Sie Ihren Mac in einen Mediaplayer verwandeln. Front Row bietet Ihnen den Zugriff auf alle Mediadaten (Fotos, Videos, Podcasts und Musik), die auf Ihrem Mac gespeichert sind.

Front Row lässt sich mit der Maus steuern, aber wirklich sinnvoll wird das Programm erst, wenn Sie sich die Fernbedienung „Apple Remote" für Ihren Mac zulegen, die Apple als Zubehör für rund 20 Euro anbietet.

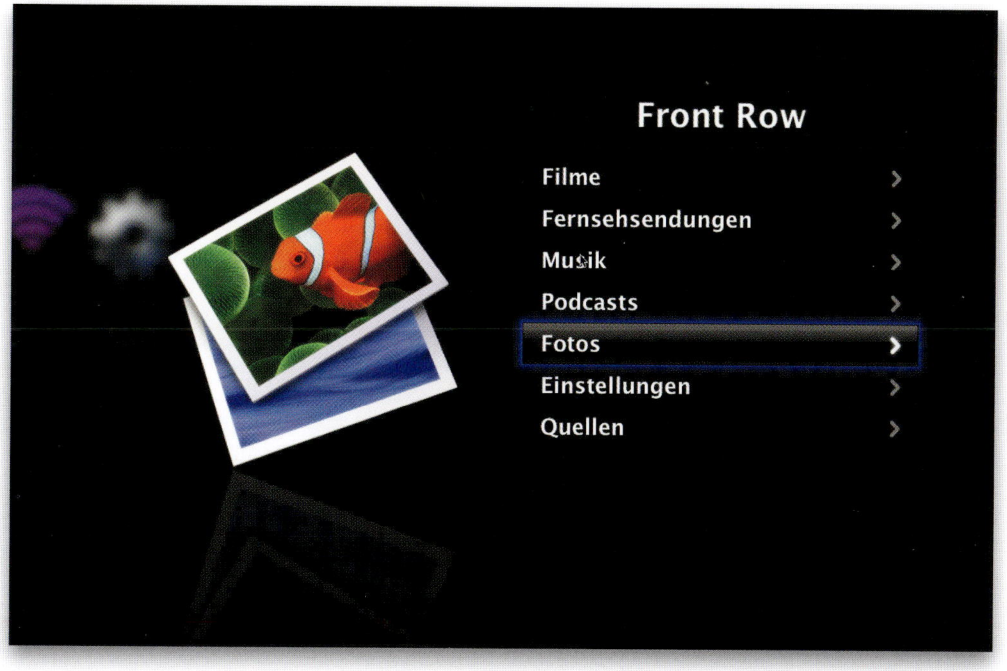

Front Row verwandelt Ihren Mac in eine Wiedergabestation für Filme, Musik und Fotos.

Front Row starten Sie über einen Druck auf die *Menu*-Schaltfläche der Fernbedienung, deren Tasten teilweise mehrfach belegt sind. So steuern Sie mit den Plus- und Minustasten nicht nur die Lautstärke, sondern im Front-Row-Menü auch den Auswahlbalken nach oben bzw. unten.

In Front Row können Sie nun zum Beispiel eine Diashow mit eigenen Fotos abspielen, Filme ansehen, Musik hören oder sich via Internet von Apple die (englischen) Trailer zu den neuesten Hollywood-Filmen zeigen lassen. Um in Front Row ein Menü oder auch das gesamte Programm zu verlassen, drücken Sie die *Menu*-Taste der Fernbedienung. Mit [⌘] [Q] schaltet Mac OS X sofort von Front Row zurück auf den Desktop.

Photo Booth

Jedes MacBook und jeder iMac besitzen eine eingebaute Kamera. Damit kann man Videochats realisieren, Fotos machen oder einfach auch nur allerlei Unfug anstellen. Dabei hilft Ihnen das Programm Photo Booth, mit dem Sie nicht nur einfache Schnappschüsse und kleine Filme aufnehmen können, sondern auch dank einiger Effektfilter ausgesprochen alberne Ergebnisse hinbekommen.

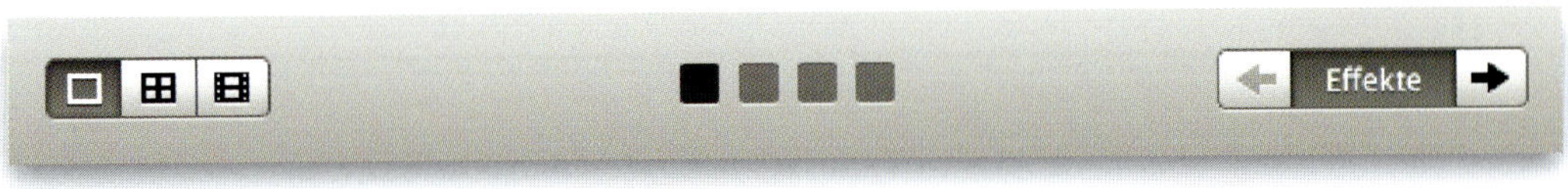

Photo Booth wird über eine Reihe einfacher Symbole gesteuert.

Über drei Schaltflächen links legen Sie fest, in welchem Modus Sie Photo Booth betreiben möchten: Einzelbild, Vierfachbild (die Sie vermutlich von Passbildautomaten kennen) oder als Videokamera.

Auf der rechten Seite finden Sie die Schaltfläche *Effekte*, über die Sie die verschiedenen Verzerrungsfilter auswählen können. Dabei wechselt die Anzeige von Photo Booth und zeigt Ihnen jeweils neun Effekte als 3×3-Gitter. In der mittleren Position steht jeweils der ungefilterte Normalzustand. Mit einem Klick auf das entsprechende Vorschaubild wählen Sie den gewünschten Filter aus.

Über die Pfeiltasten bei *Effekte* oder über die vier Quadrate in der Mitte blättern Sie durch die verschiedenen Effekte. Auf der ersten Seite finden Sie acht Farbfilter, auf der zweiten folgen acht Verzerrungsfilter. Bei manchen dieser Filter können Sie die Intensität über einen einfachen Regler bestimmen und mit der Maus das Zentrum der Verzerrung festlegen. Über *Darstellung* > *Effekte zurücksetzen* lässt sich der Ausgangszustand sämtlicher Effekte wieder herstellen.

Photo Booth bietet allerlei lustige Filter, Bild-in-Bild-Optionen und kann auch Videos aufzeichnen. Die Schnappschüsse lassen sich per E-Mail verschicken oder an iPhoto übergeben. Natürlich kann man mit dem Programm auch ganz seriöse Fotos aufnehmen und sogar kleine Filme produzieren.

Die dritte Seite der Effekte ist für Videoaufnahmen gedacht. Hier besteht die Möglichkeit, Ihr Foto in eines von acht unterschiedlichen kurzen Videos zu kopieren. Das ganze ist in seiner aktuellen Form technisch zwar erstaunlich genug, kommt aber über den Spiel-&-Spaß-Effekt nicht hinaus. Mit diesen Tricks werden Sie wohl kaum jemanden davon überzeugen können, dass Sie vor dem Eiffelturm stehen, an einer lauschigen Südseeküste oder gar auf dem Mond. Reizvoll ist auch die Möglichkeit, eigene Hintergründe (Foto oder Film) zu benutzen.

Zu beachten ist, dass Photo Booth standardmäßig alle Fotos spiegelverkehrt aufnimmt. Diese Funktion lässt sich über *Bearbeiten > Neue Fotos automatisch spiegeln* aufheben. Aktivieren Sie diesen Punkt, werden die von Haus aus gespiegelten Fotos erneut gespiegelt, also nicht mehr spiegelverkehrt aufgenommen.

Der Zugriff auf alle Bilder und Filme, die Sie mit Photo Booth aufgenommen haben, erfolgt über die Bilderleiste am unteren Rand. Über die Pfeiltasten links und rechts blättern Sie vor und zurück, halten Sie dabei die ⌘-Taste gedrückt, springen Sie an den Anfang bzw. ans Ende Ihrer Aufnahmen. Sie löschen ein Foto mit der ←-Taste und kopieren es, indem Sie es einfach auf den Desktop ziehen.

Auf der Festplatte finden Sie sämtliche Bilder und Filme in Ihrem Benutzerverzeichnis unter *Bilder > Photo Booth*. Möchten Sie von der Bilderleiste aus gezielt auf eine Bilddatei im Finder zugreifen, klicken Sie das gewünschte Bild an und drücken ⌘ R.

Digitale Bilder

Wer seine Fotos von der digitalen Kamera auf den Mac kopieren will, der benutzt dazu fast immer iPhoto. Das ist sicherlich eine gute Wahl – aber Ihr Mac hat auch eine interessante Alternative zu bieten.

Eigentlich ist die Sache ganz einfach: Kamera einschalten, anschließen, fertig. Um alles andere kümmert sich iPhoto, das automatisch alle Bilder von der Kamera als „Film" importiert und auf Wunsch auch von der Kamera löscht. Doch so einfach dieser Vorgang auch ist, er hat doch seine Macken. Wenn zum Beispiel der Fotobestand auf der Festplatte einige tausend Bilder umfasst, dann dauert es schon mal ein paar Sekunden mehr, bis iPhoto bereitsteht. Das ist besonders dann etwas ärgerlich, wenn man die Bilder von der Kamera nur rasch auf die Festplatte schieben möchte, ohne sie sofort in iPhoto zu importieren.

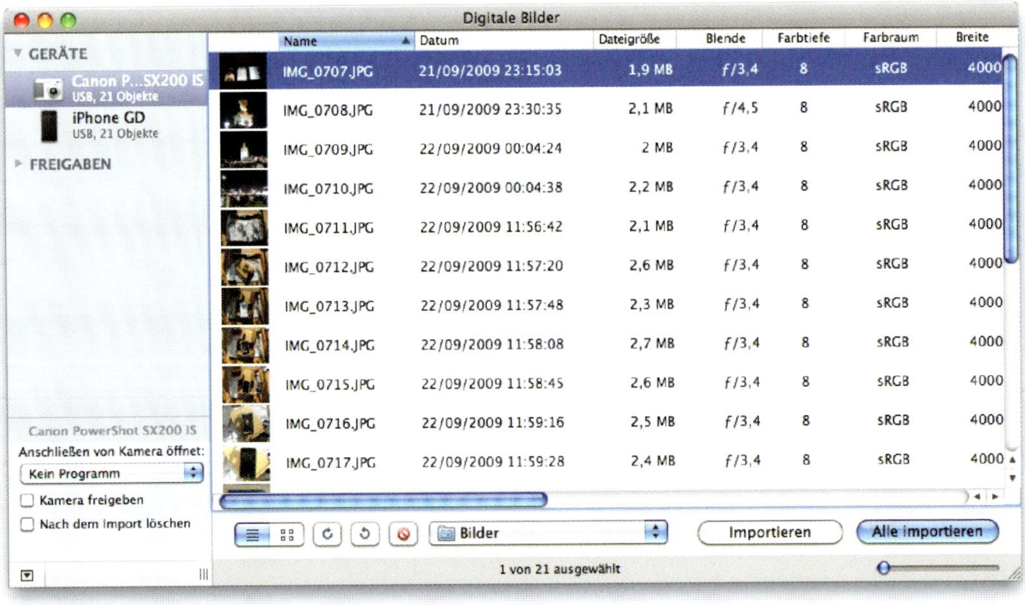

Digitale Bilder startet beim Anschluss einer digitalen Kamera fast verzögerungsfrei und bietet den sofortigen Zugriff auf die Bilder.

Hier schlägt die Stunde des kleinen, aber mächtigen Programms Digitale Bilder, das schnell und komfortabel den direkten Zugriff auf den Inhalt von angeschlossenen Digicams erlaubt und mit durchdachtem Minimalismus überzeugt.

Da das Programm im Gegensatz zu iPhoto keine Bilder verwaltet, sondern lediglich eine Schnittstelle zwischen Ihrem Mac und Ihrer Kamera herstellt, startet Digitale Bilder praktisch verzögerungsfrei und sehr viel schneller als iPhoto.

Wenn Sie regelmäßig mit Digitale Bilder arbeiten möchten, sollten Sie dem Mac zuerst mitteilen, dass er beim nächsten Anschluss der Kamera nicht iPhoto, sondern Digitale Bilder starten soll. Benutzen Sie verschiedene Kameras – etwa Ihre Digicam und ein Handy mit Kamera –, können Sie das Startverhalten für jede Kamera einzeln festlegen. So ist es möglich, beim Anschluss des Handys Digitale Bilder zu starten und bei der Digicam iPhoto.

1. Schließen Sie Ihre Kamera an und starten Sie Digitale Bilder.
2. Wählen Sie Ihre Kamera in der Seitenleiste aus.
3. Unten links in der Seitenleiste sehen Sie nun einen Dialog, in dem Sie das Verhalten von Mac OS X beim Anschluss dieser Kamera festlegen können. Sollte der Dialog nicht angezeigt werden, klicken Sie auf den kleinen Pfeil links unten.

In Digitale Bilder können Sie festlegen, welches Programm beim Anschluss einer bestimmten Kamera geöffnet werden soll.

Das Programm präsentiert Ihnen nach dem Start ein übersichtliches Interface, in dem Sie eine Übersicht aller Fotos auf angeschlossenen Kameras sehen und sich so einen raschen Überblick über den Inhalt der verschiedenen Bilder machen können. In der unteren Zeile legen Sie fest, wohin die Bilder importiert werden und ob sie nach dem Import gelöscht werden sollen. Möchten Sie nur rasch ein paar Fotos von der Kamera laden, ziehen Sie sie einfach mit der Maus auf den Schreibtisch.

Noch schneller geht es, wenn Sie als Programm den Autoimporter definiert haben. Schließen Sie die Kamera an, werden ohne weitere Rückfragen sämtliche Bilder auf der Kamera sofort in den Ordner *Bilder > Autoimporter* in Ihrem Benutzerverzeichnis kopiert.

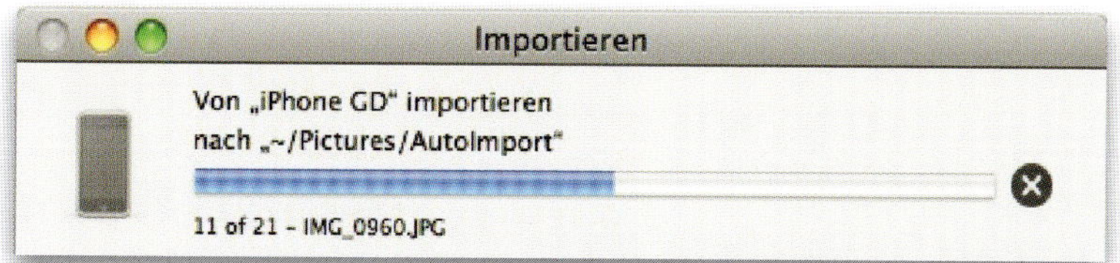

Der Autoimporter ist die schnellste Möglichkeit, Fotos von einer Kamera auf den Mac zu kopieren.

Der QuickTime Player

QuickTime ist die zentrale Komponente von Mac OS X, wenn es um die Wiedergabe multimedialer Daten geht. Eine ganze Reihe von Programmen nutzen die QuickTime-Architektur, als Anwender bekommt man davon allerdings kaum etwas mit. Hier reduziert sich QuickTime fast immer auf Videos – zu erkennen an der Dateiendung „mov" – und die Software, mit der man diese Videos abspielen kann: den QuickTime Player.

Der Name ist allerdings ein wenig irreführend. Denn der Player ist gleichzeitig ein Recorder; er gibt unter Snow Leopard Videos und Musik nicht nur wieder, sondern kann sie auch aufnehmen. Auch die Produktion eines Screencasts ist möglich. Ein Screencast ist ein Film mit oder ohne Audiokommentar, der das Geschehen auf dem Bildschirm zeigt. Typische Anwendungsgebiete für Screencasts sind Demo- oder auch Schulungsvideos, in denen die Möglichkeiten bestimmter Programme gezeigt oder ihr Einsatz erklärt werden.

Aufgezeichnete Filme lassen sich anschließend ein wenig trimmen (also am Anfang und am Ende zurechtstutzen) und nach iTunes, MobileMe oder Youtube hochladen.

Um eine Aufzeichnung mit dem QuickTime Player zu starten, wählen Sie *Ablage > Neue Videoaufnahme*. Oder, falls Sie nur Ton aufzeichnen möchten, *Ablage > Neue Audioaufnahme*.

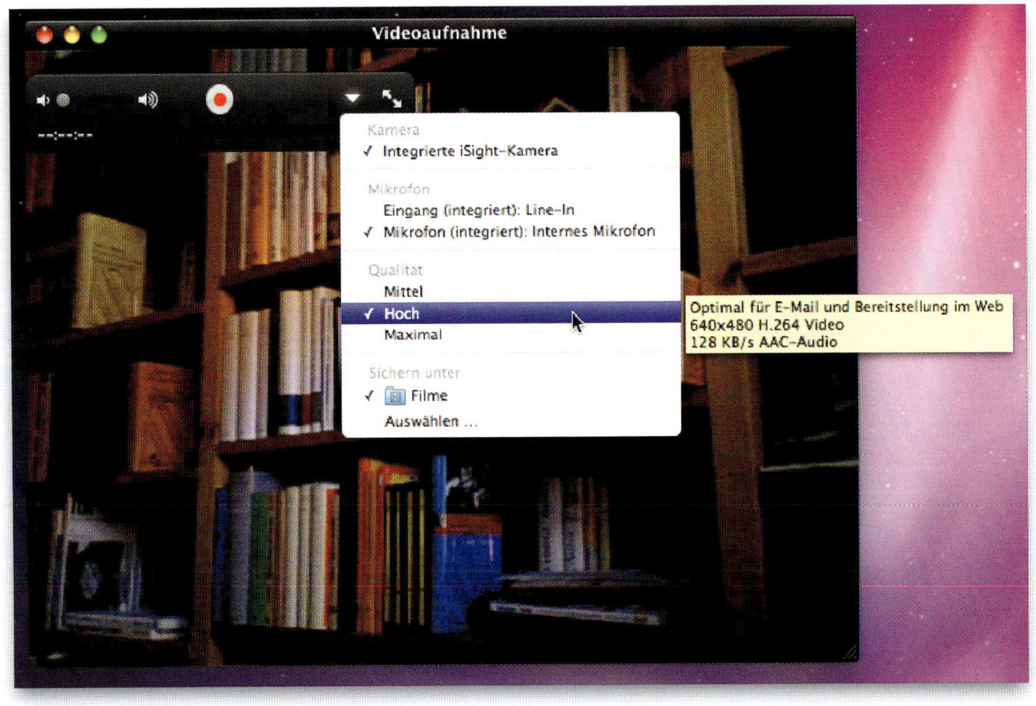

Die Qualität der Aufnahme und der Speicherort des Videos werden über ein kleines Menü geregelt.

Um das Geschehen am Bildschirm aufzuzeichnen, wählen Sie *Ablage > Neue Bildschirmaufnahme*. Sobald die Aufnahme gestartet ist, zeichnet QuickTime alles auf, was sich auf dem Bildschirm tut, inklusive des Mauszeigers. Es ist allerdings nicht möglich, die Wiedergabe einer DVD mitzuschneiden, hier speichert QuickTime nur ein leeres Fenster.

Möchten Sie zu dem, was zu sehen ist, auch einen Kommentar sprechen, öffnen Sie vor der Aufnahme über den kleinen Pfeil einen Dialog, in dem Sie die Audioquelle festlegen.

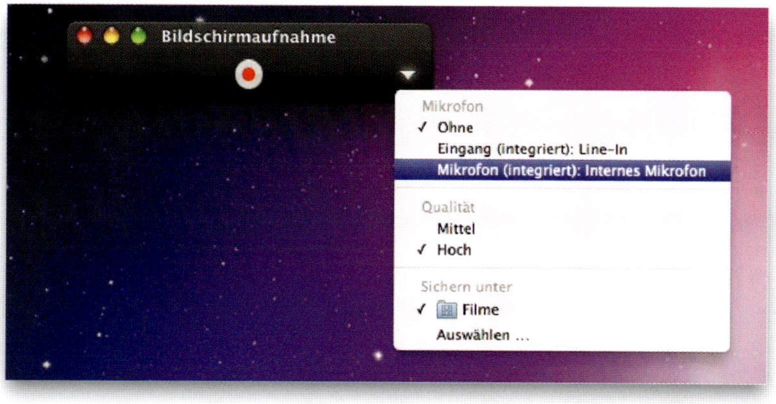

Damit Ihre Zuschauer auch wissen, was Sie ihnen mit der Bildschirmaufnahme zeigen möchten, können Sie einen begleitenden Kommentar aufzeichnen.

Sobald die Bildschirmaufnahme läuft, verschwindet der Dialog. Stattdessen erscheint oben in der Menüleiste eine kleine Schaltfläche *Aufnahme stoppen*. Die verschwindet allerdings ebenfalls, sobald Sie während der Aufzeichnung das Programm QuickTime verlassen, zum Beispiel weil Sie zeigen möchten, wie man mit einem bestimmten Programm arbeitet. In diesem Fall wird die Menüleiste wie gewohnt dem gerade aktiven Programm angepasst. Möchten Sie die Aufnahme beenden, ohne erst explizit zu QuickTime zurückzukehren, drücken Sie [⌘] [ctrl] [esc].

Jede Aufzeichnung, ganz gleich ob Video, Bildschirm oder Audio, wird von QuickTime automatisch im festgelegten Ordner gespeichert.

Beim Trimmen eines Videos legen Sie Start- und Endpunkt neu fest und können so überflüssige Frames aus der Aufzeichnung entfernen.

Sobald die Aufzeichnung beendet ist, öffnet QuickTime die gespeicherte Datei. So haben Sie die Möglichkeit, Ihre Aufzeichnung sofort zu begutachten. Bei Video- und Bildschirmaufzeichnungen können Sie überflüssige Bilder am Anfang und Ende abschneiden. Rufen Sie dazu *Bearbeiten* > *Trimmen* auf. QuickTime blendet daraufhin die Aufnahme als Filmstreifen ein und umgibt sie mit einem gelben Rahmen. Mit der Maus können Sie nun den Anfangs- und Endpunkt der Aufzeichnung anpassen und Ihre Änderungen anschließend speichern.

Möchten Sie Ihre Aufzeichnung anderen zur Verfügung stellen, können Sie sie über das *Bereitstellen*-Menü nach iTunes, MobileMe oder Youtube hochladen.

Die Medienzentrale von Mac OS X: iTunes

Das kostenlose Programm iTunes wird von Apple sowohl für Mac OS X als auch für Windows angeboten. Auch wenn das Programmsymbol eine CD samt Notensymbol schmückt und iTunes damit als Tool zur Verwaltung digitaler Musik ausweist, so ist Musik schon lange nicht mehr die einzige Domäne von iTunes und hat sich im Laufe der Zeit zur zentralen Medienverwaltung von Mac OS X entwickelt.

Das Programm versorgt iPhone, iTunes und Apple TV mit Inhalten und ist die zentrale Schnittstelle zu Apples iTunes Store, über den man Musik, Filme und TV-Serien kaufen oder als digitale Kopie mit beschränkter Lebensdauer auch ausleihen kann. Auch Programme für das iPhone und den iPod werden über iTunes verwaltet und aus Apples App Store heruntergeladen. Außerdem organisiert iTunes Podcasts, die Sie im iTunes Store kostenlos abonnieren können. Und natürlich gibt das Programm auch sämtliche Inhalte wieder, die es verwaltet.

Der Import einer Musik-CD nach iTunes ist eine Sache eines Mausklicks: CD einlegen, CD importieren klicken, fertig.

Das Herzstück von iTunes ist die Mediathek. Hier verwaltet iTunes alle Inhalte – Musik, Podcasts, Filme, Hörbücher und mehr. Die einfachste Methode, die Mediathek mit Musik zu füllen, besteht darin, eine Musik-CD einzulegen, ein wenig abzuwarten, bis iTunes alle Einstellungen vorgenommen hat, und anschließend auf die Schaltfläche *CD importieren* zu klicken. Dabei bezieht iTunes sämtliche Daten aus einer Titeldatenbank im Internet, die allerdings nicht immer korrekt sind. Es kann also nicht schaden, vor dem Import kurz die verschiedenen Einträge zu kontrollieren.

Die Qualität von digitaler Musik hängt entscheidend davon ab, wie viele Informationen pro Sekunde kodiert werden. Je größer diese Datenrate (die in Kbit/s gemessen wird), desto besser ist die Audioqualität. Ein Musikstück, das mit 96 Kbit/s importiert wurde, klingt hörbar schlechter als eines, das mit 192 Kbit/s eingelesen wurde. Allerdings dauert der Import der Daten mit steigender Bitrate länger und die erzeugten Dateien werden deutlich größer. Auch die Wahl des Kodierungsverfahrens spielt eine Rolle. Ein Musikstück, das mit 128 Kbit/s im MP3-Format importiert wurde, klingt etwas undifferenzierter als beim Import mit der gleichen Bitrate im AAC-Format. Die optimale Qualität bringt eine 1:1-Kopie der CD-Daten im WAV-Format, allerdings bekommen Sie dann auch riesige Dateien, die in Windeseile Ihre Festplatte füllen. Die gleiche Qualität, bei etwa halber Dateigröße, bietet die verlustfreie Komprimierung im Apple-Lossless-Format. Allerdings belegt ein einziger Song auch hier schon mal 50 bis 100 MB – also genau soviel, wie Sie mit AAC oder MP3 für eine komplette CD benötigen.

Je höher aufgelöst Sie ein Musikstück importieren, desto besser ist die Klangqualität, aber desto mehr Speicherplatz benötigen Sie für die Datei.

Hier muss also ein Kompromiss aus Qualität und Dateigröße gefunden werden, wobei als Faustregel gilt, dass oberhalb von 160 Kbit/s nur noch mit guter Audioausstattung Unterschiede hörbar sind. Doch der Höreindruck ist natürlich sehr subjektiv – was für den einen durchaus gut klingt, ist dem anderen dumpf und verrauscht.

Da Sie die Datenrate vor dem Import selbst einstellen können, sollten Sie hier einige Tests machen und die für Sie optimalen Einstellungen vornehmen. Klicken Sie dazu auf *Importeinstellungen*.

Für die Verwaltung Ihrer Musik in iTunes spielen die Tags – also die verschiedenen Informationen zu Album, Interpret, Genre, Name und so weiter – eine entscheidende Rolle. Je besser und ausführlicher Sie einen Song in iTunes mit zusätzlichen Informationen ausstatten, desto besser kann iTunes mit ihm umgehen und desto schneller finden Sie mit dem Programm genau den Song, den Sie hören möchten. Um die Informationen eines Musikstücks in iTunes festzulegen, markieren Sie den entsprechenden Eintrag und drücken ⌘ I.

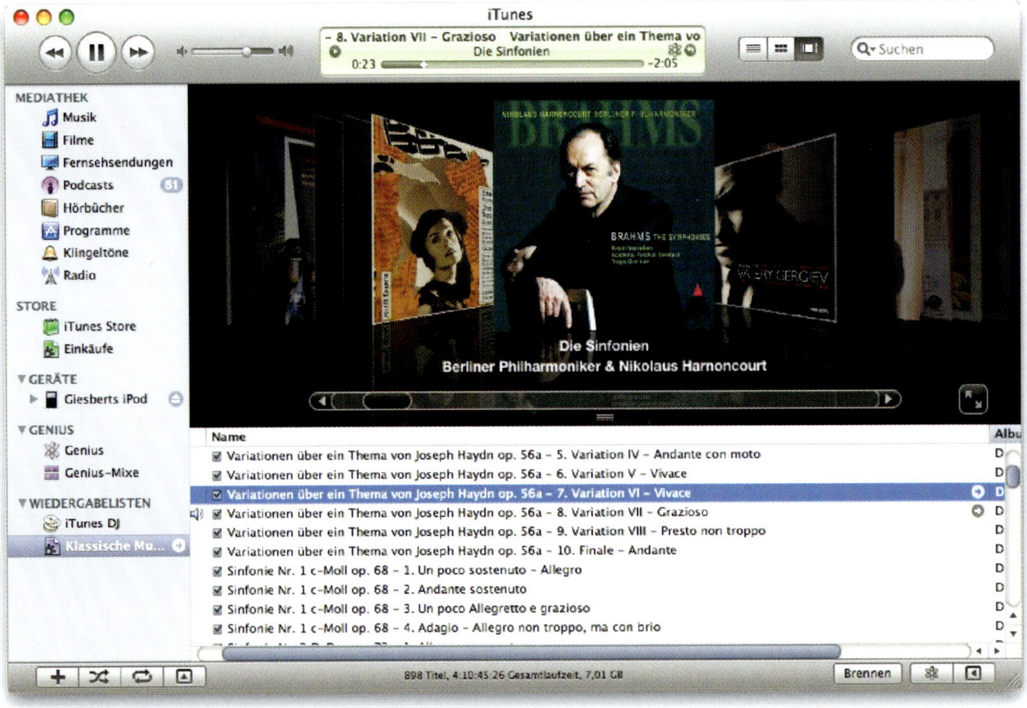

In der Cover-Flow-Darstellung können Sie sich anhand der Plattencover in Ihrer Musik orientieren.

Damit Sie komfortabel auf die Inhalte Ihrer Mediathek zugreifen können, bietet iTunes verschiedene Darstellungsmethoden, die Sie über das Menü *Darstellung* oder über die Symbole rechts in der Kopfleiste von iTunes wählen.

- **Liste:** Wie der Name schon sagt, werden die einzelnen Einträge hier der Reihe nach aufgelistet. Nach welchem Kriterium sortiert wird, legen Sie durch einen Klick auf den entsprechenden Spaltenkopf fest. Klicken Sie mit der rechten Maustaste in einen Spaltenkopf können Sie die Spalten auswählen, die iTunes anzeigen soll.
- **Raster:** Hier werden die verschiedenen Einträge zu passenden Gruppen zusammengefasst, die durch ein Cover aus der jeweiligen Gruppe repräsentiert werden. Die Cover sind in einem Raster angeordnet. Nach welchen Kriterien iTunes dabei die Musik gruppiert, legen Sie über *Darstellung* > *Rasterdarstellung* fest. Zur Auswahl stehen

dabei *Alben*, *Interpreten*, *Genres* und *Komponisten*. Mit *Darstellung > Rasterdarstellung > Kopfbereich einblenden* lassen Sie sich eine weitere Symbolleiste anzeigen, über die Sie zum Beispiel die Größe der angezeigten Cover einstellen können.

- **Cover Flow:** Diese Darstellung kombiniert die Albumcover mit der Listendarstellung. Im oberen Bereich sehen Sie die Cover, durch die Sie mit der Maus blättern, darunter eine Liste der entsprechenden Einträge.
- **Spaltenbrowser:** Der Spaltenbrowser ist eine Option für die Listendarstellung, der Ihnen dabei hilft, sich in umfangreichen Beständen zurechtzufinden. Über den Spaltenbrowser lässt sich die Listendarstellung nach verschiedenen Kriterien filtern. Hier wählen Sie etwa zuerst das Genre, anschließend den Interpreten und dann das gewünschte Album. Der Spaltenbrowser kann sowohl oberhalb der Liste als auch seitlich angezeigt werden. Sie aktivieren ihn über *Darstellung > Spaltenbrowser anzeigen*. Über *Darstellung > Spaltenbrowser* definieren Sie die angezeigten Spalten. Zur Auswahl stehen *Genres*, *Interpreten*, *Alben*, *Komponisten* und *Werke*.

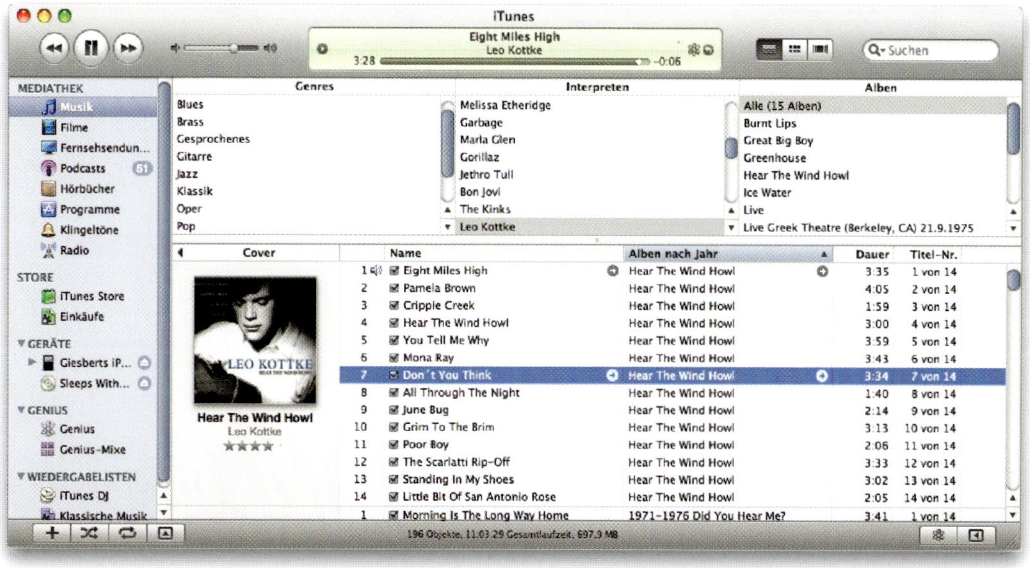

Der Spaltenbrowser strukturiert die Listenübersicht nach verschiedenen Rubriken und hilft dabei, gezielt auf ein bestimmtes Album zuzugreifen.

Wiedergabelisten in iTunes

Über den Eintrag *Mediathek* in der Seitenleiste von iTunes haben Sie vollen Zugriff auf sämtliche Inhalte. Wenn Sie nur eine überschaubare Menge an Musik und anderen Daten gespeichert haben, finden Sie sich über die entsprechenden Einträge noch problemlos in Ihrer Sammlung zurecht. Je mehr Alben Sie allerdings importiert haben, desto unübersichtlicher wird der Griff aufs Große Ganze. Sobald Sie 100 oder 200 Alben mit iTunes verwalten, kann es ein wenig lästig werden, bei der Suche nach einem bestimmten Stück oder Künstler immer den kompletten Bestand durchblättern zu müssen.

Hier helfen die Wiedergabelisten weiter, in denen Sie die Inhalte nach Ihren eigenen Vorstellungen zusammenstellen und sich so Musik für bestimmte Anlässe und Stimmungen selbst mixen.

Um eine Wiedergabeliste anzulegen, klicken Sie unten links auf das Pluszeichen und ziehen anschließend alle Songs, die Sie hier aufnehmen möchten, aus der Mediathek auf den Listeneintrag in der Seitenleiste. Die Reihenfolge der Songs legen Sie in der Wiedergabeliste mit der Maus fest.

Eine Wiedergabeliste lässt sich problemlos auf CD brennen. Wählen Sie dazu in der Seitenleiste die gewünschte Liste aus und klicken Sie anschließend auf die Schaltfläche *Brennen*.

Bei den Einträgen in einer Wiedergabeliste handelt es sich nicht um physikalische Kopien der entsprechenden Musikdateien, sondern lediglich um Verweise auf die in der Mediathek gespeicherten Daten. Sie können Einträge in einer Liste also problemlos hinzufügen und löschen, ohne befürchten zu müssen, die entsprechende Datei gleich mit zu entsorgen.

Mit den „intelligenten Wiedergabelisten" können Sie Listen erstellen, die iTunes automatisch aktualisiert. Das funktioniert genau so, wie Sie es von den intelligenten Ordnern im Finder kennen. Sie definieren eine Reihe von Bedingungen, die erfüllt sein müssen, damit ein Song hier auftaucht, und iTunes kümmert sich in Zukunft darum, dass der Inhalt der Liste zu dem von Ihnen vorgegebenen Muster passt. Eine solche Liste legen Sie über *Ablage > Neue intelligente Wiedergabeliste* an.

Intelligente Wiedergabelisten werden von iTunes nach Ihren Vorgaben verwaltet. Hier eine Liste, in der alle neu hinzugefügten Inhalte der letzten 5 Tage aufgelistet werden, wobei Podcasts und Hörbücher außen vor bleiben.

Eine spezielle Form der Wiedergabelisten sind die Geniuslisten. Bei einer solchen Liste stellt iTunes auf Basis eines bestimmten Songs automatisch eine Liste mit zueinanderpassenden Songs zusammen. So erhalten Sie mit einem Mausklick eine in sich stimmige Zusammenstellung von Musik aus Ihrer Mediathek und stoßen so oftmals auch auf Songs, an die Sie vielleicht längere Zeit nicht mehr gedacht haben. Wie gut Genius funktioniert, hängt vom Umfang Ihrer Mediathek ab.

Bei einer Geniusliste erstellt iTunes automatisch eine Wiedergabeliste, deren Zusammenstellung auf einem frei wählbaren Ausgangssong basiert. Die Liste kann bearbeitet, gespeichert oder auch auf CD gebrannt werden.

Generell gilt, je umfangreicher Ihre Musiksammlung, desto erfolgreicher und treffsicherer ist das Verfahren. Dabei analysiert Genius Ihren Medienbestand, Statistiken, Bewertungen und ähnliche Daten und schickt diese Informationen – natürlich anonymisiert – via Internet an Apple. Dort werden die Daten einem riesigen Datenpool mit den Informationen von Millionen anderer iTunes-Nutzer weltweit hinzugefügt. Auf der Analyse dieses Datenpools basieren die Empfehlungen und Zusammenstellungen der Genius-Funktion. Damit Sie Genius nutzen können, müssen Sie diese Funktion zuerst aktivieren. Das geht entweder über die entsprechende Schaltfläche in der Genius-Seitenleiste rechts oder über dem Menüeintrag *Store > Genius aktivieren*. Wenn Sie es sich später anders überlegen, können Sie die Funktion hier auch wieder deaktivieren.

Mit den Genius-Mixen hat Apple diesen Automatismus noch einen Schritt weitergeführt. Ein Genius-Mix ist eine Art automatisch erstelltes Radioprogramm, das auf zusammenpassende Stücke aus Ihrer Mediathek basiert. So stehen Ihnen, je nach Inhalt und Umfang Ihrer Mediathek, zum Beispiel Rock-, Blues-, Soul- oder Klassik-Sender zur Verfügung, die nur Musik spielen, die Sie in Ihrer Mediathek haben. Auf die Auswahl und die Reihenfolge der gespielten Stücke haben Sie keinen Einfluss. Der beschränkt sich, wie beim Radio, lediglich aufs Ein- oder Ausschalten.

Das Programmpaket iLife

Zu jedem neueren Mac liefert Apple die jeweils aktuelle Version von iLife mit, aktuell also das Paket iLife '09. Eine Beschreibung dieser Programme sprengt den Umfang und auch den Fokus dieses Buches. Zum einen, weil es sich um eine Sammlung ausgereifter und leistungsfähiger Produkte handelt, deren Vorstellung und Beschreibung ein eigenes Buch erfordert (das ich übrigens geschrieben habe, schauen Sie mal auf der Rückseite dieses Buchs nach), zum anderen, weil diese Programme zwar auf Ihrem Mac installiert sind, aber auch im weitesten Sinne nicht zu Mac OS X gehören.

Das Programm **iPhoto** ist für Fotos das, was iTunes für Musik ist. Mit diesem Programm verwalten Sie Ihre digitalen Fotos aus den unterschiedlichsten Quellen unter einer einheitlichen Oberfläche. Das Programm bietet verschiedene Bearbeitungsfunktionen, um etwa nachträglich die Farbwerte zu korrigieren, bestimmte Ausschnitte zu wählen oder die leidigen „roten Augen" zu entfernen. Mächtige Suchfunktionen sorgen dafür, dass Sie auch bei mehreren tausend Bildern das gesuchte Foto schnell finden – vorausgesetzt, Sie waren beim Import der Daten so sorgfältig, jedes Foto zu beschriften und mit Stichwörtern zu versehen. Dabei unterstützt Sie iPhoto unter anderem mit Verwaltung der Fotos nach „Ereignissen". Hier geht iPhoto davon aus, dass Bilder, deren Aufnahmedaten zeitlich sehr eng zusammenliegen, auch thematisch zusammengehören. Das Programm kann GPS-Daten in Fotos auslesen und Ihre Bilder geografisch sortieren. Pfiffig ist auch die automatische Gesichtserkennung. Die muss man anfangs ein wenig trainieren, aber schon bald fischt Ihnen iPhoto alle Fotos, auf denen eine bestimmte Person zu sehen ist, zielsicher aus dem Bilderbestand.

Mit **iWeb** können Sie sehr schnell und einfach eine eigene Webseite erstellen. Dabei liegt die Stärke des Programms in seinen professionellen Vorlagen, die optimal auf die Kooperation mit den anderen iLife-Programmen ausgelegt sind. Mit iWeb können Sie durch einfaches Drag & Drop professionelle Websites gestalten und im Internet publizieren. Dabei ist iWeb zwar besonders gut auf das Zusammenspiel mit Apples kostenpflichtigem Angebot MobileMe vorbereitet, aber Sie können Ihre mit iWeb erstellten Webseiten natürlich auch auf anderen Servern publizieren.

Viele Digicams können auch Filme aufzeichnen, wenn man im Urlaub nicht ohnehin einen digitalen Camcorder dabei hat. Das Programm **iMovie** hilft Ihnen dabei, aus den verschiedenen Filmclips einen ansehnlichen Film zu produzieren. Mit iMovie sind Sie Regisseur, Cutter und Effektexperte in Personalunion. Dabei bietet Ihnen iMovie zahlreiche Hilfestellungen und Assistenten, so dass die Produktion des ersten Films bei der Übernahme der Programmvorgaben eine Sache weniger Minuten ist. Die Filme können zum Beispiel nach Youtube hochgeladen oder mit iWeb im Internet bereitgestellt werden. Natürlich ist es auch möglich, sie mit iTunes zu importieren und von dort auf den iPod zu kopieren.

Wer am Mac Filme schneidet, Fotos und Musik verwaltet, der möchte vielleicht auch seine eigene DVD produzieren. Kein Problem: Mit **iDVD** steht das passende Programm bereit. Damit können Sie Ihre Filme auf DVDs mit professionellen Menüs veröffentlichen. Das Programm bietet verschiedene Themen für die Gestaltung animierter Oberflächen, einen mächtigen Menüeditor und ein erstaunlich flottes Verarbeitungstempo. So wird Ihre hauseigene DVD-Produktion nicht zum quälenden Wartejob. Das Ergebnis Ihrer kreativen Bemühungen lässt sich anschließend mit dem eingebauten DVD-Brenner als DVD sichern, die auf jedem handelsüblichen DVD-Player abgespielt werden kann.

Schließlich gibt es noch **GarageBand**, das einzige iLife-Programm ohne „i". Bei dem Programm handelt es sich um ein virtuelles Musikstudio, mit dem Sie nicht nur Begleitmusik für Ihre Filme aufzeichnen oder produzieren, sondern auch eigene Songs abmischen können. Das Programm entfaltet seine Stärken dann, wenn Sie selbst ein Instrument spielen und Ihre Aufnahmen in GarageBand um eine komplette Begleitung erweitern. Doch auch ohne eigenes Instrument erlaubt Ihnen GarageBand musikalisch-kreative Experimente, bietet das Programm doch zahlreiche Loops, mit denen Sie bereits eigene Musikstücke zusammenstellen können. Und wenn Sie noch kein Instrument spielen, es aber gern lernen würden, kann Ihnen GarageBand mit verschiedenen Lektionen für Gitarre und Klavier weiterhelfen. Für die etwas fortgeschrittenen Musiker stehen die Künstler-Übungen bereit, in denen Künstler wie Norah Jones, John Fogerty, Sting oder John Legend Schritt für Schritt zeigen, wie man einen ihrer bekanntesten Songs spielt. Im Anschluss können Sie dann zusammen mit dem Künstler und seiner Band musizieren.

Kapitel 9

Backups und andere Methoden, Ihre Daten in Sicherheit zu bringen

Jeder weiß, wie wichtig es ist, aber kaum jemand tut es. Nämlich seine Daten in Form eine Backups regelmäßig in Sicherheit zu bringen. Denn auch wenn es monate- oder jahrelang gut geht – irgendwann löscht man eine Datei, die man nicht hätte löschen dürfen, überschreibt ein Dokument, dessen Originalversion man braucht, oder verliert gar seine Daten bei einem Hardwarefehler. Da ist guter Rat teuer. Teurer jedenfalls als ein rettendes Backup. Denn das kostet Sie nur eine externe Festplatte. Um alles andere kümmert sich Mac OS X.

Backup oder Bequemlichkeit? Beides!

Beim Thema Backup (also der möglichst regelmäßigen Sicherung der Daten in Kopien auf externen Datenträgern) landet man unweigerlich beim Unterschied zwischen Theorie und Praxis.

Theoretisch weiß eigentlich jeder Anwender sehr genau, wie wichtig die regelmäßige Sicherheitskopie seiner Daten ist. Aber dieses Wissen bleibt in der Praxis geradezu atemberaubend folgenlos. 96 % der Anwender – so das Ergebnis einer Untersuchung von Apple – sind davon überzeugt, dass Backups wichtig sind und vor unverhofftem Datenverlust schützen. Aber nur ein, zwei Prozent der Anwender handeln auch entsprechend und sichern regelmäßig ihre Daten. Anders gesagt: Über 90 % aller Anwender handeln in Sachen Datensicherheit wider besseres Wissen.

Daran ändern selbst schlechte Erfahrungen nichts – wofür etwa ich als Beispiel dienen kann. Mir sind im Laufe meines IT-Lebens mehrfach Daten durch eigene Dussligkeit, Software- oder Hardwarefehler verloren gegangen. Trotzdem habe ich mich in all den Jahren nie zu einer wirkungsvollen Maßnahme durchringen können, meine Daten regelmäßig zu sichern.

Denn in der Praxis entpuppen sich Backups als eine leidige, lästige und langweilige Aufgabe, der man sich nur gar zu gern entzieht. Und je geringer der äußere Druck, desto laxer wird der Umgang mit den Daten. Wer im Büro pflichtbewusst und regelmäßig die Firmendaten sichert, lässt daheim schon mal fünfe gerade sein und verschiebt die Angelegenheit immer wieder auf den nächsten Tag – wenn er denn überhaupt noch daran denkt. Als wäre der Datenverlust weniger ärgerlich, wenn es nur die Urlaubsbilder und nicht die Budgetplanung erwischt hat.

Apples Lösung dieses Dilemmas heißt Time Machine. Denn wenn beim Wettstreit zwischen Backup und Bequemlichkeit die Datensicherheit regelmäßig den Kürzeren zieht, dann lässt sich das nur ändern, wenn die Datensicherung so bequem wird, dass der Anwender davon nichts mehr mitbekommt.

Und genau das leistet Time Machine.

Mit der Zeitmaschine gegen Datenverlust

Time Machine ist eine „Einmal einschalten und vergessen"-Lösung, die Apple erstmals mit Leopard, dem Vorgänger von Snow Leopard, eingeführt hat.

Bei Time Machine müssen Sie sich nicht mehr darum kümmern, dass ein Backup angelegt wird, denn das passiert nach dem Anschließen einer externen Festplatte hinfort automatisch.

Sie müssen sich auch nicht mit der Konfiguration des Programms herumschlagen, weil man Time Machine nicht konfigurieren muss (und es auch kaum kann, selbst wenn man es wollte).

Sie müssen sich keine Gedanken darüber machen, welche Ordner und Dateien gesichert werden sollen, weil Time Machine einfach alles sichert, was es an Daten auf der Festplatte findet. (Sie können allerdings Ausnahmen definieren, aber dazu weiter unten mehr.)

So einfach kann ein Backup sein: Festplatte anschließen, als Backup-Volume auswählen, Time Machine einschalten. Fertig. Um den Rest kümmern sich in Zukunft Ihr Mac und Time Machine.

Sie müssen sich auch nicht für die richtige Strategie entscheiden, denn Time Machine legt inkrementelle Backups auf Stunden-, Tages- und Wochenbasis an. Inkrementell bedeutet, dass Time Machine beim Start einmal alles komplett sichert und in Zukunft nur noch die Veränderung im Datenbestand protokolliert.

Das macht das Programm für die letzten 24 Stunden stündlich, für den letzten Monat im Tagesrhythmus und für alles, was älter als vier Wochen ist, im Wochenabstand. Die Wochenbackups werden solange aufgehoben, solang Time Machine Speicherplatz zur Verfügung hat. Wird der Platz auf der Platte eng, informiert Sie Time Machine und beginnt damit, die ältesten Backups zu löschen.

Auch die größte Festplatte ist einmal voll. Sie haben dann die Wahl, Time Machine ältere Backups löschen zu lassen oder dem Programm eine weitere Festplatte zur Verfügung zu stellen.

Alles, was Sie tun müssen, um in Zukunft vor Datenverlust – nun, natürlich nicht völlig, aber doch sehr ordentlich – gefeit zu sein, ist, eine externe Festplatte an Ihren Mac anzuschließen. Bei jeder neuen Festplatte meldet sich Time Machine und fragt nach, ob das neue Laufwerk benutzt werden soll. Ein Mausklick genügt, und das Programm beginnt mit der Sicherung.

Drei Dinge sollten Sie dabei beachten:

- Eine frisch gekaufte Festplatte kommt fast immer mit einer DOS-Partitionstabelle („Master Boot Record") und einer Partition im MS-DOS-Format FAT. Zwar kann Mac OS X damit problemlos umgehen, aber die optimale Leistung erzielen Sie mit Mac-eigenen Formaten. Daher sollten Sie eine neue Festplatte vor dem Einsatz von Time Machine mit dem Festplatten-Dienstprogramm auf die *GUID-Partitionstabelle* ändern und eine Partition im Format *Mac OS X Extended (Journaled)* anlegen. Wie das geht, erfahren Sie weiter unten.
- Bei der ersten Sicherung Ihres Systems wird der Ist-Zustand gespeichert. Das kann, je nach Datenmenge, einige Zeit dauern. Sie sollten damit also nicht unbedingt beginnen, wenn Sie Ihren Mac eigentlich gerade ausschalten wollten. (Keine Sorge, später werden nur noch die Daten gespeichert, die sich tatsächlich verändert haben, dann dauert ein Durchlauf nur ein paar Minuten oder nicht einmal das.)
- Die externen Festplatte kann gar nicht groß genug sein. Hier gilt die einfache Faustregel, dass mehr ganz einfach mehr ist. Sie sollten allerdings nicht unbedingt die billigste Platte kaufen, die Sie kriegen können. Denn was nutzt Ihnen das schönste Backup, wenn die Festplatte nach kurzer Zeit ihren Geist aufgibt?

Das Backup liegt in einem Ordner „Backups.backupdb". Außerhalb dieses Ordners können Sie das Laufwerk natürlich auch für andere Zwecke nutzen, etwa um sehr umfangreiche Mediendaten auszulagern, allerdings werden diese Daten nicht von Time Machine gesichert.

Über einen großen Ein-/Ausschalter starten bzw. stoppen Sie Time Machine. Außerdem informiert Sie Time Machine, wie weit Ihre Backups zurückreichen, wann das letzte Backup geschrieben wurde und wie lange es noch dauert, bis das nächste angelegt wird.

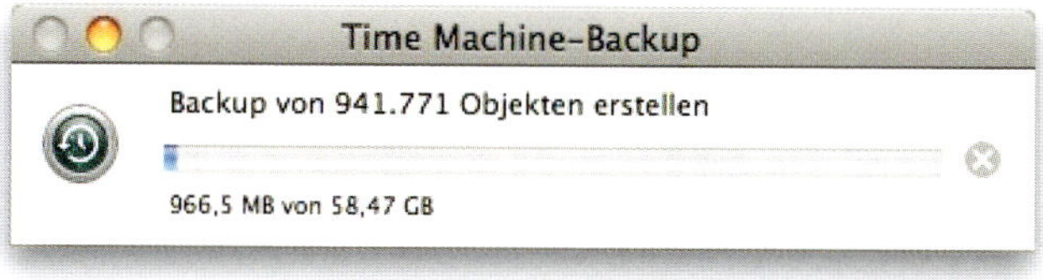

Beim ersten Mal sichert Time Machine Ihr komplettes System, was ein wenig länger dauert. Später werden Sie die Sicherung kaum noch mitbekommen, so schnell geht das.

Falls die letzte Speicherung erst wenige Minuten her ist und Sie just im Moment einige Dokumente und Dateien gespeichert haben, für deren Sicherung Sie nicht auf den nächsten Durchgang warten möchten, dann können Sie den Sicherungsvorgang manuell anstoßen.

1. Klicken Sie mit der rechten Maustaste auf das Time-Machine-Symbol im Dock oder mit der linken Maustaste auf den Time-Machine-Eintrag in der Menüleiste.
2. Wählen Sie im Kontextmenü den Eintrag *Backup jetzt erstellen*.
3. Time Machine beginnt unverzüglich mit der Arbeit und sichert alle seit dem letzten Backup veränderten Daten – und damit auch Ihre wichtigen Dokumente.

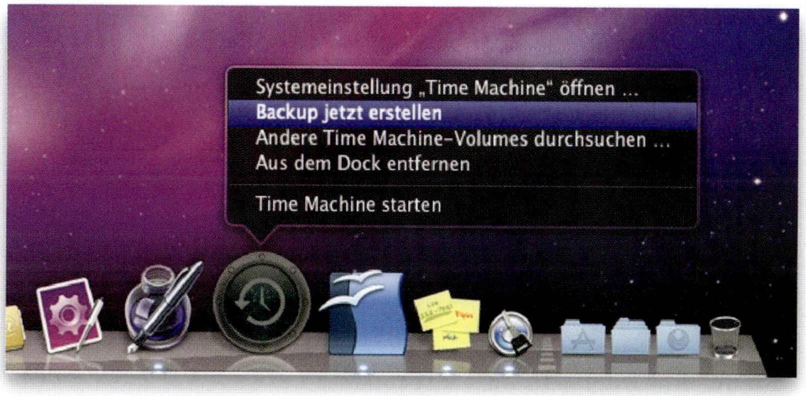

Normalerweise läuft bei Time Machine alles automatisch. Aber natürlich können Sie, wenn's denn sein muss, einen Sicherungslauf auch manuell starten.

Sollte sich Time Machine beim Anschluss einer Festplatte einmal nicht automatisch melden oder möchten Sie das Laufwerk ändern, gehen Sie folgendermaßen vor:

1. Rufen Sie > *Systemeinstellungen* auf und klicken Sie im Abschnitt *System* auf den Eintrag *Time Machine*.
2. Klicken Sie auf die Schaltfläche *Volume auswählen* und legen Sie das neue Medium fest.

Bereiche vom Backup ausnehmen

Das Grundkonzept von Time Machine sieht vor, kurzerhand alles zu sichern, was dem Programm vor die Nase kommt. Das ist im Grunde auch ein sehr sinnvoller Ansatz, aber es gibt, wie immer, natürlich auch Ausnahmen.

So möchte man vielleicht nicht, dass ein bestimmter Ordner mit sensiblen Daten auch im Backup auftaucht. Es ist auch wenig sinnvoll, temporäre Ordner, in denen man vorübergehend umfangreiche Dateien zwischenlagert, ins Backup aufzunehmen.

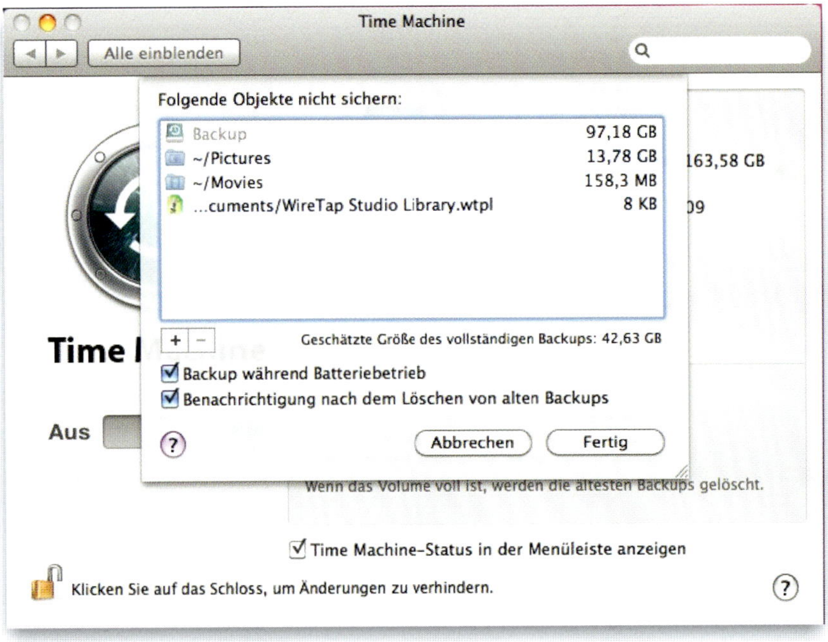

Nicht immer ist es sinnvoll, wenn Time Machine alle Daten beim Backup berücksichtigt. In solchen Fällen definiert man mit wenigen Mausklicks eine Ausnahme, und in Zukunft ignoriert Time Machine diesen Ordner bzw. dieses Laufwerk.

In solchen Fällen empfiehlt es sich, bestimmte Ordner oder Laufwerke explizit vom Backup auszunehmen. Das geht so:

1. Rufen Sie > *Systemeinstellungen* auf und klicken Sie im Abschnitt *System* auf den Eintrag *Time Machine*.
2. Klicken Sie auf die Schaltfläche *Optionen*. Es öffnet sich ein Dialog, in dem Sie festlegen, welche Laufwerke oder Ordner nicht gesichert werden sollen. Standardmäßig ist hier logischerweise das Laufwerk, auf das Time Machine sichert, eingetragen (ansonsten würde Time Machine sich in einer Endlosschleife verfangen und versuchen, Backups von Backups von Backups anzulegen).
3. Um einen neuen Eintrag hinzuzufügen, klicken Sie auf die Plusschaltfläche. Es öffnet sich ein Finderfenster, in dem Sie die entsprechenden Ordner markieren können.

Mit der Zeitmaschine zurück in die Zukunft

Die regelmäßige, bequeme Sicherung von Daten ist nur die halbe Mlete. Denn was nützt Ihnen das schönste und einfachste Backup, wenn der Zugriff auf die gesicherten Daten wieder mit Mühen und Plagen verbunden ist? Da würde wieder die Bequemlichkeit siegen und man auf ein Backup gleich ganz verzichten.

Hier hat sich Apple etwas Besonderes einfallen lassen. Ein Klick auf das Time-Machine-Symbol im Dock verändert das komplette Aussehen des Desktops. Der aktuelle Inhalt rutscht nach unten aus dem Sichtfeld hinaus und macht einem Weltall Platz, in dessen Mitte gestaffelte Finderfenster sich in der Unendlichkeit verlieren. Am rechten Rand ist eine Zeitleiste, unten befinden sich einige Schaltflächen.

Ein Backup, das die Leute benutzen sollen, muss einfach sein – und mit einer ansprechenden Optik aufwarten. So wie zum Beispiel Time Machine.

Die ganze Anmutung wirkt ein wenig wie ein Computerspiel – und das ist natürlich Absicht. Denn so erreicht man zweierlei:

- Das mit allerlei unangenehmen Erfahrungen und Vorurteilen belastete Thema Backup verliert durch den eher spielerischen Zugang seinen Schrecken. Das führt dazu, dass das Time-Machine-Backup von den Anwendern eher benutzt wird als andere Lösungen, die zwar einen ähnlichen Funktionsumfang haben, aber deutlich nüchterner daherkommen.

- Die radikale Veränderung der Oberfläche macht unmissverständlich deutlich, dass man sich jetzt nicht mehr im normalen Arbeitsbetrieb, sondern auf einer Zeitreise in die Datenvergangenheit des Macs befindet.

Die sich in der Ferne verlierenden Finderfenster stellen den Systemzustand des Macs zu den verschiedenen Sicherungszeitpunkten dar. Über die Pfeile rechts kann man in der Zeit vor- und zurückblättern, wobei man immer zum nächsten Zeitpunkt springt, an dem sich der Inhalt des aktuell gezeigten Ordners verändert hat. Über die Zeitleiste am rechten Rand lässt sich aber auch jeder Zeitpunkt gezielt ansteuern.

Eine Standardsituation für den Einsatz von Time Machine sieht ungefähr so aus: Sie stellen bei der täglichen Arbeit fest, dass ein Dokument (etwa eine PDF-Datei aus dem Internet), das Sie in einem bestimmten Ordner vermutet haben (etwa im Download-Verzeichnis) nicht mehr vorhanden und auch bei einer Spotlightsuche nicht aufzufinden ist, also vermutlich versehentlich gelöscht wurde. In diesem Fall gehen Sie folgendermaßen vor:

1. Öffnen Sie den Ordner, in dem Sie das Dokument zuletzt gespeichert haben und klicken Sie auf das Time-Machine-Symbol im Dock.
2. Der Bildschirm ändert sich und zeigt nun den aktuellen Inhalt des gewählten Ordners im Finder vor dem Time-Machine-Himmel an.
3. Klicken Sie sich so lange über die Pfeiltasten in die Vergangenheit, bis das gesuchte Dokument auftaucht.
4. Markieren Sie das Dokument mit der Maus und klicken Sie auf die Schaltfläche *Wiederherstellen* rechts unten.
5. In einer schicken Animation wird die markierte Datei zurück in die Gegenwart geholt. Gleichzeitig kehren Sie zurück zum gewohnten Mac-Desktop. Die gesuchte Datei befindet sich jetzt in dem Ordner, von dem aus Sie die Zeitreise unternommen haben.

Sollte die gesuchte Datei nicht in einer früheren Version des aktuell gewählten Ordners zu finden sein, können Sie mit Spotlight natürlich auch die Vergangenheit durchsuchen und nach der verlorenen Datei fahnden.

Systemwiederherstellung mit Time Machine

Time Machine eignet sich nicht nur zur Wiederherstellung einzelner Dateien, sondern kann auch dazu benutzt werden, ein komplettes System zu rekonstruieren. Es kommt zwar sehr, sehr selten vor, dass eine Mac-OS-X-Installation unrettbar verloren ist und Mac OS X komplett neu installiert werden muss. Aber es ist doch beruhigend, dass man selbst für diesen Ausnahmefall mit Time Machine gut gerüstet ist.

Denn zusammen mit der Snow-Leopard-DVD ist es möglich, den Mac wieder in den Zustand zu versetzen, der beim letzten Systembackup gesichert wurde.

Dazu wird zuerst das System von der System-DVD neu installiert. Anschließend kann man im Zuge der Datenübernahme, die automatisch nach einer Neuinstallation gestartet wird, den Punkt *Von einem Time Machine-Backup* anwählen und das System so vollständig rekonstruieren.

Eine andere Methode besteht darin, das Installationsprogramm von der System-DVD zu starten und dort im Menü unter *Dienstprogramme > System aus Backup wiederherstellen* zu wählen. Nach der Auswahl des Time-Machine-Laufwerks und des gewünschten Backups wird das System rekonstruiert.

! Aber denken Sie daran: Mit dieser Option wird die bestehende Datenstruktur der Festplatte komplett gelöscht und mit den Daten des Backups überschrieben. Sie sollten zu diesem Verfahren erst dann greifen, wenn es wirklich notwendig ist.

Backups löschen

Backups sind in der Regeln dazu da, Dateien, die Sie versehentlich gelöscht haben, wieder hervorzuzaubern. Das ist gut und schön, aber manchmal soll eine Datei, die gelöscht wird, auch wirklich gelöscht bleiben und nicht unverhofft über das Backup wieder im unpassendsten Moment auftauchen.

In solchen Fällen kann man eine Datei oder auch gleich ein ganzes Backup vom Time-Machine-Laufwerk löschen. Diese Daten lassen sich dann nicht mehr via Time Machine rekonstruieren.

1. Lokalisieren Sie in Time Machine die Datei(en), die Sie nicht im Backup behalten möchten.
2. Markieren Sie die Datei(en) und wählen Sie über die *Aktion*-Schaltfläche die gewünschte Löschaktion. Sie können entweder sämtliche Sicherheitskopien der markierten Datei(en) löschen oder das gesamte Backup zu diesem speziellen Zeitpunkt.
3. Es erscheint eine Sicherheitsabfrage, die Sie darauf hinweist, dass diese Löschaktion nicht mehr rückgängig gemacht werden kann.
4. Nach einem Klick auf *OK* nimmt das Schicksal seinen Lauf und entfernt die Datei(en) bzw. das gewählte Backup.

Time Machine sichert alle Dateien, auch versehentlich gelöschte. Manchmal werden Dateien aber nicht versehentlich, sondern mit voller Absicht gelöscht. Dann kann man sie, falls gewünscht, auch aus dem Backup entfernen.

Die Grenzen von Time Machine

Bei der Entwicklung von Time Machine wurde vor allem ein Ziel angestrebt: die Kluft zwischen Theorie und Praxis im Computeralltag zu überbrücken. Time Machine soll eine Lösung sein, die so einfach zu bedienen ist und sich so nahtlos in eine als angenehm empfundene Arbeitsumgebung einfügt, dass die Anwender sie auch tatsächlich benutzen.

Dieses Ziel ist mit Time Machine erreicht worden. Allerdings darf man von dieser Lösung nichts verlangen, was sie nicht zu leisten in der Lage ist. So überrascht es nicht, dass Time Machine einige natürliche Grenzen hat, zum Beispiel:

- Die Daten werden im Klartext und unverschlüsselt gespeichert. Jeder, der Zugriff auf Ihr Time-Machine-Laufwerk hat, hat automatisch den ungehinderten Zugriff auf Ihre Daten.
- Es ist nicht (oder jedenfalls nicht so ohne weiteres) möglich, ein mit FileVault verschlüsseltes Benutzerverzeichnis zu sichern und zu rekonstruieren (FileVault wird im Kapitel 10 behandelt).

- Time Machine erzeugt keine bootfähigen Backups. Im Falle eines Festplattencrashs ist es also nicht möglich, für eine dringend Aufgabe Ihren Mac vom Time-Machine-Laufwerk zu booten und die Aufgabe zu erledigen.
- Wer mit sehr großen Dateien im Gigabyte-Bereich arbeitet (etwa bei umfangreichen Film- und Videodateien oder den Daten einer virtuellen Maschine), der sollte zur Sicherung dieser Daten auf Time Machine verzichten. Das Programm ist nicht in der Lage, Veränderungen innerhalb einer Datei zu erkennen und nur diese Veränderungen zu speichern. Selbst wenn Sie an einem Video oder innerhalb einer virtuellen Maschine nur eine Kleinigkeit geändert haben, kopiert Time Machine automatisch die gesamte Datei neu ins Backup. Das zieht sich nicht nur lange hin, sondern verstopft in kürzester Zeit die Time-Machine-Festplatte.

Daten auf CD/DVD sichern

Trotz regelmäßiger Backups mit Time Machine gibt es natürlich immer wieder Dateien, die in einer eigenen Sicherheitskopie auf einen externen Datenträger ausgelagert werden müssen.

Wer etwa gezielt einen bestimmten Arbeitsstand protokollieren, die verschiedenen Entwicklungsstufen eines Projektes dokumentieren oder eine Sicherheitskopie bestimmter Programme anlegen möchte, der wird dies sicherlich nicht Time Machine überlassen, sondern die zusammengehörigen Daten auf CD oder DVD brennen wollen.

Auch bei der langfristigen Archivierung von Daten sind Backups auf CD/DVD unverzichtbar. Time Machine wird schließlich früher oder später keinen Platz mehr auf der Festplatte finden und damit beginnen, die ältesten Backups zu löschen (falls Sie dem Programm nicht eine weitere Platte spendieren).

Da jeder Mac mit einem Brenner ausgeliefert wird, ist das Brennen von Daten-CDs/DVDs kein Problem und Sache weniger Mausklicks. Dabei gibt es verschiedene Möglichkeiten.

Einen Ordner direkt auf CD/DVD brennen

Möchten Sie einen beliebigen Ordner auf Ihrer Festplatte auf CD/DVD sichern, klicken Sie ihn mit der rechten Maustaste an und wählen *(Ordnername) auf CD/DVD brennen*. Anschließend werden Sie dazu aufgefordert, einen passenden Rohling einzulegen. Geben Sie der Scheibe einen Namen, klicken Sie auf *Brennen* – und das war's schon.

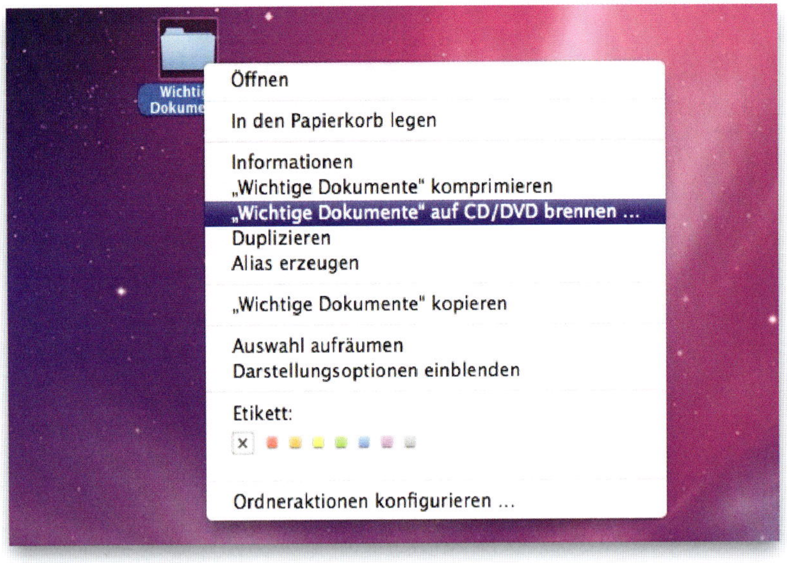

Jeder Ordner samt Inhalt lässt sich problemlos mit zwei Mausklicks auf CD oder DVD sichern.

Daten zusammenstellen und brennen

Sie müssen nicht erst einen Ordner zusammenstellen und alle zu sichernden Dateien dort hineinkopieren, sondern können das auch „on the fly" erledigen – und das alles ganz ohne Dateien auf der Festplatte physikalisch zu kopieren.

1. Legen Sie einen CD- oder DVD-Rohling in das Laufwerk Ihres Macs ein. Standardmäßig erscheint nun ein Dialog, in dem Sie gefragt werden, was Sie tun möchten. Wählen Sie hier *Finder öffnen* und klicken Sie auf *OK*.

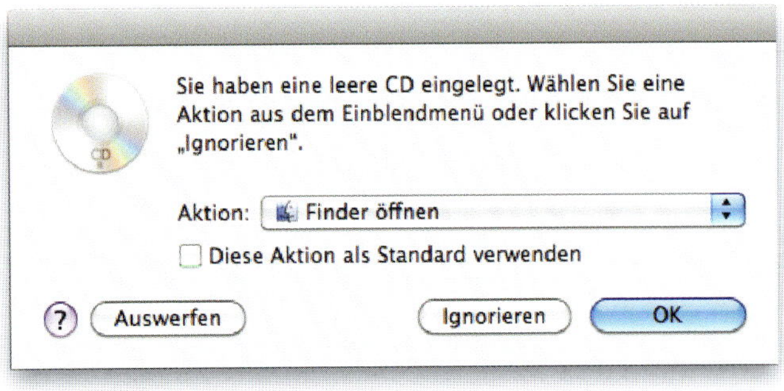

Sobald Sie einen CD- oder DVD-Rohling einlegen, bietet der Mac Ihnen an, die beschreibbare Scheibe im Finder zu öffnen. Wenn Sie Daten auf den Rohling schreiben möchten, ist das die Option Ihrer Wahl.

2. Die leere Datenscheibe wird im Finder unter *Orte* angezeigt und kann mit einem Klick angewählt werden.

3. Ziehen Sie nun alle Daten, die Sie sichern möchten, in dieses Fenster. Dabei werden die Daten nicht kopiert, sondern lediglich als Alias auf die Originaldateien gespeichert.
4. Wenn Sie alle Daten beisammen haben, die Sie brennen möchten, klicken Sie auf die Schaltfläche *Brennen* rechts oben.
5. Im folgenden Dialog geben Sie der zu erstellenden CD/DVD einen Namen und starten den Brennvorgang mit einem endgültigen Klick auf *Brennen*.

Die Sicherung von Daten auf CD oder DVD ist denkbar unkompliziert. Es macht im Grunde keinen Unterschied, ob Sie die Daten von einem Verzeichnis in ein anderes kopieren oder auf eine Daten-CD schieben.

Der Brennordner

Wenn Sie es sich vor dem Klick auf *Brennen* doch noch anders überlegt haben und den Brennvorgang vorerst abbrechen, merkt sich Mac OS X die Zusammenstellung der geplanten CD/DVD und legt auf dem Desktop einen entsprechenden Brennordner an.

Das ist ein Ordner, der keine Dateien, sondern lediglich Verweise auf Daten enthält, die Sie auf eine CD/DVD brennen wollten. So können Sie später den Ordner immer noch brennen und müssen nicht mit der Zusammenstellung aller Dateien von vorn beginnen.

Der Vorteil gegenüber einem normalen Ordner besteht darin, dass die zu brennenden Dateien nicht physikalisch als Kopie abgelegt sein müssen. Sie können hier also sehr schnell Dateien hinzufügen, schließlich ist ein Verweis in einem Augenblick erzeugt. Die Kopie einer großen Datei kann sich allerdings mehrere Minuten hinziehen. Natürlich können Sie Einträge in einem Brennordner auch problemlos löschen, ohne dass die Originaldatei, auf die verwiesen wird, davon betroffen ist.

Einen solchen Brennordner können Sie im Finder auch manuell anlegen:

1. Wählen Sie im Finder *Ablage > Neuer Brennordner.*
2. Ziehen Sie nun alle Dateien und Ordner, die Sie brennen möchten, in den neu angelegten Brennordner. Da in diesem Ordner nur Verweise, keine Dateien gespeichert werden, müssen Sie sich nicht sorgen, dass Sie versehentlich eine Datei verschieben oder gar löschen.
3. Alias-Verknüpfungen geben Ihnen keinen genauen Aufschluss über die Größe des verknüpften Objekts. Dafür gibt es in Brennordnern oben eine Leiste, in der Sie sehen, wieviel Platz die Daten insgesamt benötigen. Wenn Sie sicher sein wollen, dass die Angabe auf dem aktuellen Stand ist, aktualisieren Sie die Anzeige mit einem Klick auf den kreisförmigen Pfeil rechts oben.
4. Nach einem Klick auf *Brennen* rechts oben informiert Sie Mac OS X noch einmal über den Platzbedarf der zu brennenden Daten und fordert Sie auf, einen entsprechenden Rohling einzulegen. Anschließend werden die Daten gebrannt.

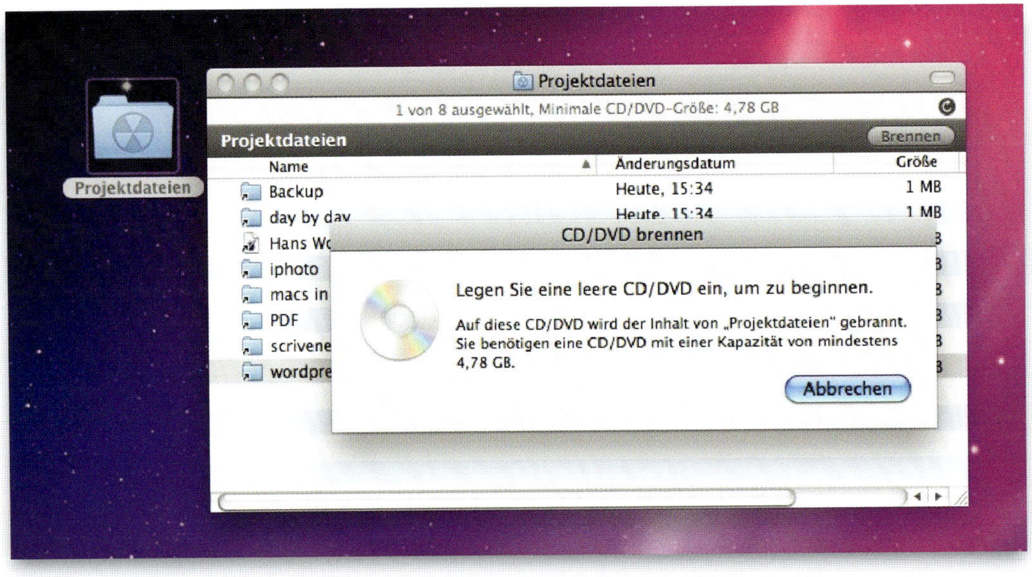

Ein Brennordner bietet die Möglichkeit, alle Daten zusammenzutragen und zu einem späteren Zeitpunkt auf CD/DVD zu brennen.

Ein externes Laufwerk formatieren

Die Sicherung auf CD oder DVD ist besonders für Daten gedacht, die Sie dauerhaft sichern möchten. Dabei dürfen Sie „dauerhaft" allerdings nicht zu wörtlich nehmen, auch eine CD/DVD kann nach einigen Jahren Lagerung unlesbar geworden sein. Sie sollten wichtige Backups regelmäßig überprüfen und auf frische Rohlinge umkopieren.

In der Praxis ist es allerdings an der Tagesordnung, dass Daten nur kurzfristig ausgelagert werden müssen, etwa um sie von einem zum anderen Computer zu transportieren oder um sensible Daten, die kurzfristig benötigt und oft verändert werden, bei sich zu tragen.

In diesem Fall arbeitet man mit einem externen Laufwerk, üblicherweise mit einem USB-Stick, aber auch mit Mini-Festplatten.

Diese externen Laufwerke sind von Haus aus fast immer mit dem Microsoft-Format FAT16 oder FAT32 vorformatiert. Das hat zwar den Vorteil, dass Sie etwa einen USB-Stick sofort nach dem Auspacken an praktisch allen Computern einsetzen und so Daten zwischen Windows-, Linux- und Mac-OS-X-Computern austauschen können. Wenn Sie allerdings nur mit Macs arbeiten, spielt dieser Punkt keine Rolle.

Zwar stellen den Mac die PC-/Windows-Formate FAT16/32/NTFS vor keine Probleme, aber so richtig wohl fühlt sich Mac OS X erst mit dem Mac-eigenen Dateiformat.

Um ein externes Laufwerk zur Datensicherung optimal an einen Mac-Computer anzupassen, empfiehlt es sich daher, das Laufwerk mit einem Mac-Format zu formatieren. Dazu dient das Festplatten-Dienstprogramm.

Hier ändern Sie zuerst die Partitionstabelle in das geeignete Mac-Format *GUID-Partitionstabelle* und legen anschließend eine Partition mit dem Format *Mac OS X Extended (Journaled)* an. Damit verschwendet man beim Speichern vieler kleiner Dateien zum einen keinen Speicherplatz, zum anderen führt das Betriebssystem Buch und ist in der Lage, im Falle eines Falles Daten von einem defekten Laufwerk zu retten. Allerdings ist der Verwaltungsaufwand für die Journaled-Version höher, so dass sich das System mehr Platz auf dem Laufwerk einräumt, der Ihnen für Daten also nicht zur Verfügung steht. Bei einem USB-Stick mit einer Kapazität von 1 GB macht das ungefähr 10 MB aus.

1. Schließen Sie das externe Laufwerk an Ihren Mac an und starten Sie das Festplatten-Dienstprogramm.
2. In der linken Spalte sehen Sie alle aktuell am Mac angeschlossenen Laufwerke und die darauf enthaltenen Partitionen. Wählen Sie das Laufwerk aus, das Sie umformatieren möchten.
3. Wechseln Sie zur Registerkarte *Partitionieren* (sollte diese Registerkarte nicht zu sehen sein, dann haben Sie nicht das Laufwerk, sondern eines sich darauf befindende Partition angeklickt).
4. Unter *Volume-Schema* wählen Sie nun *1 Partition*.
5. Klicken Sie auf die Schaltfläche *Optionen* und wählen Sie dort *GUID-Partitionstabelle*.

6. Geben Sie der neu anzulegenden Partition einen Namen und stellen Sie unter Format *Mac OS Extended (Journaled)* ein.
7. Nach einem Klick auf *Anwenden* nimmt das Programm seine Arbeit auf, legt die gewünschte Partitionstabelle samt Partition an und formatiert sie.

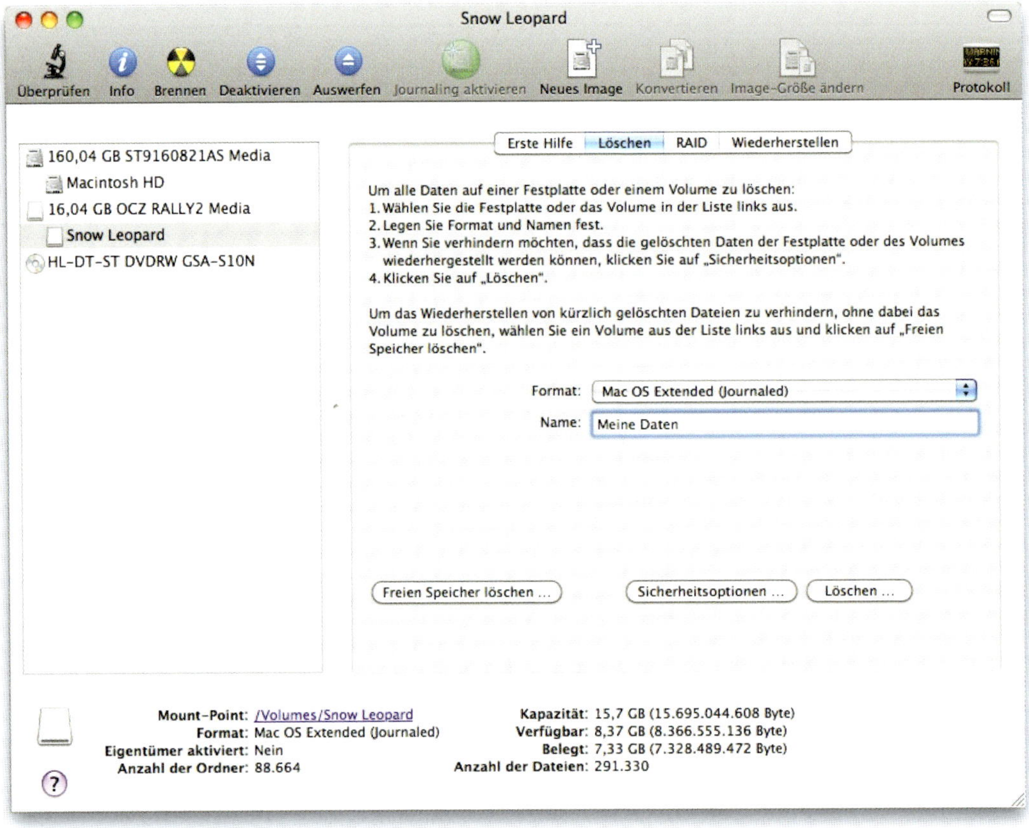

Alle Laufwerke, ob extern, intern oder virtuell, werden vom Festplatten-Dienstprogramm verwaltet. Hier lassen sich auch USB-Sticks und -Festplatten für den Einsatz am Mac optimieren, Partitionen löschen und neu anlegen.

Ein externes Laufwerk partitionieren

Eine Partition ist ein Teilbereich auf einem Laufwerk. Es ist möglich, auf einem Laufwerk (ganz gleich, ob Festplatte oder USB-Stick) mehrere Partitionen einzurichten, die von Mac OS X dann wie verschiedene Laufwerke behandelt werden. So können Sie auch Partitionen in unterschiedlichen Formaten, etwa *Mac OS X Extended (Journaled)* und *MS-DOS-Dateisystem (FAT)* auf einer Festplatte kombinieren.

1. Markieren Sie zuerst in der Seitenleiste das Laufwerk, das Sie partitionieren möchten, und klicken Sie anschließend auf *Partitionieren*.
2. Legen Sie unter *Volume-Schema* fest, wie viele Partitionen Sie einrichten möchten. Über die Plus- und Minusschaltflächen können Sie Partitionen auch einzeln hinzufügen oder entfernen.
3. Klicken Sie in eine Partition, um *Name*, *Format* und *Größe* festzulegen.
4. Wenn alles zu Ihrer Zufriedenheit ausgefallen ist, klicken Sie auf *Anwenden*. Das Laufwerk wird nun partitioniert und im Anschluss daran sofort im Finder mit den neuen Daten angezeigt.

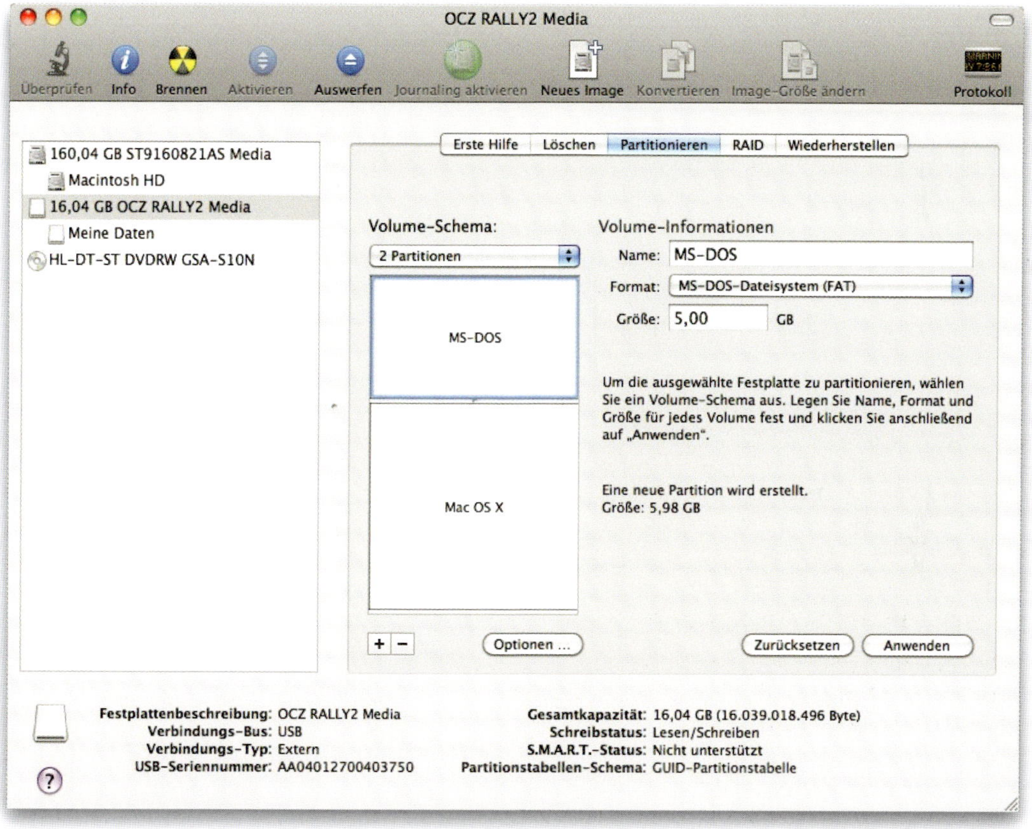

Ein Laufwerk kann mehrere Partitionen in unterschiedlichen Formaten und Größen beherbergen, die vom System als eigene Laufwerke behandelt werden

Kapitel 10

Sicher ist sicher

Wir bleiben auch in diesem Kapitel beim Thema Datensicherheit und erweitern den Blickwinkel. Hier dreht sich alles um die verschiedenen Kennwörter, mit denen Sie am Mac arbeiten und deren Verwaltung. Außerdem erfahren Sie, wie Sie mit Mac OS X verschlüsselte Laufwerke zur sicheren Datenspeicherung anlegen, wie das mit Viren und Würmern auf dem Mac ist und wie Sie Ihr System immer auf dem neuesten Stand halten.

Ihr Kennwort ist der Schlüssel

Ein Kennwort schützt Daten, Dateien und Ihr gesamtes System vor unbefugtem Zugriff. Dabei kennt Mac OS X verschiedene Arten von Kennwörtern. Die drei wichtigsten sind:

- **Benutzerkennwort:** Dieses Kennwort wird vom Benutzer in der Regel beim ersten Einschalten zusammen mit dem Benutzernamen festgelegt. Es schützt Ihr Benutzerverzeichnis und muss von Ihnen – falls die automatische Anmeldung deaktiviert ist – bei der Anmeldung am System angegeben werden.
- **Administratorkennwort:** Dieses Kennwort wird verlangt, wenn Sie etwas tun wollen, was über die Befugnisse eines normalen Anwenders hinausgeht.
- **Hauptkennwort:** Dieses Kennwort wird in Verbindung mit FileVault gewissermaßen als letzte Sicherheitsleine eingerichtet. Um dieses Kennwort festzulegen, muss man als Administrator angemeldet sein.

Als erster (und oftmals auch einziger) Benutzer eines Macs sind Sie automatisch der Herr und Meister über schlechterdings alles, was auf Ihrem Computer vor sich geht. Kurz: Sie sind der Administrator des Systems.

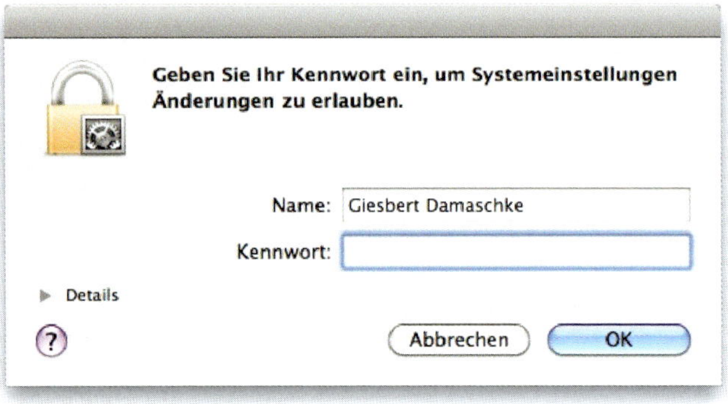

Bei manchen Eingriffen lässt Sie Mac OS X nur gewähren, wenn Sie sich mit Ihrem Kennwort ausweisen. Andernfalls wird die Aktion abgebrochen. In diesem Beispiel sollen Systemeinstellungen geändert werden, was Mac OS X nicht so ohne weiteres erlaubt.

Ihr Kennwort ist damit automatisch das Administratorkennwort und damit der Schlüssel zum gesamten System. Wann immer etwas in den Systemuntiefen verändert werden soll, das ein einfacher Benutzer normalerweise nicht ändert, wann immer ein Programm versucht, auf Daten und Verzeichnisse zuzugreifen, auf die üblicherweise kein Programm zugreift: Dann öffnet sich ein Fenster und Sie werden aufgefordert, den Vorgang durch die Eingabe Ihres Kennworts zu legitimieren. Erst dann werden Daten verändert oder ausgelesen.

Wann immer Sie mit einer solchen Dialogbox konfrontiert werden, ist Vorsicht angesagt. Füllen Sie sie nicht leichtsinnig aus, sondern vergewissern Sie sich, dass die Eingabe Ihres Kennworts auch tatsächlich zu einem von Ihnen ausgelösten Arbeitsschritt gehört. Wenn Sie etwa während der Installation eines Programms aus zuverlässiger Quelle zur Eingabe Ihres Kennworts aufgefordert werden und wenn dieser Schritt in der Installationsanleitung erläutert wird, ist normalerweise alles in Ordnung. Sollten Sie von diesem Dialog aber praktisch aus heiterem Himmel überrascht werden, ist Vorsicht angesagt. (Damit das jetzt nicht gar zu angsteinflößend klingt: Mir ist das noch nie passiert.)

Das Kennwort ändern

Wenn man seinen Mac zum ersten Mal einschaltet, ist man meist viel zu neugierig und mit anderen Dingen beschäftigt, als allzu viele Gedanken an die Wahl seines Benutzerkennwortes zu verschwenden. Später nagt dann der Verdacht, dass „schatzi" vielleicht doch etwas zu simpel gewesen ist. Vielleicht ist Ihr Kennwort aber auch übertrieben kompliziert und Sie können es sich selbst nicht merken. Wie dem auch sei: Natürlich besteht die Möglichkeit, das Kennwort nachträglich zu verändern.

1. Rufen Sie > *Systemeinstellungen* auf und klicken Sie im Abschnitt *System* auf den Eintrag *Benutzer*.
2. Wählen Sie in der linken Spalte Ihren Benutzernamen, wechseln Sie gegebenenfalls auf die Registerkarte *Kennwort* und klicken Sie dort auf *Kennwort ändern*.
3. Es öffnet sich ein Dialogfeld, in dem Sie zuerst zur Authentifizierung Ihr aktuelles und anschließend das neue Kennwort eingeben, das Sie zur Sicherheit noch einmal bestätigen müssen. In einem weiteren Feld können Sie sich zudem eine Erinnerungsstütze notieren.
4. Mit einem Klick auf das Schlüsselsymbol rufen Sie den Kennwortassistenten auf, der Ihnen bei der Suche nach einem einprägsamen, aber trotzdem sicheren Kennwort hilft.

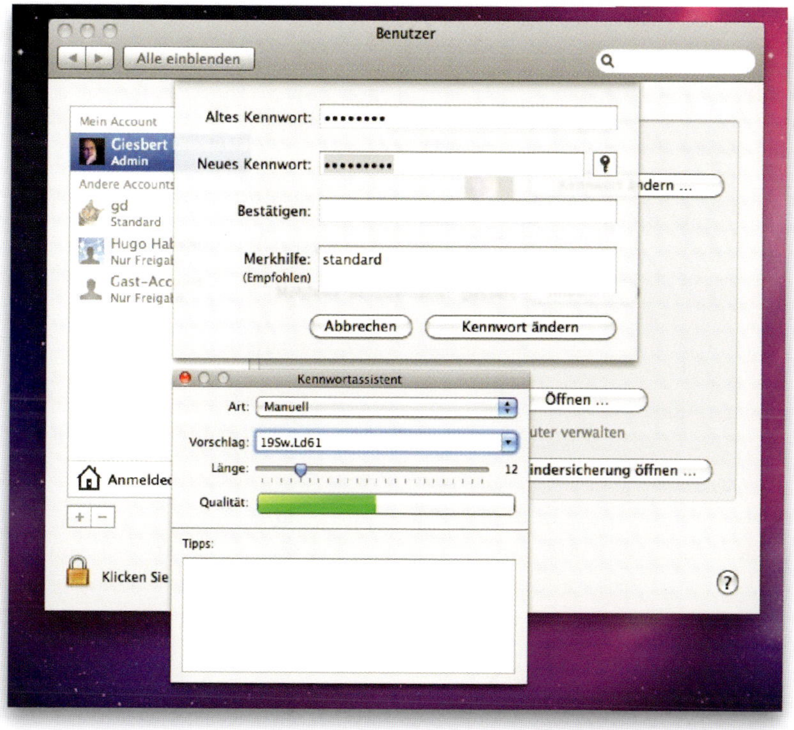

Das Kennwort Ihres Accounts lässt sich jederzeit ändern, wobei Sie sich von Mac OS X mit Vorschlägen und einer Beurteilung der Qualität des Kennworts helfen lassen können.

Ein einfach zu merkendes und sicheres Kennwort

Die Wahl des richtigen Kennworts ist keine triviale Angelegenheit. Natürlich sind alle persönlichen Begriffe wie Vor- oder Nachnamen, Lieblingsfarben, Geburtsdaten, Personen- und Kosenamen, Filmtitel, populäre Zitate und ähnliches als Kennwort völlig ungeeignet. Dergleichen lässt sich mit ein wenig Kenntnis der Person und etwas Zeit problemlos erraten.

Es reicht auch nicht, sich ein besonders obskures oder seltsames Wort auszusuchen – mit einem geeigneten Programm und einer sogenannten „Lexikonattacke" ist es in Sekundenschnelle geknackt. Dabei probiert ein Programm einfach sturheil alle Wörter eines Lexikons durch, bis es auf das magische „Sesam, öffne dich …" stößt.

Das beste Kennwort ist daher eines, das aus einem bunten Mix aus Buchstaben, Satzzeichen und Ziffern besteht und nicht zu kurz ist. Ein solches Kennwort lässt sich weder erraten noch durch Ausprobieren herausbekommen (auf jeden Fall nicht von einem Menschen, Computer sind da mitunter durchaus erfolgreich).

Leider ist das bestmögliche Kennwort auch zugleich das schlechteste. Denn was sich schwer erraten lässt, lässt sich auch nur schwer merken. Ein Kennwort wie etwa „A\7to:e] Hm.cb" ist zwar schön sicher – aber möchten Sie so etwas auswendig lernen?Um diesen Zeichenmix nicht zu vergessen, müsste man ihn aufschreiben. Doch damit ist die Sicherheit des Kennworts schon wieder zuschanden geworden, braucht ein potentieller Datendieb Ihnen einfach nur Ihren Notizzettel zu mopsen, um an Ihre Daten zu kommen.

Der Trick bei der Erzeugung eines sicheren Kennworts besteht darin, sich nicht das Kennwort selbst, sondern die Methode zu merken, wie man es gebildet hat. Dann lässt es sich bei Bedarf einfach neu ableiten, ohne dass Sie es sich aufschreiben müssen. Kombinieren Sie zum Beispiel Ihren Namen mit Ihrem Geburtsdatum und setzen Sie noch ein Satzzeichen zwischen Vor- und Nachname. Bei mir sähe das zum Beispiel so aus: „19Giesbert!Damaschke61". Das Verfahren lässt sich natürlich beliebig ausbauen, Sie müssen nur darauf achten, dass die Bildungsregel selbst nicht zu kompliziert wird:

1. Nehmen Sie eine leicht zu merkende Phrase, ein Sprichwort, einen Buchtitel oder ähnliches. Zum Beispiel: „Snow Leopard".
2. Extrahieren Sie nach einer einfachen Regel eine Reihe von Buchstaben, etwa den ersten und letzten Buchstaben eines Wortes. Das ergibt in diesem Beispiel „Sw Ld".
3. Ersetzen Sie Leerzeichen durch ein Satzzeichen, etwa das Prozentzeichen. So gelangen Sie zu „Sw%Ld".
4. Ergänzen Sie die Zeichenkette nun noch um Zahlen, etwa wieder Ihr Geburtsjahr, und fertig ist das Kennwort, das jedem Rateversuch und jeder Lexikonattacke standhält und trotzdem von Ihnen jederzeit rekonstruiert werden kann: „19Sw%Ld61".

Der Schlüsselbund

Neben Ihrem Benutzerkennwort werden Sie im Laufe der Zeit noch etliche andere Kennwörter eingeben müssen – beim Zugriff auf geschützte Webseiten, beim Abruf Ihrer E-Mails, beim Lesen verschlüsselter Daten und ähnlichem mehr.

Nun wäre es sehr aufwendig und inkonsistent, wenn jedes Programm die benutzten Kennwörter selbst verwalten müsste. Außerdem gibt es Fälle, in denen mehrere Programme auf ein und dasselbe Kennwort zugreifen müssen, was bei einer separaten Verwaltung zu lästigen Mehrfacheingaben führt.

Viele Programme sind in der Lage, einmal eingegebene Kennwörter im Schlüsselbund zu speichern und bei Bedarf darauf zuzugreifen, um Ihnen die erneute Eingabe zu ersparen.

Daher verwaltet Mac OS X sämtliche Kennwörter, die Sie an Ihrem Mac eingeben, in einer zentralen Schlüsselbunddatei. Sobald Sie in einem Programm oder beim Zugriff auf eine Webseite ein Kennwort eingeben, werden Sie gefragt, ob das neue Kennwort im Schlüsselbund gespeichert werden soll. Beim nächsten Zugriff wird das gespeicherte Kennwort automatisch ausgelesen – Sie müssen sich um nichts mehr kümmern.

Dabei kann der Mac mehrere Schlüsselbunddateien verwalten, in der Regel wird er sich aber mit einer Datei namens „login.keychain" begnügen. Wie der Name schon andeutet ist das die Schlüsselbunddatei, die bei der Anmeldung geöffnet wird.

Den Schlüsselbund sichern

Bei einer so zentralen und wichtigen Datei wie der Schlüsselbunddatei ist es eine gute Idee, sie regelmäßig zu sichern. Das passiert zwar auch beim regelmäßigen Backup mit Time Machine, aber Sie können die Keychain-Datei auch auf einen USB-Stick kopieren und haben so Ihre Kennwörter immer dabei.

1. Öffnen Sie den Finder und wechseln Sie entweder durch einen Klick auf das Haus-Symbol in der Seitenleiste oder mit ⇧ ⌘ H in Ihr Benutzerverzeichnis.
2. Wechseln Sie zu *Library > Keychains*. Hier finden Sie für jeden Schlüsselbund, den Sie benutzen, eine entsprechende Datei mit der Endung „keychain", üblicherweise handelt es sich dabei lediglich um „login.keychain".

3. Um Ihren Schlüsselbund zu sichern, müssen Sie lediglich die Datei „login.keychain" kopieren.

Die Keychain-Dateien sind halbwegs sicher verschlüsselt, geben aber doch mehr Informationen preis, als einem manchmal lieb ist. Wer sie an einem fremden Mac öffnet, der sieht zwar nicht Ihre Kennwörter, aber er erhält doch einige Informationen, die ihn eigentlich nichts angehen – etwa die Namen der von Ihnen besuchten kennwortgeschützten Server und Webseiten und Ihren jeweiligen Benutzernamen. Wenn Sie also wirklich auf Nummer sicher gehen wollen, dann sollten Sie Ihre Schlüsselbunddatei(en) in einer verschlüsselten DMG-Datei speichern (dazu weiter unten mehr).

Alle gespeicherten Kennwörter, Zertifikate und Zugangscodes werden in einer zentralen Keychain-Datei verwaltet.

Die Schlüsselbundverwaltung

Der Schlüsselbund wird von Mac OS X im Großen und Ganzen autonom verwaltet. Das ist auch gut so, schließlich soll Ihnen das Verfahren Arbeit abnehmen und nicht neue Aufgaben aufbürden.

Doch manchmal ist es notwendig, gezielt auf einzelne Schlüssel im Schlüsselbund zuzugreifen. Sei es, weil Sie einen Eintrag löschen, sei es, weil Sie ein Kennwort vergessen haben und es nun nachschlagen wollen.

In solchen und anderen Fällen schlägt die Stunde der Schlüsselbundverwaltung, die Sie unter *Programme > Dienstprogramme* finden.

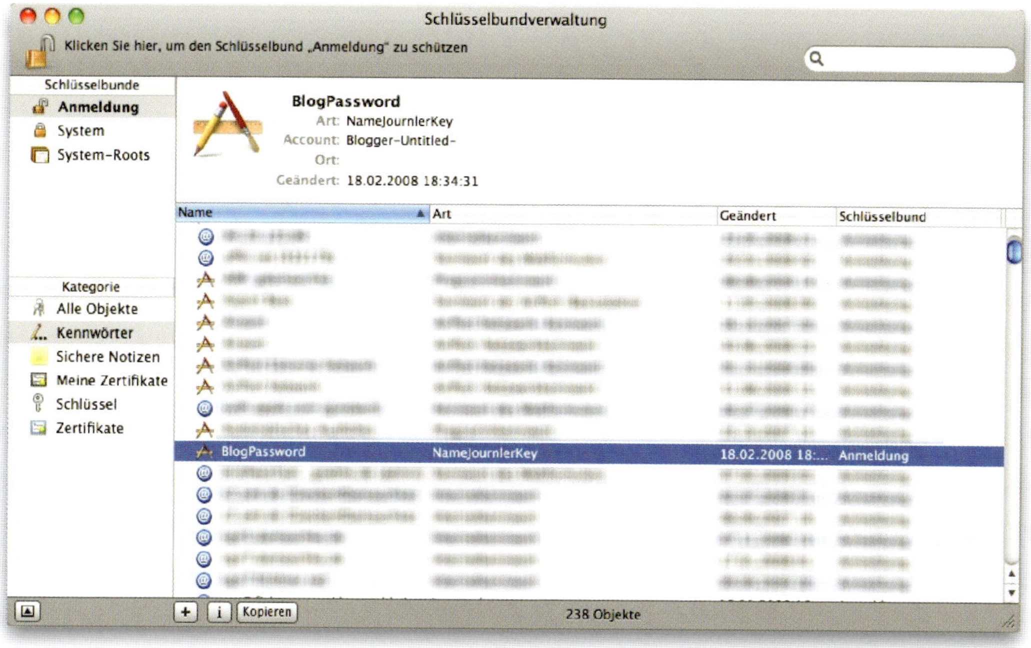

Die Schlüsselbundverwaltung erlaubt Ihnen unter anderem den gezielten Zugriff auf einzelne Schlüssel.

Um einen Eintrag zu löschen, gehen Sie folgendermaßen vor:

1. Klicken Sie den gewünschten Eintrag doppelt an und überzeugen Sie sich davon, dass Sie den richtigen Eintrag löschen wollen.
2. Schließen Sie das Informationsfenster und drücken Sie zum Löschen die [←]-Taste.
3. Bestätigen Sie die Sicherheitsabfrage mit einem Klick auf *Löschen*.

Und so lassen Sie sich das gespeicherte Kennwort eines Eintrags anzeigen:

1. Klicken Sie den gewünschten Eintrag doppelt an und aktivieren Sie den unteren Eintrag *Kennwort einblenden*.
2. Es erscheint ein Dialog, in dem Sie Ihr Benutzerkennwort angeben und festlegen, ob die Anzeige des angeforderten Kennworts immer, nur einmal oder gar nicht erlaubt werden soll.

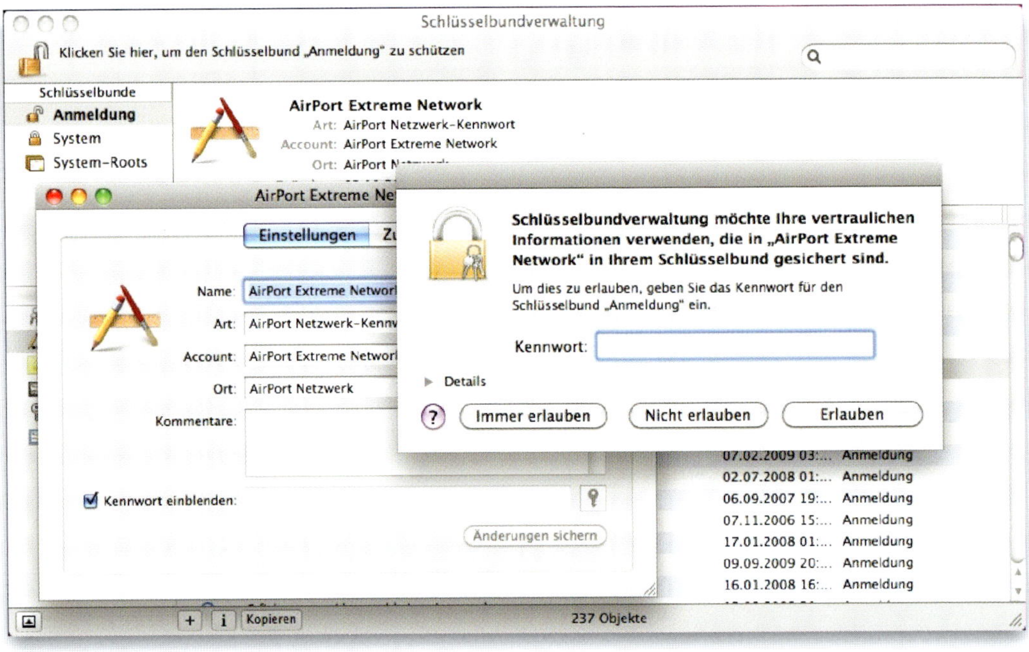

Bevor Mac OS X ein gespeichertes Kennwort herausrückt, verlangt es zur Legitimation die Eingabe des Benutzerkennwortes.

Automatische Anmeldung ein- und ausschalten

Standardmäßig startet Mac OS X nach dem Einschalten ohne weitere Kennwortabfragen. Das ist einerseits natürlich sehr praktisch, kann aber andererseits ein Sicherheitsrisiko darstellen. Dann nämlich, wenn nicht nur Sie und andere Personen, denen Sie vertrauen, auf Ihren Mac zugreifen können, sondern – etwa im Großraumbüro – auch allzu neugierige Zeitgenossen. In diesem Fall ist die automatische Anmeldung natürlich weniger schön, denn dann muss man den Mac lediglich einschalten und hat Zugriff auf Ihre Daten. Das lässt sich, natürlich, unterbinden.

1. Um die automatische Anmeldung ein- oder auszuschalten, rufen Sie zuerst > *Systemeinstellungen* auf und klicken im Abschnitt *System* auf den Eintrag *Benutzer*.
2. Falls das Schloss links unten geschlossen ist, ist der Schreibzugriff auf die Accountdaten gesperrt. Sie können das Schloss mit einem Mausklick und der Eingabe Ihres Kennworts öffnen.
3. Klicken Sie in der Seitenleiste links unten auf den Eintrag *Anmeldeoptionen*. Hier können Sie nun die *Automatische Anmeldung* deaktivieren oder festlegen, mit welchem Account der Mac automatisch starten soll.
4. Nach der erneuten Eingabe Ihres Kennworts wird die Konfigurationsänderung übernommen und ist bei der nächsten Anmeldung aktiv.

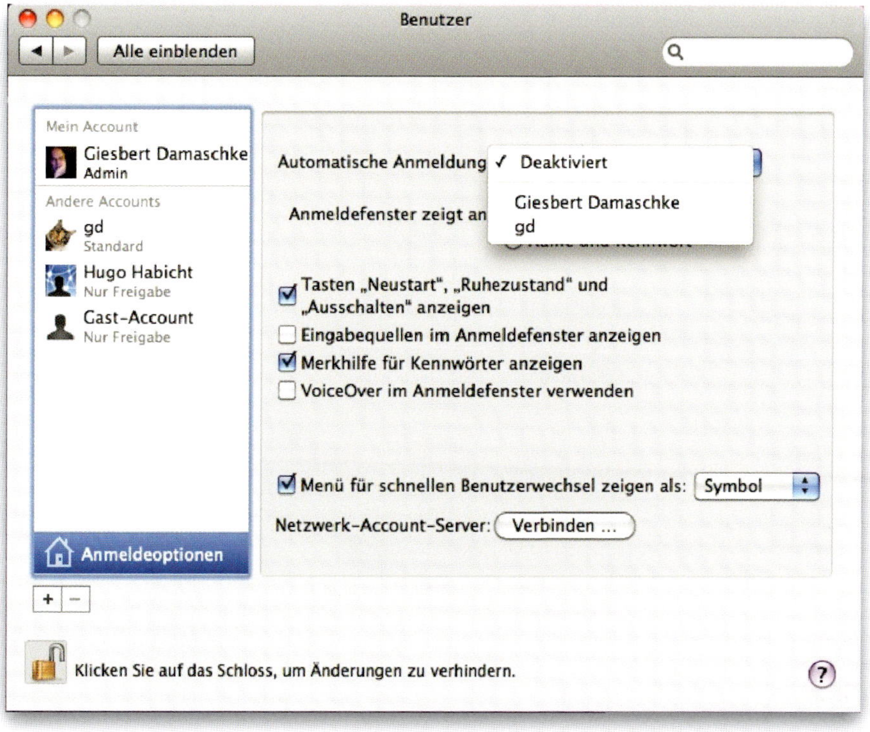

Ob die Automatische Anmeldung aktiv ist und wenn ja, für welchen Account, legen Sie in den Benutzereinstellungen fest.

Sichern Sie Ihren Mac mit dem Bildschirmschoner

Ein Bildschirmschoner ist nicht nur hübsch anzusehen und er schützt auch nicht nur (ältere) Monitore davor, dass sich Muster einbrennen, sondern er kann auch eine Zugangsbarriere für vorwitzige Kollegen sein, die während Ihrer Abwesenheit einen raschen Blick auf Ihre Daten werfen möchten. Um das zu unterbinden, sind drei Eingaben in den Systemeinstellungen notwendig.

Zuerst legen Sie einen Bildschirmschoner fest.

1. Wählen Sie > *Systemeinstellungen*, klicken Sie im Abschnitt *Persönlich* auf den Eintrag *Schreibtisch & Bildschirmschoner* und suchen Sie sich auf der Registerkarte *Bildschirmschoner* ein passendes Muster aus.
2. Im folgenden Schritt legen Sie eine „aktive Ecke" fest. Wenn Sie mit der Maus in diese Ecke fahren, wird nach ein, zwei Sekunden der Bildschirmschoner aktiviert. Um zu verhindern, dass Sie den Bildschirmschoner versehentlich einschalten, können Sie die aktive Ecke auch mit einer Taste kombinieren.

3. Klicken Sie auf die Schaltfläche *Aktive Ecken*, suchen Sie sich eine Ecke aus, über die Sie den Bildschirmschoner starten möchten (zum Beispiel rechts oben). Halten Sie die [ctrl]-, [⌥]-, [⌘]- oder [⇧]-Taste (oder eine Kombination aus diese Tasten) gedrückt und wählen Sie im Drop-Down-Menü den Eintrag *Bildschirmschoner ein*.

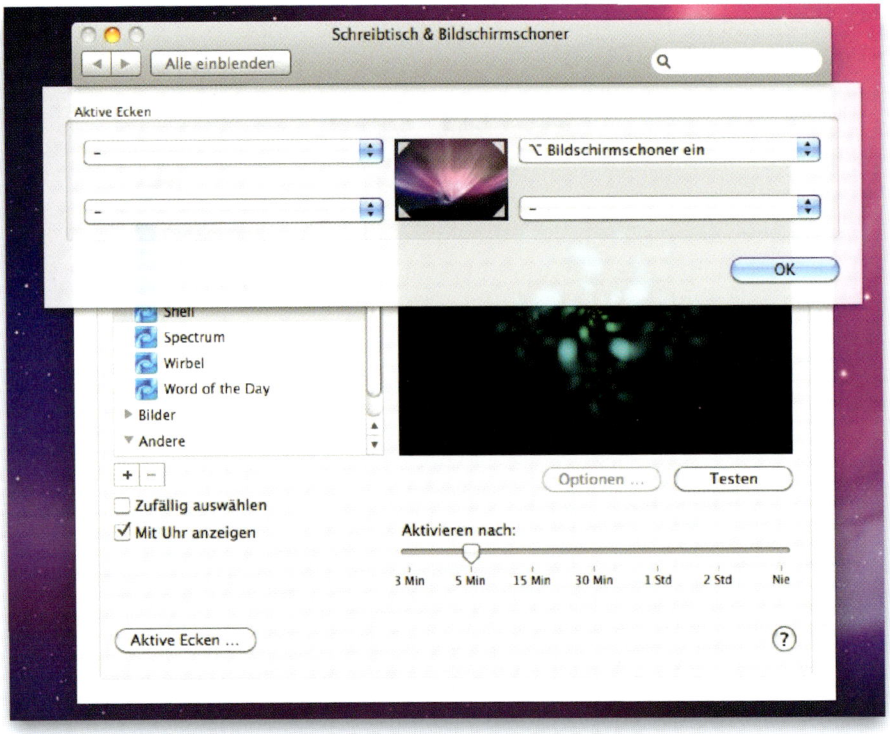

Über die Aktiven Ecken lässt sich der Bildschirmschoner samt Kennwortschutz mit einer Mauszeigerbewegung einschalten.

4. Nun können Sie den Bildschirmschoner einschalten, indem Sie die Maus in die gewählte Ecke bewegen und dabei die festgelegte Taste(n) drücken. Jetzt fehlt nur noch ein Kennwortschutz für den Bildschirmschoner.

5. Klicken Sie auf die Schaltfläche *Alle einblenden* und wechseln im Abschnitt *Persönlich* zu den Einstellungen *Sicherheit*. Hier aktivieren Sie auf der Registerkarte *Allgemein* den obersten Punkt *Kennwort erforderlich sofort nach Beginn des Ruhezustands oder Bildschirmschoners*.

In Zukunft können Sie bei kurzer oder längerer Abwesenheit Ihren Mac nun blitzschnell vor fremdem Zugriff schützen. Sobald der Bildschirmschoner über die Mausbewegung samt Tastendruck gestartet ist, können Sie Ihren Mac beruhigt unbeaufsichtigt lassen, denn nun geht ohne Ihr Kennwort gar nichts mehr.

Daten verschlüsseln

Der beste Schutz gegen den Datenklau besteht darin, den Zugriff auf sensible Daten nicht nur mit einem Kennwort zu sichern, sondern die Daten selbst zusätzlich zu verschlüsseln. Denn einen reinen Kennwortschutz gespeicherter Daten kann man mit entsprechender krimineller Energie relativ leicht umgehen. Sobald ein Datendieb den Kennwortschutz ausgehebelt hat, hat er gewonnen. Bei verschlüsselten Daten hilft ihm das aber nicht weiter, denn die ergaunerten Daten sind dank Verschlüsselung nur unlesbarer Datenmüll.

Dabei bietet Ihnen Mac OS X von Haus aus drei Möglichkeiten der Datenverschlüsselung:

- **Sichere Notizen** zur lokalen Speicherung sensibler Memos und kürzerer Texte.
- **Verschlüsselte Image-Dateien** für die Sicherung virtueller Laufwerke mit den unterschiedlichsten Dateitypen.
- **FileVault** zur Verschlüsselung Ihres gesamten Benutzerverzeichnisses.

Sichere Notizen

Bei den sicheren Notizen handelt es sich um verschlüsselt gespeicherte Texte, die als Teil des Schlüsselbunds verwaltet werden. Das ist zwar etwas umständlich, hat aber den Vorteil, dass Ihre Notizen immer zusammen mit dem Schlüsselbund kopiert und transportiert werden können. Wenn Sie das nächste Mal also rasch eine PIN oder die neuen Zugangsdaten Ihrer Kreditkarte garantiert knacksicher speichern wollen, dann machen Sie folgendes:

1. Starten Sie unter *Programme > Dienstprogramme* die Schlüsselbundverwaltung.
2. Wählen Sie in der Seitenleiste die Kategorie *Sichere Notizen* und klicken Sie auf das Pluszeichen am unteren Rand.
3. Es wird ein Dialog eingeblendet, in dem Sie den Namen und den Inhalt Ihrer Notiz eintragen.
4. Nach einem Klick auf *Hinzufügen* wird die Notiz verschlüsselt und gespeichert.

Um eine sichere Notiz zu lesen, doppelklicken Sie den entsprechenden Eintrag an und aktivieren das Feld *Text einblenden*. Nach Eingabe Ihres Kennworts und einem Klick auf *Erlauben* wird die Notiz schließlich wieder angezeigt.

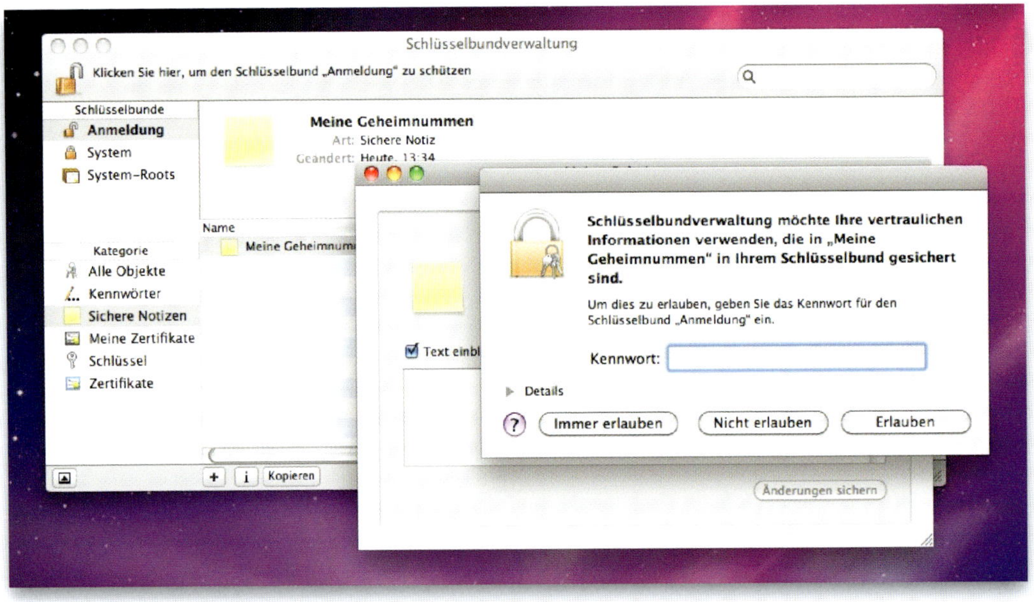

Eine sichere Notiz wird als Teil des Schlüsselbunds gespeichert. Dabei wird der Zugang zu den Daten nicht nur durch ein Kennwort geschützt, sondern der Inhalt auch verschlüsselt abgelegt. Selbst wenn jemand Ihren Mac stiehlt und versucht, durch direkten, physikalischen Zugriff auf die Festplatte an Ihre Daten zu gelangen, wird er dank Verschlüsselung nur Wurschtelcode, aber keinen Klartext zu lesen bekommen.

Verschlüsselte Image-Dateien

Eine sichere Notiz eignet sich, wie der Name schon sagt, nur zur sicheren Speicherung von kurzen Texten und Memos. Im Alltag will man aber oftmals nicht nur etwas sicher notieren, sondern die unterschiedlichsten Dokumente und Dateien vor unbefugtem Zugriff sichern. In diesem Fall benötigen Sie einen verschlüsselten Ordner bzw. ein verschlüsseltes, virtuelles Laufwerk, in dem Sie die entsprechenden Dateien ablegen.

Ein solches Laufwerk ist eine Datei, die Sie wie jede andere Datei kopieren und zum Beispiel auf einem USB-Stick mit sich herumtragen können. Die Datei wird nach einem Doppelklick im Finder wie ein externes Laufwerk behandelt – man spricht hier auch davon, dass das Laufwerk „gemounted" wird –, und nach der Eingabe des richtigen Kennworts erhalten Sie Schreib- und Lesezugriff. Dieses Kennwort kann natürlich auch im Schlüsselbund gespeichert werden, so dass Sie sich beim nächsten Zugriff auf das virtuelle Laufwerk die Kennworteingabe sparen können.

Eine verschlüsselte Image-Datei eignet sich hervorragend, um sensible Daten auf mobilen Medien wie USB-Sticks, iPods oder externen Laufwerken zu transportieren. Selbst wenn diese Image-Datei Unbefugten in die Hände fallen sollte, können sie mit den geklauten Daten nichts anfangen.

Es gibt, unabhängig von der Verschlüsselung, unter Mac OS X drei Typen an Image-Dateien:

- **Beschreibbares Image:** Eine solche Datei hat das Dateikürzel „dmg". Sie ist genau so groß wie die Kapazität des virtuellen Laufwerks. Erzeugen Sie zum Beispiel ein virtuelles Laufwerk mit 100 MB maximaler Kapazität, dann ist die DMG-Datei auch 100 MB groß. Auch dann, wenn das virtuelle Laufwerk keine Daten enthält.
- **Mitwachsendes Image:** Die Dateiendung lautet hier „sparseimage". Bei einem mitwachsenden Image wird die Dateigröße dem tatsächlich benötigten Speicherplatz angepasst. Die Kapazität des virtuellen Laufwerks gibt zwar die maximale Größe an – etwa 100 MB –, wenn aber zum Beispiel nur 20 MB auf dem virtuellen Laufwerk belegt sind, ist das Sparseimage auch nicht sehr viel größer als 20 MB.
- **Mitwachsendes Bundle-Image:** Hier lautet die Dateiendung „sparsebundle". Es gilt das, was zu Sparseimage gesagt wurde, der Unterschied besteht darin, dass ein Sparsebundle auf die Zusammenarbeit mit Time Machine optimiert ist. Normalerweise sichert Time Machine immer die komplette Image-Datei, bei einem Sparsebundle werden im Idealfall nur die Daten des virtuellen Laufwerks gesichert, die sich tatsächlich verändert haben.

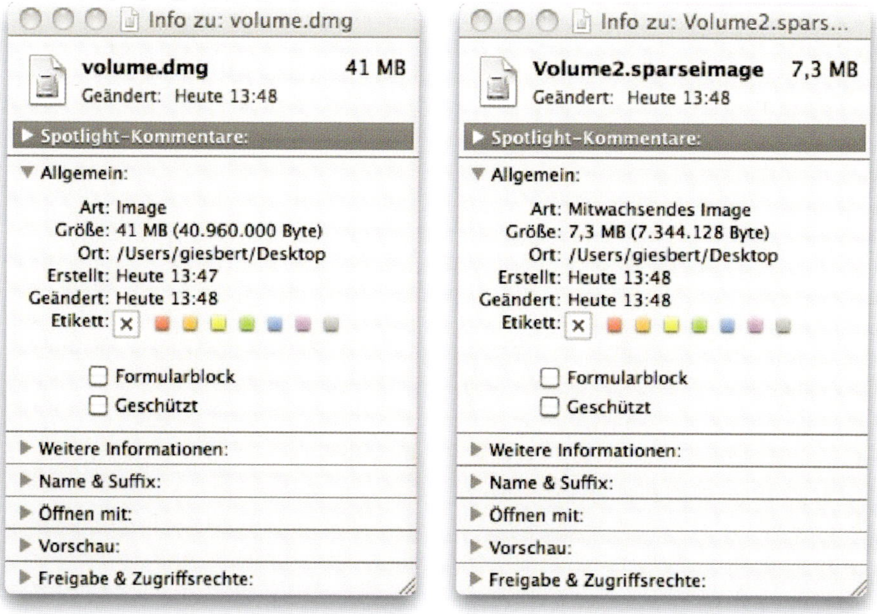

Zwei Image-Dateien mit einer Kapazität von jeweils 40 MB, beide virtuellen Laufwerke sind leer. Links sehen Sie die Infos einer normalen DMG-Datei, rechts die eines Sparseimages. Obwohl auf dem virtuellen Laufwerk keine Daten gespeichert sind, belegt das Standard-Image trotzdem gut 40 MB Speicherplatz, während das mitwachsende (ebenfalls leere) Image nur einige MB für die Verwaltungsdaten des virtuellen Laufwerks benötigt. Das Verhältnis von Verwaltungsdaten zur Kapazität verbessert sich, je größer das Image ist.

Übrigens gilt für virtuelle Laufwerke das, was auch für physikalische Festplatten und Speichersticks gilt: Die Kapazität des Laufwerks steht nicht vollständig für die Datenspeicherung zur Verfügung, weil ein paar MB für die Verwaltung benötigt werden. Wenn Sie also sicher sein wollen, dass Ihr virtuelles Laufwerk für Ihre Zwecke ausreicht, dimensionieren Sie es ruhig ein wenig großzügiger. Wählen Sie ein mitwachsendes Image-Format, müssen Sie sich auch keine Sorgen machen, realen Speicherplatz mit einer zu üppig angelegten Image-Datei zu verschwenden.

Und so erzeugen Sie eine – verschlüsselte – Image-Datei:

1. Rufen Sie das Festplatten-Dienstprogramm auf, das Sie unter *Programme > Dienstprogramme* finden. Klicken Sie auf die Schaltfläche *Neues Image* und legen Sie einen Namen und Speicherort für die Image-Datei fest.
2. Tragen Sie unter *Name* den Namen des Laufwerks ein, mit dem es im Finder angezeigt wird, und definieren Sie *Größe* und *Format*.
3. Unter *Verschlüsselung* legen Sie fest, nach welchem Verfahren die Daten verschlüsselt werden sollen. Im Allgemeinen genügt die erste Sicherheitsstufe *128-Bit-AES-Verschlüsselung*.

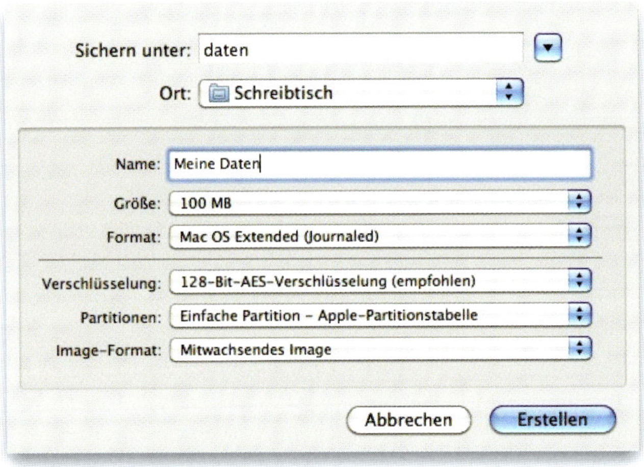

Eine (verschlüsselte) Image-Datei legen Sie im Festplatten-Dienstprogramm an.

4. Den Eintrag zu *Partitionen* belassen Sie bei der Standardeinstellung *Einfache Partition – Apples Partitionstabelle*.
5. Unter *Image-Format* wählen Sie *Mitwachsendes Image*.
6. Nach einem Klick auf *Erstellen* erzeugt Mac OS X die gewünschte Image-Datei. Während dieses Vorgangs wird ein Dialog eingeblendet, in dem Sie das Kennwort der Datei angeben. Dieses Kennwort sollte aus Sicherheitsgründen nicht identisch mit Ihrem Benutzerkennwort sein!
7. Aktivieren Sie nun noch *Kennwort im Schlüsselbund sichern* und klicken Sie auf *OK*. Die Image-Datei wird unter dem gewünschten Namen am angegebenen Ort erzeugt.

Diese Datei lässt sich nun durch einen Doppelklick im Finder als virtuelles Laufwerk öffnen – aber natürlich nur, wenn man das korrekte Kennwort parat hat. Wenn Sie das Kennwort im Schlüsselbund gespeichert haben, wird die Datei auf Ihrem Mac ohne Rückfrage geöffnet, bei jedem anderen Computer dagegen muss man das Kennwort eingeben.

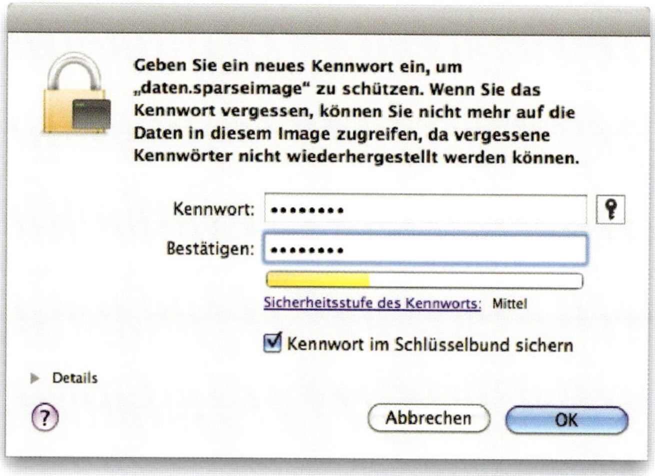

Während der Erstellung der verschlüsselten Image-Datei fragt Mac OS X nach dem gewünschten Kennwort. Sie können hier über einen Klick auf den Schlüssel den Kennwortassistenten aufrufen.

FileVault, der Datentresor

Wer nicht nur kurze Notizen oder ausgewählte Dateien verschlüsselt speichern möchte, sondern praktisch alle Daten, die er an seinem Mac bearbeitet, der kann den Einsatz von FileVault erwägen. Dabei wird das Konzept der verschlüsselten Image-Datei auf das gesamte Benutzerverzeichnis übertragen.

Idealerweise merkt der Anwender davon überhaupt nichts. Er meldet sich beim System mit seinem Benutzernamen und Kennwort an, im Hintergrund wird mit diesen Daten automatisch die verschlüsselte Image-Datei mit seinem Benutzerverzeichnis geöffnet und wie gewohnt der Desktop aufgebaut. Wann immer der Benutzer nun in seinem Verzeichnis Daten speichert, werden sie automatisch verschlüsselt. Will er im Gegenzug in seiner Textverarbeitung ein Dokument aus seinem Benutzerverzeichnis öffnen, wird es im Hintergrund automatisch entschlüsselt.

So weit, so gut. Doch FileVault bietet nicht nur ein hohes Maß an Sicherheit, sondern verlangt auch ein hohes Maß an Aufmerksamkeit. Und das Verfahren hat auch Nachteile, die es zu bedenken gilt.

- **Geschwindigkeit:** Da alle Daten in Echtzeit ver- bzw. entschlüsselt werden müssen, steigen die Anforderungen an den Prozessor des Computers erheblich. Der erforderliche Rechenaufwand führt dazu, dass das gesamte System deutlich gebremst wird und langsamer reagiert als ohne FileVault.

- **Umfang:** FileVault verschlüsselt nicht nur die Dokumente des Anwenders, sondern sämtliche Daten innerhalb des Benutzerverzeichnisses. Darunter finden sich in der Regel aber auch umfangreiche Datenbestände – wie etwa Musikdateien in iTunes, Fotos in iPhoto oder der Browser-Cache –, die wohl nur in seltenen Fällen als sensibel bezeichnet werden können und den Verschlüsselungsaufwand nicht erfordern.
- **Time Machine:** Time Machine kann ein mit FileVault geschütztes Benutzerverzeichnis nur dann sichern, wenn der Benutzer nicht angemeldet ist. Sie müssen also bei FileVault nicht nur auf die bequeme und automatische Datensicherung verzichten, sondern darüber hinaus einen zweiten Benutzer einrichten, über den Sie das geschützte Verzeichnis sichern können.
- **Sicherheit:** So paradox es klingt, aber FileVault stellt auch ein Sicherheitsproblem dar. Die persönlichen Daten des Anwenders werden mit seinem Kennwort verschlüsselt. Sollte er dieses Kennwort vergessen, besteht die Möglichkeit, über ein Hauptkennwort die Daten wieder zugänglich zu machen. Dieses Hauptkennwort wird bei der Aktivierung von FileVault erzeugt. Sollte man das Hauptkennwort nicht kennen (oder ebenfalls vergessen haben), dann war's das: Die Daten sind futsch. Dieses Hauptkennwort ist übrigens an den Computer gebunden, wer also sein mit FileVault gesichertes Benutzerverzeichnis auf einen anderen Mac kopiert und sein Kennwort vergessen hat, muss ebenfalls draußen bleiben. Es gibt keine Möglichkeit mehr, die Dateien zu öffnen.

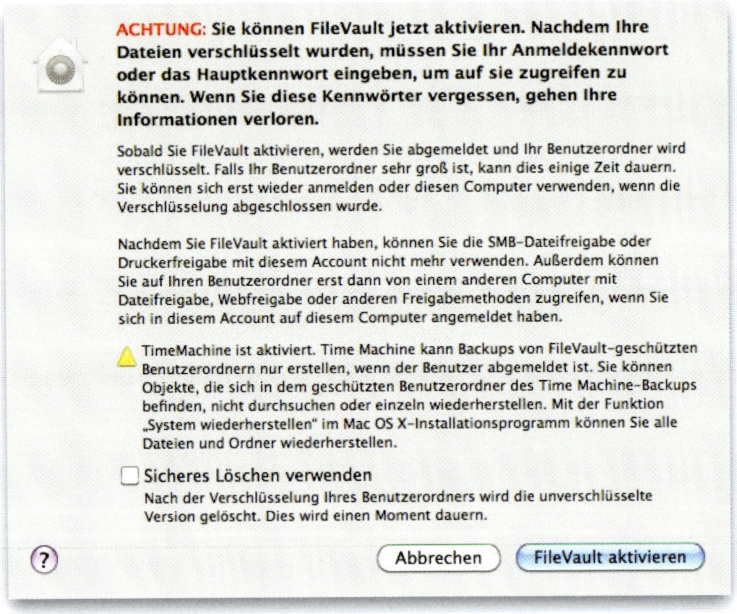

Der Einsatz von FileVault kann sehr sinnvoll sein, sollte aber gut überlegt werden. Für den normalen, alltäglichen Einsatz des Macs ist davon eher abzuraten. Wer allerdings mit einem Firmen-MacBook unterwegs ist, für den ist FileVault ein wichtiges Feature.

Um FileVault zu aktivieren, rufen Sie >*Systemeinstellungen* auf. Klicken Sie auf *Sicherheit* und wechseln Sie zur Registerkarte *FileVault*. Dort legen Sie zuerst ein Hauptkennwort fest und klicken anschließend auf *FileVault aktivieren*. Nach einiger Zeit erscheint ein Sicherheitshinweis, hier können Sie den Vorgang noch *Abbrechen* oder mit einem erneuten Klick auf *FileVault aktivieren* fortsetzen. Die Verschlüsselung kann etwas länger dauern, Sie sollten FileVault also nicht unbedingt in der Kaffeepause aktivieren.

Die Firewall

Ein weiterer Schutzmechanismus von Snow Leopard ist die Firewall, deren Aufgabe es ist, Anfragen, die via Internet Ihren Mac erreichen, zu kontrollieren. Um zu verstehen, was eine Firewall leisten kann und was nicht, muss man einen kurzen Blick hinter die Kulissen werfen.

Der Datenverkehr zwischen Ihrem Mac und anderen Computern im Internet wird über Ports abgewickelt. Von denen besitzt Ihr Mac eine ganze Menge, nämlich 65.535. Programme, die via Internet Kontakt zu anderen Computern aufnehmen, senden über einen solchen Port Daten oder warten an einem Port darauf, dass Daten geschickt werden (dann „lauscht" die Software an diesem Port).

Ports, über die weder Daten verschickt noch empfangen werden, sind inaktiv. Einige dieser Ports dienen wohldefinierten Aufgaben, andere stehen zur freien Verfügung.

So erwartet ein Webserver typischerweise Browser-Anfragen am Port 80. Sie können das ausprobieren, indem Sie die Portnummer mit einem Doppelpunkt an den Domainnamen hängen. Mit *www.apple.com:80* rufen Sie die Apple-Webseiten auf, mit *www.apple.com:1234* erhalten Sie eine Fehlermeldung, weil Sie den Webserver über den falschen Port kontaktieren.

Wie sieht nun ein möglicher Angriff aus dem Internet aus, vor dem Sie die Firewall schützen soll? Dazu muss zuerst ein Programm auf Ihrem Mac installiert sein, das auf Daten an einem bestimmten Port wartet, sagen wir: 10.352 (wie ein solches Schadprogamm auf Ihren Mac gelangen kann, erfahren Sie gleich). Der Angreifer von außen durchsucht nun das Internet nach Rechnern, die auf Anfragen an Port 10.352 reagieren. Findet er einen passenden Computer, kann er davon ausgehen, dass seine Schadsoftware aktiv ist und kann nun gezielt Daten auf das befallene Gerät schicken. Umgekehrt kann das Schadprogramm Daten vom Mac an den Angreifer schicken. Sie selbst bekommen davon in der Regel überhaupt nichts mit, Sie wundern sich vielleicht allenfalls darüber, dass Ihr DSL-Modem hektisch vor sich hinblinkt.

Standardmäßig ist die Firewall von Mac OS X deaktiviert. Sie sollten sie allerdings sicherheitshalber einschalten.

Und genau hier setzt eine Firewall an. Sie kontrolliert den Datenverkehr, der über die verschiedenen Ports läuft. Dazu wird zuerst der gesamte Datenstrom blockiert und anschließend Stück für Stück freigegeben. Sobald ein Programm versucht, über einen Port Daten zu schicken oder zu empfangen, wird dies von der Firewall bemerkt und der Anwender informiert. Der muss dann entscheiden, ob das Programm die gewünschte Aktion ausführen darf oder nicht.

Eine Firewall entfernt also keine Schadsoftware und verhindert auch nicht, dass Sie unwissentlich einen Trojaner installieren – aber sie kann den Trojaner unschädlich machen.

Sie aktivieren die Firewall unter > *Systemeinstellungen* im Abschnitt *Sicherheit*. Danach dürfen nur noch bestimmte Systemfunktionen und Programme, denen Sie es ausdrücklich erlaubt haben, Verbindungsanfragen aus dem Internet akzeptieren.

Schadsoftware auf dem Mac

Vielleicht haben Sie sich über den letzten Abschnitt ein wenig gewundert – Schadsoftware? Trojaner? Doch nicht auf dem Mac! Damit jedenfalls bewirbt Apple seine Produkte und hat damit im Prinzip auch recht. Was unter Windows zum größten nur denkbaren Sicherheitsproblem geworden ist, spielt auf dem Mac nur eine sehr untergeordnete und marginale Rolle. Also ist alles in Ordnung und das Gerede von Schadsoftware auf dem Mac nur Panikmache? Nicht ganz, die Lage ist ein wenig komplizierter.

Um den Problemhorizont zu verstehen, müssen wir etwas ins Detail gehen und zuvor klären, was wir meinen, wenn wir von Schadsoftware reden. Hier gilt es vor allem zwischen Viren und Trojanern zu unterscheiden.

- Ein **Virus** ist ein Programm, das in der Lage ist, sich selbst zu vervielfältigen. So, wie ein biologisches Virus einen Organismus befällt und sich dort ausbreitet, so kann ein Computervirus einen PC befallen und sich im System ausbreiten. Ein klassischer Computervirus infiziert ein Programm, indem er seinen eigenen Code in den Code des Programms einschleust. Sobald dieses Programm gestartet wird, wird automatisch auch der Virus aktiv. Die Verbreitung erfolgt ebenfalls in Analogie zum biologischen Virus. Hier muss ein gesunder Organismus mit einem infizierten zusammentreffen, um ebenfalls infiziert zu werden. Genauso wird ein nicht-infiziertes Computersystem erst dann von einem Virus befallen, wenn eine infizierte Datei auf das System gelangt.
- **Trojaner** ist die Kurzform für „trojanisches Pferd", was sich auf die bekannte Kriegslist der Griechen bei der Eroberung von Troja bezieht. Das griechische Heer zog sich scheinbar geschlagen zurück und hinterließ ein riesiges Holzpferd als Geschenk für die siegreichen Trojaner. Die holten das vermeintliche Geschenk in die Stadt und wurden in der Nacht von den Griechen, die sich im Innern des Pferdes verborgen hatten, überwältigt. Nach diesem Prinzip funktioniert auch ein Trojaner. Dabei handelt es sich um ein Schadprogramm, das als heimliches Gepäck eines anderen Programms auf den Mac geschmuggelt wird. Installiert der Anwender dieses Programm, installiert er auch den Trojaner. Verbreitet werden Trojaner in den eher schummrigen Ecken des Internets, etwa über Raubkopien oder angebliche Treiber.

Stellen Viren für den Mac bislang keine ernstzunehmende Gefahr dar, so sieht die Sache bei Trojanern ein wenig anders aus. Denn davon gibt es zwar nur sehr wenige – ihre Zahl liegt im niedrigen, einstelligen Bereich –, aber es gibt sie.

Diese Schadsoftware kommt allerdings nur dann auf Ihren Mac, wenn Sie so leichtsinnig sind, dubiosen Straßenhändlern zu glauben, die Ihnen Originalsoftware für einen Spottpreis andrehen oder angeblich geniale Tools, geheime Hacks und spezielle Video-Codecs unterjubeln wollen. Ein Video-Codec ist eine kleine Datei, mit der Mac OS X in die Lage versetzt werden soll, Video-Formate abzuspielen, die das System normalerweise nicht wiedergeben kann. Kleiner Tipp: Misstrauen Sie generell allen Aufforderungen, einen Codec zu installieren.

Jeder Trojaner, der einen Mac befällt, kann dies nur deshalb tun, weil der Anwender es ihm – unwissentlich zwar, aber doch – erlaubt hat. Dazu gab es im April 2009 ein eindrucksvolles Beispiel. Sicherheitsexperten entdeckten ein Botnetz, das aus Mac-Rechnern bestand.

Ein Botnetz ist ein Netzwerk, zu dem zahlreiche, meist private Computer über den Einsatz von Schadsoftware heimlich und ohne Wissen des Anwenders via Internet zusammengeschlossen werden, um diese Rechner dann zum Beispiel für den Versand von Spam oder für gezielte Angriffe auf bestimmte Webserver zu missbrauchen. Die Hintermänner sind professionelle Cybergangster, bei denen man, entsprechende Skrupellosigkeit vorausgesetzt, Botnetze regelrecht mieten kann, um über diesen Weg etwa seine Werbebotschaft unters Volk zu bringen.

Wie konnte es nun geschehen, dass etliche Macs zu einem Botnetz zusammengeschlossen wurden? Ganz einfach: Die jeweiligen Besitzer hatten sich Raubkopien von Apples Bürosoftware iWork '09 und Adobes Bildbearbeitung Photoshop CS4 besorgt und auf ihren Macs installiert.

Bei der Installation der Programme wurden Systemeingriffe vorgenommen, die mit den Rechten eines normalen Benutzerkontos nicht durchgeführt werden dürfen. Also erschien ein Dialog, in dem man sich mit dem Administratorkennwort ausweisen musste. Wer hier ohne viel nachzudenken sein Kennwort eingab, öffnete sein System für den Angriff von außen. Da jede Software die Zugriffsrechte des Accounts besitzt, mit dem sie installiert wird, hatte das Installationsprogramm des Trojaners damit fast uneingeschränkten Zugriff und konnte sich unbemerkt in den Systemtiefen vergraben.

Anders gesagt: Die verseuchten Macs waren ein Produkt aus Sorglosigkeit, Dummheit, Gier und nicht zuletzt krimineller Energie. Oder, wie es der amerikanische IT-Journalist Adrian Kingsley-Hughes formulierte: „Not even Apple can protect the dumbest users from themselves" („Nicht einmal Apple kann die dümmsten Anwender vor sich selbst schützen").

Der beste Schutz gegen diese üblen Gesellen besteht darin, nicht alles kurzerhand zu installieren, was einem im Internet über den Weg läuft, allen Versprechungen gegenüber eine gesunde Skepsis walten zu lassen und vor allem nicht ohne Nachdenken das Administratorkennwort einzugeben, nur weil Sie ein Dialog dazu auffordert.

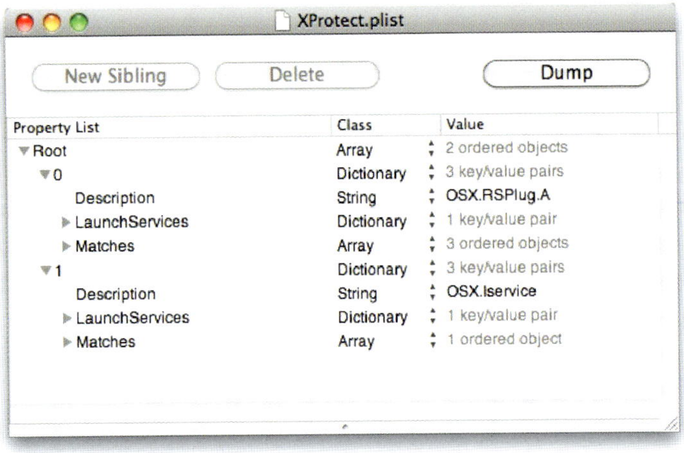

Zu den von Apple nicht erwähnten Neuerungen von Snow Leopard gehört ein rudimentärer Schutz vor zwei Trojanern, die in der Mac-Szene gelegentlich kursieren.

Bei Apple scheint man das wachsende Interesse der Cybergangster an Mac OS X nicht zu ignorieren und hat Snow Leopard ein kleines Schutzprogramm namens „XProtect" verpasst. Dabei handelt es sich allerdings wohl nur um einen ersten Test, nicht um ein ausgereiftes Produkt, um das Apple auch kein Aufhebens gemacht hat. Dass es diese Funktion in Snow Leopard überhaupt gibt, wurde eher zufällig entdeckt und von Apple erst auf Nachfrage bestätigt. Das Tool scannt lediglich Downloads, die via Browser, Mail oder iChat auf den Computer kopiert werden, Daten aus P2P-Netzen werden genauso ignoriert wie Dateien, die über FTP heruntergeladen wurden. Außerdem sucht es nur nach zwei Trojanern: „OSX.RSPlug.A" und „OSX.Iservice". Sollte es bei der Suche fündig werden, wird eine Warnung eingeblendet und der Anwender dazu aufgefordert, die Datei unverzüglich in den Papierkorb zu werfen.

Die Softwareaktualisierung

Nobody is perfect: Das gilt auch für ein so komplexes Stück Software, wie es ein Betriebssystem fraglos darstellt. Es ist selbst für Apple schlechterdings unmöglich, eine hundertprozentig fehlerfreie Software zu schreiben. Selbst noch so viele und intensive Tests können nicht verhindern, dass ein Programm oder eine Systemkomponente unter bestimmten Bedingungen oder in Kombination mit bestimmten anderen Programmen plötzlich zu einem Sicherheitsrisiko wird.

Diesem Problem – das bei allen Computersystemen und -programmen auftaucht – wird üblicherweise mit regelmäßigen Sicherheitsupdates, Patches und Fixes begegnet. Bei Mac OS X nennt sich dieses Verfahren „Softwareaktualisierung". Dabei kontaktiert Ihr Mac in regelmäßigen Abständen via Internet die Apple-Server und fragt nach neuen oder aktualisierten Dateien. Falls dergleichen vorliegt, werden die Daten automatisch heruntergeladen. Sobald die Daten zur Installation bereitstehen, werden Sie darüber informiert und aufgefordert, das Update auszuführen (was Sie natürlich tun sollten). Viele Updates werden im laufenden Betrieb ausgeführt, bei manchen Updates wird der Mac neu gestartet.

Standardmäßig lädt Mac OS X wichtige Updates automatisch herunter und empfiehlt Ihnen anschließend die sofortige Installation. In der Regel sollten Sie Ihrem Mac in diesen Dingen vertrauen und die Updates installieren. Wenn Sie genauer wissen möchten, was denn da so Dringendes anliegt, klicken Sie auf Details einblenden. Hier erhalten Sie eine detaillierte Übersicht über alle Updates und Patches.

Normalerweise läuft dieser Vorgang vollautomatisch ab und Sie müssen sich um nichts kümmern. Wenn Sie möchten, können Sie aber auch selbst aktiv werden und Ihren Mac anweisen, sich nach neuen Versionen umzusehen. Wählen Sie dazu > *Softwareaktualisierung*.

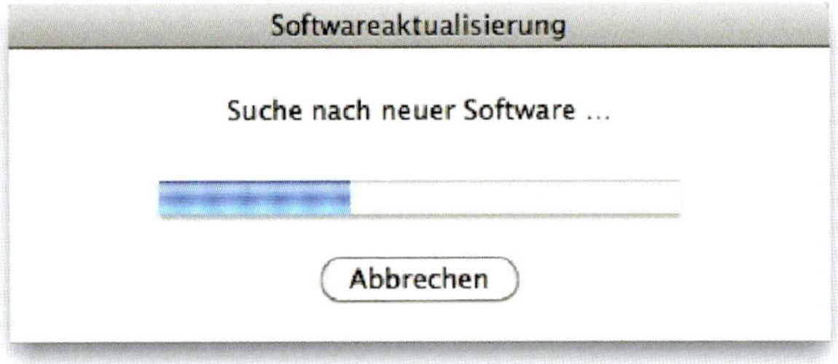

Die Softwareaktualisierung erlaubt es Ihnen natürlich auch, die Suche nach neuer Software manuell zu starten, um etwa ein brandaktuelles Sicherheitsupdate möglichst umgehend zu installieren.

Standardmäßig fragt Mac OS X einmal in der Woche beim Apple-Server nach Neuigkeiten. Um kein wichtiges Update zu versäumen, empfiehlt es sich allerdings, diese Frequenz auf „täglich" zu ändern.

1. Rufen Sie > *Systemeinstellungen* auf und klicken Sie im Abschnitt *System* auf den Eintrag *Softwareaktualisierung*.
2. Auf der Registerkarte *Planmäßige Überprüfung* aktivieren Sie *Nach Updates suchen fest* und legen fest, in welchen zeitlichen Abständen nach aktuellen Versionen gesucht werden soll.
3. Und wo Sie schon einmal dabei sind, aktivieren Sie auch gleich die Option *Updates automatisch laden*. Dann werden alle Updates im Hintergrund automatisch heruntergeladen, und Sie werden informiert, sobald die Updates installiert werden können.

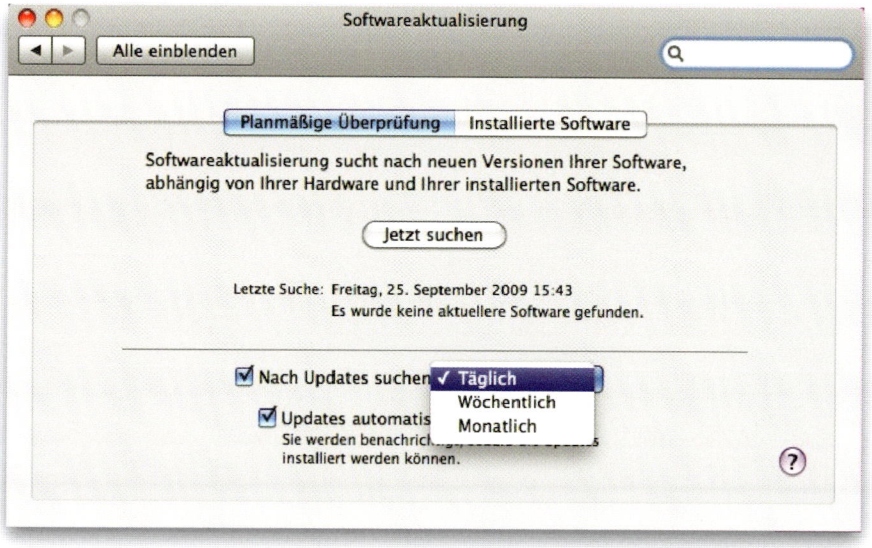

Wie oft soll Mac OS X nach neuen Updates suchen? Von Haus aus macht es das wöchentlich. Empfehlenswerter ist allerdings täglich. Monatlich ist bei der gestiegenen Update-Frequenz keine so gute Wahl mehr.

Kapitel 11

Systemeinstellungen, Hilfs- und Dienstprogramme

Das Buch nähert sich seinem Ende. In diesem letzten Kapitel stelle ich Ihnen einige unscheinbare, aber nützliche und erstaunlich mächtige Hilfsprogramme und Tools vor, die Ihnen jederzeit die Arbeit am Mac erleichtern. Außerdem schauen wir nach den Systemeinstellungen und werfen einen kurzen Blick auf das Unix-Fundament von Mac OS X.

Sehr viel mehr als nur eine Vorschau

Ein hilfreiches, oft benutztes und ebenso oft unterschätztes Programm ist die Vorschau. Das Programm wird immer dann automatisch gestartet, wenn Sie eine Grafik, ein Foto oder eine PDF-Datei per Doppelklick öffnen. Dann tut das Programm genau das, was sein Name sagt: Es gibt Ihnen eine Vorschau über den Inhalt der entsprechenden Datei. Sie können Fotos und Bilder betrachten und PDF-Dateien lesen und gegebenenfalls auch durchsuchen.

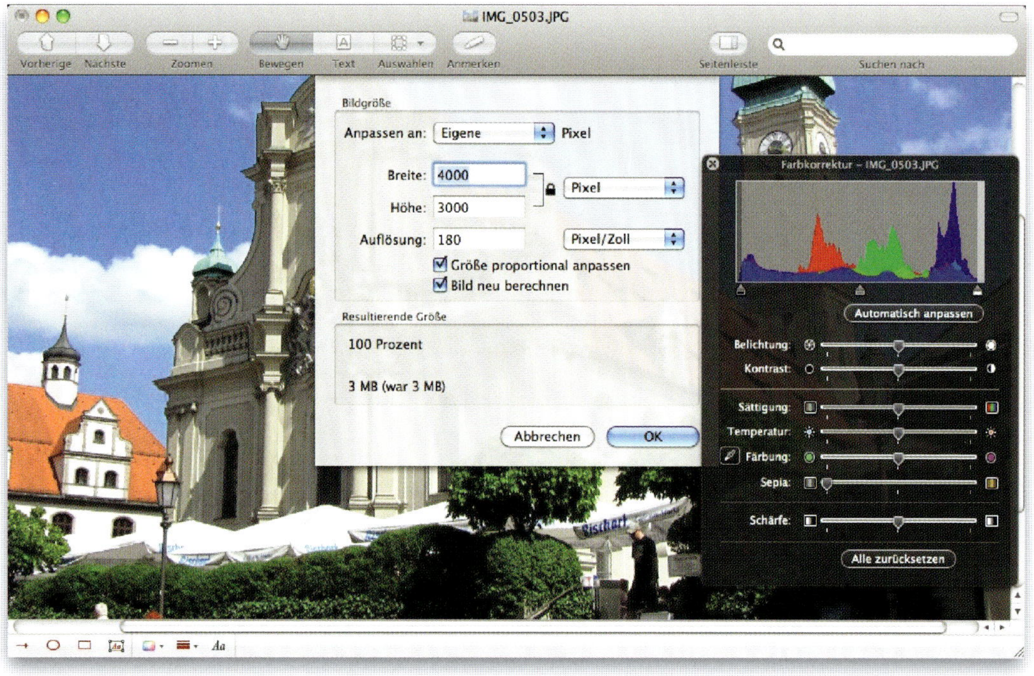

Die Vorschau kann trotz ihres Namens Bilder auch auf vielfältige Weise bearbeiten, etwa konvertieren, skalieren, mit Anmerkungen versehen und die Farben anpassen.

Doch der Name des Programms ist auch irreführend, denn es bietet sehr viel mehr als nur einen raschen Einblick in eine Datei. Zum Beispiel:

- **Konvertieren:** Um ein Bild in einem anderen Format zu speichern – etwa statt als TIFF in PNG – öffnen Sie die Datei mit einem Doppelklick in der Vorschau, wählen *Ablage > Sichern unter* und können nun das gewünschte Format angeben.
- **Skalieren:** Die Größe eines Bildes lässt sich über *Werkzeuge > Größenkorrektur* ändern. So wird aus einem sehr großen 12-Megapixel-Foto in voller Auflösung rasch ein webtaugliches Bild.

- **Drehen und Spiegeln:** Im *Werkzeuge*-Menü finden Sie auch entsprechende Einträge zum Drehen oder Spiegeln eines Bildes.
- **Farbkorrektur:** Mit *Werkzeuge > Farbkorrektur* blenden Sie ein HUD ein, über das Sie unter anderem Belichtung, Kontrast, Färbung und Schärfe des Bildes nachregeln können.
- **Ausschnitt:** Möchten Sie nur einen Ausschnitt des Bildes speichern, klicken Sie in der Symbolleiste auf *Auswählen*, markieren mit der Maus den gewünschten Ausschnitt und beschneiden das Bild mit [⌘] [K]. Über den kleinen Pfeil rechts neben *Auswählen* legen Sie fest, welche Auswahlform Sie benutzen möchten. Für rechteckige und elliptische Ausschnitte wählen Sie *Rechteckige* bzw. *Elliptische Auswahl*. Mit *Lasso-Auswahl* lassen sich beliebige Bereiche markieren. Halten Sie die [⇧]-Taste gedrückt, wird aus dem Rechteck ein Quadrat und aus der Ellipse ein Kreis.
- **Kopieren, Ausschneiden und Einfügen:** Einen markierten Bereich können Sie mit [⌘] [C] und [⌘] [X] kopieren bzw. ausschneiden und mit [⌘] [V] an anderer Stelle oder in ein anderes Bild einfügen. Der eingefügte Bereich lässt sich wiederum skalieren.
- **Anmerkungen:** Mit einem Klick auf die Schaltfläche *Anmerken* in der Symbolleiste wird am unteren Rand eine weitere Leiste eingeblendet. Hier können Sie nun Pfeile, Rechtecke, Ellipsen, Textkästen und ähnliches in das Bild montieren. Dabei lassen sich Strichstärke, Farbe und natürlich auch der Font bestimmen.

Mit diesen Bearbeitungsfunktionen entpuppt sich die Vorschau schon als ein ganz erstaunlich vielseitiges und ungemein nützliches Programm – aber Sie wissen immer noch nicht alles.

Auch eine PDF-Datei wird standardmäßig in der Vorschau geöffnet und angezeigt. Möchten Sie einen bestimmten Text in ein anderes Dokument übernehmen, markieren Sie ihn, kopieren ihn mit [⌘] [C] in die Zwischenablage und fügen ihn von dort mit [⌘] [V] in Ihren Text ein. Dabei ist das Programm schlau genug, Text im Spaltensatz zu erkennen und auch spaltenweise markieren zu können.

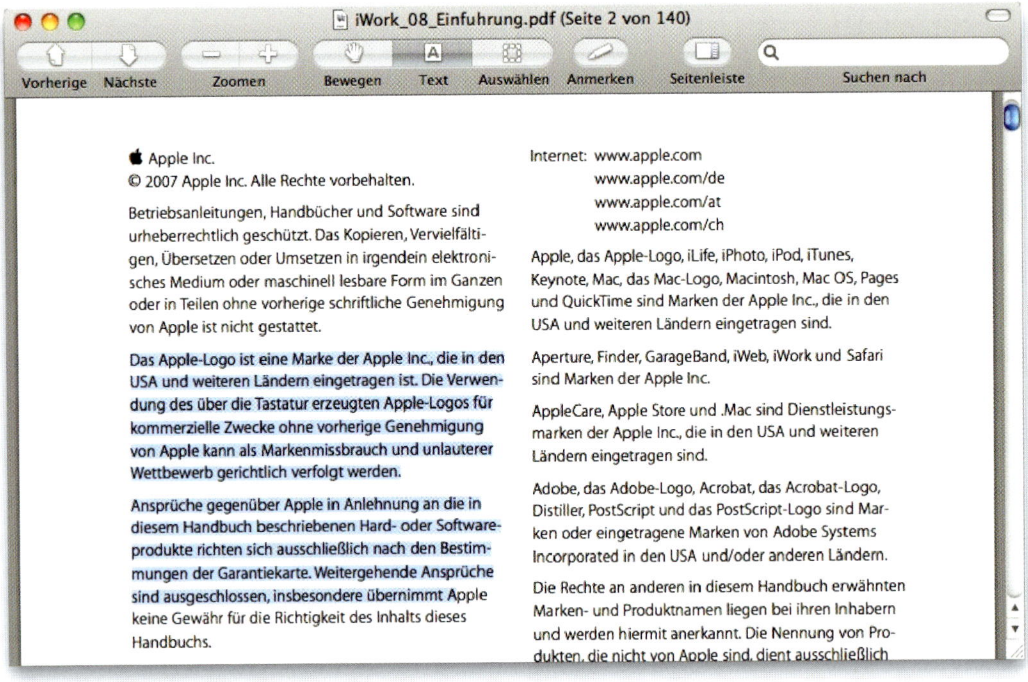

 Apple Inc.
© 2007 Apple Inc. Alle Rechte vorbehalten.

Betriebsanleitungen, Handbücher und Software sind urheberrechtlich geschützt. Das Kopieren, Vervielfältigen, Übersetzen oder Umsetzen in irgendein elektronisches Medium oder maschinell lesbare Form im Ganzen oder in Teilen ohne vorherige schriftliche Genehmigung von Apple ist nicht gestattet.

Das Apple-Logo ist eine Marke der Apple Inc., die in den USA und weiteren Ländern eingetragen ist. Die Verwendung des über die Tastatur erzeugten Apple-Logos für kommerzielle Zwecke ohne vorherige Genehmigung von Apple kann als Markenmissbrauch und unlauterer Wettbewerb gerichtlich verfolgt werden.

Ansprüche gegenüber Apple in Anlehnung an die in diesem Handbuch beschriebenen Hard- oder Softwareprodukte richten sich ausschließlich nach den Bestimmungen der Garantiekarte. Weitergehende Ansprüche sind ausgeschlossen, insbesondere übernimmt Apple keine Gewähr für die Richtigkeit des Inhalts dieses Handbuchs.

Internet: www.apple.com
www.apple.com/de
www.apple.com/at
www.apple.com/ch

Apple, das Apple-Logo, iLife, iPhoto, iPod, iTunes, Keynote, Mac, das Mac-Logo, Macintosh, Mac OS, Pages und QuickTime sind Marken der Apple Inc., die in den USA und weiteren Ländern eingetragen sind.

Aperture, Finder, GarageBand, iWeb, iWork und Safari sind Marken der Apple Inc.

AppleCare, Apple Store und .Mac sind Dienstleistungsmarken der Apple Inc., die in den USA und weiteren Ländern eingetragen sind.

Adobe, das Adobe-Logo, Acrobat, das Acrobat-Logo, Distiller, PostScript und das PostScript-Logo sind Marken oder eingetragene Marken von Adobe Systems Incorporated in den USA und/oder anderen Ländern.

Die Rechte an anderen in diesem Handbuch erwähnten Marken- und Produktnamen liegen bei ihren Inhabern und werden hiermit anerkannt. Die Nennung von Produkten, die nicht von Apple sind, dient ausschließlich

Texte aus PDF-Dokumenten lassen sich wie gewohnt kopieren und in andere Dokumente übernehmen. Dabei kommt die Vorschau auch mit Spaltensatz klar (was durchaus nicht selbstverständlich ist).

Damit Sie sich in längeren PDF-Dokumenten zurecht finden, können Sie Lesezeichen hinzufügen. Wählen Sie dazu *Lesezeichen > Lesezeichen hinzufügen*. Über das *Lesezeichen*-Menü können Sie die Lesezeichen in einem Dokument auch gezielt ansteuern.

Aber natürlich kann die Vorschau PDF-Dateien auch bearbeiten. Es ist problemlos möglich, in einer PDF-Datei Markierungen und Notizen anzubringen, bestimmte Passagen untereinander zu verknüpfen (etwa für ein Inhaltsverzeichnis oder für Querverweise) oder einen Link zu einer Webseite einzufügen.

Die entsprechenden Werkzeuge finden Sie im Menüpunkt *Werkzeuge > Anmerken*. Beim Speichern der bearbeiteten PDF-Datei werden Ihre Notizen und Markierungen dauerhaft übernommen. Achten Sie also darauf, dass Sie nicht versehentlich die Originaldatei überschreiben. Am besten arbeiten Sie hier immer mit einer Kopie der ursprünglichen PDF-Datei. (Zur Erinnerung: mit [⌘] [D] erzeugen Sie eine Kopie einer Datei.)

Für längere Anmerkungen und Kommentare lässt sich eine PDF-Datei problemlos um eine neue, leere Seite ergänzen, auf der Sie mit den erwähnten Werkzeugen Ihre Notizen eintragen können. Das geht so:

1. Öffnen Sie eine mehrseitige PDF-Datei.
2. Falls die Seitenleiste mit Miniaturen nicht angezeigt wird, wählen Sie *Darstellung > Seitenleiste > Seitenleiste einblenden* und *Darstellung > Seitenleiste > Miniaturen*.

Wenn das Dokument sehr umfangreich ist, wählen Sie für eine bessere Übersicht *Darstellung > Seitenleiste > Kontaktbogen*. Die Größe der Miniaturen legen Sie über den Schieberegler links unten fest.

3. Markieren Sie in der Seitenleiste die Seite, oberhalb derer Sie eine neue, leere Seite einfügen möchten.
4. Wählen Sie *Bearbeiten > Leere Seite einfügen*.

Seiten einer PDF-Datei lassen sich in den Miniaturen oder im Kontaktbogen verschieben, löschen, in andere PDF-Dateien einfügen oder als neues PDF-Dokument speichern.

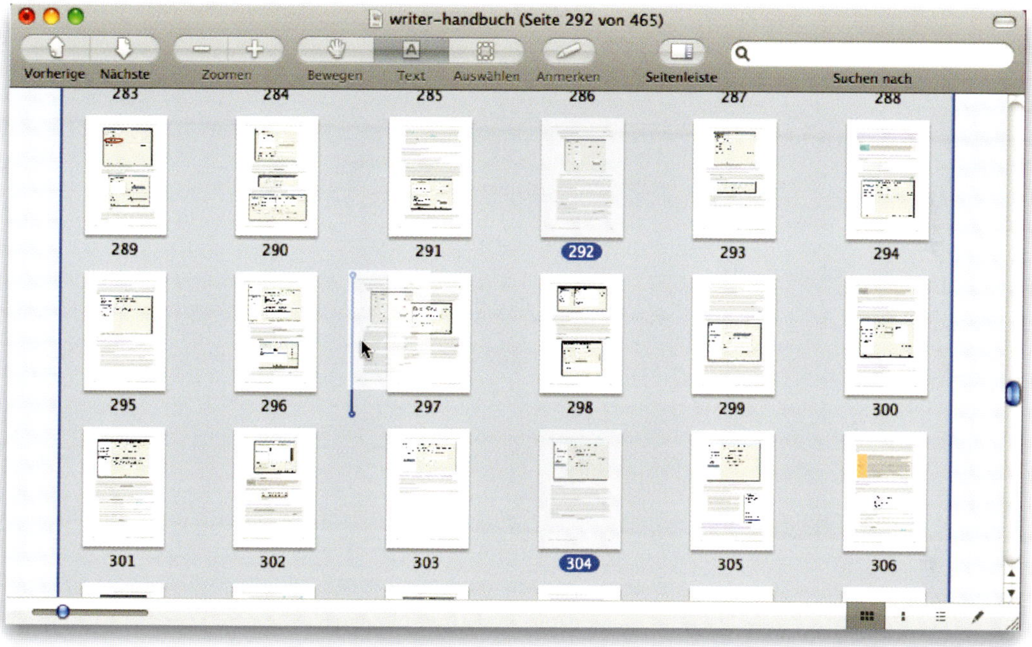

Über die Miniaturen oder im Kontaktabzug lassen sich Seiten verschieben, einfügen, löschen, auf den Schreibtisch ziehen oder in eine andere PDF-Datei übernehmen. In diesem Beispiel werden die beiden Seiten 292 und 304 vor die Seite 297 verschoben.

- **Seiten verschieben:** Markieren Sie die entsprechende(n) Seite(n) und verschieben Sie sie mit der Maus an die gewünschte Position.
- **Seiten löschen:** Markieren Sie die Seite(n) und drücken Sie die [←]-Taste.
- **Seiten als neues Dokument speichern:** Markieren Sie die Seite(n) und ziehen Sie sie auf den Schreibtisch.
- **Seiten aus anderem Dokument übernehmen:** Öffnen Sie beide PDF-Dateien in der Vorschau. Markieren Sie in den Miniaturen oder im Kontaktabzug die gewünschte(n) Seite(n) und ziehen Sie sie an die gewünschte Position in der zweiten Datei.

So fotografieren Sie Bildschirminhalte

Vielleicht fragen Sie sich, wie ich die Screenshots in diesem Buch gemacht habe. Vielleicht fragen Sie sich das auch nicht. Macht nichts, ich verrate es Ihnen trotzdem: Fast sämtliche Abbildungen in diesem Buch wurden mit den beiden Programmen Bildschirmfoto und Vorschau erzeugt.

Um am Mac einen Screenshot zu machen, gibt es verschiedene Möglichkeiten:

- **Kompletten Bildschirm fotografieren:** Drücken Sie ⇧ ⌘ 3. Sie hören ein Kamerageräusch, und auf dem Schreibtisch wird eine Grafikdatei abgelegt, die den aktuellen Inhalt des Desktops eingefangen hat.

Bildschirmfotos werden mit ausführlichem Dateinamen, Datum und Uhrzeit der Aufnahme gespeichert.

- **Einen bestimmten Bereich fotografieren:** Drücken Sie ⇧ ⌘ 4. Der Mauszeiger verwandelt sich in einen Zielcursor, der die aktuellen Koordinaten anzeigt. Markieren Sie mit gedrückter Maustaste den gewünschten Bereich. Sobald Sie die Taste loslassen, hören Sie wieder das Kamerageräusch und finden anschließend das gewünschte Foto als Grafikdatei auf dem Schreibtisch.
- **Fenster fotografieren:** Zeigen Sie mit der Maus in das Fenster, das Sie fotografieren möchten. Drücken Sie ⇧ ⌘ 4 und anschließend die Leertaste. Mit einem Mausklick knipsen Sie das markierte Fenster – nicht mehr, nicht weniger.

So weit, so gut. Doch was macht man, wenn man den Mauszeiger mit auf dem Bild haben möchte, um zum Beispiel die Auswahl eines Menüpunktes im Screenshot zu verdeutlichen? Dann braucht man das Programm Bildschirmfoto.

In dessen Einstellungen legen Sie zuerst die Form des gewünschten Mauszeigers fest und wählen dann *Foto > Selbstauslöser*. Nach dem Start des Timers öffnen Sie das Menü und halten den Mauszeiger an die gewünschte Stelle. Nach ein paar Sekunden piepst der Timer, und kurz darauf hören Sie das Kamerageräusch. Sobald sich ein neues Fenster mit dem Bildschirmfoto öffnet, können Sie die Maus wieder bewegen. Das Foto kann nun als TIFF-Datei gespeichert werden.

Für ein Bildschirmfoto, auf dem auch der Mauszeiger zu sehen sein soll, benötigen Sie das Programm Bildschirmfoto, in dessen Einstellungen Sie den gewünschten Zeigertyp festlegen.

Die Schriftsammlung

Zum Lieferumfang von Mac OS X gehören nicht nur zahlreiche Programme, sondern viele hochwertige Zeichensätze. Das ist natürlich eine feine Sache, doch die Fülle ist auch störend, wenn man vor lauter Schriften den passenden Font nicht findet. Hier hilft das Programm Schriftsammlung weiter, das zur Verwaltung und Organisation der Schriften auf Ihrem Mac dient.

Die Schriftsammlung erlaubt die Installation neuer Fonts, die Deaktivierung oder auch Deinstallation unbenötigter Schriften und bietet Ihnen umfassende Informationen zu den einzelnen Schriften. So können Sie sich etwa eine Schrift mit einem Beispieltext in unterschiedlichen Größen anzeigen lassen, um einen Eindruck von der Wirkung der Schrift zu bekommen oder den kompletten Zeichensatz überprüfen, ob alle benötigten Zeichen vorhanden sind. Außerdem lassen sich umfassende technische Informationen einblenden.

Wenn Sie das Programm erstmals aufrufen, zeigt es Ihnen als Schriftmuster nur das Alphabet, was für die Praxis nichtssagend ist. Doch das lässt sich sehr schnell ändern. Mit *Vorschau > Repertoire* werden alle verfügbaren Zeichen der gewählten Schrift angezeigt, mit *Vorschau > Beispiel* können Sie Ihren eigenen Text für die Schriftprobe eingeben. Die Größe der Darstellung steuern Sie über einen Schieberegler am rechten Rand oder indem Sie im Drop-Down oben rechts die gewünschte Größe auswählen.

Um alle Details eines Fonts (von seinem Namen über die Copyright-Information bis hin zum Speicherplatz auf der Festplatte) zu erfahren, drücken Sie [⌘] [I]. Um direkt auf eine Schriftdatei auf der Festplatte zuzugreifen, drücken Sie [⌘] [R]. Es öffnet sich ein Finderfenster, in dem die entsprechende Datei markiert ist.

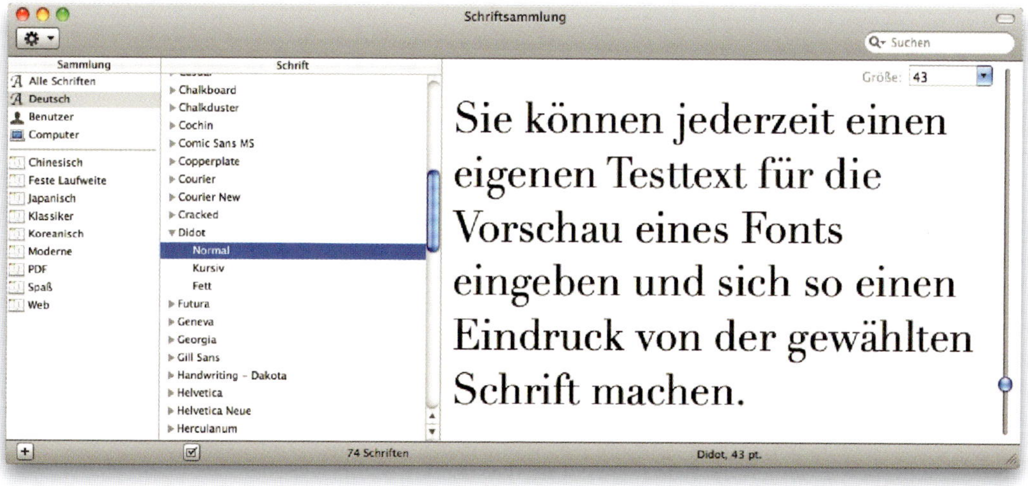

Die Schriftsammlung gibt Ihnen die volle Kontrolle über alle Schriften, die auf Ihrem Mac installiert sind.

Eines der hilfreichsten Features der Schriftsammlung ist die Möglichkeit, Schriften in eigenen Sammlungen zusammenzufassen. Das sorgt für mehr Überblick. Von Haus aus sind bereits einige Sammlungen aufgeführt (Feste Laufweite, PDF, Spaß, Web ...), aber das sollte Sie nicht daran hindern, diese Sammlungen nach Ihrem Gusto zu ändern, neue Sammlungen anzulegen und andere zu löschen.

Wer keine chinesischen, koreanischen und japanischen Schriften benötigt, kann die entsprechenden Sammlungen zusammenfassen, etwa zu „Asiatische Schriften", und geschlossen deaktivieren. Werden diese Fonts doch einmal gebraucht, lassen sie sich ebenso leicht wieder aktivieren. Eine neue Sammlung legen Sie über das Pluszeichen unten links an, die gewünschten Fonts werden einfach aus der Gesamtliste auf den Ordnereintrag der neuen Sammlung gezogen.

Eine besonders nützliche Funktion besteht darin, Schriften, die innerhalb eines Dokuments benutzt werden, in einer eigenen Sammlung zusammenzufassen. Allerdings muss das benutzte Textprogramm dazu die Dienste von Mac OS X unterstützten, also etwa TextEdit. (Zu den Diensten erfahren Sie weiter unten mehr.)

1. Wählen Sie *TextEdit > Dienste > Dienste-Einstellungen*.
2. Aktivieren Sie unter *Text* den Eintrag *Sammlung aus Text ...* (die drei Punkte stehen als Abkürzung für *erstellen*).
3. Schreiben Sie in TextEdit ein wenig Text und benutzen Sie alle Schriften, die Sie als Sammlung zusammenfügen möchten.
4. Markieren Sie diesen Abschnitt.
5. Wählen Sie *TextEdit > Dienste > Sammlung aus Text erstellen*.

Die Schriftsammlung wird geöffnet und eine neue Sammlung angelegt. Das geht so schnell, dass Sie es überhaupt nicht mitbekommen und auf den ersten Blick vielleicht meinen, da sei etwas schiefgegangen. Doch keine Sorge, die neue Sammlung taucht in der Liste links unter dem Namen des ersten benutzten Fonts zusammen mit dem lateinischen Kürzel für „und andere" („et al.") auf.

Ist die erste Schrift im markierten Textabschnitt etwa die Gill Sans, heißt die Sammlung also *Gill Sans, et. al.* (der Punkt bei „et." ist ein kleiner Lapsus von Apple, der gehört da eigentlich nicht hin). Klicken Sie den Eintrag doppelt an, wird der Name zu einem Eingabefeld, und Sie können der Sammlung einen passenden Namen geben, etwa „Büroschriften".

Mac OS X verwaltet eine Vielzahl von Fonts in unterschiedlichen Ordnern. Hinzu kommen die Schriften, die von anderen Programmen installiert werden. Das kann dazu führen, dass einige Schriften mehrfach vertreten sind. Diese doppelten Einträge werden in der Schriftenübersicht mit einem Punkt markiert. Um diese überflüssigen Dopplungen auszublenden, gehen Sie folgendermaßen vor:

1. Wählen Sie in der Spalte *Sammlung* den Punkt *Alle Schriften*.
2. Klicken Sie eine beliebige Schrift an und markieren Sie mit ⌘ A alle Schriften.
3. Wählen Sie nun *Bearbeiten > Duplikate auflösen*. Dabei werden die doppelten Schriften deaktiviert, aber nicht von der Festplatte gelöscht.

Der DigitalColor-Farbmesser

Die richtige Kombination von Farben und die korrekte Erfassung von Farbwerten kann zu einer regelrechten Wissenschaft und mitunter zu einer frustrierenden Angelegenheit werden.

Mit dem DigitalColor-Farbmesser, den Sie unter *Programme > Dienstprogramme* finden, lässt sich diese Aufgabe etwas erleichtern. Denn mit diesem Tool können Sie sich den exakten Farbwert für jedes Pixel auf Ihrem Bildschirm anzeigen lassen. So lassen sich etwa Farbkombinationen in der Benutzerführung von Programmen oder die Farbgestaltung von Webseiten pixelgenau analysieren.

Nach dem Start des Tools wird ein stark vergrößerter Ausschnitt der direkten Umgebung des Mauszeigers angezeigt und der aktuelle Farbwert eines Pixels ermittelt.

Ganz gleich, welchen Farbwert Sie exakt ermitteln möchten – mit dem DigitalColor-Farbenmesser gibt es keine Geheimnisse mehr.

Dabei lässt sich der Messbereich variabel festlegen. In der kleinsten Einstellung erfasst er exakt das Pixel unterhalb des Mauszeigers. Vergrößern Sie den Messbereich, werden die umliegenden Pixel ebenfalls berücksichtigt und ein Farbmittelwert wird bestimmt.

Um einen bestimmten Farbwert zu fixieren, halten Sie mit ⌘ L die Farbe an der aktuellen Position fest. Anschließend können Sie den Mauszeiger wieder bewegen (etwa, um das Menü des Programms zu benutzen), ohne dass sich die Farbanzeige ändert.

Mit ⇧ ⌘ H merkt sich das Programm den aktuellen Farbwert und verändert bei Bewegung des Mauszeiger dessen Anzeige nicht mehr. Über ein nochmaliges Drücken der Tasten ⇧ ⌘ H wird der gemerkte Farbwert gelöscht, und das Programm reagiert wieder normal.

Mit ⇧ ⌘ C kopieren Sie den aktuellen Farbwert als Text gemäß des gewählten Farbstandards in die Zwischenablage. Für Webseiten werden Farbangaben zum Beispiel als

8-Bit-Farbwert mit hexadezimaler Notierung benötigt. In diesem Fall wählen Sie also *RGB als Hex-Wert, 8-Bit* und finden in der Zwischenablage den einsatzbereiten Wert vor, also zum Beispiel *#894D00*. Über das Tastenkürzel ⌥ ⌘ C wird der Farbwert als Bild kopiert und kann in Form eines rund 50 × 50 Pixel großen Farbquadrates in andere Dokumente übernommen werden.

Die Dienste des Macs

Ein schönes Beispiel für das reibungslose Zusammenspiel der verschiedenen Komponenten von Mac OS X sind die Dienste. Damit können Sie jederzeit auf bestimmte Funktionen von Programmen zugreifen, ohne erst umständlich zum entsprechenden Programm wechseln zu zu müssen.

Ein einfaches Beispiel bilden die Notizzettel, die Sie in Kapitel 7 kennengelernt haben. Dort haben Sie gelernt, wie Sie über die Tastenkombination ⇧ ⌘ Y markierten Text auf Webseiten oder in Dokumenten direkt in eine neue Notiz übernehmen können.

Diese Funktion lässt sich auch über das *Dienste*-Menü aufrufen. Sie finden es bei jedem Mac-OS-X-Programm im jeweiligen Programm-Menü, also bei Safari unter *Safari > Dienste*, beim Finder unter *Finder > Dienste* und so fort.

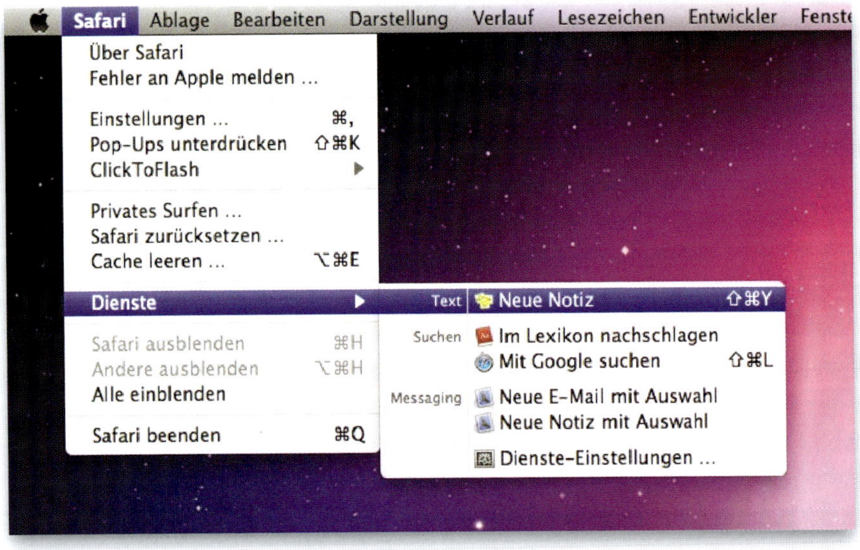

Über das Dienste-Menü lassen sich markierte Texte sofort in eine Notiz übernehmen, an Google übergeben, im Lexikon nachschlagen oder als Mail verschicken.

Probieren Sie es einfach mal aus. Sie werden feststellen, dass sich der Inhalt des Menüs immer wieder ändert. Haben Sie etwa in Safari keinen Text markiert, ist *Safari > Dienste* (bis auf den Standardeintrag *Dienste-Einstellungen*) leer. Ansonsten zeigt es verschiedene Unterpunkte wie *Neue Notiz, Im Lexikon nachschlagen* oder *Mit Google suchen*.

Anders bei TextEdit. Rufen Sie *TextEdit > Dienste* auf, ohne einen Text markiert zu haben, sehen Sie noch zwei Einträge: *Bild importieren* und *Foto von der Auswahl auf Bildschirm*. Damit können Sie ein Bild direkt von einer angeschlossenen Kamera/einem angeschlossenen Scanner in Ihr Dokument einfügen oder einen Bereich des Bildschirms markieren, um ihn als Screenshot (also als Grafik) in Ihren Text zu übernehmen.

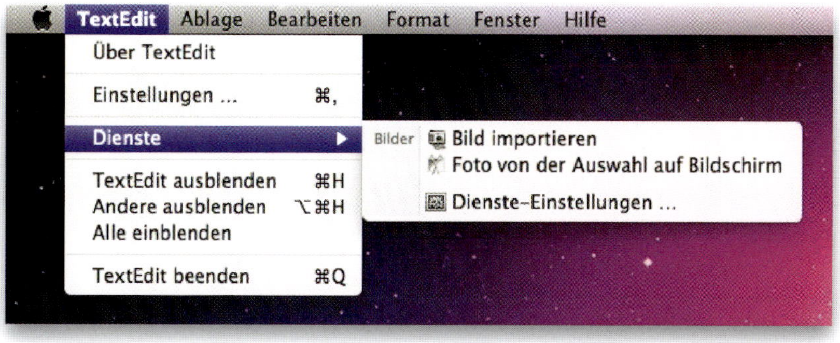

Der Inhalt des Dienste-Menüs passt sich den jeweiligen Gegebenheiten an.

Oder nehmen Sie den Finder. Markieren Sie eine Datei und rufen Sie *Finder > Dienste* auf. Welche Einträge Sie nun sehen, hängt davon ab, was für eine Datei Sie markiert haben. Handelt es sich um eine Grafik, können Sie sie nun ohne Umwege als Schreibtischhintergrund benutzen, bei anderen erscheint die Option, die Datei per Mail zu verschicken.

Wie Sie unschwer erraten haben, passt sich der Inhalt des Menüs also den Gegebenheiten an und zeigt Ihnen nur die Einträge, die in der aktuellen Arbeitssituation sinnvoll sind. Da im Prinzip jedes Programm (und nicht nur die von Apple) seine Funktionen als Dienst für andere zur Verfügung stellen kann, gibt es unter Mac OS X unzählige Dienste, die allerdings nicht immer alle im Menü aufgeführt werden – ansonsten würde dieser Menüpunkt sehr schnell sehr voll und damit sehr unübersichtlich.

Welche Einträge das Menü zeigt und ob ein Eintrag auch über eine Tastenkombination aufgerufen werden kann, bestimmen Sie.

1. Klicken Sie im *Dienste*-Menü eines beliebigen Programms auf den Eintrag *Dienste-Einstellungen*.
2. Es öffnen sich die Systemeinstellungen und Sie sehen eine nach Funktionen sortierte Liste aller vorhandenen Dienste.
3. Über das Häkchen neben den Einträgen legen Sie fest, welche Dienste Ihnen angeboten werden sollen und welche nicht.

Um einem Dienst eine Tastenkombination zuzuweisen, sollen Sie laut Erläuterung im Dialogfenster den Eintrag doppelt anklicken und die Kombination eingeben. Das ist allerdings nicht ganz richtig, sondern es geht so:

1. Klicken Sie rechts in den leeren Bereich neben dem Dienst, dem Sie eine Tastenkombination zuweisen möchten.
2. Es erscheint ein Eingabefeld.
3. Drücken Sie nun die gewünschte Tastenkombination.

Leider sind die Bezeichnungen vieler Dienste zu lang, als dass vollständig angezeigt werden könnte. Aber keine Sorge, Sie müssen nicht raten, was sich etwa hinter *Bildschirmfoto mit T…* verbirgt. Halten Sie den Mauszeiger über den Eintrag, erscheint der vollständige Name in einer kleinen gelben Einblendung: *Bildschirmfoto mit Timer*.

Das Lexikon

Zu den unscheinbaren, aber praktischen Hilfsprogrammen unter Mac OS X gehört auch ein Lexikon, das Sie entweder direkt als Programm oder, was wohl häufiger vorkommen wird, auch über die Dienste oder das Kontextmenü aufrufen können.

Stolpern Sie etwa auf einer Webseite über einen Begriff, der Ihnen nicht geläufig ist, markieren Sie ihn, klicken ihn mit der rechten Maustaste an und wählen *Im Lexikon nachschlagen*.

Das ist eine feine Sache, hat aber leider einen kleinen Haken. Denn von Haus aus greift das Programm nur auf wenige Quellen zu:

- das englische New Oxford American Dictionary
- den ebenfalls englischen Oxford American Writer's Thesaurus
- das zwar deutschsprachige, aber deutlich in die Jahre gekommene Apple-Lexikon
- und, via Internet, die deutschsprachige Wikipedia.

Ein Wörterbuch gibt es leider nicht. Doch Sie können das Lexikon um weitere Nachschlagewerke ergänzen. Eine Auswahl dieser Plugins finden Sie zum Beispiel unter *http://www.tekl.de/deutsch/Lexikon-Plugins.html*. Dort gibt es auch ein Wörterbuch, um englische Begriffe ins Deutsche zu übersetzen.

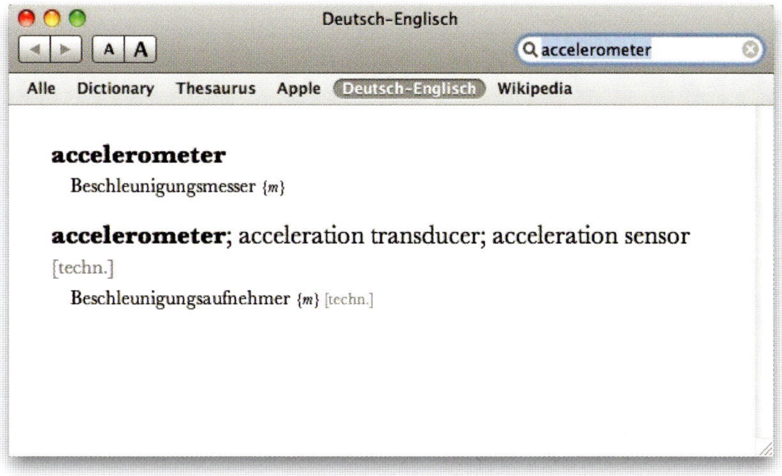

Das Lexikon von Mac OS X lässt sich über Plugins ergänzen, hier zum Beispiel um ein Wörterbuch Deutsch-Englisch.

Die Systemeinstellungen

Das Zahnradsymbol lässt keinen Zweifel – die Systemeinstellungen sind die Schaltzentrale von Mac OS X. Wann immer es darum geht, irgendetwas an Ihrem Mac zu regeln, zu konfigurieren, einzustellen oder festzulegen sind Sie bei den Systemeinstellungen richtig.

Da die Systemeinstellungen immer wieder rasch benötigt werden, haben sie einen festen Platz im Menü. Sie finden sie jederzeit, ganz gleich, welches Programm Sie gerade geöffnet haben und was Sie mit Ihrem Mac tun, unter > *Systemeinstellungen*.

Die Einstellungen sind in vier Bereiche unterteilt: *Persönlich*, *Hardware*, *Internet & Drahtlose Kommunikation* und *System*. Zudem gibt es einen fünften Abschnitt *Sonstige*, in dem systemnahe Hilfsprogramme anderer Hersteller installiert werden. Bei einem neuen Mac ist dieser Bereich üblicherweise leer.

Im Verlauf dieses Buches haben wir immer mal wieder die Systemeinstellungen aufgerufen. Zu den bislang noch nicht erwähnten, aber in der Praxis nützlichen Punkten gehören zum Beispiel die *Freigaben*, *Datum & Uhrzeit* oder *Startvolume*.

Mit *Freigaben* können Sie Ihren Mac mit anderen Macs in Ihrem Haushalt vernetzen. So können Ressourcen gemeinsam genutzt und problemlos Daten zwischen den Rechnern ausgetauscht werden. Falls Ihre Macs über Firewire-Ports verfügen, lassen sich zwei Geräte einfach über ein Firewire-Kabel verbinden, ansonsten vernetzen sich die Geräte in einem gemeinsam genutzten WLAN.

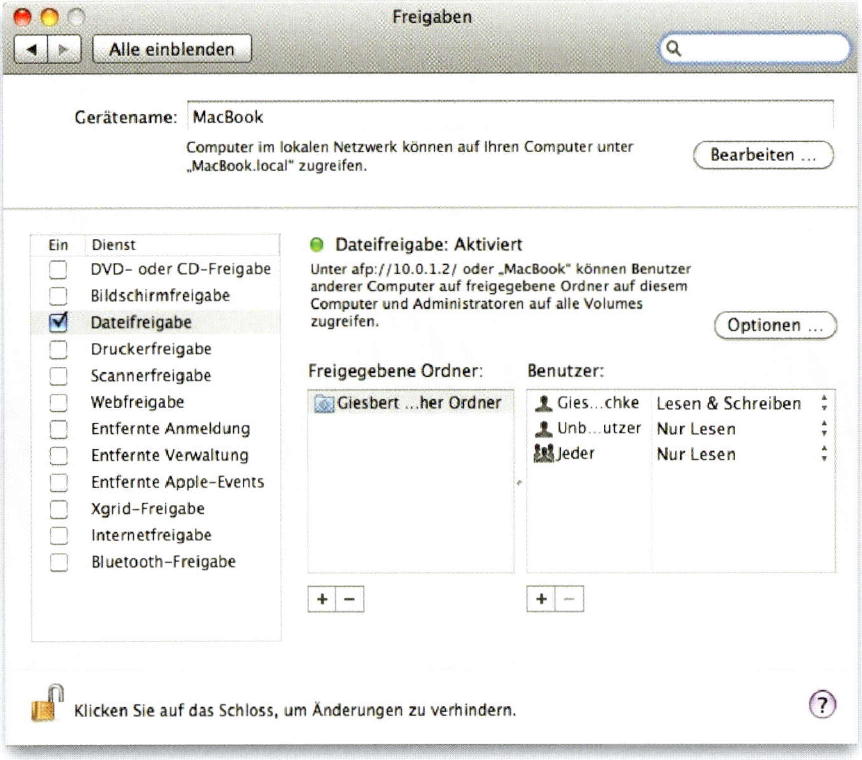

Über die Freigaben lassen sich Macs im WLAN problemlos miteinander vernetzen.

Damit Daten ausgetauscht werden können, müssen Sie die gewünschten Ordner und Dienste freigeben. Klicken Sie dafür in den Systemeinstellungen auf *Freigaben* und aktivieren Sie den Punkt *Dateifreigabe*. Unter *Freigegebene Ordner* können Sie über das Plus- und Minuszeichen Ordner für andere freigeben oder die Freigabe wieder löschen.

Freigegebene Ressourcen auf anderen Macs tauchen in der Seitenleiste des Finders in der Rubrik *Freigaben* auf. Von Haus aus ist der Ordner *Öffentlich* in Ihrem Benutzerverzeichnis für jeden im Netzwerk zum Lesen freigegeben. Unterhalb von *Öffentlich* befindet sich der Ordner *Briefkasten*, dessen Name Programm ist. So wie Sie in einen Briefkasten zwar etwas einwerfen, aber nicht in den Kasten hineinsehen können, so können Sie im Ordner *Briefkasten* eines anderen Computers im Netz zwar Dateien ablegen, aber den Ordner selbst nicht öffnen.

Entsprechend lassen sich auch andere Ressourcen Ihres Macs wie Drucker, Scanner oder DVD-Laufwerk im Netzwerk von anderen Computern nutzen.

Normalerweise gewährt Ihr Mac jedem im Netzwerk Zugriff auf freigegebene Ressourcen. Doch das lässt sich natürlich auch auf bestimmte Accounts einschränken. Rufen Sie dazu *Systemeinstellungen > Benutzer* auf. Hier klicken Sie auf *Gast-Account* und deaktivieren dort den Punkt *Gästen den Zugriff auf freigegebene Ordner erlauben*. Anschließend definieren Sie die Accounts, denen Sie den Zugriff erlauben, und legen ein Kennwort fest.

Wenn Sie mit Ihrem MacBook viel unterwegs sind und sich dabei in unterschiedlichen Zeitzonen bewegen, wird Ihnen die Lokalisierungsfunktion von Snow Leopard gefallen, die mit WPS arbeitet. WPS steht für „WLAN Positioning System", bei dem die Position anhand erkannter WLAN-Einwahlpunkte bestimmt wird.

Jedes Netzwerkgerät und somit auch jeder WLAN-Zugang besitzt zur eindeutigen Identifizierung im Netzwerk eine MAC-Adresse. Das hat nichts mit den Computern von Apple zu tun, sondern ist die Abkürzung für „Media Access Control". An dieser Adresse erkennt Ihr Mac zum Beispiel, ob er für ein bestimmtes WLAN die Zugangsdaten besitzt, um sich automatisch einloggen zu können. Trägt man nun die MAC-Adressen erreichbarer WLANs in eine Karte ein, dann kann man diese Daten zur Positionsbestimmung nutzen.

So ist Mac OS X also in der Lage, die Position Ihres Macs einigermaßen korrekt zu bestimmen und die interne Uhr der aktuellen Zeitzone automatisch anzupassen. Diese Funktion aktivieren Sie unter *Datum & Uhrzeit* auf der Registerkarte *Zeitzone*.

Für Vielflieger und andere Reisende ist die automatische Festlegung der Zeitzone eine praktische Sache.

Manchmal kommt es vor, dass man seinen Mac von einem anderen Laufwerk als der internen Festplatte booten möchte. Zum Beispiel, weil mit der internen Festplatte etwas nicht in Ordnung ist oder weil man eine ältere Version von Mac OS X benötigt. Als Bootmedium können Sie nicht nur Festplatten und die System-DVD benutzen, sondern auch einen entsprechend vorbereiteten USB-Stick.

Möchten Sie Ihren Mac von einem externen Laufwerk oder der System-CD starten, können Sie dies über die Systemeinstellungen realisieren.

In diesem Fall schließen Sie das neue Bootmedium an und klicken in den Systemeinstellungen auf den Eintrag *Startvolume*. Sie sehen nun alle angeschlossenen, startfähigen Laufwerke, wählen das gewünschte Laufwerk aus und klicken auf *Neustart*. Wenn Sie wieder von Ihrer internen Platte booten möchten, rufen Sie erneut *Startvolume* auf und wählen nun Ihre Festplatte. Sollten Sie Ihren Mac nicht mit einer anderen Mac-OS-X-Installation gebootet haben, sondern zum Beispiel mit Linux, fehlen Ihnen natürlich die Systemeinstellungen von Mac OS X. In diesem Fall fahren Sie das alternative System herunter, schalten Ihren Mac aus und erneut ein. Halten Sie dabei die ⌥-Taste gedrückt, erscheint ein Auswahlmenü mit allen erkannten, bootfähigen Laufwerken. Wählen Sie hier Ihre Festplatte.

Der System-Profiler

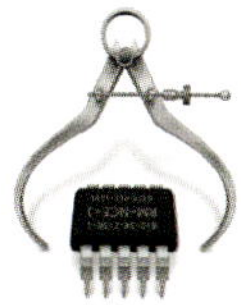

Ebenfalls immer in Reichweite ist der System-Profiler, der Ihnen detaillierte Auskunft über alle Hardware- und Netzwerkkomponenten Ihres Macs gibt und außerdem die zentralen Softwareeinstellungen und Protokolle minutiös verzeichnet. Im Profiler können Sie keine Einstellungen ändern, sondern lediglich auslesen – das allerdings sehr gründlich. Sie erreichen den Profiler am einfachsten, indem Sie > *Über diesen Mac* wählen und dort die Schaltfläche *Weitere Informationen* anklicken. Ansonsten finden Sie ihn im Finder unter *Programme > Dienstprogramme*.

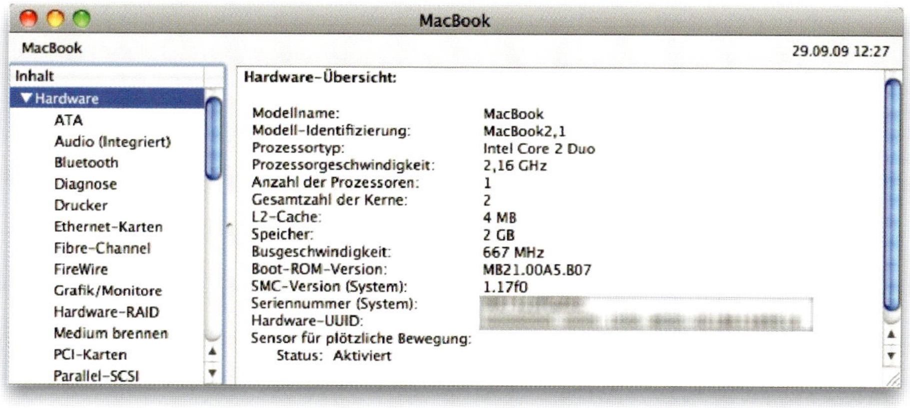

Mit dem System-Profiler bekommen Sie detaillierten Aufschluss über die Hard- und Software Ihres Macs.

Die Aktivitätsanzeige

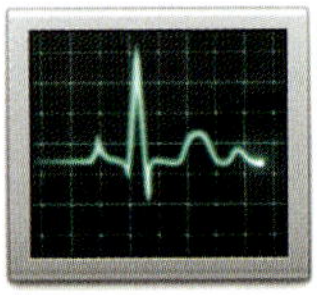

Die Aktivitätsanzeige ist eines der wichtigsten Werkzeuge zur Systemanalyse. Sie finden das Tool unter *Programme > Dienstprogramme*. Es macht genau das, was sein Name sagt, es gibt Ihnen einen genauen Überblick über alle Aktivitäten auf Ihrem Mac. Es zeigt Ihnen die aktuelle Auslastung, verrät Ihnen, welche Prozesse wieviel Speicherplatz oder CPU-Leistung beanspruchen, welche Schreib-/Lesezugriffe auf Ihren Laufwerken stattfinden, wie viele Daten über die Netzwerkverbindung ausgetauscht werden und noch einiges mehr.

Sie können sich zu jedem laufenden Prozess detaillierte Informationen anzeigen lassen und ihn auch, wenn es denn sein muss, auf die harte Tour beenden. Das allerdings sollten Sie auf keinen Fall aus Jux und Dollerei tun, ansonsten sind Datenverlust, Programmabstürze oder ein Totalabsturz Ihres Macs kaum zu vermeiden.

Die Aktivitätsanzeige ist ein mächtiges Werkzeug. Und wie bei allen mächtigen Werkzeugen sollte man wissen, wie man damit umgeht. Wenn Sie sich nicht sicher sind, lassen Sie einfach die Finger davon.

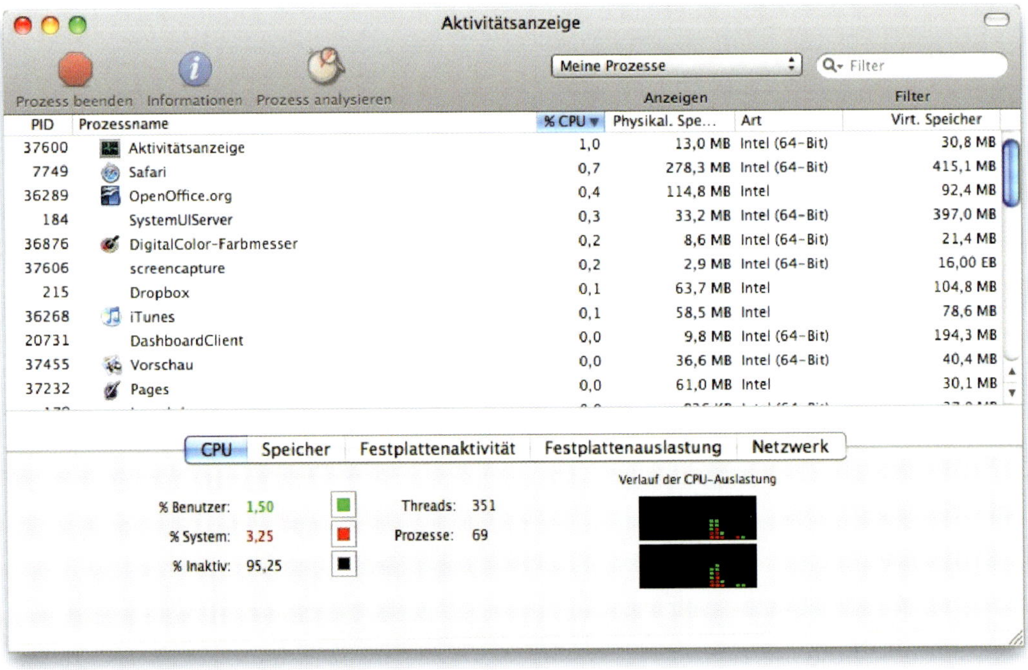

Na, was läuft? Die Aktivitätsanzeige zeigt's Ihnen.

Das Festplatten-Dienstprogramm

Ein vielseitiges Werkzeug zur Verwaltung und Organisation von Festplatten, USB-Speichersticks und beschreibbaren CDs/DVDs ist das Festplatten-Dienstprogramm, das Sie unter *Programme > Dienstprogramme* finden. Das Programm haben Sie schon im Zusammenhang mit dem Formatieren von USB-Sticks, Festplatten für Time Machine und der Anlage verschlüsselter Image-Dateien kennengelernt.

Das Programm kann aber natürlich mehr als Laufwerke formatieren oder anlegen. So wird es auch zum Brennen von ISO-Image-Dateien eingesetzt. Dabei handelt es sich im Prinzip um ein genaues Abbild des Inhalts einer CD/DVD, das exakt so wieder auf eine CD/DVD gebrannt werden kann. Manche sehr umfangreichen Programme oder auch komplette Linux-Distributionen werden in Form von ISO-Images weitergegeben.

Um ein solches Image zu brennen, ziehen Sie die entsprechende Datei einfach in die Seitenleiste des Festplatten-Dienstprogramms, legen einen passenden Rohling in den Brenner ein und klicken auf die Schaltfläche *Brennen*.

Es ist ebenfalls möglich, eine Festplatte zu partitionieren, um so etwa Platz für ein zweites Betriebssystem oder zur Auslagerung von Daten zu bekommen. Dabei kann das Festplatten-Dienstprogramm auch bereits formatierte und partitionierte Festplatten ebenso bearbeiten wie das Laufwerk in Ihrem Mac. Die Partitionierung wird zwingend benötigt, wenn Sie etwa mit Boot Camp Windows parallel zu Mac OS X einsetzen möchten (mit Boot Camp und anderen Methoden, Windows auf einem Mac zu starten, beschäftigt sich die Zugabe).

Ein anderer wichtiger Einsatzzweck dieses Programms ist die Überprüfung und gegebenenfalls die Reparatur defekter Laufwerke. Wählen Sie dazu in der Seitenleiste das Laufwerk aus, das Sie überprüfen möchten, und klicken Sie auf *Volume überprüfen*. Das kann je nach Größe des Laufwerks einige Zeit dauern. Falls ein Fehler gemeldet wird, können Sie versuchen, mit *Volume reparieren* diesen Fehler zu beheben.

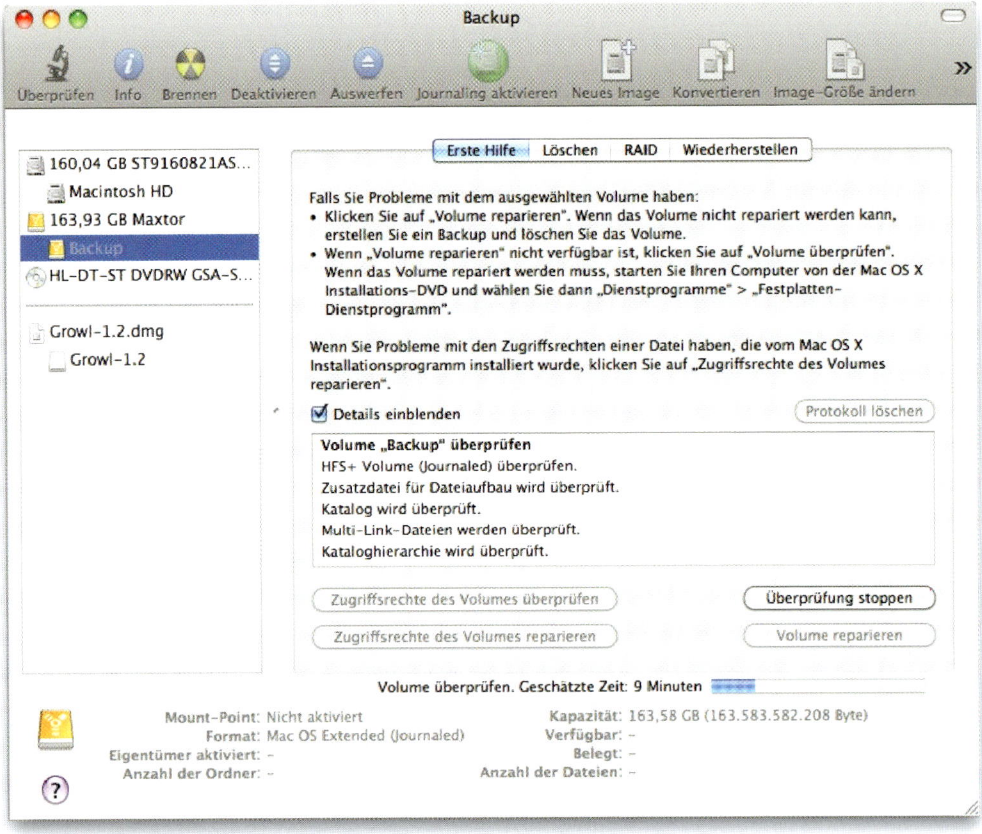

Mit dem Festplatten-Dienstprogramm werden Laufwerke formatiert, installiert und im Falle eines Falles auch repariert.

Das Netzwerkdienstprogramm

Was der System-Profiler für Ihren Mac ist, ist das Netzwerkdienstprogramm (unter *Programme > Dienstprogramme*) in gewisser Weise für die Netzwerkverbindungen. Dabei handelt es sich um ein Analysetool, mit dem Sie nicht nur Informationen über die Netzwerkkomponenten Ihres Macs erhalten, sondern auch gezielt die Erreichbarkeit von Servern im Internet testen oder ermitteln können, wer zu einer bestimmten Adresse im Internet gehört. Dazu dienen die Register *Ping*, *Trace* und *Whois*, über die die gleichnamigen Unix-Dienstprogramme nicht nur über das Terminal, sondern auch über die grafische Benutzeroberfläche von Mac OS X verfügbar sind. Bei einem Ping werden zum Beispiel Datenpakete an einen Server geschickt und die Antwortzeiten ermittelt. Ein Trace verfolgt den Weg eines Datenpakets von Ihrem Mac bis zu einer angegebenen Adresse und zeigt Ihnen, über welche Netzwerkknoten die Daten geroutet werden. Bei Whois ist der Name Programm: „Wer ist …".

Nach Eingabe einer Domain – etwa apple.com – wird unter anderem ermittelt, auf welchen Namen diese Domain eingetragen ist oder zu welcher Domain eine bestimmte IP-Adresse gehört.

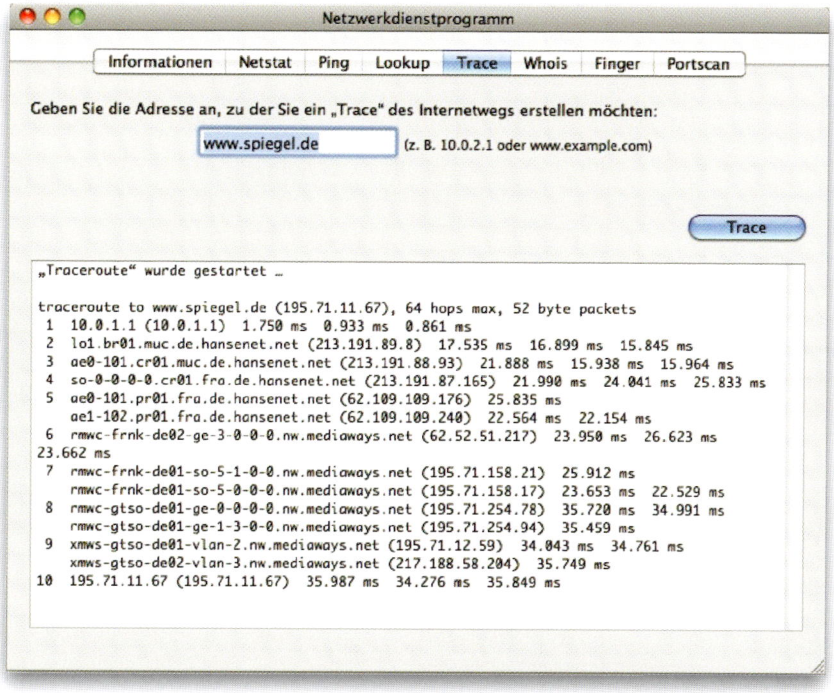

Das Netzwerkdienstprogramm liefert wichtige Informationen bei der Analyse von Netzwerkverbindungen, Erreichbarkeit von Servern und ähnlichem mehr.

Das Terminal

Das Terminal (zu finden unter *Programme > Dienstprogramme*) ist die direkte Schnittstelle zum System. Hier gibt es kein GUI und keine Maus, hier regiert die Texteingabe. Über das Terminal übergeben Sie zeilenweise Anweisungen an das System, weshalb diese Art mit dem Computer zu interagieren auch als „Kommandozeile" bekannt ist.

Das Terminal ist für die Erledigung mancher Aufgaben eine unschlagbar schnelle und effiziente Methode, manchmal sogar die einzige. Es ist auf Effizienz getrimmt und verzichtet vollständig auf grafische Elemente, was Apple aber nicht daran gehindert hat, auch auf dieser Ebene im Systemkeller ein wenig designerisch tätig zu werden. Über *Terminal > Einstellungen*, Register *Einstellungen* können Sie das Aussehen des Terminalfensters ein wenig gefälliger gestalten. Damit alle Änderungen sichtbar werden, müssen Sie mit ⌘ N ein neues Terminalfenster öffnen. Für einen echten Unix-Hacker ist dergleichen aber eher Schnickschnack, hier wird traditionell die Darstellung mit weißer Schrift auf schwarzem Grund bevorzugt.

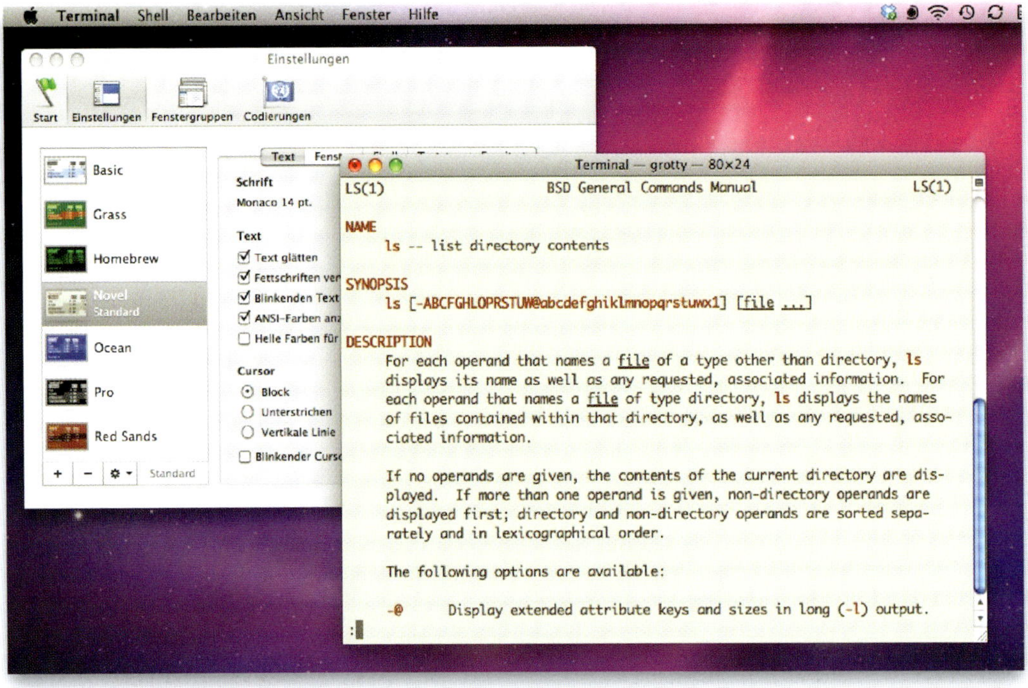

Das Terminal ist die sprödeste Art, mit Ihrem Mac zu kommunizieren. Es ist aber auch die mit Abstand mächtigste, mit allen Konsequenzen: Fehleingaben können sehr ernste Folgen haben. Zwei harmlose Befehle sind zum Beispiel ls und cd. Mit ls lassen Sie sich den Inhalt des aktuellen Verzeichnisses anzeigen, mit cd wechseln Sie in ein Verzeichnis.

Schach!

Nach diesem etwas technischen Schlenker möchte ich Sie zum Abschluss noch auf ein Spiel aufmerksam machen, das zum Lieferumfang von Mac OS X gehört – das Schachprogramm Chess, das Sie im *Programme*-Ordner finden.

Das Programm ist recht spielstark und kann Ihnen einige Nüsse zu knacken geben. Ein Spiel wird über das *Game*-Menü gespeichert und lässt sich zu einem späteren Zeitpunkt wieder aufnehmen.

Wenn Sie möchten, können Sie das Programm auch über Spracheingaben steuern. Dazu halten Sie die [esc]-Taste gedrückt und sagen Ihren Zug an. Allerdings hat die Sache einen kleinen Haken: Das Spiel liegt nur in der englischen Version vor. Das ist für das Spiel selbst kein Problem, schließlich spielt die Sprache bei Schach eine eher untergeordnete Rolle, und die kleine Hürde, statt *Schach > Einstellungen* nun *Chess > Preferences* zu wählen, wird man noch ohne Schwierigkeiten nehmen können. Doch bei den Sprachkommandos muss man Englisch reden, also zum Beispiel: „Pawn e2 to e4". Das Programm kann seine Züge ebenfalls ansagen: „Pawn e7 to e5".

Was für Windows das Kartenspiel Solitär, ist für Mac OS X das Schachprogramm Chess, das Sie auch über (leider nur englische) Spracheingaben steuern können.

Zugabe

Windows auf dem Mac

Der alte Glaubenskrieg zwischen Mac und Windows ist entschieden. Der Mac hat gewonnen: Schließlich kann er beides. Wenn es also sein muss, können Sie auf Ihrem Mac auch ein Windows-Programm oder auch gleich ein komplettes Windows laufen lassen.

Manchmal muss es Windows sein

Seien wir ehrlich: Es gibt einige gute Gründe, warum man Windows-Programme auf seinem Mac ausführen möchte. So kommt es immer wieder einmal vor, dass ein Programm, das zur Erledigung einer Aufgabe zwingend benötigt wird, nur in einer Windows-Version zu haben ist. Doch nicht nur berufliche, auch private Beweggründe können den Wunsch nach Windows wecken – schließlich ist das Angebot an Spielen für PCs ungleich größer als das für Macs.

Doch wer jetzt glaubt, er müsse sich schweren Herzens nun auch noch einen Windows-Rechner neben seinen Mac stellen, der kann aufatmen. Schließlich gibt es mehr als eine Methode, um Windows-Programme auch auf dem Mac einzusetzen. Drei, genau genommen.

Mit dem Wechsel der Hardwareplattform und dem Einsatz von Intel-Prozessoren hat Apple erstmals die Voraussetzung geschaffen, auf einem Macintosh-Computer Windows und andere PC-Programme zu installieren. Zwar gab es auch schon für G4-/G5-Macs mit dem Programm „VirtualPC" die Möglichkeit, Windows auf einer virtuellen Maschine zu installieren, doch der Aufwand, den das Programm betreiben musste, um die komplette PC-Hardware zu emulieren, war enorm und wirkte sich sehr ungünstig auf das Laufzeitverhalten aus. Anders gesagt: Windows lief auf einer virtuellen Maschine drastisch langsamer und zäher als auf der üblichen Intel-basierten Hardware.

Doch seitdem Standard-PCs und Macintosh-Computer die gleichen oder doch sehr ähnlichen Hardwarekomponenten benutzen, ist es sehr viel einfacher geworden, Windows und Windows-Programme auf einem Mac einzusetzen.

Drei Möglichkeiten gibt es:

- **Dualboot:** Sie installieren Windows auf einer zweiten Festplattenpartition und entscheiden beim Einschalten Ihres Macs, ob Sie mit Windows oder Mac OS X arbeiten möchten. Diese Lösung unterstützt Apple mit dem Programm Boot Camp.
- **Virtuelle Maschine:** Eleganter ist die Methode, Windows in einer virtuellen Maschine zu installieren. Dabei wird die typische PC-Hardware von einem Programm nachgebildet und Windows auf diesem virtuellem Computer installiert. Womit der Name Windows gleich doppelt berechtigt ist. Nicht nur, dass das Betriebssystem alles in Fenstern organisiert – es läuft selbst nur noch in einem Fenster.
- **Emulation:** Wenn Sie kein komplettes Windows, sondern nur ein bestimmtes Programm benötigen, ist es auch möglich, diesem Programm vorzugaukeln, es liefe auf einem Standard-PC unter Windows, während es in Wahrheit in einem normalen Fenster auf dem Schreibtisch von Mac OS X eingesetzt wird. Dabei wird die Windows-Umgebung, die das Programm erwartet, von einem anderen Programm nachgeahmt (emuliert).

Dualboot mit Boot Camp

Apple unterstützt die Installation von Windows auf der Mac-Hardware mit dem Boot Camp-Assistenten, den Sie unter *Programme > Dienstprogramme* finden. Damit ist es möglich, einen Teil der Festplatte für Windows freizuschaufeln (zu „partitionieren"), auf die man anschließend Windows installieren kann. Boot Camp stellt außerdem die benötigten Treiber zur Verfügung, damit die Mac-spezifische Hardware von Windows korrekt angesteuert werden kann.

Boot Camp fordert Sie beim Start auf, ein Installations- und Konfigurationshandbuch auszudrucken. Dieser Aufforderung sollten Sie unbedingt nachkommen, denn im weiteren Verlauf der Installation benötigen Sie genau dieses Handbuch.

Nach erfolgreicher Installation von Windows ist Ihr Mac zu einem Dualboot-System geworden, bei dem Sie wählen können, mit welchem System Sie arbeiten möchten.

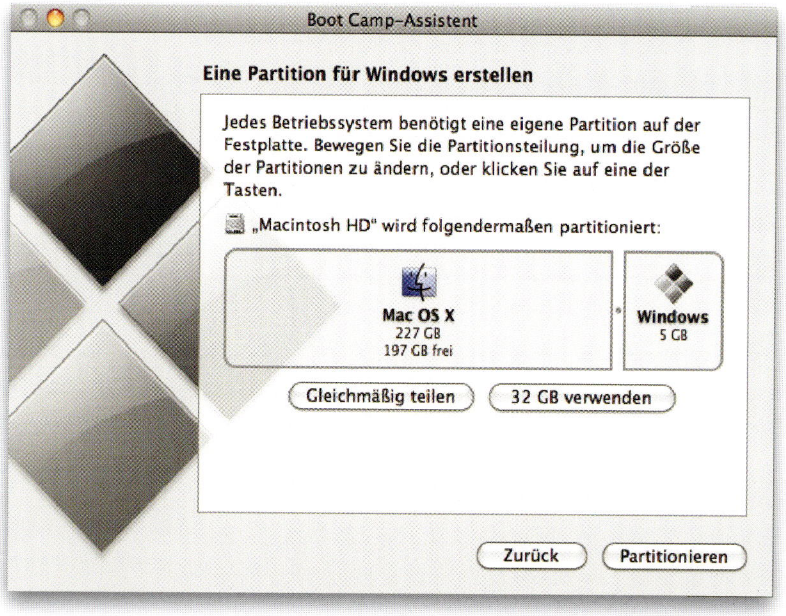

Der Boot Camp-Assistent führt Sie Schritt für Schritt durch die Installation von Windows auf Ihrem Mac. Denken Sie daran, das Handbuch auszudrucken, bevor Sie loslegen.

Das hört sich zwar gut an, ist in der Praxis aber nur mäßig hilfreich. Denn es ist nicht möglich, Windows und Mac OS X gleichzeitig zu nutzen, womit der Datenaustausch zwischen den beiden Systemen doch sehr eingeschränkt wird. Benötigen Sie in einer Mac-Applikation bestimmte Daten von einem Windows-Programm, dann müssen Sie folgendermaßen vorgehen:

1. Zuerst müssen Sie unter Mac OS X alle Daten sichern und Ihren Mac komplett herunterfahren. Anschließend starten Sie ihn erneut und booten dieses Mal mit Windows.
2. In Windows können Sie nun mit dem gewünschten Programm arbeiten und die Aufgaben erledigen, die Sie erledigen wollten.
3. Nun müssen Sie Windows komplett beenden, Ihren Mac herunterfahren, erneut starten und mit Mac OS X booten.

Das klingt nicht nur lästig – das ist es auch. Zumal es bessere Methoden gibt.

Virtualisierung, oder: Windows im Holodeck

Die Installation eines Programms setzt immer eine bestimmte Hardware- bzw. Systemumgebung voraus. Apples iWork lässt sich etwa nur auf einem Apple-Computer mit Mac OS X installieren, Programme, die für Intel-Mac geschrieben wurden, laufen nicht auf Macs mit PowerPC, Microsofts Word für Windows braucht das Windows-Betriebssystem, das wiederum nur mit einer ganz bestimmten Hardware zusammenarbeitet.

Doch diese Systemumgebung muss nicht zwingend physikalisch in Form von Platinen und Speicherchips vorhanden sein. Moderne Computer sind leistungsfähig genug, um einem Programm die benötigten Komponenten einfach vorzugaukeln. Dann lässt sich Windows etwa auf einem Mac installieren oder ein Windows-Programm unter Mac OS X nutzen, ohne dass die Programme bemerken, dass sie in einer virtuellen Umgebung installiert sind.

Dazu setzt sich eine spezielle Software zwischen das systemfremde Programm und Mac OS X und übersetzt alle Hardwarezugriffe und alle Systemaufrufe in die benötigten Kommandos für Mac OS X und die Apple-Hardware. Auf gleiche Weise werden alle Rückmeldung des Macs an das laufende Programm so übersetzt, dass sie von dem Programm auch korrekt verstanden und verarbeitet werden können.

Mit diesem Verfahren lassen sich komplette PCs virtualisieren, aber auch nur bestimmte Umgebungen, die zum Betrieb eines bestimmten Programms benötigt werden.

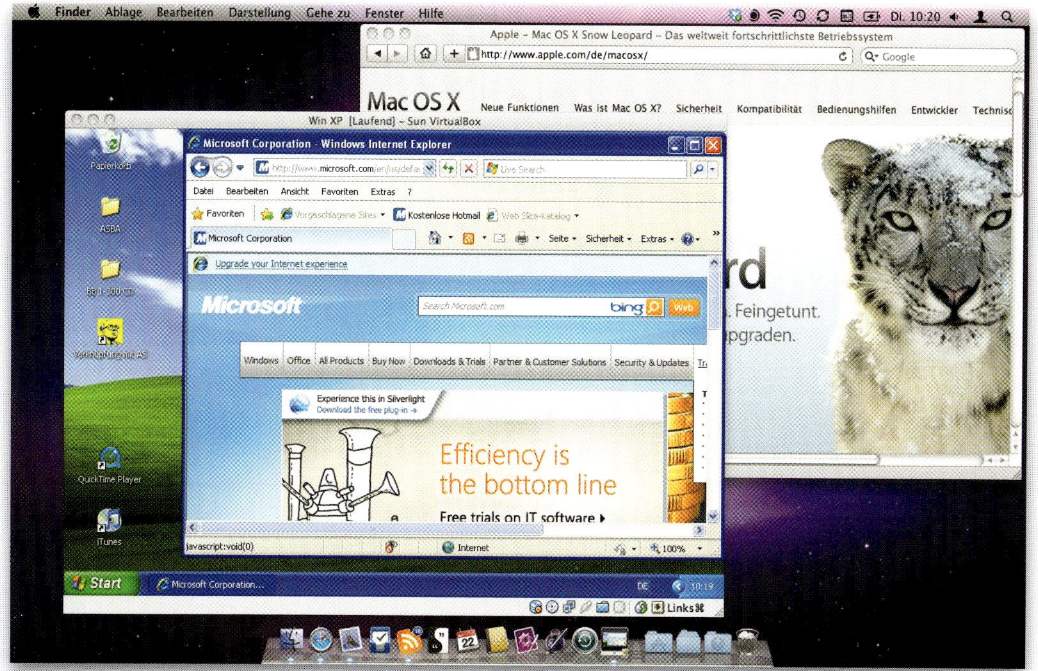

Ein virtueller Computer (hier: Virtual Box mit Windows XP, im Hintergrund sehen Sie Safari und den gewohnten Schreibtisch von Mac OS X) gaukelt einem Programm oder Betriebssystem die Umgebung vor, die es zum reibungslosen Funktionieren benötigt. Innerhalb eines virtuellen Computers lassen sich praktisch beliebige Programme und Systeme installieren, so dass auf einem einzigen Mac komplette, gemischte Netzwerke simuliert werden können. Voraussetzung ist allerdings eine entsprechend leistungsfähige Hardware. Hier gilt die Faustregel, dass man nie genug Arbeitsspeicher haben kann.

Möglichkeiten und Grenzen der Virtualisierung

Typischerweise ist eine virtuelle Maschine auf dem Mac-Schreibtisch ein Fenster unter anderen. In diesem Fenster läuft allerdings ein komplettes Windows, in dem wiederum beliebige Windows-Programe installiert werden können. Wenn die Leistung des Macs – hier geht es vor allem um Arbeitsspeicher und CPU-Leistung – ausreicht, dann lassen sich auch mehrere virtuelle Maschinen betreiben und so etwa ein komplettes Netzwerk installieren – alles innerhalb von Mac OS X und ohne dass man neue Hardware kaufen müsste.

Eine virtuelle Maschine teilt sich mit dem umgebenden System typischerweise zentrale Hardwarekomponenten, etwa das CD-/DVD-Laufwerk, die USB-Ports, den Druckeranschluss, aber auch das Netzwerk und den Internetzugang. Der Datenaustausch zwischen einem virtuellen Windows und dem es umgebenden Mac OS X erfolgt entweder über einen gemeinsam genutzten Ordner oder durch einfaches Drag & Drop, indem man etwa eine Datei aus dem Windows-Fenster auf den Mac-Schreibtisch zieht.

Außerdem können Sie eine virtuelle Maschine in einen Standby-Modus versetzen und das Virtualisierungsprogramm beenden. Beim nächsten Start sieht Ihre virtuelle Maschine exakt so aus, wie Sie sie verlassen haben, und Sie können nahtlos mit der unterbrochenen Arbeit weitermachen.

Durch den Wechsel von der PowerPC- zur Intel-CPU hat Apple die Hardware seiner Computer der Hardware von typischen Windows-PCs angenähert. Das erleichtert die Virtualisierung einer PC-Umgebung unter Mac OS X ganz ungemein, was sich in einer deutlichen Leistungssteigerung niederschlägt.

Mit einem virtuellen Windows können Sie im Grunde alles machen, was Sie mit einem Windows-Computer auch tun würden, also etwa mit MS Office arbeiten oder Webseiten mit den Internet Explorer aufrufen.

Eine Ausnahme bilden allerdings Programme, die auf ganz bestimmte Hardwarebausteine aufsetzen, wobei hier besonders 3D-Grafikkarten problematisch werden. So bereiten die Glass- und Aero-Effekte von Windows Vista oder Windows 7 ebenso Probleme wie aufwendige 3D-Spiele, die intensiven Gebrauch von der Grafikkarte machen. Allerdings arbeiten die Anbieter von Virtualisierungslösungen sehr emsig daran, die Fähigkeiten ihrer Programme zu erweitern. Im Zweifelsfalle gilt: ausprobieren.

Virtuelle PCs für den Mac

Für einen Mac stehen aktuell drei Virtualisierungslösungen bereit. Zwei davon sind kostenpflichtige Programme, können aber als kostenlose Testversionen ausprobiert werden. Das dritte Programm ist eine kostenlose Open-Source-Lösung.

Gewissermaßen der Klassiker ist **Parallels Desktop for Mac**. Das Programm simuliert einen kompletten Computer innerhalb von Mac OS X, auf dem Sie Windows – oder ein anderes Betriebssystem – installieren können. Für den Umstieg von Windows zum Mac bietet der Hersteller die „Switch to Mac"-Version an, mit der man seinen kompletten Windows-Rechner unter Parallels auf dem Mac nachbilden kann und damit praktisch zwei Computer in einem hat. Eine kostenlose Testversion, die Sie 14 Tage lang ausprobieren können, finden Sie auf den Webseiten des Herstellers: *www.parallels.de*.

Unter Windows ist VMware eines der führenden Virtualisierungsunternehmen, mit **Fusion** ist man auch auf der Mac-Plattform aktiv. So wie Parallels bildet auch Fusion einen vollständigen PC nach und bietet eine nahtlose Integration von Windows-Programmen unter Mac OS X. So ist es etwa möglich, Programmfenster mit Windows- und Mac-Applikationen auf dem Schreibtisch beliebig zu mischen. Fusion kann 30 Tage lang ausprobiert werden, die Datei finden Sie auf den Webseiten des Herstellers: *www.vmware.de*.

Mit **Virtual Box** liefert auch die Open-Source-Szene ihren Beitrag zu Virtualisierungslösungen. Das Programm wurde ursprünglich von der schwäbischen Firma Innotek entwickelt, die Anfang 2008 von Sun übernommen wurde. Auch Virtual Box bildet einen kompletten PC unter Mac OS X nach, geht bei der Integration von Windows unter Mac OS X aber nicht so weit wie Parallels oder Fusion. Das Programm ist nicht ganz so leistungsfähig, dafür jedoch deutlich schlanker und für den alltäglichen Einsatz normalerweise leistungsfähig genug. Zu haben ist es hier: *virtualbox.org*.

Windows ohne Windows

Die bisher vorgestellten Lösungen arbeiten alle nach dem gleichen Prinzip. Sie virtualisieren einen kompletten PC, auf dem Sie Windows und erst anschließend ein Windows-Programm installieren. Crossover von Codeweavers schlägt eine Abkürzung ein: Es stellt lediglich eine Laufzeitumgebung für einzelne Programme bereit.

So ist die direkte Installation einzelner Windows-Applikationen unter Mac OS X möglich, ohne dass Sie Windows benötigen. Die Programme werden dabei in sogenannten „Bottles" verwaltet, die bei Bedarf geöffnet werden, um das in ihnen enthaltene Programm unter Mac OS X zu starten.

Das funktioniert zwar nicht mit allen Applikationen, aber mit sehr vielen. Wenn Sie also nur ein ganz bestimmtes Windows-Programm (etwa eine alte Multimedia-CD) unter Mac OS X benötigen, könnte Crossover das Programm Ihrer Wahl sein. Da es auch von Crossover eine kostenlose Testversion gibt, können Sie vor dem Kauf ausprobieren, ob das Programm Ihren Anforderungen entspricht. Sie finden das Programm hier: *www.codeweavers.com*.

Stichwortverzeichnis

I

J

K

L

M